何方談毛澤東外交

| 編　　輯 | 陳明慧 |
| 實習編輯 | 羅彩綸（香港城市大學中文及歷史學系文學碩士（中文）課程） |
| | 關喜文（香港城市大學中文及歷史學系四年級） |
| 書籍設計 | 蕭慧敏 |
| 排　　版 | 蘇少嫻 |

*Création*
城大創意製作

國際統一書號：978-962-937-368-9

出　　版　香港城市大學出版社
　　　　　香港九龍達之路
　　　　　香港城市大學
　　　　　網址：www.cityu.edu.hk/upress
　　　　　電郵：upress@cityu.edu.hk

**Foreign Policy under Mao Zedong**
(in traditional Chinese characters)

ISBN: 978-962-937-368-9

First published 2018
Second printing 2019

Published by City University of Hong Kong Press
　　　　　Tat Chee Avenue
　　　　　Kowloon, Hong Kong
　　　　　Website: www.cityu.edu.hk/upress
　　　　　E-mail: upress@cityu.edu.hk

Printed in Hong Kong

# 何方談毛澤東外交

何方

CITY UNIVERSITY OF
HONG KONG PRESS
香港城市大學出版社

# 目　錄

# 代序

## 何方的底色
### ——一個老革命的反思——

宋以敏

何方走得迅速，走得安詳。他是帶着對生活的深深眷戀離開這個世界的。他似乎不無預感。去世前的一兩個月裏，他對我們一家三代，對他已經去世五六十年的母親、姐姐和他還不知道已於幾個月前去世的弟弟，流露出過去難得表而出之的依戀和懷念之情，做出了多種有形無形的交代。

何方應該覺得，他走得並無遺憾。他讀書、思考和寫作幾乎直到生命的最後一刻。去世前兩個月叫我幫他買來新出版的談王陽明和梁漱溟的書，說是要翻翻。去世前的幾天還在繼續修改他最後一本書稿，並最後確定書題。他一直頭腦清晰，生活正常，喜歡開開玩笑的習慣也保持到了最後。李銳老多次說過，何方是個好人！許多朋友勸慰我，這是好人最後得了好報。

我的思緒至今還比較紛亂。此時寫他，還是不知從何說起。何方不止一次說，我其實並不完全了解他。有可能。他生前要是看到我寫下的這些，還不知會對裏面多少說法不以為然呢。下面就根據自己的感受，談談他的老共產黨員、老革命本色吧！

何方是個黨齡已達78年之長的老黨員、老革命。這是他一生最在乎的身份和底色。這個底色有他心目中的內涵。他相信和忠於的

黨，是延安整風前那個時期的黨。這一點，他一生未變。因為黨所追求的民主平等自由理想，那時曾有過生動的體現。

他晚年回顧一生時喜歡說，回想起來，他這輩子竟不知快樂為何物。他一生坎坷，快樂時光確實不多。但是，從抵達延安時起到延安整風前的那三四年，應該說是他一生中最快樂的一段。對這一段，有他一生中最為美好的回憶。他平時最為津津樂道的，就是整風前的延安人延安事。連他晚年紀念胡耀邦和李昭同志，也都要從抗大生活說起。他崇敬胡耀邦，正是覺得在他的身上，不僅體現出，還大為發展了那個時期黨的各種優良作風。他曾寫過文章，說黨在歷史上有過三段生動活潑時期，先後出現在陳獨秀、張聞天和胡耀邦當總書記任內。

何方認為，黨執政後應該恢復並發揚延安整風前的那種民主平等自由作風。如果說，延安整風後的黨是適應暴力奪權需要的，那麼，共和國成立後的黨，就得按執政前鄭重許諾過多年的，把中國建成和民國時期迥然不同的民主平等自由國家。結果是沒有。黨一直沿着整風運動定下來的那套路數走了下來，共和國成立後更是越走越遠。他在《黨史筆記》裏曾說，延安整風在政治上對全黨全國的影響當以百年計。當時有老同志說，這未免也太長了吧？何方去世前不久又有新說：現在看來，百年還不一定打得住！他研究黨史，重點就是想弄清這是怎麼回事。

何方身上具有「三八式」一代人的許多共同性。這一批革命者是黨內知識文化水平和獨立思考能力都相對較高的群體。他們堅決參加革命，是為抗日，同樣也是為打倒國民黨獨裁專制腐敗政府，在中國實現民主平等自由。

在「三八式」一代中，不乏當年對民主平等自由理想的追求和日後個人政治實踐脫節的現象。譬如蔣南翔當年曾上書直言，批評延安搶救運動。可在他當了清華大學校長後，卻決不讓學生們繼承，更不用說發揚老幾代清華人保持的獨立人格和自由精神傳統。教育方針一變而為只要學生「聽話」、「出活」（清華校友楊繼繩語）。曾彥修老有一次在給何方寫的信裏說，不讓「三八式」一代在黨內發揮應有的重要作用，是「黨的重大不幸」，「中共的一大悲劇」。曾老又指出，在他們身上也存在局限性：「如果『一二九』、『三八式』一代果真當權了，也跑不出馬恩列斯一套。因為黨的模式已由斯大林定型化。」

何方參加革命後，絕大部分時間做的是文字工作。在民主平等自由問題上，沒有得到過政治實踐的考驗機會。但有一點很明確，他從未把黨的領導地位等同於黨的獨裁專制。不認為因為奪權勝利，黨就可以為所欲為，壟斷和控制國家、社會和民眾的一切。他反對打江山坐江山思想，更反對用馬上得天下的那一套治天下。1989年「風波」後李慎之挨批判，一位紅二代領導說他：吃共產黨的飯還罵共產黨！何方得知後對李慎之說：你就該把他當場頂回去！告訴他，沒有包括你我在內這些老傢伙們當年的艱苦奮鬥，你哪兒能坐到今天的位置上！

何方擔任行政領導，凡事親力親為，是當管理者，不是當官。他和在他領導下同事的關係往往比和領導他的同事關係更融洽，更合得來。他一貫說話隨隨便便，沒大沒小。1953還是1954年，在駐蘇聯使館根據上級黨組織統一安排進行的一次黨內整風或是再次給幹部做鑒定時忠誠老實運動裏，李匯川說他像個擺雜貨攤兒的，以後得注意點兒。一位參贊則上綱批評他這種作風是個政治品質問題，

這卻引出張聞天對他的評語：何方這個人比較直爽，沒有什麼心計，不搞兩面派，簡直像個調皮的中學生，倒不能算是什麼品質問題。幾乎從黨一開始給他做鑒定時起，何方的缺點就一直有「自由主義」這一條。連延安整風給他的「特務」冤案平反時也留有這條「尾巴」。他卻因此在1959年反右傾運動中被說成是個善於應付政治運動的「老運動員」、「老油條」。因為他當時就反駁，說把他打成特務是錯的，把思想作風的缺點寫進結論沒有道理，拒不簽字。

不過，在處理人和事的個人作風上，何方在民主平等這些問題上存在缺陷，也很明顯。這既出於他的個性，也同他長期在黨內生活所受薰陶有關。

青壯年時期的何方和其他「三八」式一樣，都真誠服膺馬列主義毛澤東思想，崇拜革命導師。

上世紀七十年代在外交部五七幹校，中後期有許多時間可以用來讀書。何方再次系統研讀從家裏帶去的成套馬列著作。我本來就少讀這類書，還讀不大進去。何方當時專門為我寫過一篇簡明介紹《資本論》基本觀點，長達近兩萬字的筆記，想幫我開竅。何方稱道馬克思說的，「共產黨人不屑於隱瞞自己的觀點和意圖。」這還成為何方自己為人處世的座右銘。他也堅信馬克思「懷疑一切」的哲學，認同馬克思同情弱者的情懷。何方一再向他的年輕同事建議讀讀梅林著《馬克思傳》，就因為這裏面生動介紹了馬克思的性格特點。他長期都以為，毛澤東也是「不屑於隱瞞自己的觀點和意圖」的。對毛澤東寫的詩詞文章，他佩服之至。一知道毛澤東讀了什麼古書古文，立即找出來反覆捧讀。

何方長時間都是把自己跟黨、跟革命化為一體的。

我對何方的第一個印象是，這是個能為革命拼命的老八路。那是在1950年冬，外交部和全國各單位一樣，掀起報名參加抗美援朝熱潮。章漢夫副部長在外交部老部東樓大禮堂主持大會，大家爭先恐後上台報名。只有何方與眾不同，特別招眼。他沒穿制服，而是穿黑棉襖黑棉褲，戴翻毛黑棉帽，一路嚷着「我報名，我報名」，大步流星跑到麥克風前，講了一段比誰都長的話。據張培森1998年12月29日做的談話記錄，何方對他說：「抗美援朝打起來後，討論了多次，我都參加了。還有一次是報名。我上去報了名，講了一通，表示我去抗美援朝，條件比你們誰都優越。因為我是從安東來的，那裏就在朝鮮邊兒上。他們都笑話我像個小孩，説何某人簡單幼稚。」當時他那一身東北老鄉打扮，那一副捨我其誰派頭，確曾引起全場哄笑。

我有海外關係。父親1948年被民國政府的資源委員會派到台灣去當了台灣糖業公司的協理。和我結婚，何方需要報告張聞天。第一次到張聞天家，張聞天笑眯眯地和我説的第一句話就是：「哦，你的父親在台灣？」可見張聞天雖不認為這是我們的婚姻障礙，卻重視這個問題。大概是為了減輕我的思想包袱，何方對我說過一句話：同他結合，就是同黨、同革命結下了血緣關係。

每當我問何方應該如何認識黨，他對我進行的都是正統教育。駐蘇聯使館黨支部通知我可以寫入黨申請報告了，問他該怎麼寫對黨的認識？他的回答就是一句話：「偉大，光榮，正確」。問他黨現在的一些説法做法怎麼和過去的不一樣了？他説：你怎麼能用黨今天的政策去解釋過去的政策？一切都得看時間地點條件嘛！共產黨講的就是革命的功利主義。

　　何方看不慣黨內存在的弄虛作假、當面一套背面一套的作風，尤其反對利用特權謀取私利。他同情弱者，喜歡打抱不平。看到他認為不對的事，總會忍不住提出意見和批評。往往話從「那我就不客氣了」開頭，話有時講得很難聽，乃至傷人。他說，當個老共，就應該這樣。

　　他對黨的思想感情，並沒有因為長期挨整而改變。

　　在1959年反右傾運動中挨批，他沒二話，一切都以毛澤東之是為是。毛澤東在延安整風時曾給張聞天下過五字斷語──「狹高空怯私」。何方在自己的交代和檢查中原樣照搬，直接套用到自己頭上。和我談起來，他認為自己的確就是「狹高空怯私」。

　　1962年他受到甄別。外交部黨委要在給他重新做的結論中留「尾巴」。他不服，長時間據理力爭。因為到這時，他在「三面紅旗」問題上的認識已和1959年受批判時大不相同。他做不到像上次那樣照單全收、配合和服從審查，還出來揭發張聞天了。這次，他堅持講他的理。就是姬鵬飛親自出面勸說，也不行。最後，在外交部所有被甄別人員中，以他的態度為最差。他明知也準備接受這會帶來的嚴重後果。

　　「文革」一開始，他幾乎立即就被外交部黨委拋了出來，從此進入「牛鬼蛇神」行列。他很是聽話。相繼登場的「紅衛兵」、「造反派」和「無產階級革命派」，叫他幹什麼他就幹什麼，還都認真努力幹。叫他交代檢查揭發，他就每周上交一篇。到了幹校，先是燒磚，派給他的是最重的起磚活。磚廠停辦後去養豬，養出了名氣，成為外交部江西五七幹校的一個樣板。燒火，廚房裏的「大廚」們對他的配合很是滿意。他還主動找其他體力勞動活兒做，居

然很快就成了個像模像樣的木匠，上高家具廠還到他那兒取過經。他的木工成品，不少保留至今。用硬木刻成的多個鉋子，如今就放在家裏的陳列櫃裏。我們至今還在使用着他做的帶靠背小馬紮。他還製作了多把竹木躺椅和多個樟木箱櫃。這些大都托人從幹校帶回北京，先後送給了他的延安時期好友，幫助照顧兩個在京兒子的友人和老師。

「文革」初期，他很為毛澤東發動這場運動興奮了一陣。特別擁護毛澤東反對官僚特權，讓群眾得到大民主、提意見的機會。他在「文革」中對部領導和一些大使的揭發，主要內容之一就是反對他們以公謀私的行為，譬如使用外交信使袋從國外為他們自己或受託給別人帶東西回來。（他在2017年6月的一次錄影訪談中談到，當年一位高層領導夫人竟然讓信使在外交信使袋裏裝進她的一雙高跟鞋往回帶！他談起這類往事，就像當年一樣地義憤填膺。說他當場就提出，應該把信使帶的所有個人用品都拿出來，展覽展覽！這是他此生倒數第二次接受訪談。）他看到不少高級幹部或退出了部分住房，或把住房從較大的換為較小的，覺得這次是來真的了。他從自身做起，辭退保姆，取出存款幫助有困難的朋友，做好以後長期下基層去工作和生活的準備。他也很滿意中央文件一下子就能捅到大街上，說，以後就是聽不到中央文件的內部傳達也不怕了。他曾領着我和兩個兒子，從高呼「首先敬祝我們的偉大領袖毛主席萬壽無疆！萬壽無疆！！」開始，在家裏做過幾次「晚滙報」。何方這個人從不做作，他是認真的。就連外交部抓「五一六」，因為有毛澤東和周恩來的指示，一開始還以為真有這麼個「反革命陰謀集團」，儘管他已有過在延安被莫名其妙地抓為特務的經歷。

外交部黨委1971年決定開除何方的黨籍，1974年又維持原開除處分不變。何方不僅不服，而且憤怒，決心抗爭到底。當然，採取的形式是苦苦哀求。從被開除之日起，他就給姬鵬飛、喬冠華、王海容和軍代表等部黨委領導寫信，承認和檢討自己的錯誤，落腳點都是請求留在黨內。每過一段時間就寫一封，前前後後也不知一共寫過多少封。當然，封封石沉大海。他說，他沒有「感動上帝」的意思，但是只要活一天，就要不斷寫下去，至死方休。

面對外交部復查組1979年對他的平反，何方說他這次要運用毛主席的「鬥爭哲學」，寸步不讓了。部黨委一開始還是想在給他做結論時留「尾巴」。復查組和他交涉多次。最後，部黨委終於做出1959年以來對何方的定性和處分都「是不對的，應予糾正平反」這樣的結論。部黨委對「文革」中的挨整對象承認錯誤，何方的案例在外交部獨一無二。當然，這次有胡耀邦領頭在全國範圍主持平反各類冤假錯案這個大背景。黃華取代原部黨委在外交部主事，則是何方最後能夠得到徹底平反的直接因素。

近年來參加一些聚會，有時會聽到個別老同志發出激憤之語：黨已經變成了這個樣子，我乾脆退黨算了！每當聽到這樣的表示，何方一定會出來反對。話是這樣說的：你要退，得先準備退掉你住的房子，斷掉你的醫療關係。其實他是覺得，退黨能解決什麼問題？重要的是要從歷史和理論上弄清黨為甚麼竟會變成今天這個樣子。

黨怎樣對待他，何方一直到生命的最後階段都非常在意。2016年5月，中紀委駐社科院巡視組對他作「函詢」調查，限期要他說明被舉報的三大問題：「主張在中國實行民主社會主義，仇視毛澤東，否定建國後頭三十年建設成就」。何方按期交出答覆，不僅加以批

駁，還對「函詢」做法本身提出意見。交出答覆前，我通過網絡先請幾位老友對他所寫初稿提出意見。為了說明事情的來龍去脈，是連同幾頁「函詢文件」照相件一起發給他們的。誰知這竟然造成「函詢文件」在網上得到廣泛傳播的後果。這件事引起了不小風波，何方再次受到查問。這次，他表面上仍然顯得不大在乎，實際上內心受到極大震撼。一天夜間，他竟然行為反常，半夜起床到處翻找安眠藥吃。我聞聲到他的臥室去阻止。他一見我就大興問罪之師，說：「我怎麼也弄不明白，我的一片紙（指他對「函詢」的答覆），怎麼就給弄到了網上？你這是要把我給整死啊？」這句話，他翻來覆去地說個不停。我們兩人都一夜無眠。

到了晚年，何方的思想來了個飛躍，對問題想得越來越明白。

思想觀念所以能發生大變化，同他進行反思時，不回避自己在黨內生活經歷中的錯誤行為和錯誤認識分不開。

他說，他一生犯下了兩大政治錯誤，一個是在延安搶救運動中承認自己是特務，另一個是在1959年反右傾運動中揭發張聞天。這兩件事都不僅違背他的本性，揭發張聞天，更傷害到對自己有知遇之恩的老領導和恩師。長期當張聞天助手的經歷，為他後來在成長過程中多方面不斷有所進步創造了罕有條件，國際問題研究完全是由張聞天領入門的。「文革」結束，1978年何方見到了一別近二十年的劉英同志，十分愧疚地向她檢討當年對張聞天的揭發。當時，他一生罕見地流下了眼淚。後來又了解到當時張聞天對他有表示過傷心失望。蕭揚告訴何方，張聞天聽說他在1959年外事會議上站出來揭發了，說不知道何方他們都（瞎）說了些什麼；船要沉了，都要溜了。劉英告訴鄧力群，張聞天知道何方揭發後，心裏涼了半截。鄧力群

本人也跟何方的一位延安老友說過，何方對張聞天的做法不對。何方本來就深深自疚，聽到這些，越發不能原諒自己。

這種無法擺脫的內疚和自責成為他學習和研究黨史的原動力。他從釐清張聞天在中共黨史上的真實領導地位和所發揮的領導作用開始，聯繫自己在搶救運動中的遭遇，剖析了延安整風運動的全過程。他對毛澤東的新認識，由此形成。

何方的認識有個發展過程。

入黨伊始，何方就發現黨內存在着一些他當時就覺得很怪的現象。諸如竟然還存在專門監視黨員思想活動的秘密黨員。對王實味的文章，大家幾乎一夜間就從支持變成反對。更不用說延安搶救運動之荒誕了。共和國成立後，對於1959年前發動的各種大小運動，他既非當事人，也基本上沒有參與，但深知其中怪問題怪現象層出不窮。例如連個掃盲運動都會死人。當上張聞天助手，可以讀到政治局委員傳閱的機密文件，對黨內國內出現的各種問題知道得就更多也更具體了。但對所有這些，長時間他都是見怪不怪，有時還當作笑話來聽來談，未曾想過去探究出所以然。何況當時他的主業是國際和外交問題研究。

1960年在安徽親見大批餓死人現象，自己也差一點餓死，是他在認識上發生大轉變的開始。他這才察覺毛澤東和黨在路線上出了大問題。黨怎能忍心讓自己一向依靠和信賴的農民等人民群眾成批地餓死？這無論如何也說不過去，怎麼樣也解釋不通。

也就是從這時起，即使處境一直很差，他也開始關注過去沒有下決心去想過的問題，重新思考他曾經認定沒錯或視而不見的一切。譬如延安整風運動確立了共和國成立後治黨治國的固定模式而

貽害無窮的看法，那時就產生了。在忍不住時他會和我嘟嚕幾句。說，抓「五一六」簡直就和延安搶救運動抓特務一模一樣；《國際歌》講從來沒有什麼救世主，《東方紅》唱人民大救星，豈不自相矛盾？等等。只是我那時最怕何方「錯」上加「錯」，總是制止他胡想亂說。話不投機，他當時沒法兒也不敢和我多說什麼。我的兩個兒子後來說，媽媽當時對爸爸可是不大客氣。何方晚年有時和我談起往事，老是說，看你那時把我熊得「悶兒悶兒地」！「悶兒悶兒」是何方的慣用口頭形容詞，不知道字該怎麼寫才對。其實，我和兒子倒是覺得，那個階段的何方，是對我們三個的體貼都更頻繁更直接流露的時期。

「文革」後，何方重新操起國際問題研究舊業，他把主要精力投了進去。寫了大量報告和文章，參加了無數次國內外對外學術交流活動。也正是從這時開始，在劉英的主持推動和胡耀邦的具體支持下，圍繞張聞天在黨內歷史地位的資料收集和研究工作開張。何方不僅自己研究，還參與了張聞天文集編輯組有關工作的領導。這兩方面的思考和研究齊頭並進，何方越來越能做到從世界看中國、看黨史和國史。

把黨的歷史和現狀、中國和世界、自己所學所信的理論和實際這三個方面結合起來重新思考和研究的結果，使何方在年近八十後逐步形成了一套基本觀點，那就是：在世界比較下，共和國成立後頭三十年的建設是停滯是倒退的。根本原因在於毛澤東對時代問題判斷錯誤。在中國之所以竟然在和平時期出現餓死三四千萬人的大慘劇，接着又發生摧殘生命、滅絕人性、毀滅文化、掠奪財物的「文革」大災難，關鍵出在國際共運的百年實踐。列寧通過共產國際確立了領袖獨裁的黨國體制。毛澤東又發展了列寧和斯大林的理論和

實踐，創造出具有中共特色的繼續革命理論和一切依靠運動解決問題的實踐經驗，還要把這種理論和實踐看成和說成是「把馬克思主義發展到了新階段」，「理應向全世界推廣」。因此，中國要跟上經濟市場化加政治民主化的時代潮流，要避免再次逆時代潮流而動而又一次攪得全國全世界不得安寧，必須從重新認識和研究毛澤東開始。只有這樣，才有可能對內逐步推進憲政民主，對外逐步真正融入世界。

何方的思想結晶，就是他2000年以來寫的《論和平與發展時代》、《黨史筆記——從遵義會議到延安整風》、《從延安一路走來的反思——何方自述》、《歷史要真實》（香港大山出版社出版時更名為《黨史真相》）、《何方談毛澤東外交》這些書。

這些著作，有關中共黨史、國家歷史、國際問題和我國外交戰略策略的研究，依據的是他的個人親身經歷、中共中央前總書記張聞天夫人劉英和他無所不談的對話、國內外比較準確可靠的檔案和統計資料，加上他本人的獨特觀察。就還原歷史真實來說，可說基本上準確可信。至於他對各個問題得出的總判斷，那就只能算是他的一家之言了。

何方晚年的研究工作得益於改革開放後一段時期的有利政治環境。對外開放要求必須徹底放棄外交工作以國際階級鬥爭，也就是以世界革命為綱的路線。了解一個真實的世界更是成為一種迫切需要。在上世紀八十年代，國際問題研究出現過一段空前活躍時期。在這個領域，當時上上下下都開始解放思想，講求實事求是。各個部門間也改變過去那種畫地為牢的習慣，相互間開展交流。胡耀邦和趙紫陽都非常重視而且大力提倡研究工作。中央和研究界之間有溝通

有交流。研究者暢所欲言的空間較大，重要研究成果能夠得到中央的重視乃至採納。

何方的晚年反思，一直從諸多老同志和遠比他年輕的文史學者的言談著述中得到重要幫助和啟發。

在國際關係和外交問題以及在近現代史研究、古詩詞欣賞等方面，李一氓都是他的恩師。在前一方面，宦鄉對他的幫助也不少。[1]

《黨史筆記》一書的註釋，徵引旁人發現的重要史料和研究成果數量很大，其中許多出自中青年學者。高華和楊奎松的著述是他引用相對較多的兩位。沈志華辛苦收集的蘇聯解密檔案資料和本人著作，既印證了他早已形成的不少看法，又給了他一些新的啟示。國際問題研究界一大批中青年才俊的著述也是這樣。

---

1 這同何方得到了這兩位不同尋常的重視有關。他們的這種重視，使何方有可能在先後幫他們做些文稿把關這類事務的過程裏，自己又從中獲取到難得的教益和機會。對於改革開放初期從根本上改變原有外交路線，李一氓曾起過重大作用。他在中聯部主持撰寫的幾篇重要報告，在定稿上送中央前，當面要何方即讀即對這幾篇稿子提出意見。在他1983年給何方寫的一封信裏，既對何方送請他審閱的一篇稿子作了較高評價，並提出具體意見，又談到幾個至今仍有極大針對性的觀點。比如：分析研究國際形勢和制定對外政策，必須根據客觀和現實存在的事實，兩者都不能出於人們自己的意願；中國無論是強是弱，都具有全球性意義；蘇聯對中國的根本一條是害怕中國強大，這一點無論在什麼情況下都不會改變。宦鄉去世前，是改革開放後受到國內外公認的我國首席國際問題專家。他對於外交政策的撥亂反正和對外開放都發揮了重大作用。一，是對整個國際形勢做出大不同於此前持續了三十年的判斷，並據此多次提出必須對既定外交政策做出重大調整的政策建議。宦鄉那時又具有直通胡耀邦和趙紫陽等中央領導人的條件。他組織人馬寫出、由他署名的多篇上送中央的報告，幾乎都能直接送到他們的手上並得到重視，得到具體批示的也不少。二，是他大力倡導並廣泛開展國際學術交流活動，本人更是身體力行。

　　何方的朋友圈子一向比較窄小。長時間主要就是他的延安時期老友、外交部門和中國社會科學院的同事。和朋友們交往，何方又一向不大主動。離休後，通過丁東等熱心朋友們的主動聯絡，何方的朋友圈子得以迅速擴大。這使他晚年生活得比青壯年時期遠為豐富多彩。他獲得了寶貴的友情，遠超過青壯年時期的社會尊重，一生中稀有的快樂。這成為提高他寫作積極性的重要因素。朋友們為他提供了參加多種思想交流活動的機會，督促鼓勵他寫作，給他寫出來的東西提意見，還在發表、出版和推介上多方給予具體幫助。在告別何方時，有那麼多老少朋友們前來悼念，還有那麼多認識或不認識的朋友在網上發表紀念詩文！我深受感動！在此，讓我向各位朋友表示我們全家的深深感謝！

2018年2月5日

註：本文原載於《記憶》，2018年3月31日，第六期，總第216期，經作者修訂轉載。

# 卷首語

## 一

很久以來，我就想對外交問題寫點東西，叫筆記也好，叫隨想也好，總之是想對中國外交和外交研究表達一些與官方和主流派不盡相同的看法和意見，為的是提供參考、引起討論、聽取批評。一直拖到今天，一來是離休後的十年先做了點別的事情，寫了一部《黨史筆記》和一部《自述》；二來是外交問題特別複雜和敏感，我又沒有時間和條件翻閱大量材料進行研究，所以遲遲不敢動筆。可是回頭一想，今年（2008年）已經年屆86，如果再不動筆（因為我不會用電腦），以後就沒機會了，因此決定先寫起來再說。這就是大家現在看到的這部東西：既不可能全面系統，又不會提供什麼新的資料，只是歸納了我自己對一些問題的不成熟看法。而且就是這樣，能寫多少，也還得視身體情況而定，因為終究歲月不饒人。

## 二

中華人民共和國成立已過去六十多年，無論從國內建設還是對外關係看，完全可以甚至必須分為前後兩個截然不同的時期。前期可稱為毛澤東時期，後期已經被普遍定性為改革開放時期了。這兩個時期的差別，用傳統稱呼，就是基本路線和總方針的不同。前期執行的是一條極左的錯誤路線，曾經造成許多嚴重後果，讓人民吃了不少苦頭，使中國社會停滯和倒退了三十年，成為世界潮流的落伍者。後期執行的可稱為經濟上開放的路線，雖然對前期路線有廣泛的傳承，特別是在維護一黨專政的體制上，但在經濟建設方面還是

作了些根本性的修正，因而使中國的經濟建設大體上能夠適應世界潮流，融入國際社會，參與全球化進程。所以改革開放以來，中國的社會結構特別是上層建築雖無本質改變，存在的問題仍然不少，但經濟卻得到快速發展，對外關係也有了根本扭轉，因而國際地位大為提高，使人不能不刮目相看了。

這後期對前期不但有個傳承關係，而且兩者之間還有個過渡階段，也就是逐漸演變的過程。例如毛澤東時代並沒有隨着毛澤東去世而結束，後來執行的仍然是他的路線，還特別強調所謂「兩個凡是」。直到建國三十周年時才從根本上放棄了毛的路線，其標誌就是以發展經濟為中心代替了以階級鬥爭為綱。這一變化在外交上表現得比內政更加顯著，但舊的烙印仍然長期殘留。所以本書所談對象為前期中國外交，有時也難免稍為涉及後期。

三

中華人民共和國（以下簡稱共和國）成立之初，我就跟張聞天進了外交部，先後擔任過駐蘇聯大使館研究室主任和外交部辦公廳副主任等職。1959年雖受撤職、降級、下放等處理，但總還算外交部一名工作人員，直到文化大革命以後離開，在外交部總共呆了整三十年。一半時間是躬身實踐，一半時間也可說是近水樓台的研究，使我對共和國前期的外交都多少了解一些。遺憾的是，由於歷經多次政治運動，我的所有工作筆記和本可由個人保存的材料如起草文件、報告的底稿等，都已被組織上收繳而不予發還。所以我對外交部的不多了解就只能靠個人記憶了。如果記不清楚或屬道聽塗説的

事，那就寧可棄之不用，也不勉強瞎湊。這是我歷來堅持的原則，在寫本書各篇時自然不會改變。這也是前面說過的，本書只談個人的一些看法，而不能提供什麼新資料的緣故。

不過，稍可彌補的是，我從事國際問題與對外關係的研究前後有五十年。進外交部後，無論職務怎樣變動，一直都是主要從事研究工作。離開外交部重新工作，先後任中國社科院日本研究所所長和原國務院國際問題研究中心副總幹事，也是直接間接為外交工作服務。離休後雖然改行着重學習中共黨史，但對國際與外交問題的興趣仍然未減，還繼續作點研究，並時而寫點文章發表。這也是我現在敢於寫這些東西的一個原因。

還有一點，就是這些年來中國學界對外交問題的研究，對我也起到很大的啟發和推動作用。在共和國前期，可以說沒有民間的外交問題研究，只有少數機關的內部研究。群眾能看到的就是政府聲明、報刊評論一類東西。我也曾從事過這一工作。記得1958年「大躍進」期間曾鬧過一陣「開門辦學」，北京大學請我給兩個系講中國外交政策。事後聽到教國際法和國際關係的老師們反映，連我講的「另起爐灶」、「打掃乾淨屋子再請客」等提法，他們竟然聞所未聞，可見前期外交之神秘。能夠公開談論外交問題和允許民間進行研究，已經是改革開放以後即上世紀八十年代的事了，但仍一再重申對外必須同中央保持一致。例如已經到了九十年代初，我在國務院國際問題研究中心工作時，一位研究人員在公開發表的文章中含蓄地說朝鮮戰爭是北方發動的，結果朝方提出抗議，外交部通過國務院外事辦公室轉告其主管下的國研中心，以此人離開中心自謀工作才算完事。

外交問題研究真正拉開帷幕，掀起一個不大不小的高潮，已經是上世紀九十年代中期了。這也與蘇聯解體、俄羅斯當局大量公佈對外關係檔案有關。與此同時或稍後，中國和許多資本主義國家也都先後依法對過去的部分檔案進行了定期解密。所有這些，都大大有助於推動中國前期外交的研究，催生出一批中青年學者。他們不但為學術界提供了大量歷史檔案材料，而且還發表了在這方面可謂數量空前的論著，對中國現代史特別是外交史提出了許多新的看法，揭露了許多過去以保密為名而加以隱瞞的史實，進行了初步的正本清源。我能讀到這一代學者的東西可能不多，但卻受益匪淺。特別是沈志華和李靜傑兩位，還贈送給我已經譯成中文的有關中蘇關係的俄羅斯解密檔案，使我了解到許多事實真相和原來不知道的東西。我現在寫前期外交問題，也可說是白髮人站在黑髮人肩上對過去的回顧。如有失誤，那也是老眼昏花的緣故而不能賴別人。

## 四

關於共和國前期外交，想要談的問題並不多，但涉及的面卻很廣，除個人的理解和記憶外，還得使用不少材料。按照學術界的傳統規矩，一般都要開出參考書目和引文或依據的註釋。對此，我想做一點改變。一是不列參考書目和資料，因為我覺得不太必要。說老實話，我先後讀過的有關書籍、文章以至純粹的材料也還真不能說少，但大多忘卻了，因此列出來只能起壯膽的作用。例如馬、恩、列、斯、毛，我大多數都讀過，有些還讀過多次，都列上，那是吹牛；只列其中若干卷，又沒什麼道理，所以還是免了的好。又如其他有關著作和文章資料，也確實讀過不少，有的甚至看過好幾遍。但是現在

呢，讀過的，多已忘卻，或者記不準確；所記筆記，部分被收繳，大部自行銷毀，已經蕩然無存。而且我寫這部書，只是個人對一些問題的反思和隨想，算不得學術著作，又何必裝模作樣呢？至於註釋，總的原則是儘量從簡，應當說明和需要指明出處的只在文中作點註，為眾所周知和較為普遍和平常的問題，也就不多此一舉了。

本書所用材料和進行立論的依據，除個人的一點平凡經歷外，基本上都是公開材料和別人的研究成果，所以並無新意可言，更談不上洩密。如果有人硬要說是洩密，那只能是欲加之罪。但是同樣的材料，也可產生不同的結論和看法。甚至擁有材料最多和看得最細的人，對問題的看法卻不一定對。因為比材料更重要的還是觀點、方法和對材料的駕馭。這是一些西方先哲和中國學者早就論述過的。例如曾被馬克思、恩格斯稱道過的古希臘的樸素辯證法，就比中世紀的宗教哲學和機械唯物論更接近真理。這倒不是有意為自己掌握材料不多預設辯詞，而是想說明即使對某一問題擁有材料不多，也還是有些發言權的理由。例如以毛澤東發動「大躍進」和推行人民公社的主觀原因而論，就存在多種說法。主流的說法是，從國家利益出發，為使全國人民早日擺脫貧困狀態。對此辯護，我就不大信服。因為在明知「大躍進」、公共食堂行不通，並已出現餓死人現象，因而準備反「左」的情況下，卻在廬山會議上突然來了個180度的大轉彎，並且接着就在全黨全國發動聲勢浩大的反右傾運動。無論從動機還是效果、或毛自己提倡的動機效果統一論來看，都完全推翻了這種主流輿論。另一種意見，說是為了振興中華，一吐過去長期受美帝欺凌的滿腔怒火。根據我的體會和了解，也根本不像，證之以不久後就堅持聯美反蘇這一重要歷史事實。再一種說法，就是認為毛內心是想把蘇聯比下去，為共運蹚出一條新路，生則爭得國際共運

領袖，死則名垂千古；同時要借此排除異己，進一步提高個人威望和加固獨裁專制體制。這倒很有點像。可見，結論的正確與否並不和掌握材料的多少成正比。

五

　　既沒有什麼新的資料，又不成系統（體系），寫這部有關共和國前期外交問題的書，所為何來？其實道理並不複雜，只是出於以下幾點想法。

　　一是希望對外交問題的撥亂反正起點推動作用。十一屆三中全會以後，曾掀起了一陣解放思想、撥亂反正之風，對國內各方面的問題都有所反思、檢查和探討。雖然由於很快提出堅持四項基本原則而中途剎車，進行得並不徹底，但此風既起，就不容易完全壓住。例如雖然一再三令五申，不許談反右派、「大躍進」、反右傾和三年困難，以及「文化大革命」等，但是談論終究禁止不了，而且除了極個別的「四人幫」殘渣餘孽外，即使主流派輿論也沒有人敢於公然為「大躍進」、反右傾、「文化大革命」翻案平反。不過在我的印象中，有關外交問題卻完全是另外的情況，並沒有作過什麼撥亂反正，反倒被認為一貫正確。毛澤東晚年把中國搞成了國際社會的孤兒，1982年中央關於建國以來黨的若干歷史問題的決議還要說他執行了正確的對外政策。在當時我就在會上提出不同意見，並被作為一種需加注意的思想動向寫進了會議《簡報》，自然不會起任何作用。直到現在，官方和主流輿論，都絕不承認中國外交有過什麼失誤。連外交部發言人的對外談話，不管提到什麼問題，都是「中國政府的立場是一貫的」，或者「我們歷來主張」等。看來，在外交問題上進行撥

亂反正的補課，不但完全必要，而且大有裨益。這樣做，既可以增進中國作為講求實事求是和負責任的大國形象，對內也是滿足人民的知情權，去掉或減少愚民政策的造假藏真，必定會獲得群眾的歡迎和擁護。

二是希望給外交研究這個長期的禁區打開一條縫。給外交研究和討論設禁區，那是專制獨裁的需要。因為那樣可以為所欲為，不受監督和批評，有利於「坐江山」的穩固，但對國家和人民卻危害極大。在國際上也是瞞天過海，不敢負責的表現。例如從過去到現在，對外援助除少數例外，基本保密，大概就是擔心老百姓不滿和鬧事。記得三年困難時期，國內餓死人無數，不得不進口一點糧食。有一次大概是從阿根廷購進幾萬噸小麥，載糧船隻已開到回國的海洋路上，但阿爾巴尼亞要求供給糧食，於是一聲號令，運糧船向阿駛去。你說這事讓老百姓知道能高興嗎？又如現在，連在政府無任何兼職的某些中共中央領導人，也可在訪問中亞和非洲時向一些國家撒錢援助（因對國內秘而不宣，只能從外電報導中了解到一點），但卻從未見到他們去寧夏、青海、雲南、貴州等國內許多貧困地區探望尚未實現溫飽的群眾，更不用說支援和布施了。要知道，用於援外的是納稅人的錢，怎麼能背着他們去花呢？還有，由於以前的黨和國家領導人，包括毛澤東和某些後繼者，不懂和不顧國際法，又變化多端，所以在外交上常造成自相矛盾和處於被動。後來不但在國際上顯得尷尬，在國內也很難對人民作交待，而不能不繼續進行隱瞞和造假。例如中俄邊界問題，對蘇「一邊倒」時，一再說蘇聯廢除了對華不平等條約。過了沒幾年，一旦交惡，又大張旗鼓地宣傳沙俄根據不平等條約從中國割去150萬平方公里的領土，還逼着對方以承認這點為解決邊界問題和立新約的前提。一直到後來要解決中俄邊界

問題了，卻不敢向人民宣傳問題到底是怎麼具體解決的。即使在官方報刊上，也看不到達成協議的詳圖。至於以前強調的唐努烏梁海更不再提起，連十月革命後蘇聯撫遠三角洲（黑瞎子島）最後是怎麼劃分的也不便公開宣傳。這類自己製造的被動還多得很。又如二十世紀五十年代，我們為了援越抗美，把北部灣一個大點的島送了給越南，越南取名為白龍尾島。在同朝鮮劃界時，把鴨綠江和圖們江中的幾十個島讓給了朝鮮，長白山和天池也讓了一半。這些也都不能提了。可見外交上設禁區，對當局也並不有利。因此我想在打開禁區上帶個頭，讓外交不再對內神秘，沒有必要保密的事也不必繼續暗箱作業。

三是希望能夠對過去外交工作允許爭鳴討論、總結經驗教訓，真正做到解放思想、求真務實、與時俱進起點推動作用。如果強調一貫正確和祖宗之法不可違，那只能保護落後、阻礙進步，既不利於國際形象的改善，也會使國內群眾對外交或者漠不關心，或者思想混亂。承認錯誤，無論是個人還是國家，都是一種清醒自信和堅強有力的表現。文過飾非、自命一貫正確，也許可以欺世於一時，但很快就會破滅的。斯大林和毛澤東，在世時是都曾以一貫正確自居，但身後不久，大概除了極少數思想保守和極左，以及利益攸關的人以外，已經沒有什麼人相信了。美國有位前官員曾說過，在朝鮮戰爭期間如果再同中國開戰，那就將是在錯誤的地點、錯誤的時間、與錯誤的敵人，打一場錯誤的戰爭。後來這幾乎成了美國人的共識，但美國在世界的主導地位並未因此有所動搖。我們能承認中越邊境衝突只是對越南的「教訓」和對民主柬埔寨的支援，而不是什麼「自衛反擊戰」嗎？我們還有哪一個領導人敢再說波爾布特所謂一步到

位的社會主義實驗走到了中國的前面，值得我們學習？在國際審判波爾布特集團種族滅絕罪行時，我們黨和政府敢承認和公開過去和他的關係嗎？結果只能是，世界上早已公開，只有中國老百姓被蒙在鼓裏。這如同黨中央總書記在紀念劉少奇誕辰一百周年的講話裏說劉是被「林彪」、「四人幫」迫害致死的一樣，在歷史上是不會長久的。這哪裏談得上實事求是和歷史唯物主義？還可舉個並無政治內容的小例子。國家領導人接見外賓時的陣容和形式，也是毛主席創辦以來，歷屆領導都做到墨守成規，堅持幾十年不變的。只見客主分坐在中間置有花藍的小桌左右，扭着脖子交談；而只做樣子的陪見者分左右兩排雁陣而坐。如有改進，也許只是去掉了毛、鄧在時放置的籐椅和煙灰缸。還有，外國元首或政府首腦來訪，無論時間多麼緊張，事情多麼重要，都得在和國家主席、政府總理會談後還要擠出時間來拜會人大和政協的領導。在我們，也許是為了四套班子一碗水端平；但對有些講求實際的客人就可能造成負擔，因為他們除了聽一些重複的套話和空話外，不會聽到什麼實質性的內容。這都實在是一種形式主義，為什麼不能總結經驗，作點變化呢？當然更不會允許輿論界談論這類事。以前那種重要外賓來，必須有經過多日演習的千百小學生穿同樣服裝去機場歡迎的儀式，還不是由於李光耀的建議而取消掉的？為什麼不許中國報刊談論？只是一般說說總結外交工作的經驗教訓，肯定沒人敢出來反對。但要真的在報刊上公開進行批評討論，那恐怕不比駱駝穿針孔容易。在這裏也應該反對葉公好龍的現象。

以上所提三點，只是表達個人的希望，能不能起點作用，就難說了。

　　最後，談一下對本書書名的考慮。一開始曾想用《對新中國幾個外交問題的反思》。後來一想，新中國究竟應該從什麼時候算起，還是個問題。如果是指中國人民從外國的欺凌下站了起來，那麼，抗日戰爭期間的中華民國就已經站起來了。那時，英美廢除了對華不平等條約，1945年中國成了聯合國四強（後來加法國成了五強）之一。我們還在延安時就已經在唱四強歌：「中蘇英美，四大強國；四大強國大聯合，聯合起來，打倒法西斯！哎嗨喲！」如果是指中國人民從民國的專制獨裁政權下解放了出來，那麼，共和國頭三十年的情況甚至超過民國。所以，我在本書裏就採用民國和共和國，而不用「舊」和「新」來稱呼1949年前後的中國了。又因中國早已存在，不把中國共產黨1949年奪取全國政權的行為稱之為「建國」，也更為恰當。

以上寫於2008年6月22日

## 補記

　　這本小書從2008年開始動筆，當時不僅擬好詳細提綱，還寫出卷首語，但2010年完成第一篇後就進入寫寫停停狀態，一拖就是近十年，直到現在才勉強告一結束。說勉強是因為，現在的書稿已和開始設想的寫作計劃不同。有的問題大大簡化，如中印戰爭、中越戰爭和珍寶島之戰，有的沒有另寫如中日關係，有的不擬再寫如中美關係、聯合國和台灣問題。原因只是年老體衰，越來越寫不動了。曾想打退堂鼓。只是在幾位友人的期待和督促下，最後還是把書寫完

了。近些年的做法是，先由老伴宋以敏根據我的寫作提綱、做的筆記和口述錄音整理成文，再由我修改定稿。好在宋以敏也有長期在新聞司和中國國際問題研究院等外交部門研究國際關係的經歷。

全書不是一氣呵成，而是有點虎頭蛇尾，有些內容在各篇中還有些重複，不足之處很多，我自己並不滿意，但也只能如此了。

所以最後還是決定就這樣拿出來，是因為深感我們國家要走向憲政民主，擺脫個人迷信至今仍是一道繞不過去的坎兒。改革開放以來，毛澤東在共和國成立後國內問題上所犯錯誤，雖然一直受到各種限制，相比而言，還能陸續得到比較深入的探討。如何認識毛澤東對外的所思所為，就不僅討論更少，爭議也更大。記得上世紀八十年代初開始興起中外學術交流，有一次美國學者施樂伯（Robert Scalapino）和何漢理（Harry Harding）來華，遍訪國內主要國際問題研究機構，只為弄清中國外交的決策機制。我當時心裏就想，哪裏有那麼複雜的決策機制，就看毛澤東（接着是鄧小平）是怎麼想怎麼做的，就全都明白了。我這本專談毛澤東（兼及鄧小平）外交的書，只想起一點拋磚引玉作用。

何方

2017年9月16日

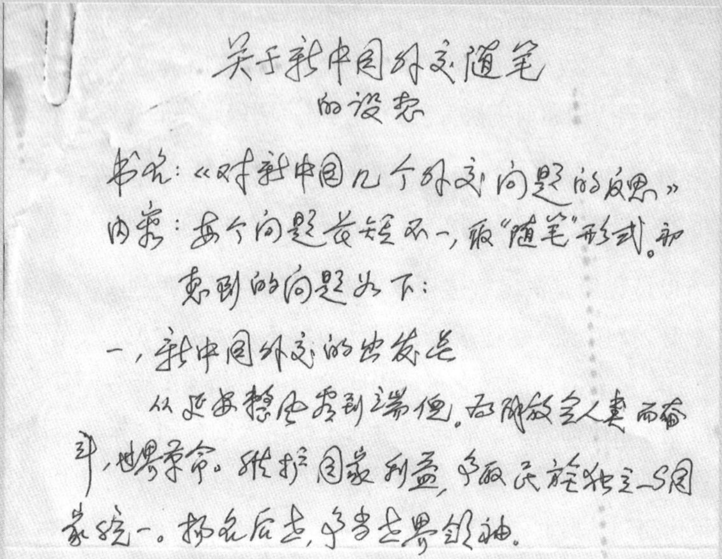

关于新中国外交随笔
的设想

书名：《对新中国几个外交问题的反思》
内容：每个问题长短不一，取"随笔"形式。初步想到的问题如下：
一、新中国外交的出发点
从延安整风学到端倪。为解放全人类而奋斗，世界革命。维护国家利益，争取民族独立与国家统一。摆脱后来，争当世界领袖。
国内外形势的发展变化和外交思想、外交政策、外交实践。对时代认识和和战准备
二、所谓新中国外交三原则 大政策
一边倒铸定的是照搬苏联模式。国内的全盘苏化和外交上的追随。毛比斯大
打扫干净屋子再请客的实质是把自己孤立于资本主义世界之外，关起门来自力更生地建设社会主义，实行闭关锁国政策。以后外援

何方曾想用《對新中國幾個外交問題的反思》作為書名，並擬好詳細提綱。圖為何方的提綱手跡（部分）。

另起炉灶是完全拒绝外交上的继承，自动放
弃回旋之一的大回地位，置身于国际之弟之外，显示出对
要求赞同的傲慢。大俊以公民时起，回目需是你受挫。

三、朝鲜战争

关于闪击全哦，列力统一。惟善和实列拉美
援朝。停战问题上的两次失误和被迫和谈。朝鲜战
争的以四吴色。

四、中苏关系

中苏关系史：苏联对中国革命的控判和支支
拔大林在世时，是接受苏共领导和一台子苏联
的时期，移不上独主自主。
拔大拔逝世后的争争领导权 和导到反修路修。
要ee才的三路说。

五、印支问题与中越关系。
中越关系的进热和进冷。
支持民柬马中越冲突。

六、中印关系
化友为敌。
时待民族主义国家问题上的 路线错误。

何方的提纲手迹（部分）

# 作者簡介

1922年10月18日生於陝西省臨潼縣，2017年10月3日去世，享年95歲。

1938年奔赴延安，進抗日軍政大學學習和工作。1939年參加共產黨。後轉外語學校學俄文，參加整風和勞動。1945年去東北做地方工作，先後任縣委宣傳部長、省青委副書記等職。1950年調外交部，先後任中國駐聯合國代表團成員、駐蘇聯大使館研究室主任和部辦公廳副主任。1959年受廬山會議「彭（德懷）黃（克誠）張（聞天）周（小舟）反黨集團」錯案牽連，被定為外交部反黨宗派集團主要成員和右傾機會主義分子，並下放農村勞動。「文化大革命」一開始即被打成專政物件，1969年押送幹校勞動改造整整九年。1979年得到平反並恢復工作。先後任中國社會科學院日本研究所所長、中國國際問題研究中心副總幹事。1999年離休。

1991年被評為作出突出貢獻的政府津貼領取者。1994年被授予俄羅斯科學院遠東研究所名譽博士。曾受聘為北京大學、南開大學和其他幾間大學的兼職教授。2007年被評為中國社會科學院榮譽學部委員。為第七、八屆全國政協委員。

著有《論和平與發展時代》、《何方集》、《黨史筆記——從遵義會議到延安整風》、《從延安一路走來的反思——何方自述》、《何方談史憶人》、《爭議下的國際問題觀察》、《黨史真相》等書。

# 1936–1949

1936年何方在臨潼上學，生平第一　　1939年8月在延安抗日軍政大學。
張照片。

1945年11月，從延安到東北，路過瀋陽時攝。

1946年在哈爾濱市雙城縣。

1946年12月，何方和彭敏（右）在哈爾濱。彭敏後來是武漢長江大橋局第一任局長。

1949年5月於北平，何方（見右上角小照片）作為遼南省青年代表團團長，參加全國青年代表大會，毛澤東、朱德等中央領導人參加了這次大會。

## *1950 – 1958*

1950年何方進入外交部，在以張聞天為團長的中國駐聯合國代表團工作。1951年隨轉任駐蘇聯大使的張聞天被調到使館，任研究室主任。1955年3月被新就任外交部常務副部長的張聞天急電調回外交部，協助張聞天進行整頓部內各項工作的「啟動工程」，為張聞天處理各種上傳下達文電及幫他起草文章等。

年青時的何方，攝於1951年初到駐蘇聯
大使館後不久。

1951年，莫斯科駐蘇聯大使館院內，和延安俄文學校同學兼摯友付克（左一，曾任教育部高司副司長）和高亞天（右一，時為北京外國語學校俄文部領導人）。

1953年夏，何方和中國留學生鄒家華（右）在駐蘇聯大使館院內。在蘇期間，何方有定期為中國留學生做形勢報告的任務，當時和鄒比較熟稔。

1954年夏，攝於列寧格勒（現聖彼德堡）。左起：張聞天大使夫人劉英、吉合武官夫人鄔儀貞、張聞天、何方、宋以敏。鄔儀貞丈夫吉合，原名田德修，留學蘇聯時改名吉合諾夫。建國後出任中華人民共和國駐蘇聯大使館武官，1955年獲授予中國人民解放軍少將，鄔儀貞亦於同年獲授中校銜。

1957年2月至7月，何方隨同外交部常務副部長張聞天到包括駐印度使館在內的東南亞和南亞多國使館視察。圖為4月於印度泰姬陵攝。

何方1958年7月隨張聞天參加外交部在布拉格召開
的使節會議,會議前後又用一個多月時間視察中國
駐蘇、波蘭、匈牙利、捷克、(東)德和瑞典等六國
的使館。圖為7月在斯德哥爾摩總統府廣場。

## *1959–1989*

1959 年 7 月，中共中央於廬山召開政治局擴大會議，張聞天和彭德懷等一起受到批判鬥爭。作為張聞天在外交部主要助手的何方，亦被定為「外交部張聞天反黨宗派主要成員」和「右傾機會主義分子」，被解除辦公廳副主任職務並下放勞動。文革期間被外交部黨委交由「群眾專政」，1969 年 3 月被押至外交部江西五七幹校，勞動九年整。1971 年被開除黨籍。1979 年獲平反後，何方主動要求離開外交部。首先進入以胡喬木為組長、宦鄉為副組長的中央國際問題寫作小組。該小組根據鄧小平指示成立，專門研究「蘇聯社會帝國主義問題」。隨後進入中國社會科學院，任日本研究所長九年。

1962 年 3 月 10 日，外交部為部內於 1959 年反右傾運動中被錯誤處理的幹部甄別平反，舉辦了傳達七千人大會學習班，這是辦公廳組成員合影。前排右一：何方，右三：外交部部長助理兼辦公廳主任韓念龍，右四：外交部副部長姬鵬飛，右五：辦公廳副主任林中。何方及林中兩人為受甄別者。

1971年，何方在外交部江西五七幹校養豬場。豬場由
他一人負責。因豬養得出色，幹校曾組織各連隊前往
參觀。由於「群眾專政對象」不能出面，經驗由他所
在連隊的領導介紹。

1979年9月，何方在北京釣魚台賓館十一號樓。中央為研究「蘇聯社會帝國主義」而成立的寫作班子就設在該樓。

1979年11月，何方隨同由中國社科院副院長宦鄉（後排左四）率領的代表團訪美一個月，以蘇聯問題為主題進行交流。此行開創了實際意義上的中美學術交流活動。圖為代表團全體人員會見總統安全事務助理布熱津斯基（Zbigniew Brzezinski，後排左三）。後排左一李慎之（待任美國研究所長），左二何方（待任日本所長），左五劉克明（待任蘇聯東歐所長）。前排左一徐葵（繼劉克明任蘇聯東歐所長），左三陳明群（中國國際戰略學會高級顧問、總參二部副部長）。

1979年11月18日，李慎之（右）與何方在洛杉磯樂園。

李慎之是新華社資深記者。1950年代上半期常為外交部撰寫文稿，在1954年日內瓦會議以及幾次隨周恩來出訪期間得到周的賞識。1957年被毛澤東親自打成右派分子，1970年代末恢復工作，1979年隨鄧小平訪美，是自由主義倡導者。任社科院副院長時因「六四」事件被撤職。何方曾撰文悼李慎之，稱二人為「知交」。改革開放後，兩人交流頻繁，凡寫文必定首先互相交換意見。

1979年11月18日，宦鄉（右）與何方在洛杉磯樂園。
宦鄉 1989 年離世前，是改革開放後得到國內外公認
的中國首席國際問題專家。何方在外交部與他相識，
1965 年又和他一起到河北昌黎參加「四清」半年，
從此彼此相知。改革開放後，宦鄉在國際問題和外交
政策、特別在理論問題研究方面比較看重何方，把他
當作主要助手。

1980年4月3日，東京，何方（後排右四）隨中國社科院副院長宦鄉（前排左二）訪問日本學士院，會見學士院院士、東京大學榮譽教授有澤廣巳（前排左三）。日本學士院為日本文部科學省特別機關，專為表揚出色學者而設。何方和有澤先生高度相互尊重。何方訪日時多次拜訪他，1987年他曾破例要何方帶夫人去日本進行學術訪問。

1980年10月6日，北京，佐伯喜一（前左二）訪問中國社會科學院，會見社科院副院長
宦鄉（前左三）、蘇聯東歐所長劉克明（二排左二）、西歐所長施谷（前排右一）、宗教
所副所長趙復三（二排右二）、何方（三排左五）和程明群（三排右四）等。

佐伯當時是日本野村綜合研究所所長，日本防衛廳防衛研修所所長。和何方較熟，
何方曾專門陪他到西安等外地參觀。佐伯重視何方在各國戰略，特別是在蘇聯東
歐問題上的見解，訪華或何方去日本時，幾乎每次都要找何方交流。

1984年8月14日，北京，黃華（右四，1976–82年任中國外交部部長）宴請傅高義
（Ezra Vogel，前排左四）等美國學者。黃華離任外交部長後繼續積極從事多種國
際友好交流活動，會見國外政治家或學者時，何方（前排右二）參加過幾次，前排
左一為李慎之。

傅高義為哈佛大學亨利·福特二世社會學榮休教授，哈佛大學費正清東亞問題中
心第二任主任，長期研究日本和中國問題。

1985年6月4日，中國社會科學院一代表團應布魯金斯學會邀請訪美。右一為何方；左一：鮑大可，左二：浦山。

鮑大可（Doak Barnett）是美國傑出的中國問題專家，美國當代中國學的開創者和奠基人。浦山為經濟學家，1982–88年任中國社科院世界經濟與政治研究所所長。何方在中美兩國多次和鮑交談。

1986年6月何方（右）隨時任中國社會科學院院長胡繩（左）訪日。

何方1986年6月3日，東京，何方（左一）隨胡繩（左三）訪日時會見日本首相中曾根康弘（左四）。左二為駐日大使章曙。在中國近現代史和中共黨史問題上，何方以胡繩為師。

1987年5月22日，在中國社會科學院日本研究所舉行「有澤廣巳文庫揭幕式」。右二為王震（政治局委員，中日友協名譽會長），右四為社科院長胡繩，左一為何方。

有澤廣巳是日本社科界的領袖人物，何方當日本研究所長後同他成為異國忘年交。有澤先生暮年將他所有藏書都捐贈給了日本所。日本所為此設立了「有澤廣巳文庫」。其中有一本德文第一版《資本論》第一卷，十分珍貴。何方知道中國的國家圖書館還收藏有另一本1867年德文版第一版《資本論》第一卷，因為這是由何方另一位亦師亦友忘年交李一氓上世紀五十年代在國外購得後交公的。

1988 年11月，在加拿大維多利亞，何方和蘇聯的格•阿•阿爾巴托夫（上圖）和日本的大來佐武郎（下圖）。

何方備註：我和他們一起參加了1988年11月18–21日在加拿大維多利亞舉行的第十七屆威廉斯堡會議。這種會議歷年都由各國派出國內一名能用英語直接交談的國際問題政府主要智囊參加。中國一直是宦鄉。但宦鄉已因病住院，要我替他參加這次會議。會議組織者破例讓我帶上了一名翻譯。格•阿•阿爾巴托夫（Georgy Arbatov）在蘇聯政治舞台上的影響，主要表現在對外政策領域。他長期為前蘇聯最高領導人擔任顧問，參與起草過蘇共中央一系列重要文件和蘇聯領導人的重要講話，服務過的領導人包括赫魯曉夫、布里茲涅夫（內地譯勃列日涅夫）、戈爾巴喬夫以及俄羅斯的葉利欽。大來佐武郎曾是日本外相。

# *1990 – 2017*

1989 年至 1995 年，何方任中國國際問題研究中心副總幹事。曾是參加中美知名人士定期交流活動的中方固定成員之一，還多次應中國國際戰略學會和其他國際問題研究單位之約參加對外學術交流活動。

何方一生與蘇聯、俄羅斯淵源甚深。在延安學過俄文。長期聯繫整個國際共產主義運動研究蘇聯問題。因他有關時代問題的著述，1994 年被俄羅斯科學院遠東研究所授予名譽博士學位。曾任中蘇、中俄友好協會副會長10 年。

1990 年 4 月 6 日，莫斯科，何方（右一）作為中蘇友好協會副會長參加在莫斯科舉行的中國經濟形勢報告座談會，由何方做報告。正裝站立者為1950年代在中國政務院任經濟總顧問的蘇聯專家阿爾希波夫。

1990年4月，莫斯科，何方在俄羅斯科學院遠東研究所所長季塔連科的辦公室。季塔連科是俄羅斯院士，蘇聯／俄羅斯著名漢學家，俄中友協會長。主要作為學者，也因中蘇／俄友協副會長的身份，何方和季在中蘇兩國交往多年。

1990年11月4日，蘇州，何方和北京大學國際關係學院副院長、國際關係研究所所長袁明（左）。袁明曾組織有多國學者參加的東北亞論壇國際討論會，會議在中國、日本、澳洲等不同國家定期舉行。何方是中方的固定成員之一。

1991年6月17日，北京，何方在「面向21世紀的挑戰：中國國際關係學科的發展」
國際學術討論會上發言。右為施樂伯（R. Scalapino），美國著名中國問題專家和
政治學者，專長為東亞政治與中美關係研究。他是美中關係全國委員會的創辦者
與主席。何方和他在中、美、日等國多次交往，和他比較熟悉。

1991年9月17日，在伊斯法罕，何方和中國國際問題研究中心總幹事李鹿野（左一）去伊朗進行學術交流，何方專談中國和世界經濟問題。

1991年10月12日，東京，何方在第四次中日經濟討論會上發言。

（上圖）1994年10月，在華盛頓參加第七屆中美知名人士交流活動時會見美國貿易代表希爾斯（Carla Hills，左七）；希爾斯後來任中美關係委員會會長。希爾斯左後側為何方，何方左後側為經叔平，1993年起任全國政協常務委員，全國工商聯執委會主席。右二為外交學會會長劉述卿，左四為駐美大使李道豫。何方在這次活動中提交的論文題目是〈中國今後五年的外交政策走向〉。

（下圖）何方（右二）會見美國前國務卿黑格將軍（Alexander Haig）。左三為程明群，時任中國人民解放軍國防大學科研部部長。

1998年4月30日，何方和根本安雄於北京。根本安雄是日中技術留學交流協會會長，長期為日本研究所提供學術交流資金。何方任日本所長後一直受到他的敬重，兩人交往不斷，一直到根本先生去世。

1999年12月，在東京，何方作為中國國際戰略學會高級顧問會見日本前首相橋本龍太郎。

2006年8月21日，北京何方家，與傅高義交談。傅高義教授為寫《鄧小平時代》一書前來訪談。傅漢語說得好，何方和他交流無語言障礙。傅為寫有關日本問題的新書和準備撰寫《胡耀邦傳》又於2014年至何方家長談。

2007年12月4日，在北京對外友協，何方作為中俄友協高級顧問會見俄羅斯前駐中國大使羅高壽（Igor Rogachyov）。

羅高壽是著名蘇聯／俄羅斯外交家和漢學家，也是中國人民的老朋友，為中俄和平友好事業做出了卓越的貢獻。羅高壽把中國作為他的第二故鄉。

（上圖）2014年5月19日，北京日本駐華大使木寺昌人（左二）官邸，大使為何方（左四）頒發日本「外務大臣獎」，表彰何方「為促進日中友好親善關係做出顯著成績」。

2016年2月，北京何方家，本書各篇成稿後均一一首先請蕭揚閱提意見。蕭揚是張聞天的政治秘書，一直在外交部和部屬世界知識出版社工作，著有《張聞天與中國外交》一書。

# 第一章

# 中華人民共和國建立前後
# 的國際形勢

　　討論共和國前期的外交，不能不先談一下那個時期的國際形勢。因為所謂外交，顧名思義，也就是對外關係和國際往來。國際形勢對外交的影響並不亞於內政對外交的影響。所以要談一個時期的外交，就必須了解當時的國際背景。然而共和國成立以來的國際形勢千頭萬緒，這裏不可能作系統闡述，更不會面面俱到。我只想就幾個有不同看法的問題談點個人意見，並不是説這一段時間的國際形勢只有這幾個問題，也不表明哪個重要或哪個次要。作此説明後，就讓我們討論以下幾個問題：我們所處的時代；全球化與中國；二十世紀的國際形勢和社會潮流；美蘇冷戰與中國。

# 我們所處的時代 [1] ——
# 共和國誕生在兩個時代的交接期

　　共和國成立六十年來，分為前後各三十年兩個明顯不同的階段。前一階段，是「以階級鬥爭為綱」，進行「無產階級專政下繼續革命」，雖也取得一些成績，但卻是犯有嚴重錯誤和存在沉痛教訓的三十年。後一階段，是以經濟建設為中心，進行市場化的改革開放，雖然缺少政治改革，但還是實現了經濟快速增長，達到初步小康和成為世界經濟大國的三十年。造成兩個階段不同的重要原

---

1　關於時代問題，二十多年前我曾將幾次報告整理成一篇文章，以〈我們所處的時代〉為題發表。後來又和其他有關文章合併成一本《論和平與發展時代》的書，由世界知識出版社2000年印出。離休後由於改行學黨史，有些觀點如對列寧主義、毛澤東思想、鄧小平理論的看法，已發生重大變化。但對時代問題的理解並沒有改變，後來又作進一步發揮，見〈我們所處的時代〉一文，載於《爭議下的國際問題觀察》，中國社會科學出版社，2013年1月版，第3-70頁。（編按：本章寫於2010年1月，作者2017年7月再修訂）

因，就是對時代及其特徵的判斷不同：前者堅持仍然是戰爭與革命時代，因此繼續以世界革命為總路線和總政策；後者認定時代特徵已轉變成和平與發展，總路線也改為集中力量發展本國經濟並維護世界和平。不同的判斷導致不同的結果，證明了對時代的認識和判斷的重要。事實上，中華人民共和國成立時，正好是戰爭與革命時代的結束及和平與發展時代的開始。這就是建國前後面臨的國際形勢的主要特徵。

## 二十世紀分為前後兩個不同的時代

### 對時代的理解和劃分

我們這裏談的時代，是十九世紀末以來，國際共產主義運動中的一個傳統提法，在理論上和政治上都被置於首位的一個重要概念。各國共產黨在制定戰略方針時都是從對時代的判斷出發，中國更不例外。即使西方資本主義大國在制定其國家戰略特別是對外戰略時，首先考慮的也是總的國際形勢及其發展趨勢，不管是不是用時代這個名詞。所以，我在這裏還是採取老辦法，從我們所處時代談起。

那麼，什麼是時代呢？簡單說來，時代就是指對一個歷史時期世界形勢和國際關係中客觀存在的基本特徵和主要趨勢的判斷。

時代特徵的轉換交替，是基於世界歷史發展的規律，是一種客觀演變，不以人的意志為轉移。人們只能對時代特徵做出正確判斷和適應，而不能隨意創造或改變它們。但是有不少學者在談到時代和時代的特徵時，卻不是這樣看問題，反而認為時代和時代特徵是由領導者的主觀意志決定的，因而把戰爭與革命時代跟和平與發展

時代的交接定在二十世紀八十年代。因為在這之前，毛澤東和黨中央都肯定我們處在戰爭與革命時代。直到八十年代中期，鄧小平才提出和平與發展兩大問題，隨後由黨中央定為世界主題和時代特徵。實際上，不論叫時代特徵還是叫國際形勢發展總趨勢，都是由客觀存在的歷史條件決定的。人的意志，即使是重要大國領導人決定的中心任務，也只能對它產生某些影響，絕不能改變它的發展方向。所以說，新的時代特徵「和平與發展」替代舊的時代特徵「戰爭與革命」，是歷史發展的必然，是世界變化的結果，而不是出於人們的主觀判斷。

由此觀察時代，可以看到和認定：第一，它是國際性的，涵蓋全世界，而不是指一個地區或一個國家。例如中國有毛澤東時代，就只適用於本國。第二，它具有全面性，是國際政治、經濟、社會、文化等發展的總趨勢，而不是某個方面的發展階段，如信息時代。第三，它具有決定性。世界上各種不同甚至相反的趨向和事態經常都在發生和存在，包括世界格局和國際秩序，但都不可能扭轉和改變時代的基本特徵，而只能受它的制約。第四，它具有相對的穩定性。就是說時代和體現它的基本特徵存在於一個比較長的歷史階段，不會輕易改變。因此，對時代的判斷是着眼於長期戰略的根本性判斷，不能碰到一點風吹草動就動搖以至改變對時代的認識，否則就會犯大錯誤。

這次時代的交替，也就是舊時代的基本特徵已失去作用，而為新時代的基本特徵所取代。這個轉化過程，準確地說，可以定在二戰結束到民族民主革命高潮的頂峰已過的1950年代初。因此，過去的二十世紀就分為各佔一半的兩個時代。前期被稱為戰爭與革命時代，因為發生了兩次世界大戰，並引起了兩次世界革命高潮，而且社會經濟發展也處於相對停滯狀態，還爆發了三十年代的大蕭條。

但是到了二十世紀五十年代初，作為時代特徵的和平與發展就已正式代替了戰爭與革命。這時不但大戰已經停止，而且交戰國也多已先後醫好戰爭創傷。同時戰爭引起的世界性民族民主革命高潮，也隨着殖民主義體系走向崩潰而衰落。這期間，許多發達資本主義國家也用和平改良的方式推動了社會的進步。正是通過時代特徵的替代，世界才能在和平的國際環境下，實現人類歷史上空前的大發展，使人類社會進入了一個全新的漫長時期。

戰爭與革命時代，被共產國際和各國黨所肯定，從來沒有什麼爭議。例如毛澤東就一直是這樣認為的。延安時期被視為毛澤東思想奠基作的《新民主主義論》說，「現在的世界，是處在革命與戰爭的新時代，是資本主義決然死滅和社會主義決然興盛的時代。」歷史的發展雖然證明，毛澤東對世界革命前景的估計屬於主觀臆斷，但他當時接受列寧、斯大林對時代的判斷卻並沒有錯。這是因為，把二十世紀上半期稱作戰爭與革命時代是基本上符合歷史實際的。

為什麼說戰爭與革命時代的提法基本上合乎那個時期的歷史實際呢？

第一，可能成為人類歷史上空前絕後的兩次世界大戰接連發生在二十世紀前半期。以第二次世界大戰來說，戰火延續六年，先後有六十多個國家和地區單位參戰，波及20億人口（佔當時世界人口的80%），戰地面積廣達2,200萬平方公里，交戰雙方動員兵力多達1.1億人，因戰爭死亡的軍民超過5,500萬，造成的物質損失估計達時價14萬億美元。這裏還沒算戰爭帶來的其他後果和戰前備戰與戰後恢復的影響。拿我們中國來說，單是八年抗戰中遭受日本侵略者屠殺的軍民就有2,100萬，給我國造成的物質損失在6,000億美

元（按1937年的價格）。而且日本的軍事侵略和中國的局部抗戰，早從1931年的「九一八事變」就已開始。除抗日戰爭外，整個二十世紀上半期，中國還一直處於各種不同性質的內戰狀態中。因此可以說，這一時期在佔世界人口近四分之一的中國，一直處在典型的戰爭與革命時代。

第二，二十世紀上半期，世界經濟社會發展處於相對停滯狀態，一度較快發展的國際化進程受到嚴重阻礙。第一次世界大戰雖然比起二戰來規模和破壞都小一些：參戰國家33個，捲入人口13億、造成死傷各2,000萬。但它破壞了世界經濟，促成了1930年代的大蕭條，使世界經濟倒退到二十世紀初的水平。以國際化來說，世界貿易在1889到1913年差不多翻了一番，但1913–1938年世貿出口的年均增長卻只有0.7%，更不能和二戰後1950–1973年的年均增長9.1%相比。十九世紀末興起的對外直接投資，在二十世紀前期已基本陷於停滯。1938年只有263億美元，到1950年才增長到544億美元。總之，二十世紀前期的世界，是處在衝突和戰事叢生，經濟社會發展緩慢和遭到嚴重破壞的時代。[2]

第三，兩次世界大戰引起了兩次世界性的革命高潮，嚴重的經濟危機也導致許多國家進行社會改革和調整，這就使二十世紀上半期稱得上是一個革命和大變革的時代。一戰結束，正如恩格斯預言的，曾造成大批皇冠落地，特別是俄、德、奧匈和奧斯曼四大帝國垮台，歐洲許多中小國家獲得獨立。亞非等地的殖民地半殖民地大都興起了爭取民族獨立的鬥爭，雖然多數遭到失敗。作為最大的資

---

2　這裏所引經濟資料，散見於李琮著和主編的《李琮集》（社會科學出版社，2007年）、《當代資本主義論》（社會科學文獻出版社，1993年）；丹・耶金、約・斯坦尼斯羅著・段宏等譯《制高點》，（外文出版社，2000年）等書，不一一加註。

本主義國家美國，為擺脫1930年代的大蕭條，實行「新政」改革，其他一些國家也起而仿效，被一些人稱為「凱恩斯革命」，使資本主義的自我調節和改良進入一個新階段。二次大戰引起的世界革命高潮更具劃時代的性質，世界殖民主義體系徹底崩潰，一百多個國家獲得獨立，民主化運動也改變了多數資本主義國家的面貌。

## 和平與發展時代

現在讓我們來看一下和平與發展成為時代特徵的客觀歷史根據。

先談和平。

二十世紀下半期，世界大戰早已結束，而且戰後規模最大的國內戰爭和國際局部戰爭也都停止。中國解放戰爭，雙方投入兵力一千三百餘萬，戰火遍及全國。此後世界上就再沒有規模超過這次的戰了了。以國際戰爭來說，歷時三年多的朝鮮戰爭恐怕是二戰後規模最大的一次。雙方參戰國家，「聯合國軍」方面為16個，另一方為毛澤東說的「三駕馬車」——中，朝、蘇聯。雙方參戰兵力近300萬，死傷也各在100萬以上。越南戰爭只是時間更長。其他局部戰爭規模都在朝戰之下。而且作為時代特徵的戰爭，從來都是指的世界大戰，上述的國內戰爭和局部戰爭還不算數。鄧小平就說，「因為我們講的戰爭不是小打小鬧，是世界戰爭。打世界大戰，只有兩個超級大國有資格，別人沒有資格。中國沒有資格，日本沒有資格，歐洲也沒有資格。」[3] 二十世紀下半期，雖然以美國和蘇聯為首的兩大軍事集團一直進行擴軍備戰，使世界長期處於冷戰狀態，但終究沒有挑起大戰，而且國際形勢還越往後越趨向緩和，直到冷戰

---

3　《鄧小平文選》，第二卷第104頁。

結束。因此，從二戰的停止到1950年代初戰爭善後工作的基本完成，整個説來，世界就已進入了和平時期，人類也從此過上了長期的和平生活。據報導，美國馬里蘭大學一個研究小組最近收集的資料顯示：我們眼下處於1950年代以來全球暴力的最低點。[4]哈佛大學專家史蒂文·平克（Steven Pinker）更認為，我們或許生活在有人類以來最和平的時期。人們覺得處於恐怖中是由於，暴力雖然逐漸減少，但信息卻不斷激增。過去二十年的信息革命，使一次爆炸也可成為突發新聞。

　　世界在過去半個世紀以至今後長時期能夠維持和平、避免大戰，是由於二戰後國際形勢發生了根本性的變化。一是人類，特別是世界大國人民的覺悟和進步有了空前提高，成了維護和平的主要因素。這並不是一句空話。因為歷史畢竟是人們自己創造的，人的覺醒變成了巨大的和平力量。即使對大國來説，人也不單指人民群眾，連領導人和統治集團都再沒有打世界大戰的主觀意願。在冷戰時期，被鄧小平説成有資格打世界大戰的美蘇兩個超級大國，就一直避免迎頭相撞。二是主導世界的資本主義本身發生了歷史性的變化，由傳統資本主義變成了現代資本主義，大大提高了自我調節能力，能夠緩和以至解決各國自己以及相互間的一些矛盾，而無須訴諸戰爭。這説明資本主義仍有強大的生命力，並沒有走向死亡（垂死），也否定了列寧、斯大林關於帝國主義戰爭不可避免的論斷。三是國際化和全球化的迅速發展，國際秩序和遊戲規則得到不斷改進並漸趨合理，使各國的利益互相滲透、日益融合，因而列強已沒有必要也不可能為爭奪地盤和市場而互相廝殺。四是大規模毀滅性武器的存在和不斷更新，以及其他軍事技術的迅猛發展，都成了制止

---

4　《參考消息》，2008年5月5日。

大國之間戰爭的手段。所有這些，就使人類已經過了七十年的和平生活，看來今後也不大可能再爆發世界大戰。

再說發展。

也是1950年代，前一時代特徵的革命已為後一時代特徵的發展所取代，只是這個轉變的時間長一些，不像戰爭轉化為和平那樣快捷和明顯。而且革命和發展也不容易分得太清，因為廣義地說，革命本身就屬於社會發展。不過作為時代特徵，兩者的含義還是完全不同的。革命總是指民族獨立、政權更迭和制度改變，方式多用暴力。發展則只指經濟的增長和政治、社會、文化的進步。由於二戰引起的世界革命高潮屬於民族民主革命性質，所以主要表現為殖民主義體系的崩潰和被壓迫民族取得國家獨立。而這些，可以認為在1950年代初期就已經基本實現。因為佔亞非殖民地半殖民地人口五分之四以上，包括主要國家中國、印度、印尼、巴基斯坦以及許多西亞北非國家，都已在1950年前獲得獨立。出於形勢所迫，英法等老牌殖民主義不得不先後承認它們所屬非洲國家的獨立。例如法國在1960年的半年內就放棄了對12個非洲國家的殖民統治。可見，1950年代後的殖民主義已屬強弩之末，在國際事務中已不再起重大作用。因此，把時代特徵從革命向發展的轉化，定到1950年代，應看作是不爭的事實。而據2008年2月16日《經濟觀察報》載陳志武教授訪談，其中引證英國著名經濟史專家安格斯・麥迪森（Angus Maddison）的估算，從公元元年左右到1880年，世界人均國內生產總值才增加一倍（從500美元到1,100美元），從1889年到2000年，卻增加五倍。還有兩個帶標誌性的事情值得一提，就是1950年代中期萬隆會議的召開和發展中國家組成的第三世界的興起。連第三世界這個名詞也是1952年才由一個法國人類學家費雷德・索維爾（Alfred Sauvy）提出來的。他在一篇題為〈三個世界、一個星球〉（Trois

mondes, une planète) 的文章中給處於中間狀態的國家群體取了一個
名字，叫第三世界，後來也就在全世界傳開了。所以李琮在《第三
世界論》(世界知識出版社) 中也明確指出，「第三世界是1950年代初
形成的」。

　　發展之所以代替革命成為新時代的特徵，首先是由於和平的國
際環境。本來和平與發展兩個特徵就是不可分的，和平是發展的前
提，發展是和平的基礎，兩者相輔相成，互相促進，互相維護。其
次是科學技術的進步。戰後的新技術革命推動經濟快速發展和對社
會生活產生巨大影響，是人們都體會到了的。第三是經濟市場化。
市場化是經濟發展的重要動力，是二戰後一個大的世界潮流。凡是
順應潮流、實行市場化的國家，經濟必然發展得快；凡是反其道而
行的，發展就一定慢甚至倒退。二戰後頭三十年，所有社會主義
國家和大部分發展中國家就都吃了沒有市場化的虧。直到1980年
後，市場化才在全世界迅速展開，捲進的人口從這以前的6億增加
到二十世紀末的60億，只剩下極少數幾個國家排斥對內對外的市場
化而自甘落後。第四是政治民主化。這是二戰後又一大世界潮流，
成為維護和平和促進發展的一個重要支柱。戰前只有美英法等少數
幾個現代意義上的民主國家，而且民主內涵還很不完備，單以選舉
論，就有財產、性別、種族等的歧視和限制。戰後，從七十年代
起，民主化才得到迅速擴展。還以選舉制為例，1975年全世界民選
政府只有30個國家，到2005年已增加到119個。民主化的潮流不但
波及亞非拉發展中國家，如拉美多數國家在1980年代就由文人政權
替代了軍人政權；1989年53個非洲國家中實行多黨制的只有3國，
1994年已有48國。就是西方發達國家，在民主化潮流中也有很大進
步。例如美國黑人領袖馬丁・路德・金 (Martin Luther King Jr.) 四十多
年前在《我有一個夢想》的演講中所提要求，現在就已基本實現。
非洲裔美國人奧巴馬當選總統，更是明證。最後，也許是最重要

的，是國際化和全球化。它們既是維護和平的支柱，又是促進發展的動力，這是無須多說的。

二戰後，在長期的和平國際環境下，世界經濟、政治、社會、文化取得了人類歷史上空前的大發展，使人類文明進入了一個全新階段，人類在二十世紀下半葉創造的生產力和積累的知識財富，超過了以往一切時代成就的總和。以經濟來說，有人計算，單是戰後頭三十年，世界工業產值累計額就是此前人類歷史全部工業總產值的兩倍。其中發達資本主義國家頭二十多年生產的產品就超過了他們以往二百多年生產產品的總和。一般估計，戰後資本主義國家勞動生產率的提高，百分之八十到九十是靠技術進步取得的。所以科技的飛躍更為人們所稱道。但是，談論發展還不能只注意經濟的增長和技術的革新，而忽略政治和社會各方面的改良和進展。

根據以上論述，二十世紀五十年代世界進入和平與發展時代，應當是無可爭議的。正是由於以上這些因素，和平與發展時代已經比較平穩地度過了半個多世紀。而從這些因素的性質和趨勢看，和平與發展時代還會長期持續下去。

## 毛澤東在時代判斷上犯了嚴重錯誤

### 對時代誤判是國際共運的普遍現象

以斯大林為總指揮的國際共產主義運動，無視二戰後世界發生的根本變化，仍然堅持列寧主義的老教條，斷定世界依舊處在帝國主義和無產階級革命時代。由於對時代的判斷是認識國內外形勢的出發點和確定路線政策的基礎，因此，各國共產黨根據這一錯誤判斷制定的路線政策，也只能是錯誤的。這也是導致蘇聯和東歐社會主義國家，以至整個國際共運，遭到失敗的一個重要原因。

二戰後不久，鐵托（編按：Josip Broz Tito，1939–1980年南斯拉夫共產黨領導人）曾在公開講演中批評法國和意大利共產黨，責備它們不應放棄武裝，同資產階級妥協，而應以武裝奪取政權、建設社會主義（當時稱為建立人民民主政權）。對此，法共多列士（編按：Maurice Thorez，1930–1964年法國共產黨領導人）和意共陶里亞蒂（編按：Palmiro Togliatti，1943–1964年意大利共產黨總書記）都進行過答辯和批駁。其實事後看來，批評者並沒有認清時代。因為無論當時的國際形勢還是國內力量對比，都不允許歐洲各國共產黨再打內戰、奪取政權。不但美英絕對不會讓法意變成蘇聯衛星國，就是這兩國人民也不願在消滅法西斯後再來個無產階級專政。就是希臘，如果沒有南斯拉夫等國的直接指揮和援助，希共恐怕連武裝和根據地都很難建立起來，哪裏還談得上奪取全國政權。即使沒有英蘇間的「百分比」協議和英國斯科比將軍（Ronald Scobie）的干涉，希共的武裝鬥爭也是會最後失敗的。而且不能拿法、意和希臘的情況和中國比。中共擁有久經鍛煉的百萬武裝，又早作了奪權的準備，而且國土遼闊，所謂「東方不亮西方亮」，還背靠蘇聯，得到它的大力援助。而對手則是早已失掉人心的腐敗政權，美國也不敢給予直接援助，所以經過三四年的武裝鬥爭，就取得全國勝利。這些問題，下面還會細談。總之，法意兩黨（它們都是歐洲共產黨情報局的成員）力量的逐漸衰弱，大概不是有些人說的，由於執行了蘇聯共產黨提出的所謂「聯合政府」策略。恰巧相反，倒是它們實行了過左政策，逐漸脫離了昔日追隨它們反法西斯的群眾，把機遇讓給了社會黨。

### 毛澤東對時代的看法越來越「左」

從延安整風正式確立毛澤東的領袖地位並大力鼓吹個人崇拜之後，毛澤東很快就開始凌駕於黨中央之上，各地向中央的請示報告

也大多寫成「主席並中央」。所以毛澤東的看法，也就是黨中央和中國黨的看法。而毛澤東的看法，不但完全接受列寧斯大林的判斷，還比他們更「左」。我們上面已經提到，他在1940年的《新民主主義論》中就肯定，當時已經處在「資本主義決然死滅和社會主義決然興盛的時代」，而且斷定二戰後「一切殖民地半殖民地國家的革命」都是世界無產階級革命的組成部分，勝利後也只能建立所謂「新民主主義共和國」。後來的歷史證明，《新民主主義論》對國際形勢的估計和世界發展的預期都完全落空了。特別是二戰結束後，毛澤東對時代的判斷越來越脫離實際。1947年底在《目前形勢和我們的任務》中，他曾毫無根據地斷言，「全世界的反帝國主義陣營的力量超過了帝國主義陣營的力量。優勢在我們方面，不在敵人方面。以蘇聯為首的反帝國主義陣營已經形成。沒有危機的、向上發展的、受到全世界人民群眾愛護的社會主義的蘇聯，它的力量，現在就已經超過了被危機嚴重威脅着、向下衰落的、受到全世界廣大人民群眾反對的帝國主義的美國。」

1950年代初期，毛澤東倒還能聽從斯大林的估計，認為第三次世界大戰一時打不起來，帝國主義看重的是爭取中間地帶。斯大林去世後，他也還能遷就蘇共為適應「三和」（和平共處、和平競賽、和平過渡）戰略而改提的「從資本主義向社會主義過渡的時代」。毛澤東在1957年簽字的《莫斯科宣言》，不但正式肯定了這一論斷，而且還指出「各國從資本主義向社會主義過渡的形式將是多樣化的」，同時承認，「在我們的時代裏，世界發展取決於兩個對立的社會制度競賽的進程和結果。」[5]但是進入1960年代，隨着他挑起的反修（編按：反對蘇聯共黨修正主義路線）鬥爭日趨尖銳，對時代的提

---

5　《人民日報》，1957年11月22日。

法調子也越來越高，不但回到帝國主義與無產階級革命時代即戰爭
與革命時代的老提法，而且還一再加碼，最後定位為寫進中國共產
黨第九次代表大會報告中的「帝國主義走向全面崩潰、社會主義走
向全世界勝利的時代」。在這種時代判斷下的形勢估計，也是越來
越盲目樂觀。1957年他在莫斯科會議上提出「東風壓倒西風」的論
斷，1960年代初又有「敵人一天天爛下去，我們一天天好起來」的
名言。1965年9月29日，陳毅外長用毛澤東內部報告中的語言，在
中外記者招待會上奉命叫板：

> 中國人民在反對帝國主義的戰鬥中，願意作出一切
> 必要的犧牲！……為了反對美帝國主義的侵略，我們一切
> 都準備好了。如果美帝國主義決心要把侵略戰爭強加於我
> 們，那就歡迎他們早點來，歡迎他們明天就來。讓印度反
> 動派、英帝國主義者、日本軍國主義者也跟他們一起來
> 吧，讓現代修正主義者也在北面配合他們吧，最後我們還
> 是會勝利的。我們等候美帝國主義打進來，已經等了16
> 年。我的頭髮都白了。[6]

還接着講到，趁我們這些老傢伙還在，乾脆打完了再建設。

　　毛澤東和陳毅等領導人的這種主觀因素，自然影響到他們對
戰爭威脅的估計。所以才先有「美帝亡我之心不死」，後來又有「蘇
修亡我之心不死」的論斷，從「戰爭不可避免」上升到「戰爭威脅迫
在眉睫」，好像世界大戰，特別是美國或蘇聯（甚至認為它們會一齊
來，認定是「美蘇合作主宰世界」）發動全面侵華的戰爭，馬上就要
到來了，神經緊張的不得了。西德前總理施密特（Helmut Schmidt）
在他的《偉人與中國》一書中敍述他1975年10月訪華時同毛澤東的

---

6　《人民日報》，1965年10月7日。

會見，就提到毛曾開門見山地說，「請相信我，同蘇聯人會打一仗的。」問及「如何看美中蘇關係的發展」，回答也是「要打仗。」「他（指毛）簡直被這個思想迷住了。」判斷既然如此，所以採取的對策就要從「備戰、備荒、為人民」，立即轉變到全國動手，全面備戰，而且「準備早打、大打、打核戰爭」，直到設想用「農村（亞非拉）包圍城市（歐美蘇）」和持久戰的辦法，一舉消滅「帝修反」（編按：指帝國主義、修正主義及各民族主義國家的當權派），奪取社會主義革命在全世界的勝利。這一錯誤的主觀判斷，曾使全國在很長時間處於臨戰狀態，「保衞祖國，準備打仗」已成了日常的口號，連我們在偏遠江西農村的外交部「五七幹校」也挖起了戰壕。現在看來，這些似乎都是很可笑的，但卻是當時的實際政治。

## 中國的沉痛教訓

　　共和國成立後，由於毛澤東沒有認識到時代的交替，仍然堅持已過時的判斷，還不斷加碼，所以據此制定的戰略方針就必然與時代特徵和世界潮流背道而馳，也是在和抓住機遇的國家反其道而行。人家着眼經濟建設、大力發展生產力；我們重視繼續革命，不斷改變生產關係和發動整人運動。人家千方百計開展對外交流、取長補短；我們為反對「西化」和防止和平演變，堅持閉關自守。人家要搞緩和，我們強調備戰。其結果是：人家迅速發展，進入新的文明階段；我們落後倒退，喪失了一次最有利的發展機遇期，時間雖然只有三十年，但要彌補起來，恐怕就得百年以上。因為共和國成立時和我們差不多處在同一起跑線上的國家（既有大國如日本，也有中小國家如韓國、新加坡），利用那難得的二三十年機會，很快就變成了發達國家或新興工業化國家。我們從實行改革開放以來就在竭力追趕，連頗具雄心壯志、堅持「發展是硬道理」的鄧小平，都說到國慶一百周年時才能趕上中等發達國家水平。可見共和

國成立後三十年的錯誤，彌補起來多麼不容易，決不能靠説大話解決。所謂不比不知道，一比嚇一跳。我們在下面就再做點簡單的國際比較。

　　據世界銀行資料，1955年我國國民生產總值佔世界比重4.7%，人均國民生產總值相當於美國的3.2%；1980年，總量佔世界比重降為2.5%，人均降為美國的2.5%。反觀日本，1955年總量佔世界份額2.4%，約為我國的一半；1980年總量份額上升到9.5%，約為我國的四倍；人均從相當於美國的11%上升77.9%。[7]據中國社科院數量經濟與技術經濟研究所測算，我國「在改革開放前的二十六年（1953–1978）裏生產率對經濟增長的貢獻為負值」。[8]另據《學習時報》2008年8月25日載周天勇一文稱，「1948年，中國人均國內生產總值排在世界各國第40位，到了1978年人均國內生產總值排倒數第二位，僅是印度人均國內生產總值的三分之二。」「1978年全國居民的糧食和食油消費量比1949年分別低18公斤和0.2斤。」「整個國家和人民的發展和生活水平，大多數發展和生活指標排在世界國家和地區170位以外。」鄧小平也説，從1957年開始，我們犯了『左』的錯誤，『左』的錯誤持續了二十年（我認為，頭七年的「過渡時期總路線」、三大改造、閉關自守，以及「三反」、「五反」等也是「左」的、錯誤的。否則，無法解釋我們在改革開放以後執行的政策和當前的現實以及自己制定的今後發展方針）。這二十年（我看應為三十年），中國處於停滯狀態，主要表現在生產不發展，人民生活沒有改善。[9]

---

7　呂書正：〈建國以來我國經濟和社會發展的國際比較〉，《中共黨史研究》，2000年第五期。

8　李京文主編：《走向21世紀的中國經濟》，經濟管理出版社，1995年版，第331頁。

9　鄧小平1987年多次談到，見《鄧小平文選》第三卷，第227、234、254頁。

　　極左路線導致我國在世界經濟大發展年代的嚴重落後和倒退，已無須再列舉更多資料了。有些社會指標也多類似。這就是毛主席領導我們鬧革命和建設所謂社會主義的結果，還不說毫無自由民主可言。說成完全失敗，恐怕不算過分。但是我們在宣傳上還總脫不了從蘇聯學來的大量摻水的陋習。例如前國家主席江澤民在英國劍橋大學做的演講中，還公然說，「從1952年到1998年，中國國內生產總值年均增長7.7%，明顯高於同期世界年均增長3%左右的水平。」[10] 這離實際情況該有多遠呀！另一個極端的例子卻相反，為了誇大改革開放以來的成果，又竭力壓低改革開放的起點。這就是胡錦濤主席在博鰲亞洲論壇開幕式上所講的，「中國國內生產總值佔全球的比重由1978年的1%[11]（另按國家統計局2008年10月27日報告，我國國內生產總值1978年佔世界比重為1.8%）上升到2007年的5%以上。」這些數字恐怕不能只怪寫作班子，關鍵還是對共和國成立以來的錯誤不敢清算，真實歷史不願讓老百姓知道，人們只能聽領導人隨便說的了。

## 在時代問題上的撥亂反正

### 對時代特徵的不同態度和不同後果

　　歷史已經作出結論：不管主觀上是否認識到二戰後世界已處於和平與發展時代，但凡是按照這一時代特徵制定國策並適應經濟市場化和政治民主化兩大世界潮流的國家或地區，不管是叫資本主義還是叫社會主義，經濟社會必然得到迅速發展，以至創造出奇跡。

---

10　《人民日報》，1999年10月23日。

11　《人民日報》，2008年4月13日。

與此相反，凡是仍然堅信戰爭與革命為時代特徵，又排斥市場化和民主化潮流的國家，無論叫什麼主義都肯定落後。這已是經世界各國實踐檢驗過的普遍規律，不但完全適用於上世紀後半期，而且還會繼續適用於二十一世紀。只要回顧一下世界各國過去五六十年的發展情況，就不會對此有所懷疑。

經過二次大戰，凡屬戰場所在國家，經濟都遭受到嚴重破壞。特別是戰敗國的德國和日本，可說已成一片廢墟。德國的領土被割去四分之一，原居民被迫遷走。「1946年的工業生產僅為戰前1936年的33%。饑餓成了被佔領德國的主要問題，土豆和蘿蔔代替了經常緊缺的麵包。」[12] 戰敗後的日本也是滿目瘡痍，工業設備的30–60%遭到空襲破壞，1946年的國民生產總值只有戰前的65%，工礦業只有28%。[13] 當時的德國、日本，人民的處境都極為悲慘，缺吃少穿沒房住。但由於西德執行了艾哈德（編按：Ludwig Erhard，1949–1963年德國經濟部長）以發展為重點的社會市場經濟政策，日本堅持和平發展的吉田茂路線，很快「奇跡」就出現了。1951年，西德的國民生產總值已超過戰前和平時期最高水平的1938年。[14] 而日本1946–1955年間，國民生產總值的年均增長率竟達9.2%。而1955–1973年的年均增長率更在10%以上。[15] 到1970年，日本的經濟地位已躍居世界第二，西德也超過英法而穩居第三。

其實，現在看來，這也並不奇怪。因為二戰後，世界進入了和平與發展時代，出現了改變世界面貌和人類生活的科技革命，國際

---

12　迪特爾•拉夫：《德意志史》中譯本，第341頁。

13　馮昭奎：《日本經濟》，高等教育出版社，2007年第二版，第37、39頁。

14　愛德溫•哈特里奇：《第四帝國的崛起》中譯本，1982年版，第154頁。

15　馮昭奎：《日本經濟》，高等教育出版社，2007年第二版，第37、39頁。

化得到迅猛發展，這都為人類迎來了歷史上一次空前快速的大發展機遇。凡是掌握時代特徵、適應世界潮流，都實現了快速發展。除一些歐亞大國外，許多小國或地區如歐洲的芬蘭、挪威、愛爾蘭等，亞洲的「四小龍」，也都創造了「奇跡」。只有錯誤認識時代、違背市場化、國際化的世界潮流的國家，不論大小都一定吃虧、落後。所有蘇聯模式的社會主義國家以及許多發展中國家莫不如此。

過去一直說蘇聯由於社會主義優越，發展迅速，因此二戰後它的經濟總量已僅次於美國位居世界第二。後來的調查證明極不準確，原來是蘇聯在公佈統計時大量造假（1967年後已不再公佈）和美國中央情報局故意麻痹蘇聯用的策略所致。1990年7月，在戈爾巴喬夫（Mikhail Gorbachev）實踐了列寧要求的「公開性」後，七國集團委託國際貨幣基金組織、世界銀行、經濟合作與發展組織、歐洲復興開發銀行等四個單位，對蘇聯經濟實力進行研究。它們於同年12月提出報告，結論是：1989年蘇聯的國民生產總值只有5,120億美元，約略相當於加拿大水平；人均商品與勞務產出為1,780美元（西方發達國家平均17,606美元），只稍微超過哥斯達黎加。1990年5月蘇聯《共青團真理報》報導，蘇聯人均消費水平，1917年佔世界第7位，到1990年已退到第77位。[16]

至於我國呢，前面引證的數字證明，頭三十年的發展還在蘇聯之下。極左路線導致我國在世界經濟大發展年代竟是嚴重的落後和倒退。把這三十年的社會主義改造和建設說成完全失敗，恐怕也不算過分。

---

16　宋以敏：〈蘇聯巨變和戰後世界格局的解體〉，載於杜攻主編《轉換中的世界格局》，世界知識出版社，1992年版，第21頁。

## 中共中央對時代特徵的認定

時代交替已經過去三四十年，中國人才開始考慮，並且經過了一個不短的時間，付出了極其高昂的代價，才逐漸悟出和平與發展是當代時代特徵。

毛澤東去世後，全國上下，除了極少數思想僵化分子和「四人幫」的殘渣餘孽以及靠「左」起家的得利者以外，都已認識到不能再像「文革」結束前那樣折騰下去，必須改弦更張，另尋出路。對於改變「以階級鬥爭為綱」為「以經濟建設為中心」，人們的認識很快就取得了一致。但這首先遇到了對時代特徵的判斷，仍然是「戰爭與革命」，還是已變為「和平與發展」。由於這時的中央主要領導人以前在國內問題上就和毛澤東有些不同意見，所以在集中搞建設上思想還容易通；但在推行革命外交和搞反修備戰等問題上卻曾是毛澤東路線的積極執行者，因而改變對時代特徵的判斷，就要困難得多，要費很長時間才能基本上轉變過來，而且各人認識的先後和程度也並不一致。所以直到上世紀八十年代的頭幾年，我們的對外宣傳口徑還是戰爭不可避免，只能推遲。這樣就在思想認識上和工作實踐上都產生了無法調和的矛盾。既然戰爭不可避免，而且迫在眉睫，哪還有心思去集中力量搞建設呢？

在對時代特徵的判斷上，當時中央領導人的看法可大體上分為三種情況。一是剛進入中央領導的胡耀邦，他最早看出時代特徵已變為和平與發展，認為世界大戰打不起來，世界主要潮流是發展而不再是革命。二是位居領導核心的鄧小平。他看到世界經濟、科技的快速發展，主張我國也應集中力量把經濟搞上去，但卻仍然堅持世界大戰不可避免，「蘇修亡我之心不死」，因而要加強聯美反蘇的「一條線」戰略。這兩種不同觀點還在1979年第五次駐外使節會議

上有過直接交鋒。時任中宣部長的胡耀邦，7月17日在回答使節所提問題時表示不同意資本主義在蘇聯復辟和戰爭威脅主要來自蘇聯的提法，要對所謂「蘇修亡我之心不死」重新認識。鄧小平在第二天的講話中卻針鋒相對地強調，「戰爭威脅確確實實在增長。戰爭要來只能來自蘇聯，要立足於它早來，立足於大打；要採取『一條線』思想，聯合兩霸中間的一霸，美國起碼是間接同盟軍。要肯定蘇聯是社會帝國主義。」[17] 直到1984年冬，鄧小平才基本上改變了對戰爭的看法。三是黨內資格最老的陳雲。他一直堅持「帝國主義與無產階級革命時代」的論斷，直到1989年還針對學術界討論和平與發展時代問題，發表了〈帝國主義本性沒有改變〉的文章，認為「這個問題，到了大呼特呼的時候了。」[18]

上面所提三位是三種不同認識的代表。在中共高度集權的領導體制下，起決策作用的不是看持哪種認識的人多，更不管哪種認識正確，而是看哪種認識的代表人物處於「說了算」的地位。因此在那些年代，鄧小平逐漸形成的看法就成了中共的正統理論和制定政策的基礎。他觀點改變後的提法，是在1985年3月4日對日本客人的談話，說：「現在世界上真正大的問題，帶全球性的戰略問題，一個是和平問題，一個是經濟問題或者發展問題。」這就把和平與發展問題提到了中國黨和政府對國際形勢根本判斷的戰略高度。雖然鄧小平本人提法很不徹底，有很大局限，但在他的同意或指導下，經過幾次黨代會，已最後把和平與發展確定為世界主題和時代特徵。雖然還有些不同意見和隨形勢的變化時而出現反覆，但是和平

---

17　盛平主編：《胡耀邦思想年譜（1975–1989）》上卷，香港泰德時代出版有限公司，2007年4月版，第396頁。

18　《陳雲文選》第三卷，第370頁。

與發展兩大時代特徵，作為觀察國際問題的出發點和制定內外政策
的基礎，卻已不可動搖了。

　　為什麼說鄧小平對和平與發展的看法有很大局限呢？第一，他
的看法多少有點隨意性，缺乏理論的徹底性和完整的體系。鄧小平
只是把和平與發展作為問題提出，而不是作為時代特徵提出。1985
年說的「和平問題是東西問題」，按當時的闡釋和理解，在蘇聯和華
約(華沙公約組織)解體的1992年應當說是解決了，而他卻在南巡講
話中說，「和平與發展這兩大問題，至今一個也沒有解決。」如果他
原來的提法是指時代特徵，那又根本不存在解決不解決問題。請
問，作為時代特徵的戰爭與革命，是否解決了，又是怎樣解決的，
能說得清嗎？這不但說明他本人對時代特徵沒有完全弄清楚，還給
反對和平與發展時代的人提供了口實，造成理論上的混亂，特別是
使決策層對時代特徵缺乏明確認識和堅定態度。例如，據說在1999
年發生科索沃事件和美機轟炸我國駐南斯拉夫大使館後，當時的黨
和國家領導人就曾經講，「過去對和平與發展講得太多了，闡述和
認識上存在過頭現象。」從而引起一陣叫喊備戰和鼓吹民族主義的
輿論高潮。第二，他對和平與發展的闡釋和定性不夠準確，不完全
合乎歷史實際。例如他說，「發展問題是南北問題」，並強調北方對
南方的依賴。正像把和平問題簡單歸結為東西問題不夠準確一樣，
把發展問題界定為南北問題也是說不通的。因為進入新時代近五十
年的事實證明，人類歷史上空前的大發展是全世界的發展，主導這
一大發展的並不是南方(發展中國家)，而是北方(發達國家)。並且
這一發展不止是經濟和科技的發展，也包括政治和文化的大發展。
正是由於鄧小平把發展局限於經濟領域，所以他宣導和主持的改革
開放也只限於經濟，把政治改革(即民主化)的要求視為西化(自由
化)或和平演變而加以拒絕和禁止，使中國的改革開放只能在一黨
專政的專制主義條件下跛腳走路，並導致權貴階層和兩極社會的形

成，使社會穩定和經濟改革也很難以為繼。第三，鄧小平多次對人說他讀書很少，他確實也從不以理論見長自況。所以在有關時代的問題上，他的論述不但稱不上科學體系，而且始終沒碰過時代這個詞。據說在學術界爭論和平與發展時代問題時，有人問到他的看法，他只表示：不忙，要繼續觀察。作為第二代領導核心的鄧小平和「文革」後的歷次黨代會，都沒有給我們所處時代做出明確定義，這就意味着黨中央對時代一直沒有一個正式提法。

雖然鄧小平對時代問題語焉不詳，中央也沒個正式提法，但是中央領導人中和學術界還是提出了各種看法和意見，這自然會相互影響，提高人們的認識。例如胡耀邦就對和平與發展這兩大時代特徵有比較清醒的認識。他在1982年的十二大報告中，已用「世界和平是有可能維護的」，代替了鄧小平長時間堅持的戰爭不可避免的說法。他也是最早用全球化 (不限與南北關係和以南方為主) 的觀點看待發展問題，並最早提出了中國經濟翻兩番的快速發展戰略的領導人。到1987年黨的「十三大」時，趙紫陽在報告中更明確把和平與發展定為世界主題，說成中國黨的理論創新和制定外交政策的根據。這就使和平與發展回到了時代特徵的地位，而不再只是東西問題和南北問題了。當然，中央對時代問題認識的提高和加深，都是在鄧小平的認同和指導下進行的，否則也不可能變成黨中央的觀點。在對時代特徵的認識上，從戰爭與革命轉變為和平與發展，對國家和人民來說，這可是一件了不起的大事。沒有這個轉變，就沒有「十三大」正式提出來的改革開放戰略，也不會有三十年的經濟大發展。正如鄧小平自己所說，「沒有這個判斷，一天誠惶誠恐的，怎麼還能夠安心地搞建設？更不可能搞全面改革。」[19]

---

19　《鄧小平思想年譜》，第302頁。

　　鄧小平提出和平與發展問題，為各方面的撥亂反正和以經濟建設為中心及推行改革開放政策，特別是市場化改革，奠定了思想理論基礎，進而把兩千年停滯的中國經濟一下推上一個高速發展軌道，使我們竟能在二十多年的時間裏來了個大翻身，創造出一個獨步世紀之交、得到公認的世界經濟大國的「奇跡」。也許再過一兩年，我們國家就可能在經濟總量上超過日本而躍居世界第二位。

### 學界的研究和討論

　　從鄧小平提出和平與發展是當今世界上兩大問題後，就在學術界特別是國際問題研究界引起了關於時代問題的熱烈討論。我在1986年一次學術討論會上發言，提出列寧的《帝國主義論》已經過時，而且許多論斷在當時就不準確；我們由於受到《帝國主義論》的束縛，沒有看到二戰後不久世界就已進入和平與發展時代，仍然按戰爭與革命時代的認識制定國內外政策，這就使我們喪失了三十多年最好的發展機遇，在國際社會中大大落後了。此言一出，立即遭到多數與會者的批駁和反對。而且隨之從會議室走向報刊，掀起了輿論上關於時代問題歷時多年的大討論。討論中意見雜陳，但主要的有兩種，一是認同和平與發展時代，一是堅持國際共運中的正統提法：「由資本主義向社會主義過渡的時代」。這後一提法是從蘇共「二十大」對帝國主義與無產階級革命時代的修改而來，並得到1957年和1960年兩次有中共參加的國際共運重要會議的確認。經過長時間爭論，到1990年代中葉，學界的意見漸趨一致，多傾向於和平與發展時代的認識。經過幾次代表大會，中共中央也更加明確地把和平與發展定性為世界主題和時代特徵。應該說，關於時代問題的討論已經劃上了句號。其實不然。

　　由於中共中央始終對時代問題缺乏權威解釋，因而既沒能改變一些人的傳統觀念，又造成一有風吹草動就會對時代認識發生反覆和動搖，並影響到國民情緒和領導決策。這種情況已經出現過多次。例如1989年「六四風波」後，陳雲就讓鄧力群連續召開理論界會議批判和平與發展時代的提法。又如1999年的科索沃戰爭，更掀起了一陣反對和平與發展提法和呼籲備戰的熱潮。一位國際問題研究者張文木大呼「時不我待」，「中國現在就應該迅速準備……對付同美國的正面衝突」。一個時期的《中國社會科學院院報》也連續發表李崇福等人的文章，批判「實際上是由西方壟斷資產階級所主導的所謂『和平與發展』」。「左」派作家魏巍也著文參加批判，說：「所謂和平與發展，只不過是好心人的主觀願望罷了，實際上是並不存在的。」總之，在那一年左右的時間裏，否定和平與發展是世界主題和時代特徵傾向，成了中國輿論的主流。

　　對於時代問題談得這麼多，而且大大超出了講共和國前期外交的時限，主要是出於以下幾點考慮。

　　第一，由於對時代的認識屬於最高層次的戰略判斷，是制定內外政策的基礎和決定事業成敗的一個關鍵，所以有作比較詳細說明的必要，這對討論具體外交政策和對外關係也當會有所幫助。

　　第二，改革開放後反思共和國成立以來的歷史時，當局和輿論導向對其他一些問題都作過不同程度的撥亂反正，惟獨對時代判斷和對外戰略缺乏反思，認定外交上是一貫正確的。這不但妨礙總結經驗和汲取教訓，而且使有關國際形勢和對外關係的輿論長期偏「左」，對內對外都造成不良影響。特別是宣傳上以愛國主義為名煽動民族主義情緒，在反西化、反和平演變的口號下反對自由、民主、人權等普世價值，進一步推行愚民政策，維護一黨專政。

第三，中國還沒有建立起較完整的時代學說，人們對和平與發展兩大時代特徵的認識不夠自覺和徹底。過去就曾一再傳出什麼「美帝亡我之心不死」、「中美必有一戰」、「中日必有一戰」等言論，不但時不時地造成一點人心惶惶，更重要的是影響決策。如十多年來接連以兩位數增加軍費，就違背時代精神，造成不必要的浪費和引起外界議論，特別是周邊國家的注視和警惕。

最後，全球化的迅速發展，在不斷加強各國的相互依賴和榮衰與共的關係，這一趨勢正使世界大戰的可能性越來越小，和平與發展時代將會長期持續下去。因此，如何認識和把握這兩大時代特徵，適應時代潮流，對整個國家以至每個人都十分重要。

雖然十多年來世界形勢的發展已把「左」派人士的幾次分析和估計打得粉碎，但他們的極左立場並不會改變，還會不斷跳出來擾亂人們的視聽。這是因為第一，中共在改革開放以來，對過去執行的錯誤路線從未做過認真的清算，使「左」的思潮始終在意識形態領域佔統治地位。按照輿論一律的原則，輿論導向和多數知識分子自然就成了這種極左思潮的守護者和執行者，獨立思考和不同的聲音就只能是少數，且不完全合法。其次，每次極左思潮的宣傳鼓吹，都會在人民群眾中掀起一陣陣的狹隘民族主義情緒，反過來又會影響輿論導向和領導決策。最後，總體來說更重要的還是執政黨在政治上的需要，為的是用名為愛國主義實為民族主義煽動群眾情緒，來加強民族的凝聚力，使群眾支持領導的政策，或轉移人民對國內問題的不滿情緒。所以往往在重要時刻就會流傳領導人的話語，強調所謂「國內外敵對勢力加緊了對我國的『西化』、『分化』、『和平演變』」等。至於對和平與發展這兩大世界主題和時代特徵，他們也經常動搖，需要時說得很響亮，遇到風吹草動和輿論上的壓力，就會後退，表現了對國際形勢缺乏根本判斷和對時代特徵的認識不深刻

不堅定。應該説，這個問題直到現在也還沒有得到徹底解決，而理論最講徹底性。

# 全球化與中國 ——
# 共和國經歷了國際化與全球化兩個時期

共和國成立後頭三十年是國際化發展的鼎盛時期，由於我們採取了消極和抵制態度，執行了閉關鎖國政策，因而喪失了一段良好的戰略機遇期。結果不但沒能搭上國際化的便車，反而倒退了近三十年：社會經濟一度陷於崩潰的邊緣；勞動生產率對經濟增長的貢獻為負值；多數農民長期在饑餓線上掙扎，三年困難時期餓死人創人類和平時期之最；此外還有資源的浪費和生態的破壞等等。經過六十年，原來處在同一起跑線上的日本、韓國等早已成為發達國家，中國卻還只能以最大的發展中國家「自豪」。後三十年，國際關係中的國際化已轉變為全球化，我們適時採取了積極參與態度，實行對外開放，這才搭上了全球化的便車。現在，全球化正在迅速發展，世界上所有的人，不管你是否意識到和是否願意，都已被越來越深地捲入其中。

## 從國際化到全球化

全球化這個名詞，是上世紀八十年代中期才開始流行起來的。在這之前，人們把各國之間的相互交往、合作與融合的過程稱為國際化。它是同資本主義共生共長的，所以馬克斯、恩格斯在《共產黨宣言》中説，「資產階級，由於開拓了世界市場，使一切國家的生產和消費都成為世界性的了。」既然叫國際化，自然是在民族國家

開始形成之後，否則也產生不了「國際」這個名詞。而民族國家的形成，又正好是同資本主義的發生與發展同步。因此，人們就把國際化的源頭定在哥倫布發現新大陸之後。由於資本主義初期發展比較緩慢，國際化在很長時間也發展得很慢。直到十九世紀末，隨着資本主義向帝國主義的過渡，國際化才發展得快了起來。這首先表現在國際貿易的大幅增長和對外投資的開拓。但是這一趨勢，不久又被第一次世界大戰所打斷。戰後，資本主義發展長期處於停滯狀態，國際化也出現萎縮。直到第二次世界大戰結束，情況才發生根本變化，國際化得到快速發展，迎來了它的鼎盛時期。這正是共和國成立後的頭三十年。

經過第二次世界大戰，資本主義發生了深刻變化，從自由競爭的傳統資本主義轉變為國家干預和調節的現代資本主義。這一轉變，使資本主義擺脫了經濟上的長期停滯，促成一輪經濟和科技的空前大發展，把人類社會提高到了一個全新的階段。這也說明資本主義仍然具有極強的自我調節能力，既沒有垂死，也不完全腐朽，還沒有為其他生產方式和社會形態取代的跡象。2008年從美國開始的金融危機，引起一些人關於資本主義行將崩塌的議論。其實，這種議論在上世紀七八十年代西方國家陷入「滯脹」時也曾出現過，後來被九十年代的高速發展把它從人們的記憶中給沖淡了。

上世紀七十年代前後，除發生「滯脹」外，一個更重要的歷史事態就是：跨國公司的大規模崛起和飛速擴展，很快改變了世界經濟格局的內容和國際經濟關係。隨着跨國公司的興起，也掀起了對外直接投資的高潮，其增長速度大大超過世界貿易，是列寧在《帝國主義論》中所談資本輸出（還多為間接投資）完全不能相比的。據一項研究報告，1990年代中期，全世界一百個最大的經濟實體中，已有51個是跨國公司，只有49個是國家。

人們看到，跨國公司越來越代替國家在世界經濟活動中發揮主要作用，再加上各種國際組織的作用大為提高，人類相互間的交流和融合，已非國際化所能涵蓋的了。正是在這個時候，美國經濟學家T・萊維（Theodore Levitt）在1985年提出全球化這個名詞並很快得到普遍使用。從此，全球化風靡世界，已經很少人再使用國際化的老概念了。

全球化和國際化有些相似的含義，但它們的內涵是大不相同的，各有它時代的特定性，不應加以混淆。但是直到現在，許多人還是不加區別，把兩個不同的概念混為一談，特別是在國際問題研究界。例如我的朋友、原社會科學院副院長李慎之，自稱是中國最早提出討論全球化問題的人，卻認為，「全球化時代應該從1492年哥倫布發現美洲算起。」[20] 也是我的朋友的前社科院歐洲研究所所長陳樂民，就講得更玄了。他說，「如果用歷史哲學的眼光去觀察我們所在的星球所發生的時空變化，我們說，自從有了人類，從古到今，都是走在『全球化』的軌道上的。」[21] 這樣一來，按照他們的說法，就起碼從人類發展史中勾掉了四五百年的國際化時代。而這五百年正是不同凡響的五百年，如同有的作者所說，「過去五十年的進步，超過了過去五百年。過去的五百年超過了過去的五千年。」[22] 所以我主張，必須弄清楚國際化和全球化的各自含義和相互區別。

我們可以為國際化和全球化簡單歸納出以下幾點區別。第一，國際化的行為主體，主要是主權高於一切的民族國家。全球化的行

---

20　見他發表在《世界知識》1994年第1期上的文章〈開展全球化研究〉）。

21　《冷眼向洋》〈後記〉，2000年4月版。

22　陳淳：〈考古學與現代工業文明的憂慮〉，《解放日報》，2009年6月7日。

為主體，則除了國家外，還有國際組織、跨國公司和各種非政府組織，以至個人。而且隨着全球化的加深與擴大，國家的作用還在不斷減弱，非國家行為體的影響卻越來越大。第二，國際化實際上缺少對各國都有嚴格約束力的規章制度和必須遵守的國際法規。全球化則有越來越多和越來越嚴格的國際制度、法規和組織，約束着各國和各種非國家行為體，促進傳統的國際關係不斷地和迅速地向全球化轉變。第三，國際化不要求各國對本國經濟進行干預和調節，也不一定要求各國和一些非國家行為體，對世界經濟和其他公共事務進行協調、規劃和監管執行。而全球化除需要各國對本國經濟進行干預和調節外，還一定要求它們對越來越多的世界問題，包括經濟、政治、環保、氣候、衛生等，進行越來越深入的協調和越來越嚴格的履行。第四，隨着全球化的發展，世界正在形成全球性的意識、觀念、倫理、價值等構成的全球文化。人們在保留民族文化和國家意識的同時，也要從全球利益考慮問題。「保護地球」成了所有人的共同責任。

上述這些趨勢都明顯地發生在上世紀八十年代左右。因此八十年代可以大體看作一個分界線：二戰後頭三十年算作國際化，後三十年就是全球化了。正好「全球化」的名詞也產生在這個時期。所以國際貨幣基金組織在1997年的《世界經濟發展》報告中說，「1914年以前的世界經濟進程很難被稱為全球化。」就是說不能從哥倫布發現新大陸算起。

分清國際化和全球化兩個概念，絕非名詞之爭。實則對我們了解二戰後的國際關係，特別是中國地位的變化，都極為重要。全球化有兩大要點，一是世界無所不包的統一市場的形成，一是世界各國經濟實現了市場化。這兩點，在上世紀八十年代以前都還不存在。因為那時先有兩個平行的國際市場體系，等中蘇關係鬧翻後，

中國又成了兩面都不參與的獨行者；同時不少國家，包括蘇聯、中國、印度這些大國，都還執行着嚴格的計劃經濟。但到1980年代後，這些情況已發生根本變化，平行的兩個市場合二為一；世界各國都實現了經濟市場化 (只有極少數幾個小國還保留着計劃經濟或落後的自然經濟)。

## 全球化的基礎與動力

全球化首先是源於科技 (交通、信息) 的發展。它的主要標誌是市場經濟和信息傳播的全球化。如果説民主主義體系的崩潰，大批民族國家的誕生，還局限在國際化階段，那麼蘇聯集團的瓦解就已經是全球統一市場的最後形成。它表明：市場經濟的力量衝垮了一個僵化的體制，信息傳播衝垮了一個封閉的系統。陳樂民説，「從天文革命到工業革命是人類歷史的一次飛躍，從工業革命到信息革命是人類歷史的又一次飛躍。」這就是全球化時代的到來。

其實，全球化和國際化的主要區別還在於世界各國是否都要實行市場化。在國際化時期，世界上大多數國家還沒有進行市場化改革，沒有實行真正的市場經濟。當時的蘇聯、中國等所有社會主義國家和印度等一些發展中國家，實行的是嚴格的計劃經濟，還有許多發展中國家處於自然經濟狀態。上世紀八十年代，特別是冷戰結束後，由於市場化在全世界得到迅猛擴展，不但推進全球化出現高潮，完成了從國際化向全球化的過渡，而且也為市場經濟在全球範圍的形成和發展做了夯實和掃尾的工作。所以時任美國財政部副部長薩默斯 (Lawrence Summers) 就在1995年11月1日的一次會上説：「將來，當歷史學家回顧我們這個時代到時候，他們視為突出的事件也許不是兩個集團之間鬥爭的結束。這麼多的國家轉向以市場為

基礎的經濟，也許是震動更大的變化。這是一場把亞洲、東歐、拉美和非洲幾十億人送上通往繁榮的快速電梯的運動。」中國和世界的歷史都驗證了薩默斯的預言。中國的改革只比印度早十年多，就從經濟上人均國內生產總值落後於印度而很快趕上和超過了它。歐美發達國家這一時期也為進一步發揮市場機制的作用進行了一定的調整和改革。這場波瀾壯闊席捲全球的市場化運動，是我們許多人都經歷過的。只是有些人淡忘了，不是想繼續努力，進一步深化改革，不斷完善市場化，而是要停止前進，甚至實行倒退了。

市場化不只是一個國家走向世界和參與全球化的起點，而且是整個人類社會進步的必由之路。每個國家，要求得到經濟迅速發展和趕上世界潮流，就必須對內和對外都儘快實現和不斷完善市場化。中國曾經耽誤了一段國際化的黃金機遇，成為全世界的最大落伍者。後來多虧實行了改革與開發，才沒有再次掉隊。但由於市場化過程中沒有同時啟動政治改革，就不但妨害了市場化本身的完善和成熟，而且造成嚴重的兩極分化和制度性腐敗，為今後社會發展留下極大隱患。

如果說市場化是全球化的基礎，那麼，信息化就是全球化的主要推動力量。由於信息化具有傳播快和普及快的特點，就迅速以電腦、互聯網、感測器等手段織成了一個把世界所有經濟和社會生活都囊括在內的大網，幾乎沒有什麼人群和事物可以漏網在外。1995年，非洲只有五個國家與網際網絡連接，三、四年後就已經是47個國家了。信息傳播的全球化，加上交通工具的日益便捷，就使人們發現，世界原來是「平」的，整個人類都住在一個「地球村」裏，無論遠近，大家都成了「鄰居」。這既便利了世界一切國家和地區的人們的交流與來往，同時也對所有國家和非國家行為體的活動做出一定約束。原來意義上的「國際社會」，已經遠不夠用了，而應以全球社

會或世界社會的命名所取代。原來所說的參與國際社會，現在也就是參與全球化了。在當今世界，過分強調民族特點，自外於全球社會，那就是在開歷史的倒車了。

## 全球化並不限於經濟

大概是為了在政治上和意識形態上不受外來影響，中國的輿論導向一直把全球化限制在經濟範圍內，每談全球化，前面必得冠以經濟二字。意思是政治、文化、社會等不能化，甚至認為政治、文化等的全球化就是西化，就是西方對中國特色社會主義的和平演變，因此必須加以抗拒和反對。堅持這種觀點並付諸實施，有沒有用呢？當然有。這就是為什麼改革開放以來，中國經濟得到飛速發展，而政治、文化卻停滯不前、反而倒退的一個原因。但是事物總是在發展，所以這種停滯和倒退只能是暫時的，不但最終會被打破，而且一開始就沒能完全擋得住。無論專制政權怎麼打壓，民主思想和先進文化總會滲透進來。而且在談全球化時，把經濟同政治及上層建築硬性分開，既違背事實，也違背馬克思主義。《共產黨宣言》早就指出，「過去那種地方的和民族的自給自足和閉關鎖國狀態，被各民族各方面互相往來和各方面的互相依賴所代替了。物質的生產是如此，精神的生產也是如此。」這裏談的還是國際化時代，等到進入全球化，經濟同政治、文化就更不能分開。實際上，文化還全球化得更快一些。這是人們早已親身體會到的。

二戰後，資本主義在它的發展史上進入了一個新階段，從傳統資本主義過渡到了現代資本主義，最大的特點就是國家干預和市場機制的結合。到了全球化階段，全世界都被納入資本主義體系。一個國家要發展，就必須參與資本主義的全球統一市場，同體現着資

本主義秩序的國際接軌；就必須開展對外貿易，對操縱直接投資和技術轉讓的跨國公司持積極態度，進行合作。這種經濟基礎和發展趨勢，一定會決定和影響政治以及其他上層建築。所以全球化是立足於經濟市場化和政治民主化兩大潮流的結合上的。而所謂普世價值觀正是這兩者的結合在觀念形態上的反映。全球經濟市場化，包括世界統一市場的形成和各國市場化的改革和完善（其中：中國開始於上世紀八十年代，俄國、印度則開始於九十年代）。與經濟市場化相結合的政治民主化，既含有國際關係的民主化（特別表現在百餘民族獨立國家參與國際社會活動，不再由宗主國「代表」了）；但主要的還是各國政治制度的民主化。如同市場化一樣，民主化也是人類文明進步的必由之路，再艱難也得走，只能是早走或晚走的問題，任何民族都不能例外。

二戰後，世界多數國家都掀起了政治民主化浪潮和參與了福利化的普及。如同前面所說，第一次世界大戰後，全球還沒有幾個現代意義上的民主國家，已有的那幾個國家，民主制度也極不健全。例如美國南方11個州的黑人選民登記，1940年只有3.1%，到1970年已上升到66.9%。[23] 美國已故學者亨廷頓（Samuel P. Huntington）在《第三波——二十世紀後期民主化浪潮》中也說，二戰後，民主已成為世界潮流，它作為普世性的價值觀已為世界上絕大多數人所接受。到二十一世紀初，世界上絕大多數國家民主化了，保持專制制度的國家已為數不多。

至於西方發達國家，也並未置身於這「第三波」之外，民主化在深度和廣度上都有極大的發展和提高。以資本主義的領頭羊、一

---

23　見資中筠：《冷眼向洋》，三聯書店，2000年版，第112頁。

直被稱為帝國主義頭子的美國來説，二戰後無論是在政治體制還是價值觀念上，民主化都取得了顯著進展和巨大成就。例如種族歧視曾是美國建國後一直背着的大包袱，二戰後仍嚴重存在。1957年9月，總統艾森豪威爾（編按：Dwight D. Eisenhower，1953–1961年美國總統）曾命令第107空降師327戰鬥大隊進駐小石城中心中學，就是為了保護九個黑人孩子同兩千名白人學生一起上學。美國黑人領袖馬丁・路德・金1963年8月作過一個題為《我有一個夢想》的著名講演，他本人在五年後竟被白人種族主義分子殺死。過了三四十年，到二十一世紀初，他的夢想已基本實現。非洲裔美國人奧巴馬當選美國總統，在全世界引起巨大反響，説美國民主是假的、為壟斷資本家所操縱的那些人大概只好閉口了。其他受社會民主主義直接影響的歐洲和加拿大、澳洲諸發達國家，其民主化的進展更是有目共睹。特別值得注意的是，原來堅持一黨專政的蘇聯和東歐各國，在上世紀九十年代初實行了和平轉型，也參與了民主化的世界潮流。

我們中國終於參與了市場經濟化的全球化潮流，取得了驕人的成就，但卻在大國中孤軍奮戰，堅決抵制與市場化配套的民主化浪潮。這不但阻礙市場化的完善和使人民群眾繼續受政治專制和思想禁錮之苦，而且可以肯定，這是決不可能持久的。只是現在，中國當局為了維護一黨專政，已在上層建築領域發起反對普世價值的宣傳。其實，所謂普世價值，廣義地講，就是人類共有的人性，包括中國傳統文化中的諸多精華，如和平、和諧、和睦，孟子説的「惻隱之心人皆有之」，等等。但作為普世價值的核心，主要還是指被近代資產階級民主革命推到新階段的人類文明準則──自由、平等、博愛、民主、法治、人權等。全球化的內涵中也包括普世價值在全球範圍的發展、擴張和融合。不言而喻，道德也在迅速全球化，各國人民之間出現越來越多的共同道德守則以及習慣的相互適

應。由此可見，反對普世價值的人，就只能被認為是在反對人類文明和共同人性。

民主化同時也表現在國際關係中，而且國內和國際兩者還相互影響，相互促進。國家政治生活的民主化，使人民群眾更多地關心國家在世界上的地位和活動，更積極地參與外交決策和對外活動。世界多極化的發展，新興國家的崛起，也打破了美歐幾個大國控制和主導國際事務的格局，國際關係越來越走向民主化了。而國際關係和全球事務的民主化，反過來又會推動各國的民主事業。全球化的迅速發展不斷提高各國人民的政治覺醒，使許多國際活動成了大眾性的共同活動。不但在國家之間建立起各種越來越具有約束力的國際制度、法規和組織，而且成千上萬的非政府組織和其他民間活動，也都早已超越國界，實現全球化了。越來越多的國際交往和活動超出了國家管理範圍，成為人民之間的事了。外交的性質和內涵也隨之發生重大變化。

文化的全球化也許發展得最快最明顯。知識的全球傳播和普及，使後進國家在經濟社會發展上可以走很多捷徑，縮短追趕發達國家的時間。而且文化的全球化，還表現為文化多元化的發展，不但後進國家吸收先進國家的文化，而且後進國家也可保護和發揚本民族的文化，並將其中的優秀成分融合到全球文化中去。所以文化的全球化，就是融合與多元兩種趨勢的並存。經濟、政治的全球化無法阻擋，文化的全球化就更無法阻擋了。這裏可以舉一個屬於文化現象的例子。上世紀八十年代初，胡耀邦曾提出要來一次服裝革命，用西裝代替中山裝。此事遭到陳雲的批評，說「送煤球也得穿西裝？」由於鄧小平、陳雲二老都不穿西裝，害得胡耀邦也不便於在正式場合穿西裝，只能在家裏或其他非正式場合穿一下。但是

「青山遮不住，畢竟東流去」。服裝革命到底阻擋不住，沒過幾年，大約連最反「西化」的人也穿起了西裝。

## 全球化對誰有利

提出這個問題，是因為我們國家領導和輿論導向，長期以來總是強調：全球化只對發達國家有利。典型的提法是江澤民在上世紀九十年代一次外事會議上說的：「西方發達國家是經濟全球化的最大受益者。廣大發展中國家總體上處於不利地位。」緊跟的說法就更多了，如全球化就是西化，全球化就是美國化，我們應該支持反全球化的群眾運動等等。直到不久前，還有人說，「現在，全球化進程是由西方大國主導的，這些國家從全球化中得益最多，而許多發展中國家受惠很少甚至其利益不同程度地受損。」[24]《中華讀書報》上登了一篇〈經濟全球化：誰是贏家？〉的書評說，「總體而言，發達國家是這一過程中明顯的『贏家』，而發展中國家大多數都是『輸家』。」[25]如同從來沒人總結一下國內歷次反世界潮流的教訓，所以現在竟然還有反普世價值的逆流存在一樣，在宣傳教育上講了多年的全球化對我國在內的發展中國家不利的說法，還真值得重提一下。

與我國的上述輿論相反，西方一些學者早就指出，全球化對發展中國家最有利，而對發達國家不利。例如經合組織一項研究報告表明，一些成員國表現出強烈抵制全球化的跡象，把失業率居高不

---

24　梁守德、李義虎主編：《全球化與和諧世界》，2007年版，第70頁。

25　《中華讀書報》，2008年7月17日。

下、收入差距擴大等都歸因於全球化。[26]這當然也有點偏。全球化開始時是發達國家主導的，完全吃虧，它們不會幹。但問題還有另一面，即全球化是人類歷史和世界形勢發展的潮流和趨勢，是無論什麼國家都阻止不了的。實際上，全球化對多數發達國家還是有利的。二十世紀末和2007年前這段時間世界經濟的高速發展就是證明。即使對一些國家不利，它們也不得不積極參與，以適應潮流和從中謀利。反其道而行，只能給自己帶來失敗和損失。歷史表明，全球化相對來說，對發展中國家更有利些。全球化在整體上促進了發展中國家的加速發展，增加了他們在世界經濟中的比重，特別是對世界經濟增長的貢獻。據世界銀行資料，從上世紀九十年代起，推動世界經濟增長的主要力量已經是發展中國家，它們貢獻的比重那時就達到70%，也扭轉了整體上南北人均差距拉大的趨勢。

全球化不但促進了發展中國家整體高於發達國家增長速度的發展，還在發展中國家裏締造了中國、印度、巴西、墨西哥等一批新興大國。為什麼發展中國家特別是幾個新興大國，能夠抓到這麼一個好的機遇呢？以中國為例，除了本身推行改革開放政策，積極引進外資、生產技術和管理經驗，特別是我們的低人權、低勞動成本和高投入、高資源消耗等國內條件以外，還由於遇到了好的國際經濟環境。這主要指：二戰後第三次技術革命提供了大量成熟技術可供我們採用；又碰上發達國家在進行產業升級轉型，我們填補了它們轉移出來的勞動力密集型和技術含量較低的產業和產品。

而且說實在話，就是二戰後國際經濟秩序的安排，對發展中國家也是有照顧和優惠待遇的，並不像以前極左宣傳所說，完全是為

---

26　英國《金融時報》，1998年5月27日。

了剝削發展中國家。這也是為什麼改革開放以後，我國積極要求參加關貿總協定（後改為世貿組織）、世界銀行等機構，並堅持發展中國家身份的原因。

中國實行經濟市場化只比印度早十多年，人均產值就從原來低於印度到很快超過了它。由此也可看到市場化的威力。不過由於中國的市場化是在強人政治主導下實行的，並且以國有經濟為主體，所以這種市場化就顯得後勁不足，還要經過一個艱難的轉型期，社會秩序和政治穩定都會直接受到影響。鄧小平當年主持的經濟改革，只是在經濟面臨崩潰邊緣而不能不採取放鬆計劃控制的應急措施。他並不是人們事後所加封的「改革總設計師」。他本人就一再說沒有什麼事先設計，只是「摸着石頭過河」。正是由於鄧小平、陳雲等人力主專制集權，在十一屆三中全會上，一方面肯定了以發展生產為中心，摒棄了「以階級鬥爭為綱」的方針路線；但另一方面卻並沒有乘「文化大革命」後的機會引導中國走上民主憲政的道路，而是「完整地準確地」恢復了毛澤東時代的專制主義體制和官僚主義系統，為中國社會的一些蛻變，如形成權貴階層、加速兩極分化、造成腐敗制度化和許多行政手段的黑社會化，以至社會不穩、道德淪喪等，埋下了禍根。

直接相關的一個問題是，南北差距究竟是縮小還是擴大的問題。如同說全球化只對發達國家有利一樣，我國領導人和輿論導向長時期以來還強調南北差距的擴大。所謂南北差距，是指亞非拉廣大發展中國家（過去多稱為第三世界）和以經合組織為代表的西方發達國家在經濟上的差距。上世紀八九十年代，直到本世紀頭幾年，中國的領導人鄧小平、江澤民、胡錦濤以及專管外交工作的錢其琛副總理，談到國際問題時，往往要強調一下南北差距在繼續擴大。這就使這一提法在一個較長時間成為中國國際問題研究中的定

論。其實這是不合乎實際的,是把一個短時期和局部(只看「失去十年」的拉美1990年代以前和經濟呈負增長的撒哈拉以南非洲)現象說成了整個第三世界的長期發展趨勢。

事實上,二戰後,發展中國家作為整體,經濟發展速度除少數年份外,一直高於發達國家。只是上世紀八十年代上半期南北發展差距出現過一時的明顯擴大。但到九十年代,也就是全球化快速發展以後,南北經濟增長速度已完全倒轉過來。頭四年,南方的年均增速為5%,北方只有1%。連長期處於負增長的非洲,其增速也已超過世界水平。1995到2004年,全球增長率為2.48%,非洲則為3.96%。隨着技術的全球化發展和擴散,南北之間的技術差距也在不斷縮小。所以從九十年代起,對世界經濟增長的貢獻,發展中國家已超過了發達國家,成為世界經濟發展的主要推動力量。進入二十一世紀,國際經濟力量對比正在發生歷史性的轉折,南北在世界經濟中所佔比重也正在倒轉過來。現在主導世界經濟的已不再是以西方發達國家組成的七國集團,而是有半數發展中國家參加的20國集團或類似的國際組織。西方少數幾個國家壟斷世界經濟的歷史開始走向結束。

導致人類發展史中這一重大變化,正是全球化發展的結果。由此可見,說廣大發展中國家在經濟全球化中總體上處於不利地位,顯然不是全面地、歷史地看問題。這種看法無論如何也不能解釋現在的世界經濟和國際形勢,更無法觀察和判斷今後的發展變化了。

直到最近,一些書刊還在作這樣的重複。其實,就在上世紀後半期,南北差距(總體增速而不是人均)也是一直呈縮小的趨勢,只有一個很短的時間除外。現在一些發展中國家,特別是其中的新興大國,更是在帶領世界經濟增長,用事實回答了差距擴大的論斷。

在這個問題上,同樣有個小小的教訓,就是在觀察國際問題時要允許並聽取來自下面的不同意見,不能總是盲目地只唯上不唯實。

## 全球化的趨勢和前景

在這個題目下打算談下面幾個問題。

### 全球化將進一步加速發展

說全球化的趨勢和前景,就是全球化的進一步發展,似乎是不成問題的問題。其實不然。因為不論中外,悲觀論和唱反調的還不少。例如英國的大衛・赫爾(David Held)和安東尼・麥克格魯(Anthony McGrew)主編的一本《全球化理論》(*Globalizaton Theory*),就在〈引言:危險中的全球化〉中提出了許多「全球化消亡」的觀點,如「全球化時代結束了」、「全球化的盡頭」、「正在沉沒的全球化」等。國內反對全球化和認為全球化因引起的矛盾太多而不能持續的看法也不少。所以談這個問題並非多餘。

經濟全球化仍在迅速發展,不要只看各經濟實體間的競爭和爭奪,也要看到它們之間的協調、合作和融合。2008年美國次貸危機引起的世界金融危機,沒有也不會發展成1929年的大蕭條,一個重要原因就是主要國家沒有完全採取上次那種以鄰為壑和單純貿易保護主義政策,而是實行了國際協調與合作。而且經濟上的相互依存、相互滲透還往往在「潤物細無聲」中進行着,人們在不知不覺中已分不清國貨和洋貨了。例如在日常生活用品上的中國名牌,已多為外國資本經過控股或收購所擁有。中華牙膏早已為荷蘭人所有,金龍魚食用油屬新加坡公司,娃哈哈為法國人收購(編按:2009年法國達能集團終止與娃哈哈的合作),匯源果汁為可口可樂

收購，南孚電池為美國吉利集團收購（編按：2014年內地投資公司
輾轉買回南孚），等等。可見，在日用品上要想支持國貨，表現點
「愛國主義」，已經很難了。其他機電產品更是如此。其實，這也是
參與全球化的必然現象，對我們並不完全是壞事。如果我們不引進
外資、技術和管理經驗，我們經濟也不可能得到快速發展。而且這
種滲透是相互的。我們在經濟發展起來後已重視對外投資，特別是
在能源和原材料方面。

　　經濟的全球化一定會反映和影響到政治上來。政治全球化也是
人類歷史發展的必然趨勢。政治全球化主要表現在國內政治和國際
政治的相互交融，超國家權力的不斷加強，全球社會的逐漸形成。
傳統上屬於國內政治的一些事務，會受到國際社會的干預和介入。
同樣，參與國際事務的除國家外，還有團體（特別是各種非政府組
織）、企業以至公民個人，而且參與的程度越來越深，範圍也越來
越廣。全球化進程中產生的超國家權力，不同於主權和政府間國際
組織的權威，而屬於全球公民社會。它雖然沒有主權的剛性，但
約束力已越來越大，國家、團體、企業以及個人都要受其制約，國
界、國籍的重要性則在減弱。

　　文化的全球化也不僅表現在文化交流與傳播的日益廣泛和深
入，更表現在各種不同文化的相互滲透和融合，逐步合成包括一切
文化精華的全球文化。原來的一些民族與地區文化則漸次消失。例
如世界上的語種就在逐步減少，世人的風俗習慣和生活方式也在日
漸趨同。

　　總之，全球化是人類歷史的一個新階段，是長時間持續的宏偉
世界潮流。事實證明，對一個民族國家或地區而言，積極參與全球
化，各方面都得利；過分強調民族國家和地區特點，無論全面地還

是局部地抵制全球化，都註定失敗。全面抵制，全面失敗；局部抵制，局部受損。這是不會有例外的。

## 全球化與和平發展時代

全球化跟和平與發展時代是相輔相成的。世界不進入和平與發展時代，自然就不可能有全球化。道理很簡單，世界沒有處於和平狀態（局部衝突不算，它們也確實沒大礙），就談不上全球化；而沒有經濟和技術的發展，也全球化不了。反過來，全球化又更有利於維護和平和促進發展。

全球化有可能使人類爭取到持久和平，避免世界大戰。除了前面已經談到的人類理性和道德水平的進步和提高外，還因為全球化就是全球走向一體化，各國和各地的利益已越來越交叉重疊在一起，這就限制了大國和地區之間的戰爭。例如在歐盟內部發生戰爭已經不可想像。此外，科技的迅速發展也是避免世界大戰的重要因素。更新更具威懾力的武器還會不斷出現，實際上的軍備競賽也還會繼續下去。因為這既是防衞問題，也是國際和國內的政治問題，還是個重要的經濟問題。但研製和使用終究是兩回事，到一定時候就又會協議裁減。隨着全球化的進一步深入和擴展，各種裁軍問題終會提上議事日程，並會逐步締結出一些裁軍協定來。

至於全球化促進發展，那就更明顯了。例如：全球化極大地開拓了市場，以信息和交通的革新壓縮了時空的限制，加速了新技術、新產品的傳播和普及。全球化把人類帶進了一個新的快速發展的歷史階段，使各種發展週期，科學—技術—生產，產業的轉型和升級等，都大大縮短了。人類歷史上，從天文革命到工業革命，用了幾百年時間。但從量子科技走向信息革命，只用了幾十年時間。現在互聯網、

手機等傳遞方法和手段，更是日新月異，發展變化得十分神速。全球化不只改變了人們的生產和交換方式，也改變了人們的生活和行為方式，以至思想觀念。全球化日益突破國家和地區的界限。人們不但要放眼世界，而且可以越來越多地走向世界。例如在1949到1979年國際化時期的三十年裏，中國出國人數總共只有28萬，每年不足一萬。可是2008年一年就有四千多萬人出國。全球化促進人類社會發展是全方位的，其速度之快，是人們都能看到和體會到的。

## 世界社會與全球治理

隨着全球化的迅速發展，國與國、人與人的相處越來越接近，交往越來越頻繁，接觸越來越密切。世界經濟、政治、文化都在發生着重大變化。國際化時期以國家為主體的國際社會，已經不適應和不能涵蓋新的形勢和新的內容了。全球化以後，世界上的國際、人際關係已發生巨大變化，雖然人們還在使用國際社會這個概念，但內涵已經是全球社會和世界社會了。

人們看到，全球化的生產力已經在許多方面突破了國家界限，世界經濟日益走向一體化，各國經濟都從整體上在逐步融入世界經濟。例如中國出現兩億多農民工這個新的群體，就是中國參與全球化的重要結果和表現。他們為中國三十年來的快速發展立下了最大功勞，但也因給世界提供廉價產品而為全球化作出了最大犧牲。因為在全球化進程中仍存在着激烈的競爭（沒有競爭就沒有進步），中國正是靠廉價勞動力取勝。與過去不同的是，國際間的協調與合作已經越來越佔上風。各國的參與全球化，也就是在合作中競爭，在競爭中合作。

在政治上，全球化就是國際政治國內化和國內政治國際化。以前，國家間的利益衝突和爭奪是國際政治的常態和國際關係的基本

內容。現在，人類的共同利益日益增多，因此需要尋求盡可能多的互助合作，求得共同發展。在大國之間，使用武力和武力威脅的手段，不但極其不得人心，而且各國都已經不再定為基本國策了。現在，以至今後相當時期，許多國家還在增加軍費、加強戰備。這既有國際政治上爭強好勝的慣性，也有國內政治經濟上的原因。對這種多少帶有軍備競賽性的事態發展，人們必須提高警惕，正確應對。但也要看到，在全球化迅速發展的情況下，世界大戰和大國之間的戰爭已很難打起來，各國都在把爭取和平發展定為基本國策。

在文化上，由各民族文化中先進和優秀部分形成全球性文化的過程仍在繼續，這就是文化在更大範圍和更多領域的交流與傳播，既是本民族本地區文化向全球文化的擴展，也是全球文化和其他外來文化為本民族本地區的採納。人們在保留自己民族和地區文化的同時，也都承認人類文化的共性，從而正在逐漸形成與全球文化相適應的新的文化觀念和思維方式。而生活方式和日常消費上的相互學習和模仿也許來得更快。

全球經濟的一體化，國際政治協調的加強和各民族文化的趨同，使以全球化為基礎的世界社會逐漸顯露出雛形。國家與社會不同，國家關係與國際（或世界）社會也應分開。在全球化的條件下，人們就有了兩重身份，既是本國公民，要為自己的國家服務；又是世界公民，要為保護地球盡責。所以還在全球化初期，鄧小平就說，「我榮幸地以中華民族一員的資格，而成為世界公民。」[27]他也一再強調，在珍視國家獨立主權、樹立民族自信心的同時，要為

---

27 見鄧小平為英國培格曼公司出版的《鄧小平文集》所寫序言，《北京日報》，2009年2月1日。

世界盡可能作出更大的貢獻，首先是維護世界和平和促進人類的發展與進步，這也是世界公民最多的中華民族在人類歷史上所應承擔的光榮任務。

全球化的發展和世界社會的形成，説明國際化時期的國際機制，即為穩定國際秩序和規範國際行為建立有約束力的制度安排和交往規則，已越來越不適應新形勢的要求，而必須經過不斷改良和革新，逐漸建立起新的全球化機制。這就是人們説的全球治理。新舊機制的替代是漸變的，所以人們容易不大在意，其實差別並不小。例如，參與舊機制的成員主要是國家；新機制就擴大到全球的和地區的各種國際組織、跨國公司、非政府組織、以至個人。舊機制建立在大國操縱和傳統均勢的基礎上，第三世界沒有多少發言權；新機制則以多極化和多元化為基礎，並在逐漸走向民主化。舊機制管轄範圍有限，涉及的方面也較窄；新機制涵蓋全球，管轄範圍也越來越寬。舊機制遵守主權不可侵犯原則，新機制則要求讓渡一定主權，並日益介入各國政治。舊機制的強制性較弱；新機制的超國家權力卻在不斷加強。

如何面對全球化的迅速發展，有兩點注意事項。第一，必須更新觀念。也就是周有光老人所説，「過去從國家看世界，現在從世界看國家。過去的世界觀沒有看到整個世界，現在的世界觀看到了整個世界。在全球化時代，由於看到了整個世界，一切事物都要重新認識。」[28] 例如過去只替國家民族着想，現在就必須同時為整個世界着想。如果説，過去在民族還沒有完全獨立時，提倡民族主義有進步意義；那麼，在全球化和國家已成為負責任的大國時，還強調民族主義，頌揚排外，到處説「不」，那就只能是反動的了。

---

28　《炎黃春秋》，2009年第12期。

第二，要積極參與全球化、融入世界社會，既享受全球化帶來的好處和世界社會賦予的權利，也必須為全球化負責任和盡世界社會成員的義務。國家、個人都應該如此。不但觀念必須更新，而且實際行動和具體做法也必須改變。例如，過去基於家醜不可外揚的認識，對一些災害、事故、疫情等盡可能秘而不宣；現在就應主動、透明、及時向外通報。實際上，隨着人類共同利益的增多和技術的發展，過去許多保密的事情也應當公之於世，不能再採取鴕鳥政策了。既然已經融入世界社會，那麼政府行為就不僅要接受本國人民的監督，而且也應該接受世界人民的監督。所謂負責任的大國，就是要自覺遵守國際法和國際關係準則，主動為世界作貢獻。

## 全球化衝突

全球化是一種社會進程，不是一種社會狀態。全球化進程沒有也不可能一帆風順，而是充滿着矛盾、衝突以至二律背反。所以本節借用美國學者霍夫曼 (Stanley Hoffmann) 的話作為標題。而且全球化即使在不出現大反覆的情況下，也頂多是進兩步退一步的局面。整個說來，它的總趨勢可歸納為：長期的發展和短期的倒退。

伴隨全球化進程的矛盾和衝突極多，這裏只能談其中的幾個。

### 一、全球化與反全球化

全球化發軔之初，就出現聲勢浩大的反全球化運動。參加的主要是各國的弱勢群體。因為全球化進程確曾給許多國家和地區帶來了失業率上升和兩極分化加劇的現象。身受其害的人們及其代表反對全球化是很自然的。當然，參加反全球化運動的成分也很複雜，除上述受害的弱勢群體外，還有不同人群中的加入者，如社會極端保守勢力、反對外來文化和普世價值的狹隘民族主義、宗教中的原

教旨主義、無政府主義、某些不滿現實的非政府組織、還有些發展中國家政府，等等。他們的動機和目標不同，但在反對全球化上卻走到了一起。前面提到的世界各國中最大的弱勢群體中國農民工，卻並沒有參加反全球化運動。這是因為，一則中國的社會環境不允許，他們或許並不了解全球化是怎麼回事；二則他們還從全球化中得到好處，算是全球化的受益者。試想如果沒有全球化背景下的對外開放、引進外資、來料加工、擴大出口等措施，他們也就沒有機會外出打工。正是由於可以利用低人權和低成本的勞動力優勢參加國際競爭，就使中國成了所謂的「世界工廠」，影響到外國的勞動密集型和低技術水平產業的工人就業和收入，促使他們參與反全球化運動。所以全球化和反全球化是一對非常複雜的矛盾，兩者無法以正義與否來分。

但是正如前面一再論證的，全球化是人類歷史發展的趨勢和進程，既不由人的意志決定，更不是人力所能改變。因此，不管反全球化的一些弱勢群體多麼值得同情，他們的呼聲多麼響亮，但是就整體而言，這個運動是違背歷史潮流、沒有前途的。正像產業革命初期手工業工廠工人起來砸機器一樣，最後只能從歷史上逐漸消逝。近幾年，反全球化潮流有所減弱，也許就是兆頭。

其實，認為上面提到的失業率攀升和兩極分化加劇等問題由全球化帶來，那也只是表面原因，根子還在各國的制度和政策。如果政府能夠適應全球化潮流，及時改變不合時宜的制度和政策，就有可能妥善對付全球化帶來的問題。例如中國改計劃經濟制度為市場經濟制度，就搭上了全球化的便車，促進了經濟快速增長，還避免了大失業浪潮。但由於缺乏政治改革的配套，又使兩極分化之快超過了所有發達國家。據聯合國開發署2007年8月的《人類發展報

告》，表示貧富差距的堅尼系數，中國是0.469%；資本主義的日本只有0.249%，反倒是亞洲堅尼系數最低的國家。

又如巴西，長期以來都是以貧富差距之大、失業率之高和貪污腐敗之嚴重，在拉美以至世界上出名的國家。前些年的幾次世界反全球化大會，也是在那裏舉行的。可是自從七年前盧拉（編按：Lula da Silva，2003–2011年任巴西總統）當選總統以後，適當地調整了經濟社會政策，就使巴西的經濟得到較快增長，堅尼系數有所下降，貪污腐敗問題有所好轉。結果，巴西的國際地位和聲望得到顯著提高，國內形勢穩定，增強了團結，竟出現幾乎舉國一致要求修改憲法、使盧拉總統在二屆任滿後可以繼續當選執政的呼聲。只是這遭到了盧拉本人的拒絕。

## 二、全球化與民族化

這裏說的民族化主要指民族國家，同時也指民族主義。整個說來，全球化對國家和民族都是嚴峻的挑戰，既限制國家主權，也削弱民族特性。全球化雖然沒有改變主權的基本原則，但卻使它的行使受到越來越多的限制。如跨國公司對主權的侵蝕；國際協調和超國家機制對主權的干預；參與一體化和與國際接軌，限制國家某些決策權；對外開放，影響國家資源與領土的管轄權等。而且全球化還使主權的屬性遭到削弱，如參加世界組織、國際合作和地區一體化，都會在相當程度上削弱主權的最高性、排他性、不可干預性和不可讓與性。總之，全球化既然是不可抗拒的時代潮流，那麼，國家主權受限制和民族特性遭削弱就成了世界發展的必然趨勢，因此會不可避免地同國家主權和民族主義發生矛盾以至對抗。這也是為什麼全球化發展以來，引起了新一輪民族情緒高漲的原因。

　　新一輪民族化的加強，不僅表現在冷戰後又有一批新的民族獨立
國家的出現，特別是發展中國家為爭取經濟獨立開展的鬥爭上，還表
現在各國為維護本國本民族私利而採取或加強的各種措施上。例如，
全球化形成了統一的世界市場，但勞動力資源的流動卻受到各國，首
先是發達國家越來越嚴格的限制。原來對外來移民採取較為開放的國
家，現在也在不斷收緊。還在許多國家的人民群眾中產生和增長了一
種嚴重的排外情緒，以至出現專門排外和欺凌非本族居民的極端主義
組織，如俄羅斯的光頭黨、德國的新法西斯團體等。

　　很明顯，全球化進程中遇到的最大障礙就是民族主義。但在今
後長時期參與全球化的主要行為體又只能是民族國家。著名學者湯
因比說的，「必須剝奪地方國家的主權，一切都要服從於全球世界
政府的主權」，只能是一種夢想。民族主義和國家還有旺盛的生命
力，愛祖國是人的天性，每個人也都應當為自己國家的繁榮昌盛盡
力。但同時必須看到，全球化是人類歷史發展的方向，是進步的；
而民族主義和國家崇拜則是落後的，它們的逐漸削弱和減退也是必
然趨勢。在這種時代背景下，反對全球化，提倡民族主義，夜郎
自大，盲目排外，那就是在開歷史的倒車，名曰愛國，實則害國。
至於呼籲「軍事崛起」，鼓吹加強軍備，要走富國強兵之路，爭當第
一軍事大國，取代美國領導世界的思潮，那已經是超越民族主義界
限，走向軍國主義化了。這是東鄰日本一百多年前開始走過的道
路，並沒落得好下場。「殷鑒不遠，在夏侯之世」。無論是別國還是
本國的經驗教訓，都應謹記，因為忘記過去就是背叛。

### 三、全球化與地區化

　　與全球化發展的同時，地區一體化發展得反而更快。這是在全
球發展不平衡和跨國界激烈競爭的情況下，一些地區相鄰和發展水

平相近的國家聯合起來，便於發揮地區優勢，加快區內各國的發展。不過地區一體化發展也不是一帆風順，上世紀九十年代曾經如雨後春筍，但後來有些不是名存實亡，就是發展很慢，甚至連名也不存了。這種現象在拉美、非洲居多。

地區一體化的典範當然是歐盟。它在全面合作上已經走得很遠，在國際關係的許多方面成了一個單一的行為主體。但它的發展過程仍經過不少波折，也經常是進兩步退一步。近些年由於貪大求多，東擴過猛和歐元運轉準備不足，在這次世界金融危機中就遇到特大困難，導致人們對歐盟發展信心動搖。其實這也是多慮。歐洲的一體化是歷史發展的必由之路，總會在克服困難中繼續前進。而且歐盟在很多問題上都在為全球一體化探路，並進行了有益的嘗試。例如歐盟在處理發展均衡化上，就為全球化起了示範作用。它使原來後進的國家可以得到集體幫助，加快發展步伐，趕上先進國家。愛爾蘭從後進變先進就是很好的例子。這也是為什麼大批東歐國家急於要求加入歐盟的原因。

但是怎樣使一體化和均衡化更有利於推動競爭和發展，卻似乎是一個並未完全解決好的問題。這或許是限制整個歐盟競爭力的一個因素。中國歷史上也有過類似情況。春秋戰國時期，一方面是禮崩樂壞、戰亂頻仍，另一方面卻是百家爭鳴，文化昌盛。等到秦始皇實現了統一，中國社會文化反而發展緩慢，還常遭破壞，元朝後更陷於長期停滯，更不能和西方相提並論。

當然，在全球化和地區化的進程中，還會出現很多矛盾與衝突。但從發展的觀點看，都是會得到解決的。例如，由於信息技術和交通運輸的發展，地區化就克服了地域的限制，使原來的自由貿易區演變成自由貿易協定，可以延伸到全球各地。

地區化和全球化看似一對矛盾和悖論，但終究會統一到全球化上來。因為地區化實際上只是全球化的發展階段或組成部分，它們的進一步交叉、重疊和擴展，就已經是全球化了。毫不奇怪，在這之後還會有新的分化，出現新的矛盾和衝突。人類歷史和世界萬象本來就是在這種矛盾的循環往復中不斷進步的。

全球化既是在和平與發展的架構下實現的，反過來它又在加固與深化和平與發展兩大時代特徵，把人類社會在文明的道路上不斷推向前進，讓全人類走向世界大同。

# 二十世紀的國際形勢和社會潮流

## 二十世紀的十件大事

二十世紀是人類歷史上發生最大規模的調整和最重大事件的世紀，是既天翻地覆、又絢麗多彩的世紀。人類在這個世紀中所取得的進步和成就，超過了自有人類以來的成千上萬年。中華人民共和國就誕生在這個世紀的中葉。它的孕育和成長，貫穿着整個二十世紀。所以要談它的國際環境，就有必要對二十世紀整個國際形勢的演變和社會潮流的興衰稍作回顧。概括起來，二十世紀發生了人類歷史上規模特別宏大和影響極為深遠的十件大事。這些事件，我們前面多已提到過，有些下面還要作進一步的闡述。為了避免重複，這裏只簡單指出，甚至只提一個標題。所謂十件大事，是指：

（一）在二十世紀上半葉的短短三四十年間，爆發了兩次世界大戰。兩次世界大戰都造成了嚴重的破壞，給人類帶來

了巨大災難。但兩次大戰的性質不同,在歷史上的地位和作用也不同。第一次世界大戰加劇了帝國主義之間的矛盾,阻礙了世界經濟和科學技術的發展,使新的更加慘烈的大戰成為不可避免。第二次世界大戰則除了嚴重破壞的一面外,還是人類歷史上最偉大的事件之一,是二十世紀世界從戰爭與革命時代轉變為和平與發展時代的轉捩點,促進了世界經濟與科學技術的大發展,推動了社會潮流的不斷演變。

(二)資本主義經過自我調節和改良,從自由放任的傳統資本主義轉變為國家進行干預和調節的現代資本主義。這不僅使世界大戰得以避免,還緩解了經濟危機與蕭條等資本主義的固有矛盾,促成了世界市場的形成,顯示了資本主義生產方式在當代世界上的巨大優越性。

(三)面積和人口佔世界一大半的百餘個殖民地和半殖民地國家獲得民族獨立,帝國主義宗主國經營和盤剝了幾百年的殖民主義體系完全崩潰。民族獨立國家擺脫了對資本帝國主義的依賴,在世界經濟和國際事務中起着越來越重要的作用,正在改變着五六百年以來的世界歷史。

(四)蘇聯模式的社會主義在二十世紀呈拋物線形地從興起到衰落。實踐證明了這個模式的不合理及其必然失敗,但它的影響還很大。要完全消除它在世界上的地位和影響,大約還得經過幾代人的努力。

(五)摒棄暴力革命,在資本主義基礎上實行漸進改良的民主社會主義,在二十世紀取得了巨大成功。它興起於一戰後,盛行於二戰後。及至二十世紀末,歐洲各國都在不

同程度上先後實行了民主社會主義政策，成為歐盟的社會主流。今後的趨勢，也將是在這條道路上繼續走下去，逐步改變歐盟各國的社會結構，走向完全的統合。

(六) 二十世紀八十年代興起的經濟市場化浪潮，很快就席捲了全球，使進入市場化國家的人口在幾年內擴大了十倍，沒有實行市場化和徘徊於世界市場體系外的國家已所餘無幾。這就把世界經濟推上了快速發展的軌道，迅速改變着世界經濟的面貌。

(七) 與經濟市場化前後相輝映的是二十世紀下半葉興起的政治民主化潮流。在這個潮流推動下，絕大多數民族獨立國家走上了民主化的道路，實行了以代議制和三權分立等為標誌的民主制度；原來的民主國家也對民主制度和人民權利作了進一步的發展與完善；反對民主、堅持專制的國家已經剩下很少，而且統治多不穩定，遲早會被民主潮流所淹沒。

(八) 二戰後，兩大軍事集團的對峙和它們之間的冷戰綿延了四十年。

(九) 科學技術得到迅猛發展，不僅改變了世界面貌，改變了社會生產方式，而且也改變着人們的生活方式與精神狀態，把人類的物質文明與精神文明提高到一個嶄新的階段。

(十) 世界各種不同的社會制度在不斷的碰撞和競賽中實現優勝劣汰，並逐漸趨同。這種趨勢已融合為全球化的統一的資本主義體系，正在向全球一體化邁進，直到實現大同世界。

## 二十世紀的社會主義和資本主義潮流

十九世紀末到二十世紀初，資本主義進入帝國主義階段，內外矛盾空前尖銳。從內部來説，經濟危機越來越嚴重，一直發展到兩次大蕭條，而經濟危機和蕭條又促成社會矛盾的激化，引起社會動盪和不穩定。從外部説，一方面是帝國主義國家間的發展不平衡加劇，另一方面是殖民地和勢力範圍瓜分完畢。這就必然導致以戰爭手段進行爭奪，使世界大戰成為不可避免。而嚴重的經濟危機和世界大戰，又必然會引起帝國主義國家內部和殖民地半殖民地國家的革命運動。這就是二十世紀上半葉的國際形勢，所以被稱之為戰爭與革命的時代。在這種形勢下，為了走出危機，二十世紀除資本主義的演變外，還出現了兩大社會主義思潮和社會實踐。前中共中央宣傳部部長朱厚澤列舉了四種，即法西斯主義，北歐的民主社會主義，資本主義的自身完善和以蘇聯為代表的社會主義。此外，他也提到民族獨立運動，但沒有展開。這裏可以對法西斯主義略而不論，因為正如他所説，法西斯雖然給人類帶來重大災難，但已經為人們唾棄。這裏只談兩種社會主義的實踐和資本主義的演變。[29] 然後着重討論一下殖民主義的崩潰和各種社會制度的趨同。

### 兩種不同的社會主義

#### 一、蘇聯模式的社會主義

進入二十世紀，隨着資本主義矛盾的加劇，社會主義成了人類歷史發展中的主要社會思潮。在第一次世界大戰期間，主要交戰國

---

29　見朱厚澤：〈當今文化焦慮問題〉，《炎黃春秋》第2010年第6期。另參閱何方：〈我看社會主義〉、〈對俄國十月革命的回顧與反思〉，分別見《炎黃春秋》，2007年第7期和第11期。

之一俄羅斯爆發了工農兵自發的二月革命，推翻了沙皇專制制度，人民獲得民主自由。但是後來的政局演變，由列寧領導的布爾什維克黨通過「十月政變」(過去被命名為十月社會主義革命) 奪取了政權，使民主革命中途夭折，建立了一黨專政和領袖獨裁的更嚴酷的專制制度，人民一度得到的民主權利盡行喪失。所謂蘇聯模式 (也稱為斯大林模式) 的主要特點是：經濟上消滅私有制，由國家壟斷、以計劃經濟代替市場化；政治上實行一黨專政和一元化領導體制的人治；意識形態由國家控制，實行嚴格的輿論一律。由於物質特別是生活資源的缺乏、政治上的殘酷鎮壓和思想上的嚴格管制，使蘇聯社會一直陷入不穩定狀態。特別是1938年前後的大規模鎮壓，曾使國家政權一度處於近乎風雨飄搖的境地。所以有的學者認為，在一定意義上可以說，1941年希特拉 (內地譯希特勒) 德國對蘇聯的侵略反而拯救了斯大林和實行斯大林模式的蘇聯。由於蘇聯在二戰中起了打敗法西斯的主力作用，所以蘇聯國家和它的社會主義制度在世界人民中的威望反而大為提高。二戰後又有十多個國家走上了蘇式社會主義道路，形成了與西方發達國家陣營相抗衡的社會主義陣營。

二戰後新增加的社會主義國家也並不是由於都嚮往蘇聯的社會制度，大部分還帶有強加的性質，這就是蘇聯紅軍打到哪兒也就把它的社會模式推進到那兒，如東歐各國和亞洲的北朝鮮；另外一些國家是共產黨領導人民取得政權後照搬蘇聯的模式，如中國、越南、古巴。經過了戰後幾十年的實踐，證明蘇聯模式社會主義是經不起時間考驗的，是違背人類歷史發展規律的特例。因此在二十世紀九十年代，歐洲十來個國家的社會主義，就在幾乎一夜之間完全崩潰，和平過渡到了資本主義體制。曾經照搬的中國和越南，由於及時進行了經濟改革，而避免了政治體制的崩潰。只有北朝鮮

和一定程度上的古巴，主要靠嚴格的控制和鎮壓，強忍着貧困與孤立，將原有的模式硬撐了下來。這都説明，建設蘇式社會主義是二十世紀人類一場偉大的實踐，經過了幾乎一個世紀的考驗，終於證明此路不通，最後宣告完全失敗了。

改革後的中國社會屬於什麼性質，人們有不盡相同的看法。正統的也是主流的社會輿論，認為仍然是社會主義，只是因為中國實行改革開放以後，仍然保留着蘇聯模式社會主義的一些重要特點，如經濟上國家和國有經濟仍處於壟斷地位；政治上還是一黨專制和人治；思想上實行嚴格控制和輿論一律。強調具有中國特色，是因為對蘇聯模式已有很多改造，如用混合所有制代替完全公有制，用市場經濟代替計劃經濟，以及取消終身制、實行退休制等。其實這裏只是修正了社會主義的概念。原來按蘇聯模式，識別社會主義的標準是公有制、計劃經濟和按勞分配等；現在只剩下一條主要標準，就是看是否有共產黨的領導。所以「有中國特色的社會主義」，要害是共產黨的領導，也就是一黨專政。有人認為，「十一屆三中全會以來實行改革開放的一系列政策都屬於民主社會主義」，因此中國「已走上了民主社會主義道路」。但民主社會主義的一個重要特徵是民主，正好和中國特色社會主義是針鋒相對的。至今雙方都拒不承認對方是社會主義，其原因就在此。有人提出，改革開放後的中國已演變為權貴資本主義，倒頗有道理，反正幾乎沒有多少真正的社會主義因素，如三大差別的消滅、健全的社會保障、真正的政治平等、人民的各種自由權利等等，卻是事實。

## 二、社會民主主義

差不多與蘇式社會主義潮流同時興起的另一社會主義潮流，就是社會民主主義。如果説蘇式社會主義是自上而下使用暴力強制推

行的一黨專政和領袖獨裁的專制社會主義，那麼，社會民主主義推行的卻是自下而上通過議會和憲政道路漸進改良的民主社會主義。也是在第一次世界大戰前後，北歐幾個小國如瑞典的社會民主工人黨、挪威的工黨，先後通過議會選舉取得政權，推行社會民主主義政策，收到明顯成效。第二次世界大戰後，這一社會潮流迅速波及西歐大國，如英國工黨、法國社會黨、德國社會民主黨等，都先後當選為執政黨，推行民主社會主義綱領。雖然比北歐五國的社會主義因素要淡薄一些，但方向是一致的，如經濟上實行混合所有制和有國家適當調節的社會市場經濟，建立體現平等原則和博愛精神的社會福利制度，意識形態實行多元化，允許百家爭鳴等。及至戰後社會黨國際恢復活動後，社會民主主義和民主社會主義雙方協議通稱民主社會主義，一直到現在。

一戰後誕生、二戰後興旺起來的兩種社會主義潮流，經過幾乎一個世紀的實踐和競爭，結果是民主社會主義更加興旺，已擴充為歐洲聯盟；而實行國有制、計劃經濟、一黨專政和思想控制的蘇聯模式社會主義卻走向失敗。這就是對二十世紀兩股社會主義潮流得出的最後結論。

### 三、現代資本主義

這裏要講的現代資本主義，也就是上面所說的由國家進行干預和調控的資本主義（雖然新保守主義拋棄了政府干預的凱恩斯主義，但實際上國家並未放棄調節經濟的作用）。從資本主義誕生起直到二十世紀上半期即第二次大戰之前，國家對國民經濟除了徵稅和經營私人難於承擔的公共事業以外，基本上是不怎麼過問的，任其處於無政府狀態。但這不僅使資本主義的週期危機加劇，而

且導致經濟發展停滯和爆發全面危機，如上世紀三十年代的大蕭條。這說明資本主義經濟體制不能再照舊維持下去了，必須進行重大的改革和調整，這就是羅斯福的新政和凱恩斯的學說。特別是第二次大戰期間和戰後的深刻調整，完成了從傳統資本主義向現代資本主義的轉變。這一轉變帶有一定質變的性質，不但拯救了資本主義，還使它煥發青春，取得了戰後五六十年的全面快速發展；而且實現了國際間的協調，激發了全球化的進程，緩解以至解決了因資本主義發展不平衡導致戰爭的問題。

現代資本主義深刻地改變了世界面貌，在全球實現了經濟市場化，有力地推動了政治民主化和文化多元化，把全世界納入一個統一的資本主義體系，從而把全人類帶進了一個嶄新的歷史階段。它改變了主要資本主義國家的社會發展和階級構成，使馬克思當年所設想的，以產業工人為主的無產階級將成為社會的大多數，並通過無產階級革命和無產階級專政而過渡到共產主義的學說淪為烏托邦的空想。實際情況是，原來意義上的無產階級佔人口比重越來越少，不可能掀起暴力革命和專政。而且還使蘇聯模式社會主義實驗終歸失敗，又重新回到世界資本主義體系中去。一些國家標榜的社會主義，已經是有名無實和原有統治集團為維護其執政地位的幌子了。事實證明，現代資本主義還有強大的生命力，還有很強的自我調節能力，既不完全腐朽，更沒面臨垂死，也看不出有什麼新的社會形態將取代它的跡象。和蘇聯模式社會主義相比較，現代資本主義具有明顯的優越性和進步性，歷史也最終回答了「誰戰勝誰」的問題。即使將來有高一級的生產方式和社會制度出現，也可以肯定決不會再是遭到歷史淘汰的蘇聯模式社會主義。

# 殖民主義體系的崩潰

## 人類歷史上的一件大事

帝國主義列強經營了五六百年的殖民主義體系，在第二次世界大戰後的民族獨立運動高潮中，迅速被推倒，有近百個國家獲得獨立。這不但完全改變了世界政治地圖，也改變了國際關係的發展方向。少數帝國主義列強操縱世界事務的時代永遠結束了。

兩次世界大戰都引起了民族民主革命的高潮，但一戰後獲得獨立的國家卻沒有幾個，爭取獨立和民主的革命鬥爭基本上都失敗了。二戰後的情況就大不相同。這首先是由於戰爭的民主性質和世界人民的覺醒。戰爭期間，許多殖民地半殖民地人民就參加了反法西斯的共同鬥爭，戰後又隨即發起了爭取獨立的運動，亞非兩大洲進行的獨立戰爭就有五十場。其次，老牌殖民主義也遭到嚴重削弱，戰爭中出力最大的蘇聯美國又趁機挖它們的牆腳，提倡以至支持一些殖民地的民族自決。同時也應適當估計到宗主國統治集團的不同主張。例如英國的工黨政府就稍為開明一些。如果仍然是邱吉爾保守黨當權，情況就可能大不一樣，在印度、緬甸等地也會發生像法國在越南和阿爾及利亞那樣的蠻幹。對於戰後英國工黨政府的作用是不應完全抹煞的。

二戰後世界範圍的民族民主革命運動歷時四十多年。但應當明確，它的高潮只出現在戰後頭十年以內。當中國解放戰爭取得勝利，印度、巴基斯坦、印尼等殖民地大國獲得獨立時，就可看作民族民主革命高潮的到來。1960和1970年代，是黑非洲國家（編按：指撒哈拉以南的非洲地區）獨立的高潮，但已是世界範圍民族民主革命的尾聲。

## 殖民主義的雙重歷史使命

馬克思曾以英國侵略和征服印度為例，論證了殖民主義的雙重使命。他說，「英國在印度要完成雙重使命：一個是破壞性的使命，即消滅亞洲式的社會；另一個是建設性的使命，即在亞洲為西方式的社會奠定物質基礎。」[30]「野蠻的征服者總是被那些他們所征服民族的較高文明所征服，這是一條永恆的歷史規律。不列顛人是第一批發展程度高於印度的征服者，因此印度的文明就影響不了他們。」[31]「英國不管是幹出了多大的罪行，它在造成這個革命（引者註，指擺脫亞洲原有的社會狀況而進入資本主義）的時候畢竟充當了歷史的不自覺的工具。」[32]

從馬克思關於英國統治印度的論述中可以得出以下幾點看法：一，資本主義是人類歷史上一個必經的高級社會，從其他社會制度進入資本主義是一場偉大的歷史革命；二，由於歷史、地理、人文等條件，歐洲先進入了資本主義，在這之前和之後，都要對其他大陸進行殖民侵略和掠奪，從事資本的原始積累和開拓商品市場；三，其他大陸的國家和民族，由於不具備歐洲的條件，長期處於閉塞狀態，因此不可能自發地轉變為資本主義，他們的資本主義只能從歐洲引進，這也為歷史所證實；四，殖民主義只是資本主義初級階段（第二次世界大戰前）從事資本原始積累和開拓商品市場的一種手段，它的瓦解和崩潰不會影響資本主義的生存和發展，反而會減弱其寄生性和腐朽性；五，資本主義的一些基本特徵如經濟市場

---

30　馬克思：〈不列顛在印度統治的未來結果〉，《馬恩選集》第二卷，第70頁。

31　同上。

32　馬克思：〈不列顛在印度的統治〉，《馬恩選集》第二卷，第68頁。

化、政治民主化等，是一切國家和民族都必須具備的，如有不足，還必須補課。

殖民主義愈到後期，它的積極使命就愈來愈小，完全成了妨礙宗主國和殖民地半殖民地社會發展的阻力，因此必然要走向瓦解。而它的徹底瓦解，也表明它的歷史使命已徹底結束。

## 殖民主義的歷史責任

列寧在《帝國主義論》中把「殖民地分割完畢」列為帝國主義五大特徵之一。還說，要再重新分割，就要爭奪，就要打仗。[33] 所以在十九世紀末和二十世紀初，世界就只剩下了殖民主義侵略者和殖民地半殖民地兩類國家民族。後者佔世界領土的四分之三和人口的五分之四，而且絕大多數連形式上的獨立都沒有。二戰前，後來稱為第三世界和發展中國家中的獨立國家只有38個。到1980年代已有92個國家獲得獨立，合共一百三十多個。而當年的殖民主義侵略國則只有歐洲的英、法、德、荷、比、西、葡和歐洲以外的美、日等少數國家。它們對於幾百年的殖民主義侵略、征服、奴役和屠殺負有不可推卸的歷史責任。

這是一種民族的犯罪，整個民族都有責任。正是在這個意義上，恩格斯批評英國的工人貴族化了（當然這不是說人人有責，反對侵略的政黨和個人總得除外）。但是過去我們用所謂階級分析法，把侵略以至屠殺的責任只歸罪於侵略國的統治者卻是不正確的。例如過去我國的領導人毛澤東、周恩來等，在會見日本友人時，不讓對方道歉，反而說侵略中國的只是日本一小撮軍國主義的

---

33　《列寧選集》第二卷，第797頁。

罪過，廣大的日本人民也是受害者。這不但違背二戰中關於懲罰法西斯侵略國的精神，而且不合乎歷史事實，對受侵略之害的中國人民更是不公正的。難道屠殺中國人的日本兵和積極支援侵略的日本國民竟然是受害者？就是日本的統治集團包括天皇，不也是得到他們擁戴的嗎？

## 民族獨立國家的發展道路問題

毛澤東在他的《新民主主義論》中說，從俄國十月革命以後，任何殖民地半殖民地國家發生的革命，都是世界無產階級革命的一部分，都只能由無產階級領導，勝利後也只能建立新民主主義的國家政權，即無產階級領導的、以工農聯盟為基礎的各革命階級聯合專政，不可能再建立資產階級專政的資本主義社會。作為特殊例外，一戰和十月革命後「還有過一個基瑪律式的小小的資產階級專政的土耳其，那末，第二次世界大戰和蘇聯已經完成社會主義建設之後，就絕不會再有一個土耳其。」[34] 二戰後殖民主義體系的瓦解和一百多個國家獲得獨立，除中國等個別國家外，其餘都是資產階級 (少數為王公貴族) 領導的，獨立後建立的也是資產階級 (或王公貴族) 專政的走資本主義道路的國家。鐵的歷史事實，證明了毛澤東上述論斷的錯誤。也許有人說，中國不是建立了新民主主義共和國嗎？其實不然。中華人民共和國從成立之日起就已在向蘇聯模式的社會主義過渡，並沒有建立什麼新民主主義社會。這是毛澤東親自講明了的。他說，「從中華人民共和國成立，到社會主義改造基本完成，這是一個過渡時期。」[35] 這裏面哪裏有什麼新民主主義的影

---

34　毛澤東：〈新民主主義論〉，《毛選》第二卷。

35　《建國以來毛澤東文稿》第四冊，第301頁。

子？列寧在《兩個策略》中也說革命要分兩步走，後來從1917年的二月革命到十月革命只有幾個月就從民主革命「過渡」到了社會主義革命。中國比它來得更快，民主革命一取得勝利就立即向社會主義「過渡」了。

　　由此可見，新民主主義是個偽命題，只能在口頭上講講，是不可能付諸實際、建成一個新民主主義社會的。因為民主主義就是民主主義，本無新舊之分。毛澤東所提新民主主義和舊民主主義的根本區別只有一條，就是看是否有共產黨的領導，而一旦由共產黨掌握了領導，那就只能立即向社會主義「過渡」了。有人認為，過去實行過的「三三制政權」（共產黨員、進步人士、中間派各佔三分之一）和由民主黨派參加的「聯合政府」就是政治上的新民主主義了。殊不知那只是共產黨一時的統戰政策，等領袖的想法一變，「三三制」和「聯合政府」也就一下子不存在了。比較起來，經濟上的三大改造反而稍慢一點，但那只是社會主義改造，而不是改造（或建設）成新民主主義。

　　共和國成立後，我國實行的革命外交路線，重點就是幫助亞非拉的發展中國家武裝奪取政權，搞新民主主義革命和向社會主義過渡。這種外交，我們實行了將近三十年，耗費人力物力不少，但全都失敗了，沒有一個成功的，反而得罪了許多國家的當權派（即我們要打倒的帝修反中的「反」）。所以實行改革開放後，這一錯誤的外交路線就被拋棄了。

　　在國際上，約有五六十個取得民族獨立的發展中國家，由於各階層人民對社會主義的嚮往和對侵略、奴役它們的資本帝國主義的痛恨，也先後宣佈實行社會主義，其中包括印度、緬甸、埃及、阿爾及利亞、坦桑尼亞等這樣一些大國，並確實採取了一些它們認為的社會主義路線和政策，如國有化、計劃經濟、政治平等、以及某

些社會福利制度，等等。這就是被蘇聯稱為「走非資本主義道路」的國家。實際上這些國家走的還是資本主義道路，採取的某些所謂社會主義措施如國有化、計劃經濟等，反而妨礙了社會經濟的發展。印度就是由於長期堅持計劃經濟，獨立後經濟增長一直很慢，到1992年實行了經濟市場化的改革，這才得到快速增長。因此，比較而言，發展中國家和地區採取對外開放的資本主義市場經濟，反而發展得更快些，亞洲「四小龍」就是證明。而堅持非資本主義道路的國家全都失敗了，沒有一個成功的。它們不但經濟發展緩慢甚至停滯倒退，而且還產生和加劇了群眾的貧困化和腐敗成風、社會混亂等不良傾向。事實證明，對取得獨立的發展中國家來說，建設社會主義是此路不通。所以許多國家就先後放棄了社會主義口號，特別是蘇聯東歐劇變後，走非資本主義道路的國家，除個別的如朝鮮、古巴等以外，都已改變了路線，調整了政策，走上了正常發展軌道。從二十世紀九十年代起，發展中國家作為整體，無論是經濟總量還是人均國內生產總值增長速度都超過了發達國家，連撒哈拉以南的非洲也已趕了上來。發展中國家成了世界經濟發展的主要推動力量。這可是世界經濟和國際關係史上一件了不起的大事。原因當然很多，但包括中國、印度等大國在內的多數發展中國家實行經濟市場化和融入全球資本主義經濟體系，不能不說是一個重要元素。

## 第三世界的興起和式微

殖民主義體系的瓦解，自然是殖民地半殖民地國家人民團結奮鬥的結果。進入二十世紀，殖民地（包括半殖民地和附屬國）已被瓜分完畢，佔地球70%的8,940萬平方公里土地，為十來個帝國主義殖民國家所佔有。經過殖民地人民的長期鬥爭，第二次世界大戰後它們先後獲得了獨立。由於有共同經歷、共同處境和共同要求，它

們在戰後西方的資本帝國主義陣營和東方的社會主義陣營之間，客觀上形成了一個中間集團，為了有別於東西兩大陣營，所以叫第三世界。由於它們的發展水平一般較低，也被稱為發展中國家。在地理位置上，它們又多處在南半球，又被稱為南方，以發達國家為北方。總之，第三世界、發展中國家、南方，都是一回事。

但這與毛澤東的所謂三個世界的理論毫無關係。毛澤東提三個世界，既無理論分析，也無事實根據，只是為了實行聯美反蘇的所謂「一條線」戰略而隨便提的口號，沒有什麼道理可講。例如經濟高度發達、軍事上參加北大西洋公約組織的德、英、法等國，怎麼能和東歐的蘇聯附庸國波蘭、匈牙利、保加利亞等組成一個「第二世界」呢？當時的蘇聯和美國也談不上組成第一世界。所以這一理論提出來後，除了實行輿論一律的中國傳媒和學校大講了一個時期外，並沒得到世界輿論的認同和理睬。在中國實行改革開放，放棄「一條線」戰略以後，也不再提了。只是一些不明就裏的學者，在談到中國外交史時還講。

第三世界是1950年代初形成的，1955年在印尼召開的亞非會議是一個最初的標誌。後來就逐漸走上了組織起來、聯合行動的軌道，特別是1960年代初發起的不結盟運動和1970年代初七十七國集團的成立。在同西方發達國家鬥爭中，如石油禁運、促成南北對話和聯合國關於建立經濟新秩序的討論等，曾經一時造成很大聲勢，也迫使西方國家作了些讓步。但是進入1980年代，第三世界國家經濟發展遇到了一些困難（拉美稱作是失去了的十年），各國之間發展不平衡加劇，一些國家內部和相互之間也都出了些問題。1990年代可以說發展中國家迎來了大翻身，雖然發展很不平衡，有些國家還極為貧困，有些國家出現了倒退。但是就整體而言，或者說絕大多數，已經完全今非昔比。有些國家和地區已經進入發達國家的行

列，還出現了新興工業國家、新興市場國家甚至新興大國等多種稱謂。不但第三世界的籠統稱呼對它們不適用，連泛稱發展中國家都不行了。所以從上世紀九十年代起，國際上已不再用第三世界作國家分類中的一個類別，國際問題研究中也不大用第三世界這個概念了。而進入本世紀後，發展中國家的類別也逐漸被取締，又採取了一些新的劃分法。

應該說，「第三世界」和「發展中國家」，是作為二十世紀下半期世界經濟和國際關係的一個發展階段而存在的。它們興起於殖民主義體系崩潰之後，作為範圍相對固定的群體，進入本世紀就已經基本上消失了。因此，對世界經濟和國際問題的觀察，必須與時俱進，切忌把話說死。否則，不但像中國領導人毛澤東、鄧小平等過去一再信誓旦旦地宣佈：「中國永遠屬於第三世界」、「中國永遠站在發展中國家一邊」，都成了笑話；連後來說的「中國永遠不做超級大國」也違背世界發展規律，不會有人相信了。因為我們過去是給超級大國加上政治含義，把它和霸權主義連在一起的。其實，按國家規模、實力地位和國際影響等標準看，大國中出現超級這個類別，是不應否認的事實。

# 各種社會制度的趨同

## 趨同的必然性

人類自誕生以來，只要有接觸、發生關係，就必然會趨同，包括器物工具、生活方式和社會秩序等。例如一個部落看到另一個部落在用石器，他們自然也會學習和模仿。因為優勝劣汰和取長補

短，是推動人類在各方面趨同的動力。不過我們這裏要談的趨同，是指社會制度的趨同，而不涉及其他方面。社會制度的趨同，有兩個根源。一個是事物本身發展規律使然；一個是互相借鑒、彼此學習的結果。隨着新大陸的發現和工業革命的發生，人類選擇了走資本主義道路的社會制度。由於前述殖民主義的雙重使命，資本主義被推向全球，到十九世紀已在世界佔居統治地位。但是初期階段的資本主義，不但帶來許多尖銳矛盾，而且還極為野蠻和殘酷，因此人們就更為嚮往社會主義，使二十世紀竟出現了兩種社會主義實踐。不過從社會制度看，完全同資本主義對立的只有蘇聯模式的社會主義。社會民主主義不但客觀上仍然屬於資本主義社會制度，而且主觀上他們也承認並不用暴力推翻這個制度，只是執行各種社會主義導向的政策，在原有的社會基礎上加以逐步改良。所以二十世紀只存在兩種完全對立的社會制度，它們之間的激烈競賽和生死鬥爭幾乎進行了一個世紀。就是這樣兩個完全對立的社會制度，也並沒有停止相互間的趨同。列寧從一開始就提出向資本主義學習，而資本主義對經濟的政府調節和某些社會福利制度的建立，也不能說沒有借鑒社會主義的地方。

## 從趨同到同化

　　兩種對立的社會制度趨同的結果，就是「合二而一」。或如毛澤東講哲學時說的「綜合——一個吃掉一個」。二十世紀蘇聯式社會主義和資本主義競賽和趨同的結果，就是前者被後者所同化。但這時的資本主義也已不是原來的資本主義，而是吸取了社會主義的許多長處、自身進行了重大調整和改革的資本主義。正是由於資本主義對社會主義優越性的趨同，才使它從原來傳統的資本主義轉變為二戰後的現代資本主義。如果雙方都一直處於二十世紀三十年代

的狀態，即一方面是資本主義的長期蕭條，即使打了第二次世界大戰，但假定也和打了第一次世界大戰一樣，戰後仍一切維持原貌；一面是社會主義國家的高速發展，並且能夠適時進行應有的調整和改革。那麼，人們可以想像，最後的結果將會如何？最大的可能是社會主義國家的興旺和發達資本主義國家的垮台。中國的情況也不例外。如果共和國成立後不實行「一邊倒」、「走俄國人的路」的政策、不生搬硬套蘇聯模式，而是走經濟市場化和政治民主化的世界通行之路，那也不會白白浪費頭三十年的寶貴機遇，早已列身於發達國家之林。

二戰後，世界進入和平與發展時代，資本主義進入現代資本主義階段，除了本身適時的調整與改革外，作為世界潮流還有兩大特點。一是市場化的普及，一是國際化（八十年代後進而成為全球化）的迅速發展。凡是能適應這兩大潮流並進行相應的調整與改革，就一定會興旺發達。否則只能或者趕快補課，或者國家垮台。所以從本質上說，蘇聯東歐的變化和中國越南的改革，都屬於向資本主義的趨同，只是趨同的方式有別，實際上都是在補走資本主義道路的課。這種說法會使許多人大吃一驚，視之為背叛。但只要對問題進行深入分析，就可看出這種說法也有一定道理。

中國特色社會主義的特色表現在什麼地方呢？我看主要就在於政治上的一黨專政，再加上意識形態的嚴格控制。至於經濟基礎，中國社會主義則同資本主義並無重大區別，甚至要比發達資本主義落後好多，如權錢交易、權貴資本等等。假定社會主義的本質屬性和要素是指：經濟發達，產品豐富；消滅剝削，共同富裕；自由平等，民主法治等等，那麼，發達資本主義國家做到的要比中國強得多。例如它們多已經消滅或接近消滅城鄉、工農、腦體勞動的差別。我們還保留着世界上最落戶的戶口制和二元結構。產品豐富、

自由平等、民主法治這些要素不能比是很明顯的。就以鄧小平特別強調的消滅剝削、共同富裕來講，我們也比人家差得多。這只要看一下我們的勞動收入在國家總收入中所佔比重（就是說人家的剝削輕，我們的剝削重）和表現貧富差距的堅尼系數（中國比日本高近一倍，比其他多數發達國家都高），就會一目了然。無怪乎上世紀七十年代末，時任副總理的王震發表訪英觀感時說，「我看英國搞得不錯，物質極大豐富，三大差別基本消滅，社會公正，社會福利也受重視。如果加上共產黨執政，英國就是我們理想中的共產主義社會。」[36]

現在我們不大強調社會主義本質屬性的優越性了，但卻大講起經濟發展速度的「中國模式」。其實，我們對發達資本主義國家還處於追趕階段。搞得好，再趕四十年才能在經濟上達到中等發達國家水平，然後還得趕高等發達國家。一個在後面追趕的國家要走在前面的國家學習自己的榜樣（「模式」），好意思嗎？因此，無論以重要的單項對比（如人均產值、共同富裕、自由平等、消滅三大差別等），還是全面比較，中國離社會主義的差距都要比發達國家大得多。所以中國表現為追趕的向發達國家的趨同，不僅是補資本主義因素的課，也是實現一點社會主義目標。在這種情況下，反對向西方學習或叫做反對「西化」，就是歷史發展上的反動。難道他們消滅了三大差別，我們為了不被他們同化，就偏不消滅，讓城鄉等差別永遠保留下去？解決這個問題其實也很容易，就是讓反對「西化」的人註銷城市戶口，搬到鄉下去務農。

---

36　何方：《從延安一路走來的反思——何方自述》（下冊），第772頁。

## 社會制度的趨同與全球化

　　基於世界經濟的全面市場化和技術革命推進日新月異的信息化，二十世紀八十年代人類交往和聯繫從國際化進入了全球化。市場化是資本主義的本質屬性，因此全球化市場的性質也就只能是資本主義，各國融入全球化（現在也還繼續稱國際社會，雖然已不夠準確），也就是加入（趨同）到資本主義世界體系中去。當年的蘇聯和中國也是以不同方式（突變和漸變的形式）放棄了原來的社會主義體系加入到這個世界資本主義體系中來的。不過我們卻認為，俄國是資本主義復辟，中國則是在堅持社會主義。其實這只是自我安慰和自我欣賞罷了，國際社會並不認同。例如世界銀行2007年提供的兩份有關報告中談的就大不相同。世界銀行專家4月17日公佈的關於俄羅斯的經濟報告中指出，俄羅斯經濟增長是「符合窮人利益的經濟增長」。從1999年到2006年，俄經濟年均增長6%，經濟總量增加70%。期間工資和人均收入卻增加了500%；扣除通脹後，人均實際收入增加超過200%。12月1日，在北京發佈將完成的《貧困評估報告》初步研究結果則指出，從1999年到2006年，中國經濟翻了一番還要多，但全社會工資總額佔國內生產總值的比例卻不斷下降；而2001年到2003年，10%的貧困人口實際收入還下降了2.4%。中俄兩國誰的社會主義因素稍多些，從這裏也可以得到一點答案。

　　既然各國都已融入世界資本主義體系，性質上都已是資本主義制度，那社會制度的趨同是否就結束了？其實不然。因為同一社會形態，由於發展不平衡，仍有趨同的必要和動力。例如上述俄國和中國，在社會制度上就存在很大的趨同空間，既有客觀的自然融合，也有主觀的取長補短。因為發展不平衡是絕對的，差別會永遠存在。所以即使在國家消亡後，地區間仍然存在着不平衡和差別，仍然會不斷地趨同。由此看來，趨同是人類社會不斷提高的過程。

例如歐盟各國之間的趨同，就有很多是人為的、自覺的，也許更多的還是不自覺的自然融合。

各國和各地區的不斷趨同，推動着全球化的迅速發展；反過來，全球化的迅速發展又推動各地各國的進一步趨同。因為所謂全球化就是全球一體化，而目前盛行的地區化也就是地區一體化。無論是全球化還是地區化，本質上都是趨同。正像矛盾是絕對的，統一是相對的一樣，趨同永遠也不會消滅差別。即使舊的差別消失了，也必然會產生新的差別。人類社會就是在這種趨同存（包括新增）異中生生息息，向更高的階段發展。

隨着制度趨同的不斷更新和技術革命的突飛猛進，全球一體化正在加速度地推進，發展下去就是世界大同的實現。

# 美蘇冷戰與中國

## 對冷戰的幾點看法

這裏先談兩個題外話。

### 一、從學習冷戰史說起

談共和國成立後的國際環境，不談冷戰當然是說不清的。因為連毛澤東1960年同蒙高馬利談話時，也說現在的局勢是「冷戰共處」。正好幾年前一位朋友送給我一本《冷戰與中國》，先後看了兩遍，引起我對冷戰史的興趣。接着又陸續閱讀了李丹慧主編的《國際冷戰史研究》和沈志華等專家主編或撰寫的有關冷戰的一些著作。結果除學習到不少知識外，特別是發現從我改行學黨史以來，冷戰史在國內外的國際問題研究中正在成為顯學，自己卻落後成外

行了。但是回頭一想，我還是從頭到尾親歷了冷戰的全過程的。因為即使以前不算，那麼1950年進外交部後專事國際問題和對外關係的研究工作和參加一些外交實踐，那就多與冷戰有關了。在外交部呆了三十年，離開後又到專門從事國際問題和對外關係研究的機關工作了二十多年，更沒脫離同冷戰的關係。另一方面，不管叫冷戰史還是冷戰學，在一定意義上，對我又是新的學問，現在從頭作系統研究，也確實來不及了。因此我只能結合自身經歷，對冷戰中一些問題談點個人看法，稱不上什麼學術研究。

### 二、再談一個對蘇聯的稱謂問題

蘇聯是冷戰的兩大主角之一，談冷戰當然要經常提到它。但這裏先發生了個「正名」問題。蘇聯解體後，中國傳媒大都稱其為「前蘇聯」，而且至今尤甚。我卻認為，加個「前」字，不但多此一舉，而且違背史學原則。因為第一，蘇聯是個存在了七十多年的歷史實體，又只此一家，並無前後之分。不像中國歷史上東晉時有前燕後燕，五代時有前蜀、後蜀。又如人們稱呼中華民國，好像至今還沒看到有加「前」的，李新主編的書就叫《中華民國史》。談到納粹德國、法西斯日本時同樣不用加「前」字。第二，加「前」字違背歷史真實。最近讀了幾本研究蘇聯問題的書，滿篇「前蘇聯」，感到實在彆扭。特別是有些地方竟削足適履，為了加「前」字不惜篡改歷史文獻。例如引證毛澤東1955年的談話中，在引號內就有這樣的話：「我們是弱國，不是強國。美國怕前蘇聯，但是不怕我們。它知道我們的底子。」[37]有人在文中引證毛澤東1974年2月22日提出著名的「三個世界的理論」時，也說成：「我看美國、前蘇聯是第一

---

37  陳兼：〈革命與危機的年代〉，載楊奎松主編：《冷戰時期的中國對外關係》，北京大學出版社，2006年版，第91頁。

世界。中間派，日本、歐洲、澳洲、加拿大，是第二世界。咱們是第三世界。」因為「美國、前蘇聯原子彈多，也比較富……」[38] 大概誰也不會相信毛澤東生前會説出「前蘇聯」三個字來。第三，「前蘇聯」可能只是我們中國輿論和傳媒一些人的獨特用法，而且按輿論一律的規矩，也許有宣傳機關的規定。對於外國人如何稱呼蘇聯，我見聞不廣，西方國家的有關資料看得不多，但作為先是中蘇友協副會長、後為中俄友協副會長，我在俄羅斯和加盟過蘇聯的國家，無論是官方還是民間，都沒有聽到和看到過「前蘇聯」的説法。著名學者格・阿・阿爾巴托夫（Georgy Arbatov）有一本著作，就叫《蘇聯政治內幕：知情者的見證》（*The System: An Insider's Life in Soviet Politics*）。[39] 最近又買到一本新出版的書，也直接叫《蘇聯政權史》，[40] 全書883頁，「前蘇聯」的提法沒有出現過一次。我還請教了好幾位著名蘇聯問題專家如徐葵、陸南泉、李靜傑等，他們也認為不應稱「前蘇聯」，並説有人還專為此寫過文章，可惜我沒看到。基於以上理由，建議取消這一具有中國特色的「前蘇聯」提法。

## 冷戰的起源

### 一、冷戰的標誌

研究和討論冷戰的書籍早已汗牛充棟，我沒有作過專門研究，當然沒有什麼好説的。但有些與冷戰有關的問題，還是有點個人看法，想提出來討論。這第一個問題就是冷戰什麼時候形成。

---

38　翟強：〈建立反對前蘇聯霸權的國際統一戰線〉，載《冷戰時期的中國對外關係》，第182頁。

39　徐葵等譯，新華出版社，1998年出版。

40　魯・格・皮霍亞（R. G. Pikhoia）著，徐錦棟等譯，東方出版社，2006年5月版。

冷戰的終結有點戛然而止，人們沒有什麼明顯的不同説法。但冷戰的形成卻有個過程，從哪個關節算起，就有很多不同説法了。把起點推得最早的可能是當年國際共運的某些領導人。例如美共總書記福斯特 (William Z. Foster) 就認為，冷戰在二戰中就已經開始形成。他説：「還在第二次世界大戰中，當美國和英國處心積慮地企圖削弱蘇聯時，美帝國主義為追求最大限度的利潤和世界的霸權而發動的冷戰就已經開始了。」[41]這一説法，當然現在不會再有多少人提起，記在這裏也只是聊備一格。但也説明，以往談冷戰的起點，是帶有濃厚意識形態色彩的，所以美蘇兩個集團之間的不同提法就都含有互相推卸責任的意思。中國輿論在很長時期是跟着蘇聯走的，後來雖然在責任敍述上從美帝稱霸改為美蘇爭霸，對起點有些不同説法，但框架基本未變。我所看到的不同説法有：始於1946年2月9日斯大林在選民大會上的演説；始於1946年2月22日的肯南8,000字電報；始於邱吉爾1946年3月的富爾敦演説；始於1947年3月的杜魯門主義 (編按：美國總統杜魯門 Harry Truman 任內形成的外交政策，援助各地反共政權)、6月的馬歇爾計劃；始於同年9月的歐洲共產黨情報局成立；始於1948年的第一次柏林危機；始於1949年兩大軍事集團的形成，即北大西洋公約組織的成立和蘇聯同社會主義各國分別簽訂同盟互助性質的條約；以及其他等等。雖然有這些不同説法，但是長期以來，中國的主流輿論和官方意見，多把冷戰的起點定格在1947年杜魯門主義的出台，發動者自然也就是美國了。例如作為「高等學校法學教材」的《國際關係史 (1945–1980年)》，就一再指出「1947年美國正式發動冷戰」；「1947年國際上兩大陣營的對立加劇」；[42]又如為「部分高等院校和其他有關單位作為

---

41　《三個國際的歷史》中譯本，1961年版，第566頁。

42　法律出版社，1983年，第76、78頁。

教材和參考書用」而由復旦大學國際政治系一些學者編寫的《戰後國際關係史大綱（1945–1987）》，一小節的標題就叫「杜魯門主義與冷戰爆發」。[43]另一部由北京師範大學出版社出版、張宏毅編著的《現代國際關係發展史（1917–1993年）》一書（也是作為大學教材和參考書用的），裏面也寫道，「邱吉爾的富爾敦演說不過是美國統治當局借別人之口發出的第一個明白無誤的的『冷戰』信號。」接下來的小標題就是「杜魯門主義和『冷戰』的全面展開」。

　　上述各種看法，都有一定道理，但是我總覺得不完全準確。就以至今多數學者和主流輿論一致認定的冷戰格局形成於1947年，我看也還值得推敲。1947年固然發生了幾椿歷史性的重大事件，但正如沈志華教授在其主編的《冷戰時期蘇聯與東歐的關係》中所說，冷戰格局的形成表明矛盾的本質已經改變，也就是過去所學哲學上說的，矛盾已從量變達到了質變。他還提出這一變化應具有的標誌。我認為這一界定非常重要，否則不但冷戰的起訖，連什麼是冷戰都說不清了。根據我的理解和看法，冷戰形成主要應具備以下幾個標誌。第一，對立雙方的主要成員都已制定出和支持一套比較完整的以另一方為對手的對抗戰略；第二，以同一戰略為基礎，雙方各自組成了相互對抗的國際性軍事集團；第三，這一戰略和結盟已正式付諸實施，並有重大對抗表現，表明它們的長期性，而決不是一時一事。只是作為對抗雙方的主角美國和蘇聯竭力避免直接的軍事衝突，這就使對抗始終停留在冷戰的範圍內，雖有起伏，到底沒有發展成為美蘇間的大戰。第四，這一對抗的陰影籠罩全球，影響整個國際關係，制約着其他一切國家對抗。所以蘇聯解體就標誌着冷戰已成過去和後冷戰時代的開始，而不能像鄧小平說的，「一個

---

43　世界知識出版社，1989年版，第17頁。

冷戰結束了，兩個冷戰開始了。」也不是有的學者所說，在冷戰期間，中國進行了先對美國後對蘇聯的兩場冷戰。

上述四條還不能說1947年已經完全具備。雖然1947年發生過一些重大事件，但還不能說已經出現了東西兩大集團對抗的格局。因為第一，雙方還沒有把冷戰定為基本戰略，也沒有發生表現雙方全面對抗的重大事件。當時出現的頂多只能算成雙方的冷戰宣言，而從宣言到完全定下來並付諸實施，總還有個過程。例如杜魯門主義只涉及希臘、土耳其這個小局部，一點也不影響雅爾達體系（編按：1945年美、英、蘇三國領袖羅斯福、邱吉爾、斯大林在蘇聯雅爾達舉行會議，制定了二戰後的世界新秩序和利益分配方針）對雙方勢力範圍的劃定。馬歇爾計劃只是在經濟上幫助歐洲資本主義穩定局勢、預防革命和鞏固美國的領導地位。至於情報局的成立，看來也還是首先對內，而不是反對帝國主義。連日丹諾夫（編按：Andrei Zhdanov，斯大林得力助手，主管意識形態）報告中提出的「世界分裂成兩個陣營」，也是斯大林修改時才臨時加上的。美蘇當時對外關係的重點還不是相互對抗，而是在對抗的名義下團結內部、統一認識。例如美國面臨的主要問題，就不是對抗蘇聯，而是解決同歐洲的矛盾和遠東的日本問題。由於戰爭引起的民族民主革命高潮，使歐洲國家普遍左傾（這也是二戰英雄邱吉爾慘遭敗選被工黨取代的原因），對美離心增長。在對待中國革命的態度上，英美政策就很不一致。作為冷戰另一方的社會主義陣營也並未形成，控制東歐國家和恢復蘇聯在國際共運中的領導地位（情報局不只管歐洲，還曾嚴厲批評過日共），還是蘇聯當時的首要任務。第二，1947年，不但客觀實際上還沒有形成互相對抗的兩個陣營，而且主觀上也沒有出現沈志華教授所提冷戰的一個重要標誌，即「矛盾的雙方（而不是任何一方）已經制定出比較完整的冷戰政策」。當杜魯門發

表所謂杜魯門主義的演講時，蘇、美、英、法四國外長正在莫斯科舉行會議討論德國問題。雖然會議遭受挫折，但關係並未破裂，還就取消德國的普魯士邦達成了協定，並商定外長會議這一機制繼續保持（下次倫敦會議才宣告破裂）。即使要把杜魯門主義算作冷戰的開始，那也只是冷戰中一方的美國做出了戰略決策，英、法、德等國還不能算，更不用說另一方的蘇聯和它控制下的東歐國家。所以直到1951年11月斯大林在《蘇聯社會主義經濟問題》一書中，還否認資本主義和社會主義國家之間的矛盾比資本主義國家之間的矛盾更加劇烈的觀點，並斷定帝國主義之間的戰爭不可避免。從這裏實在看不到多少冷戰的影子。情報局宣言中說的「反帝民主陣營的基本目的是摧毀帝國主義」，不過是共產黨人講了上百年的老話，如同後來赫魯曉夫（編按：Nikita Khrushchev，1953–1964年蘇聯最領導人）說的「我們要埋葬你們」一樣，是不能看作國家政策的。

## 二、冷戰形成的時間

　　既然冷戰起源以1947年劃界不夠準確，那麼應該以什麼時候為起點呢？從總體上看，以1949年劃界比較合適。因為從這時起，美蘇和東西關係才發生了質的變化。第一，雙方原來曾經設想過的合作與協商已為分裂與對抗所代替，各自制定了以對方為敵的總體戰略。蘇聯在1947年成立情報局時已發出冷戰宣言，經過兩年內部調整，到中華人民共和國和民主德國成立後正式形成對抗美國和北約的戰略。另一方的美國，1950年4月正式通過國安會第68號檔案，決定了此後美國對社會主義陣營的基本政策和遏制對方的冷戰大方向，成為杜魯門開始的歷屆政府推行的總戰略，包括把中國置於對立面。第二，經濟上形成兩個體系、兩個市場。1949年組建經互會，自成一統。西方也對社會主義國家實行封鎖，正式成立了巴黎統籌委員會。斯大林隨即提出兩個平行市場的理論。毛澤東更進一

步推行「一邊倒」和閉關鎖國政策，歡迎西方的禁運。第三，兩大軍事集團對抗是冷戰的一個重要標誌。正是這年，北大西洋公約組織成立，歐洲出現兩個德國；在亞洲，中華人民共和國成立並迅即同蘇聯結盟，足以同西方抗衡的社會主義陣營最後形成。第四，東西兩端都先後發生過重大的對抗事件，如歐洲的第一次柏林危機，亞洲爆發了朝鮮戰爭，使雙方對抗格局成為不可逆轉。第五，蘇聯有了原子彈，打破了美國的壟斷。核武器的出現和增加，固然對人類造成威脅，但對制約戰爭也起了很大作用。所以美國學者萊夫勒（Melvyn P. Leffler）把「原子能革命和核武器的出現」，列為冷戰的五大要素之一。[44]

## 冷戰的性質和特徵

上列幾條不一定妥當和完整，但離開它們中任何一條，也就很難算得上冷戰。現在就根據這些標誌並結合實際情況，把冷戰的性質和特點歸納為以下幾點。

### 一、冷戰是社會制度與意識形態間的非暴力對抗和競爭

兩種不同的價值觀，導致對立雙方相互仇視，不共戴天，都以消滅對方為己任，這是產生冷戰的根本原因。以蘇聯及其盟國這方面來說，它們都是共產黨執政的國家，而共產黨的終極目的從來都是消滅資本主義。不過在俄國十月革命前，這還只是作為一種學說和理想。後來列寧奪得政權，強調實踐的國際主義，其中就有重要的一條：已經取得勝利的無產階級專政國家，要為推翻國際資本主義承擔最大的民族犧牲。搞世界革命、赤化五大洲，被共產黨執政

---

44　李丹慧主編：《國際冷戰史研究》（第一輯），華東師範大學出版社，2004年版，第105頁。

的國家當作神聖的歷史使命。二戰前，由於勢孤力單，蘇聯只能養精蓄銳，等待時機。所以當希特拉橫掃歐洲的時候，斯大林和共產國際都認定那是帝國主義之間的戰爭，應該反對。毛澤東在《第二次世界大戰報告提綱》中也說，在資本主義國家的交戰雙方，「都要用革命戰爭打倒反革命戰爭」，也就是列寧說的變帝國主義戰爭為國內戰爭。後來納粹德國侵略到蘇聯頭上，這時斯大林和追隨他的各國黨才把二戰定性為民主戰爭，要求在民主陣營的資本主義國家的黨只能同資產階級結成統一戰線，集中力量反法西斯，不應急於搞社會主義革命。及至戰爭進入反攻階段後，斯大林又提出，蘇軍打到哪裏也就要把社會主義制度帶到哪裏。所以波蘭、捷克、羅馬尼亞等東歐國家戰後的社會制度，在很大程度上是蘇聯強加的。蘇聯一解體，它們又都要變回去也很自然。由於二戰的性質是反法西斯民主戰爭，因此交戰雙方的資本主義國家，戰後並沒有也不可能出現那種進行社會主義革命和建立無產階級專政的革命形勢，各階層人民的共同迫切要求是迅速恢復經濟和安定生活、重建和推進民主制度、對資本主義政治經濟作較大的改良和調整。而且在戰爭中蘇聯的犧牲和損失也最大，恢復任務更為艱巨，何況斯大林長期執行忽視改善人民生活的經濟政策。所以直到他去世的1952年，蘇聯人民的生活水平還趕不上戰敗的德國，不但依然貧困，受到食物、日用品和住房短缺的嚴重困擾，而且人均消費食品仍然沒有達到十月革命前1913年的水平。[45] 在這種情況下，如果再用武力去輸出革命，引起同美英的戰爭，那就會比十月革命後列寧打波蘭失敗得更慘。這是斯大林認識得很清楚，因而極力避免的。所以在戰爭

---

45　沈志華：〈蘇共二十大、非斯大林化及其對中蘇關係的影響〉，《國際冷戰史研究》第一輯，第38–39頁。

期間和戰後頭幾年，斯大林更多地是希望同西方和平共處和進行合作，甚至還想得到美國的某些經濟援助。這也是斯大林和蘇聯政府對邱吉爾富爾敦演說和杜魯門主義反應並不十分強烈的原因。[46] 所以不能說斯大林還在二戰期間就預期到冷戰的不可避免，並制定了實施冷戰的大戰略，像美國著名的冷戰研究專家加迪斯教授（John Lewis Gaddis）說的那樣。[47]

從美國和其他主要資本主義國家方面來說，反蘇反共的立場也是一貫的。例如邱吉爾，一輩子都是反蘇反共的積極分子，只是為了共同對付希特拉的侵略，才不得不同蘇聯結成反法西斯同盟。即使在戰爭期間，他也多次講過反蘇反共的話，所以戰後發表富爾敦演說毫不足怪。如果不是選舉失敗，他會比工黨艾德禮（編按：Clement Attlee，1945–1951年任英國首相）更早地積極和美國聯手反蘇。至於杜魯門，也從來沒有停止過反蘇反共，二戰期間就多次發表反蘇言論。參加波茨坦會議和繼續堅持反法西斯同盟，乃是形勢所迫。戰後不久，他就很快成為反蘇陣營的發起者和領軍人物，對內也掀起了一陣反共狂潮，縱容麥卡錫主義，迫害進步人士，連幫助日本搞民主化的文職官員都被大批撤換，有的甚至被判刑。羅斯福生前的大國合作藍圖也順理成章地被他推翻了。

在美英等這些以前被稱為帝國主義的國家，反蘇反共當然不只是個別領導人，而是整個統治集團，並且具有深厚的群眾基礎，英美的大工會如美國的勞聯、產聯，從來都是積極反蘇反共的。因

---

46　沈志華：〈共產黨情報局的建立及其目標〉，《冷戰與中國》，第24–25頁。

47　宋偉在〈「締造美國大戰略：冷戰的終結及其遺產」國際學術研討會綜述〉中對加迪斯提交論文的簡介。見《國際政治研究》，2008年第三期，第184頁。

為正如馬克思在《德意志意識形態》和《共產黨宣言》中所說,「任何一個時代的統治思想都不過是統治階級的思想。」所以帝國主義國家的統治階級既以反對共產主義的獨裁暴政為己任,多數群眾也就跟着他們的輿論走了。反過來,社會主義國家又何嘗不是這樣,不但黨政領導,而且當年每個黨員的崇高理想和宏偉抱負,都是解放全人類,赤化五大洲(這也是從前對黨旗上五顆紅星的解釋)。你看,肖洛霍夫(Mikhail Sholokhov)在《被開墾的處女地上》(*Virgin Soil Upturned*)一書中寫的那個農村支部書記拉古爾洛夫拼命自學英文,就是為了搞世界革命。我們當年上延安抗大,校歌上唱的就是「人類解放,救國的責任,全靠我們自己來擔承」。從毛澤東到革命隊伍每個成員,都決心為在全世界實現共產主義奮鬥到底。毛澤東雖然在共和國成立後的路線以至策略上都搞錯了,但這個決心似乎至死未變。以我個人的思想和對形勢與任務的認識來說,無論是在延安也好還是抗戰勝利後到東北也好,有兩個問題是堅信無疑的。一是反蔣,一定要和他打內戰,爭天下;二是反帝,和美國打仗大概遲早免不了。到東北後在和蘇軍官兵的接觸中,日常談話有個共同語言,就是我們以後還要一起打美帝。可見雙方的使命感是從上面貫徹到底層的。而且美蘇對抗和爭奪,主要的就是要推行自己的制度和價值觀念,既不是為了多佔殖民地,看來維護本國安全也在其次。因為美國從英國手裏接過援助希臘原流亡政府和鎮壓共產黨,我看與美國國家安全的關係就不大。而蘇聯要求託管北非的利比亞,也談不上是它安全的需要。

## 二、冷戰是國際力量兩極化發展的結果

單有意識形態的對抗,這在二戰前就已是客觀事實。當時蘇聯勢孤力單,不能成為冷戰的一方,前面已經說過。可二戰後的情況就大不相同了。蘇聯成了打敗希特拉的主力,陸軍位居世界第一,

國際威信空前提高，不但擁有了一大批盟國，而且得到多數發展中國家和爭取獨立國家的擁護。蘇聯當時經濟困難的情況，外界了解不多，連我1951年到莫斯科工作後都不完全知情。雖然它的經濟實力不能和美國相提並論，但在1949年掌握核武器後，軍事工業卻突飛猛進，核武器很快就超過了美國。這樣，就在世界上出現了一個足以和美國抗衡的超級大國。因為在二十世紀，美國本來就已利用它地理和資源等優勢，取得了第一經濟大國的地位，又在兩次世界大戰中發了大財。二戰後它駐軍幾乎遍及全球，在130個國家和地區設有752個軍事基地；1948年它的工業生產竟佔資本主義世界的53.4%、糧食產量的三分之一、黃金儲備的74.5%。如同一些西方歷史學家所說，當時的美國，比世界其他地方加在一起還要富裕。[48]其他資本主義列強，不是徹底戰敗，就是精疲力竭。這就使美國尾巴翹到天上，不但成為全球第一超級大國，而且還要以救世主和世界警察自居。羅斯福在世時，就已設計好美國起領導作用的世界政治經濟藍圖和新的國際秩序，並設想將蘇聯及其盟國包括在內，實際上就是要用美國民主制度和價值理念和平演變它們。他看清了美蘇意識形態和社會制度的對抗是根本的，是你死我活、一個要吃掉一個的矛盾。所以即使他能活到戰後，而不是立即由杜魯門、杜勒斯（編按：John Foster Dulles，1953–1959年任美國國務卿）一派上台執政，那也頂多是合作的時間稍微長些，對抗的方式稍微緩和些，但是美蘇之間的冷戰仍將必然爆發，主要是因為意識形態和社會制度間的矛盾是不可調和的。其次還因為世界上同時出現了兩個相互對立的超級大國。此前的國際關係，不是一國稱霸，就是列強競爭，爭奪殖民地和勢力範圍，那只能造成大小熱戰，而不會有雙雄

---

48　張宏毅：《現代國際關係發展史》，第179頁。

對峙的冷戰。因為現在這兩個意識形態不同的超級大國，不僅要堅守自己的制度和價值觀，而且要爭奪一個盡可能大的勢力範圍推廣自己的制度，還要進一步同化對方。這就是蘇聯方面的輸出革命，盡國際主義義務；美國方面的和平演變與杜勒斯的「推回去」政策。

國際力量的兩極化和雙方軍事力量對比的相對均衡化及其造成的地緣政治的變化，使四十年的冷戰成為必然。由於這對矛盾是對抗性的，表現為雙方是誰戰勝誰的關係，因此冷戰可以時緊時鬆，出現緊張與緩和交替，但要最後解決，只能以博弈的零和宣告結束，不是甲方的勝利就是乙方的勝利，結局不可能雙贏，不可能以妥協告終。歷史事實也是，冷戰的結果是蘇聯集團的解體和社會制度的失敗。美國的力量雖然遭到很大消耗，但終於贏得了冷戰的勝利。

### 三、冷戰是集團性和國際化的行為

冷戰是北約和華約兩大軍事集團的對抗，而不只是美蘇之間的爭奪。而且一開始雙方就把組建集團和團結整頓集團內部當作頭等大事。只有把集團內部大體搞好，才能適當集中力量同另一方對抗，否則內部爭吵不休，互相掣肘，那就形不成一個陣營，更無法結成一個軍事集團了，那也就形不成冷戰格局。這就是為什麼美國首先要和英聯邦各國搞好關係，也要拉攏法國，特別是從削弱和壓制變為扶植與武裝德國和日本。如果不先做好這方面的工作，杜魯門是不會單槍匹馬去和蘇聯對抗的。這就是美國從1947年起着重於保持軍事同盟和鞏固其內部的原因，如宣佈杜魯門主義，實施馬歇爾計劃，同18個拉美國家締結聯防公約，組成北約，分裂德國和武裝西德，單獨對日締和並結盟，以及組織其他包圍蘇聯和中國的軍事同盟等。蘇聯這方面也在積極應對，如在東歐一些國家整肅資

產階級反對派，鞏固親蘇派共產黨的領導地位，用互助條約把各國聯在一起，特別是成立九國情報局。雖然情報局決議被人們看作蘇聯集團的冷戰宣言，但實際上它們還沒有制定出完整的冷戰戰略。蘇聯倉促成立情報局的主要作用和目的，還是把歐洲各國黨重新統一在蘇聯的領導和控制之下，解決當時存在的看法不一和各自為政現象。當時中東歐國家，多數都是願意接受馬歇爾計劃的，只是被蘇聯硬給制止了。還有一個重要的證明就是，要成立情報局，卻誰也不願充當情報局的發起人和把機構設在本國。積極宣導的南斯拉夫，其實是想在巴爾幹稱雄，並不願接受俄國人的管教，所以很快被革出了教門。其他國家內部問題也不少。在這種情況下，斯大林還來不及也沒力量向圈外輸出革命，像有些人說的支援希臘共產黨等。能把圈內這八九個社會主義國家牢牢掌握在手，教他們按照蘇聯模式搞建設和一致對外，那就很不錯了。

兩個超級大國的冷戰，不但拉來許多國家組成軍事集團，而且它的陰影席捲了世界，沒有哪個國家不受其影響，因而被一些外國學者稱為冷戰的全球化。在冷戰期間，整個國際形勢基本上操縱在美蘇雙方之手。它們之間關係的緩和，也就是國際形勢的緩和；他們搞緊張，整個國際關係也就緊張了。既然冷戰已國際化，影響席捲全球，所以其他國家搞得再特殊，也動搖不了這個大局，更不可能掀起另一場冷戰。因此如上所述，不能說在冷戰期間中國還另外進行了兩場冷戰。實際上那只是中國自己政策上的變化，客觀上並沒跳出美蘇冷戰的格局。只是一度造成冷戰中一個戰略大三角。因為頭一陣的積極反美，客觀上必須向蘇聯「一邊倒」；後來反蘇，連主觀上也是聯美。否則，如果這種兩場冷戰的提法可以成立，那麼每個國家，起碼較大一點的國家，就都可以發動冷戰，那冷戰也很難算清有多少場，更沒有時間的限制了。

### 四、冷戰中的個人作用

冷戰的出現，當然是國際形勢發展變化的結果，並不以人的意志為轉移。但是個人在歷史中有時可起到決定性的作用，這也為冷戰所證實。冷戰是兩個超級大國互動的結果，它們的領導人就在其中起了極為重要的作用。從蘇聯方面來說，正如張盛發在其所著《斯大林與冷戰》[49]一書中指出的，斯大林體制是蘇聯進行冷戰的最深厚的國內基礎，而外交本質上又是內政的反映和延續。這就是說，蘇聯的內政和外交都是和斯大林聯繫在一起，或者說主要是由他決定的。如果是一個比較開明的領導人，面對戰後的國困民窮，主張以民為本，致力於和平發展，那就可能完全是另一回事了。由於歷史不能假設，所以這只是非分之想。但是事實上，斯大林後的赫魯曉夫宣導和推行「三和」（和平共處、和平競賽、和平過渡）路線，美蘇關係以至整個國際形勢隨之趨向緩和，曾被毛澤東認作是美蘇合作要對付中國和世界革命。及至布里茲涅夫（編按：Leonid Brezhnev，內地譯勃列日涅夫，1964-1982年蘇聯最高領導人）上台，實行強硬政策並出兵捷克斯洛伐克和阿富汗，形勢又緊張起來。蘇聯內外矛盾積累到難以為繼時，最終以戈爾巴喬夫的改革為契機，導致了冷戰結束。從美國方面來說，杜魯門改變了羅斯福生前提倡的大國合作和推進民主的方針，執行反蘇反共政策，使美國成為冷戰的另一個策源地和世界憲兵。中國輿論過去多把冷戰的責任推給美國，這方面的情況人們比較了解，這裏就不用說了。除了美蘇領導人外，第三個對冷戰起重大作用的，應該說是毛澤東。我同意楊奎松的看法，毛澤東很少提「冷戰」二字，是因為冷戰不過癮，他「事實上更希望看到熱戰」。[50]由於他把中國折騰得力薄勢

---

49　中國社會科學出版社，2000年版。

50　楊奎松：〈毛澤東的冷戰觀〉，《二十一世紀雜誌》（香港）網絡版，2007年8月號。

單，不能用武力去推進世界革命，因此只好在兩極之間煽風點火，加劇緊張，或變換立場，以增加中國在冷戰中的份量。

### 五、冷戰的歷史地位和制約因素

冷戰所以叫冷戰，就是雙方沒有真正打起來，否則就成了熱戰。但是這裏說的沒有打熱戰，是指美蘇兩國沒有直接打、兩個陣營沒有整體打。雙方的局部熱戰和被稱作代理人戰爭的，還是發生過不少。例如朝鮮戰爭，毛澤東就説，這個戰爭實際上是三國打的，朝鮮、中國、蘇聯。蘇聯出售武器。但是敵人方面呢，是16個國家。美蘇執行的都是戰爭邊緣政策，竭力避免直接打。否則要是真打起來，那就是核戰爭，就是第三次世界大戰。四十年的冷戰，雙方之間矛盾那麼尖銳、對抗那麼嚴峻、爭奪那麼激烈，可就是打不起來，擦槍也沒有走火。每到戰爭邊緣，雙方總是可以取得妥協。這是什麼原因呢？就是因為冷戰發生在和平與發展時代，只是這個時代大歷史背景中一個時期國際力量對比相對均衡化所表現出來的戰備格局。一旦力量對比的均衡狀態被打破，冷戰也就結束了，但代之而起的並不是戰爭，仍然是和平與發展這兩大時代特徵制約着的歷史進程和形勢變化。這就是小道理服從大道理，局部服從全局的規則。因為比起大的歷史時代，冷戰既在時間上比較短暫，影響範圍也很有限。就是在對抗最激烈的時候，也不能說冷戰就是一切，其實它連整個國際關係都涵蓋不了。所以國際冷戰史不能代替國際關係史。當然有很多人和在很多地方，也把冷戰和時代連在一起，使用「冷戰時代」這個概念。不過這和我們前面談論的大的歷史時代並不是一回事。而且時代這個詞是有多種用途的，如青少年時代、全球化時代、知識經濟時代等等，含義各不相同。但是我們說的和平與發展時代卻確實制約着這個冷戰時代。冷戰變不

成熱戰，就是受着和平與發展時代的制約。而和平這個時代特徵，又是由歷史發展的一些因素促成的。

不但冷戰期間，而且在歷經時間更長（包括今後可以預見到的時期）、涉及範圍更廣的和平與發展時代，能夠維護和平，避免大戰，還使人類社會、經濟、政治、文化得到飛速發展，主要原因是，第二次世界大戰造成了國際社會發展的兩大基本變化。一是現實社會主義勢力的強大，並得到空前廣泛的世界民族民主運動這一直接同盟軍的支持與配合，使它成為足可同西方資本主義世界相抗衡的力量。更重要的也許是前面一再說過的，資本主義發生了重大變化，在一定意義上可以稱為質變，即從傳統資本主義變成了現代資本主義。這兩方面的變化就造成一些遏制和制止世界大戰的根本因素。第一，現代資本主義已徹底否定了列寧、斯大林關於帝國主義之間戰爭不可避免的論斷，反而使它們之間的戰爭成為不可能。因為現代資本主義還有強大生命力，能夠進行自我調節，緩和以至解決自身的一些矛盾，無須訴諸大戰。第二，全球化的迅速發展和殖民主義體系的完全崩潰，使各列強不可能也沒必要為爭奪殖民地而互相廝打，實行對外擴張用經濟、文化等手段反倒更合算。第三，大規模毀滅性武器的出現和不斷更新，以及科學技術的全面迅猛發展，都成了制止世界大戰的重要手段。第四，由二戰性質決定的戰後民主運動（而不是無產階級革命），有力地推進了發達資本主義國家的民主化，不但徹底改造了德日意戰敗國的專制制度，也使原來的民主國家進行了重大的改革，進一步增強了人民的民主權利，成為防止戰爭的重要力量。以上列舉的這些變化，正是時代特徵在冷戰期間所起作用的表現。冷戰結束後，時代並沒變，這些基本因素仍在繼續發揮作用，即使有個別國家對另一些國家採取戰爭政策，那也只能是局部事件。因為構成冷戰的兩大對立軍事集團已不存在。

### 六、冷戰與第三世界，兼論冷戰中的熱戰

第三世界指亞非拉的殖民地半殖民地國家。它們本來就在一直為爭取民族獨立而鬥爭。基於戰爭引起革命的規律，第二次世界大戰導致了一次空前範圍的民族獨立運動，戰爭期間即已開始，戰後隨即迎來高潮。首先是一些大國如中國、印度、印尼等很快獲得獨立和解放，然後就是整個殖民主義體系走向徹底崩潰。其實，成為戰後冷戰雙方的美蘇，也老早就已插手殖民地半殖民地國家，培植自己的勢力，不過戰爭期間主要還是推動它們參加反法西斯戰線，所以美英首腦在《大西洋憲章》中就對民族自決作出了承諾。可見，第三世界的興起，是民族獨立運動造成的結果，並不是冷戰的產物。兩者在形成過程中有所交叉而且互有影響，但並不是因果關係。那第三世界在冷戰中處於什麼地位和受到什麼影響呢？

據張小明教授介紹英國冷戰研究專家文安力的最新論述認為，「冷戰最重要方面既不是軍事的，也不是戰略的，還不是以歐洲為中心的，而是與第三世界的政治和社會發展密切相關。」[51]我覺得這是把第三世界在冷戰中的地位提得過高了，使人難以理解。因為不但冷戰的主角不在第三世界，就是參加主要對立軍事集團的北約和華約國家，也都不在第三世界。由於它們的對抗性質是既要整垮對方、又要避免同歸於盡、所以採取了以軍備競賽為重要形式的戰略對抗。這在開始相當時期都是以歐洲為中心，然後才進一步全球化。第三世界的地位，只是冷戰雙方為推行社會制度和意識形態而進行爭奪的戰場。雙方在第三世界的爭奪和干涉，既推動又阻撓殖民地半殖民地國家的獨立和發展，還在它們內部製造矛盾。在一些國家或地區，冷戰期間遺留下來的問題如內亂和衝突，至今仍在發

---

51 《國際冷戰史研究》，第5輯，第267頁。

酵。而第三世界國家也在雙方之間搖擺，並結合本國的意向和利益進行選擇，不是親蘇就是親美，或者左右逢源，撈點實惠。不過，就絕大多數國家來說，它們還是願意走和平中立的道路，並且組成了不結盟集團。但要做到完全中立，實際上也不容易，總得有點偏向。例如南斯拉夫和印度都是不結盟運動發起國，南斯拉夫就偏向美國，印度則偏向蘇聯。再則，由於美蘇兩大陣營特別是以美國為首的西方，壟斷着世界大部資源和實際掌控着國際秩序，所以發展中國家再堅持中立也不得不對這方或那方有所依賴，這就是為什麼不結盟運動曾一度發展到115個國家，成為一支重要的國際力量，雖然冷戰雙方對它們的意見不能不加以重視，但它們終究動搖不了冷戰格局，也改變不了國際秩序。它們幾次首腦會議通過的合理決議，甚至為聯合國大會所採納，如關於建立國際經濟新秩序，最後也還是不了了之。

冷戰期間的熱戰，幾乎全都發生在第三世界。而戰爭數量的大增，既有爭取民族獨立解放的因素，也與美蘇雙方的爭奪有關。據上世紀末期美國一研究中心報告，從二戰結束到1992年的四十七年間，全世界發生的戰爭（指一個以上政府發動，每年死亡千人以上的紛爭）共149宗，每年平均戰爭頻率是十九世紀的兩倍，十八世紀的七倍多。[52] 許多國家的內戰，都可看出雙方支持不同派別的背景。後來它們即使不再插手，但是由於派性鬥爭的慣性，如不同的信仰，不同的族群，不同的領袖和領導集團，以及長期鬥爭中結下的仇怨等，一些國家的內戰和紛爭，多少年都得不到解決。可見，冷戰對於第三世界說來是利小害大。所謂利，就是指冷戰保證了一個長期的和平國際環境和發展機遇，雙方的

---

52　李京文主編：《走向21世紀的中國經濟》，第27頁。

矛盾還可供其利用。所謂害，就是指雙方的爭奪影響了第三世界各國的社會成熟和經濟發展，使它們中的大多數耽誤了人類發展史上一段黃金時期，在經濟、政治、社會、文化等的發展中大大落後於發達國家。所以有人喟歎：第三世界的經濟發展失敗了，「在大多數國家，政治也退化了。」當然，內因還是主要的，就是它們沒有走或沒有走好人類文明的必由之路——政治民主化和經濟市場化。著名經濟學家亞瑟‧路易斯 (Arthur Lewis) 說，它們犯了兩個根本錯誤，一是低估了國際貿易推動經濟增長的力量；二是對「市場價格的激勵比部長的講話更重要」認識得太晚了。[53]

第三世界和冷戰格局，可說是同時形成，共同存在，又一起結束。第三世界是具有受殖民主義欺壓的相似歷史和進行不同程度反帝獨立鬥爭的一百多個國家的泛稱。它們的社會形態、發展道路等本來就千差萬別，後來又由於自身的條件和冷戰影響而不斷分化。在蘇東劇變後，冷戰以蘇聯失敗和美國付出沉重代價而取得勝利宣告結束。差不多同時，由於在實際上早已走向分化瓦解，進入21世紀，第三世界就基本上變成歷史名詞了。

## 冷戰與中國

我們要談的共和國前期 (頭三十年) 外交，是完全處在冷戰的國際環境中的。因此，無論是外交還是內政，冷戰的影響都是無所不在，可以寫的問題實在太多，何況學界有關的研究論著已經不少。這裏只想就以下幾個問題談點個人意見。

---

53 《制高點》中文版，外文出版社，2000年，第124、125頁。

## 中國在冷戰中的地位

### 一、冷戰前中共的國際定位

　　如前面所說，斯大林還不大像在二戰期間就已預計到冷戰不可避免並制定出進行冷戰的大戰略，那麼在抗日戰爭結束前，毛澤東卻確實預計到抗戰勝利後的國共內戰和在國際上的反帝鬥爭。這也是當年在延安的幹部經過皖南事變後的共識。那時談論對蔣介石的態度只有兩種，「洗臉」政策（經過鬥爭使蔣介石和國民黨認同和接受新民主主義）和「殺頭」政策（主要以武力消滅蔣介石反動集團）。正如毛澤東所說，了解蔣介石的過去，就會知道他的現在，了解了他的過去和現在，就可看清他的將來。因此結論是：蔣介石不會接受「洗臉」政策，那就只有準備打。這也是毛澤東在共和國成立後的前十年一路講下來的精神。在抗戰勝利前夕，毛澤東已在對幹部的報告中斷言：「蔣介石要發動全國規模的內戰，他的方針已經定了。我們對此要有準備。」；「美國帝國主義要幫助蔣介石打內戰，要把中國變成美國的附庸，它的這個方針也是老早定了的……我們要有清醒的頭腦。」；「這就是說，對於帝國主義和反動派不抱幻想，不怕威脅，堅決保衛人民的鬥爭果實，努力建立無產階級領導的、人民大眾的、新民主主義的新中國。」[54] 所以在日本宣佈投降後半個月，我參加的一個幹部團從延安出發去東北，就叫「上前線」。大家的共識是打完日本打老蔣，求得全國解放。可見，還在二戰結束前，中共已經對戰後將要發生的冷戰，無論在國內還是國際上都事先為自己定了位，並且一直保持未變。到了共和國宣告成立的前夕，毛澤東把向蘇聯「一邊倒」、「走俄國人的路」和堅決反

---

54　《抗日戰爭勝利後的時局和我們的方針》。

對帝國主義定為基本國策，對中國在冷戰中的地位，從理論到實踐都完全明確了下來。

### 二、中國在冷戰中地位的演變

中華人民共和國是共產黨一黨專政的國家，因此，黨對國際事務中「一邊倒」的定位，自然就是開國後的國策。它也使共和國一下就成為站在蘇聯方面推動和參加冷戰的重要因素。中國堅決反帝的立場和戰略，特別是參加朝鮮戰爭，不僅把冷戰推向高峰，使冷戰格局不可逆轉地固定下來；而且把美國的戰略注意力引向東方，來防堵所謂「共產黨中國的擴張」和「多米諾骨牌效應」，因而打完朝戰又打越戰，還要應對台海危機。這樣一來，反倒使被稱為冷戰中心的歐洲顯得相對安定一些。在蘇聯方面，斯大林後的新領導赫魯曉夫等人，一開始就感到蘇聯的發展必須對僵化的斯大林模式進行改革，在國內是從平反冤假錯案和設法改變農業一直落後的局面（這時的糧食產量仍未達到1913年沙俄時的水平），對外則主張緩和國際緊張局勢，並促成朝鮮停戰和1954年日內瓦會議的召開。蘇聯政策的改變，使冷戰驟然從高峰下滑到以對話代替對抗、緩和代替緊張的新階段。由於我本人當時出任中國駐蘇聯大使館研究室主任（1951–1955年），任務就是密切注視國際形勢的發展變化，其間又參加了日內瓦會議，所以對這一變化感觸特深。

雖然毛澤東認為，對社會主義陣營和世界革命來說，國際形勢緊張比緩和更有利些，所以還想讓朝鮮戰爭再打一個時期，並在斯大林生前得到同意。但是服從蘇共中央領導的「一邊倒」基本方針總還有它的強大慣性，而赫魯曉夫和蘇共新領導為了取得中國的支持，又進一步增進了對中國的友好和尊重，提供了更多的經濟援助，這就提高了毛澤東依靠蘇聯加速建設的思想。他在1954

年10月3日同赫魯曉夫會談時說，「我們現在有一個和平建設時期，應充分利用它，進行經濟建設，大力發展生產力……如果我們能有二十年的和平建設時期，那麼戰爭的危險性就會減少很多，甚至可能打不起來了。」[55] 在內部談到外交政策時，他也說，「緩和局勢與和平共處，本是我們的口號，現在艾登（編按：Anthony Eden，1935-1955年間三度任英國外相，1955-1957年為首相）、尼赫魯（編按：Jawaharlal Nehru，1947-1964年印度總理）說了，形勢大變了。我應與一切願與我建立外交關係的國家建立關係。」[56] 中國態度的改變和對蘇聯和赫魯曉夫緩和政策的支持，確曾使國際形勢一時走向緩和，也使中國在經濟上得到迅速恢復和發展，政治上保持安定和寬鬆，在共和國史上出現過一個時期欣欣向榮的局面。這也是許多人常常懷念的上世紀五十年代上半期的短暫盛世。

　　但是毛澤東的革命思想和好鬥本性，對於這種平安無事的日子卻是很不習慣的。既然你蘇聯要和美國搞緩和，那就是讓我們中國充當反美反帝的棋手了。當然，反美不能只空喊口號，總得有個對抗表現和實施空間。所以還在日內瓦會議期間，毛澤東就曾批評討論朝鮮和越南停戰後的安排時，沒有及時突出台灣問題。對此張聞天當時就很不以為然，也同李克農等議論過。但周恩來還是作了檢討，除提高反美宣傳的調子外，還着手策劃在台海採取行動。

　　另一方面，隨着同赫魯曉夫的接觸日多，毛澤東也更加驕傲起來，認為他同斯大林打交道還可打個平手，赫魯曉夫就不在話下了

---

55　彭學濤、鄭瑞峰：〈中俄解密檔案——毛澤東四會赫魯曉夫〉，《文史精華》，2009年第3期。

56　1954年7月7日在政治局擴大會議上的講話，轉引自《周恩來傳》，第1147頁。

（籌備中共十二大時期胡喬木同李慎之等人的談話），因此逐漸產生一個志向，要取代蘇聯在社會主義陣營和國際共運中的領導地位，做第二個斯大林。1955年底他已提出「以蘇為鑒」，及至蘇共二十大後，又進一步表示，中國應該走出一條比蘇聯更好的道路，實際上就是要在對外關係和國內建設上都走到蘇聯的前面。對外，要在世界範圍帶頭反對美帝，用他的話說叫做「頂住美帝國主義的大肚子」，推進世界革命；對內，發動反右派、大躍進等運動，在政治經濟上趕超蘇聯。這一「左」傾冒險主義路線執行的結果是，國內的瞎折騰，最後把中國引向崩潰的邊緣。對外，同美國的對抗不斷升級，和蘇聯從同盟關係完全破裂到發展成軍事對峙，直至發生邊境武裝衝突。這就使中國退出了美蘇間的冷戰，但卻受到兩面夾擊，在國際上完全孤立，不得不另尋出路，擺脫困境。

如同列寧、斯大林把社會民主黨當作頭號敵人一樣，毛澤東很快就把反對蘇修擺在了反對美帝之上，認定蘇修是對中國的最大威脅，是主要的戰爭策源地和世界人民最兇惡的敵人。這本身就表示了中國在冷戰中從蘇聯一方向美國一方的傾斜。只是由於美國對華政策的僵化和中國對世界革命的立場不能轉彎太快，才使這一過程拖了十年之久。直到上世紀七十年代上半期，美國才改變了以中國為敵的政策，中國也採取了聯美反蘇的「一條線」戰略，中美之間建立起了基辛格說的「心照不宣的同盟」關係，國際上出現了所謂「戰略大三角」格局，蘇聯在冷戰中的地位急劇惡化，不得不改弦更張，導致了戈爾巴喬夫的上台和內外政策的根本轉變。

當蘇聯謀求緩和以至改善同中、美關係的時候，美國採取了一定的迎合態度，並趁機調整了政策，進一步加強和改善了在冷戰中的地位。唯有中國在文革後仍繼續堅持「一條線」戰略，還要求美

日等西方國家加強戰備，批評它們的緩和傾向，稱之為對蘇聯的
「綏靖政策」，鄧小平還以提倡緩和的學者之名給戴了一頂「索南費
爾特主義」的帽子。直到上世紀八十年代上半期，才正式宣佈放棄
「一條線」戰略，執行完全獨立自主的外交政策。

### 三、中國在冷戰中的作用和得失

以上情況表明，中國從頭到尾都是冷戰的有力推動者和積極參
加者。由於中國的實力不強，所以只能在冷戰中充當次要角色，而
不能像美蘇那樣決定冷戰的興衰存廢。但是中國畢竟是個疆域和人
口大國，又先後和美蘇進行過軍事對抗，有能力起到著名國際問題
專家宦鄉所說「四兩撥千金」的作用，成為除美蘇外影響冷戰的最
大的一個因素。只是中國在不同時期所起作用也不同就是了。

第一，共和國成立國後頭十年，中國執行「一邊倒」政策，這
既推動冷戰的迅速定型和不斷升溫，又阻礙了緊張局勢的緩和。中
國革命的勝利和隨即同蘇聯結盟以及參加朝鮮戰爭，使冷戰格局得
到迅速鞏固。此後，由於蘇聯的影響及其國內改革需要改善國際環
境，我們也曾一度希圖緩和對美關係，同意並進行了中美大使級會
談，但很快還是變卦了。到了1958年，中國為支援中近東（編按：
近東即地中海東岸一帶，相對於中東及遠東地區，最接近歐洲的「東
方」）阿拉伯人民反對美國對黎巴嫩的侵略，曾以炮打金門製造台
海危機對美國進行牽制。對此，蘇聯先是吃驚，等弄清情況後也不
能不發表聲明，對美以核武器相威脅。後來連這種表面作秀它也不
願意幹了，並用對中印邊界爭端發表聲明公開了同中國的分歧。這
自然引起中國的強烈反擊，中蘇關係遂宣告破裂。回頭看這十年，
可以得出的結論為：中國是站在蘇聯一邊比蘇聯更積極的冷戰推動
力量。

第二，中蘇關係破裂後，中國採取了同時對抗美帝和蘇修的政策，使自己處於美蘇冷戰之外。所以有人認為，「對於中國來說，在冷戰期間還存在另外兩場『冷戰』。」其實，在我看來，中國實力和影響還不足以使自己成為冷戰中的一方，只能附在蘇美冷戰中的一方才能發揮作用。所以從隨蘇的「一邊倒」到聯美的「一條線」帶有必然性，中間那十年只可算作過渡階段。在這個階段，中國對冷戰發揮的作用不是增大而是減小。許多人把這種兩面作戰自誇為取得獨立自主，實際上是走向更加孤立。因為冷戰是全球性的問題，是這段時期國際關係的主軸，使世界走向了兩極化，而不單單是美蘇之間的對抗。所以美蘇以外的國家，不是分別和它們結盟，就是或多或少地傾向於它們中的一個。就以第三世界來說，當時有一百三十多個國家，據時任瑞典首相的帕爾梅 (Olof Palme, 1969–1976年擔任首相) 說，宣稱走社會主義道路的就有六七十個，它們基本上都傾向於蘇聯。其餘的大多傾向於美國，當然也有一些搖擺於兩者之間。在這種情況下，中國不但要打倒美帝、蘇修，還要打倒第三世界中的「反」(即各國反動派、實為各國的當權派，如印度的尼赫魯政府)，向全世界開戰，哪有不孤立的道理？所以直到文革前夕，同中國建交的國家還只有49個，文革中大多對華關係疏遠，還有印尼、緬甸、突尼斯等幾個國家一度中斷了對華關係。一個如此孤立又國力有限的中國，當然對冷戰起不了太大作用，而美蘇兩家一時又先後間接地對中國起了核保護傘的作用。蘇聯在中蘇關係友好期間曾兩次遏制了美國對華使用核武器的威脅。中蘇關係惡化後，美國也打消了蘇聯對中國核武器實施「外科手術」企圖。

第三，1970年代上半期，形勢逐漸發生根本變化。美國調整對外戰略，開始並着重利用中蘇矛盾，把朝鮮戰爭後被認作美國「在遠東的最大的敵人」和「更瘋狂的威脅」的「共產黨中國」，變成了它

的「心照不宣的戰略同盟」夥伴。在中國方面，不知毛澤東出於什麼遐想，在使中蘇矛盾迅速升級的時候，又突然冒出一個「蘇修亡我之心不死」的想法，認為戰爭迫在眉睫，因此恐慌萬狀，要全國迅速進入臨戰狀態，「準備早打、大打、打核戰爭」。全國上下自然照例緊跟。於是立即建設大小三線，內遷沿海一些工廠，到處挖戰壕、修防空洞。毛澤東深知，要和蘇聯人打仗，不管怎樣備戰，中國的力量都是頂不住的，他也未必真的願意和能夠上山打游擊。至於「文革」前夕通過陳毅外長講的，讓美國帝國主義、蘇聯修正主義、印度擴張主義、日本軍國主義，通統一起來，索性打完了再建設等等，只是一時說的大話，自己和別人都不曾認真看待的。因此他就必須就對外戰略進行根本性的調整，徹底完成從「一邊倒」到「一條線」(聯美反蘇)的過渡，從反帝變為聯帝、從世界革命變為着重反修，對其他國家也就以「蘇修」劃線了。所以毛澤東一再對人說，他喜歡世界上的右派，不喜歡左派。中國這一戰略轉變，不僅給本身帶來極大好處，開闢了外交的新局面，為日後的對外開放奠定了基礎，而且大大提高了中國在冷戰中的地位，從一度無所作為變成戰略大三角中的一角，使冷戰雙方的優勢易位，甚至註定了美勝蘇敗的冷戰結局，確實起到了「四兩撥千斤」的作用。

中國經歷冷戰中的這麼三個階段，固然有國際形勢發展變化的一定影響，但是很明顯，決定性因素還是基於中國本身對外戰略的變化。因此中國在冷戰中的得與失，主要取決於乾綱獨斷的毛澤東對國際形勢的判斷和他制定的內外政策。如前面所說，中國在冷戰的頭三十年裏執行的是他的極左外交路線，因此只能給自己帶來極大損害，使自己在世界發展中失去很好機遇甚至倒退了三十年。現在就分為得失兩方面，舉起大要作點說明。

　　先說冷戰中的得。首先，中華人民共和國就是在兩極化格局中成立和生存下來的。試想，如果沒有力量均衡的蘇美對抗，中國民主革命有可能迅速取得勝利嗎？美國也許會設法幫助蔣介石或者換個什麼人把「剿共」進行下去，而中共沒有蘇聯這個靠山，頂多也是繼續打游擊戰。反過來，如果沒有美國及整個西方勢力這些間接同盟軍，作為超級大國的蘇聯也不會容許中國那樣「倡狂反修」，毛澤東真的會被迫再離開北京去小城市甚至上山打游擊。其次，自然的邏輯結果是，中國能夠保持主權獨立和領土完整，如果沒有蘇聯的存在，無論朝戰還是越戰，美國都會打進中國本土，起碼是毫無顧忌地轟炸，還會幫助蔣介石「反攻大陸」，甚至和蔣一起打來。台灣至今未能統一，關鍵就在於美國的阻撓，也說明中國的領土完整是有限的。第三，美蘇對抗客觀上大大突顯了中國的國際地位，不但使中國有可能在兩者之間利用矛盾鑽空子，而且能夠以一個經濟上的落後窮國在國際關係中成為兩極之外的一支重要力量，成為戰略大三角的一員，在這個意義上可說是對結束冷戰起到了決定性的作用。第四，由於頭十年的「一邊倒」得到蘇聯援助和全國人民致力於經濟建設的結果，到1966年文化大革命前，中國已建成有相當規模和一定技術水平的工業體系，國民經濟中工業比重大大超過農業；教育有所普及，文盲從國民中佔多數變為少數；以及國內建設上取得的其他一些成就。

　　再說冷戰中的失。第一，一個最明顯的標誌是中國失去了四大強國（開始時大國中沒有法國，後來加上法國成為五強）之一的地位。這雖然主要是由主觀上制定和執行的政策所造成，但是客觀上冷戰使國際社會走上了兩極化，使得中國不是站在社會主義陣營小圈子裏，就只能在國際關係中進入資本主義體系。這也說明事物總是有兩面的。一個錯誤的政策總有它的時代背景和客觀原因。其

次，既然在冷戰中失去了大國地位，所以也就喪失了參與重要國際事務的機會。兩極中，這邊支持，那邊就反對，或者兩邊都反對，使共和國成立後二十多年沒能參與一些重要國際問題的處理（1954年的日內瓦會議，只因中國是當事者）和參加重要的國際組織聯合國及其相關的專門機構，如關稅及貿易總協定、世界銀行、國際貨幣基金組織等等，長期徜徉於國際社會邊緣，沒能成為其中的一員。因此只能服從和履行別人制定和沿用下來的國際制度規則和慣例，自己既不能參與制定和修改，對許多問題竟連發言的機會和權利也沒有。第三，世界兩極化的根源是出於力量對比一時趨於均衡的兩種社會制度和意識形態的對抗，中國的「一邊倒」方針，就不僅是外交上站在蘇聯一邊，而要害還是內政上照搬斯大林模式。所以後來放棄「一邊倒」，外交上和蘇聯劃清了界限，但照搬的模式不僅沒有變化，反而結合中國長期的專制傳統，得到進一步的加強和發展。第四，就是兩極對抗的國際環境能夠讓毛澤東在中國關起門來瞎折騰，使中國喪失了一個工業化和走向文明的好機會。用作為世界潮流的經濟市場化（特別是國民生活水平）、政治民主化和文明現代化的標準衡量，中國社會不但沒有進步反而有所倒退。如同前面所說，喪失的時間雖然只有三十年，但補償起來卻要百年以上。按鄧小平的說法，上世紀五十年代，我們同一些周邊國家如日本、韓國等，大體上處在同一起跑線上。可是人家花了二三十年就已實現了工業化和現代化，我們花一百年也趕不上，到二十一世紀中葉才能達到中等國際的水平，「逐步接近發達國家的水平」。

　　從以上情況可以看出，中國在冷戰期間損失之大，是和所得不能相比的。

寫於2010年1月，2017年7月修訂

第二章

# 共和國成立初期外交上的兩條路線

中華人民共和國從成立起，就存在着兩條外交路線。張聞天在1959年廬山會議上遭到批判，陳毅在接着召開的外事會議上作總結發言時認定：外交政策上存在着兩條路線的鬥爭，一條是以毛主席為首的正確路線和做法，一條是以張聞天為首的右傾機會主義的路線和做法。

陳毅對共和國成立以來兩條外交路線的劃分，是合乎歷史事實的，只是顛倒了兩者正確和錯誤的定性，也被後來黨中央的決議所推翻。中共中央1981年做出的《關於建國以來若干歷史問題的決議》正式指明，1959年在廬山舉行的「八屆八中全會關於所謂『彭德懷、黃克誠、張聞天、周小舟反黨集團』的決議是完全錯誤的」。這等於從反面說明，彭德懷、張聞天等人的主張和意見是正確的。而對張聞天來說，自然包括以他為代表、受到陳毅批判的外交路線。

兩條外交路線的基本區別在於：毛澤東認為，世界仍然處在列寧所說帝國主義與無產階級革命的時代（即戰爭與革命時代），因此戰爭不可避免，革命必然到來；只是戰爭引起革命還是革命制止戰爭，還是一個有待解決的問題。根據這種形勢估計，他制定的戰略方針就是：積極推進世界革命，全面準備迎接戰爭，即所謂立足於早打、大打、打核戰爭；張聞天則認為，戰爭打不起來（按他的話說，不但應當爭取持久和平，還應爭取永久和平），而且也並不存在世界範圍的革命形勢；因此，我們應當集中力量搞經濟建設，對外堅持革命不能輸出，把和平共處定為外交的總方針。1956年召開黨的「八大」，我給張聞天起草了一篇〈論和平共處〉的發言稿，可是沒讓他講（此文後來收入《張聞天文集》第四卷）。當時，他拉我一起去找周恩來，準備問他對稿子有什麼意見，好讓我記下來回來修改。不料周恩來並不接稿子，只說，國際和外交問題已安排陳老總

講了，你就不必再講了。張自然無話可說。看來不讓張發言和出頭
露面，是「八大」的全面安排。否則，代表大會上有那麼多的代表
發言，卻不讓一個現任政治局委員和外交部常務副部長、已確定將
任下屆政治局候補委員、早年還出任過總書記的張聞天做個發言，
實在沒有多大道理。

簡單說來，兩條外交路線可以分別稱為世界革命路線與和平共
處路線。

世界革命路線是黨處於革命黨時期制訂的。在黨成為執政黨
後，對外理應轉奉和平共處路線。周恩來1953年訪問印度時首次
提出和平共處五項原則，接着就以之為中國外交的宗旨。但由於毛
澤東把執政後的黨依然視為革命黨，對內對外都奉行要持續進行革
命的鬥爭哲學，因此只把和平共處當作一種策略，甚至只是一個口
號。是以世界革命還是以和平共處為外交路線，在中國領導層內暗
中存在分歧，在中蘇大論戰中更成為中蘇兩黨的一大爭論焦點。

黨中央領導人全都信奉世界革命。只不過是按世界革命原則還
是按國際關係準則從事國際和外交活動，領導人之間存在着認識上
的差別。

共和國成立初期，負責外交工作的主要是周恩來和陳毅。周恩
來在思想上傾向張聞天，在實踐上執行的是毛澤東路線。當然，在
中國的領導體制下，張聞天在行動上也只能遵循毛澤東路線。[1]

---

1 張聞天多次表示，中國推行的是和平共處外交。但1958年2月在外交部的務虛會議上，
  他的說法大變：「中國今後的對外政策應該向革命化方向發展。鬥爭是絕對的，冷戰
  是不可避免的，妥協是相對的，暫時的。」

周恩來在1949年外交部成立大會上說，「國家機關是階級鬥爭武器，對外功能就是聯合各兄弟國家，聯合各國被壓迫的人民，反對敵視新中國的國家。」但幾年之後，周恩來就有了新的提法。1952年4月他在外交部駐外使節會議上提出，除了美國，區別不同國家的主要關鍵，是對戰爭與和平的態度，而不是國家的階級屬性。周恩來1953年訪問印度提出和平共處五項原則後，明確表示革命不能輸出。同年11月，他在外交部全體幹部大會上重申革命不能輸出。但毛澤東和赫魯曉夫在和平共處等問題上發生分歧後，革命外交又成為主流。周恩來再次轉變，在1962年八屆十中全會上講，世界革命中心轉到了北京，中國要當仁不讓，見義勇為。1965年5月21日在中央軍委講話，說準備戰爭早打，大打，帝修反聯合打核戰爭，準備兩面打。

直接參與對外事務並有影響的人物還有劉少奇、鄧小平、彭真、康生和中聯部長王稼祥。王稼祥和張聞天的主張比較接近。他1955年3月在中共全國代表會議上提出，「中國革命的理論與經驗，對亞洲各國兄弟黨都是有重要的意義的，但是假如我們教條主義地搬到外國，那是非常危險的。」王稼祥1962年更是明確地不贊成在國內十分困難的條件下還要大反帝、修、反和大力支援世界革命，於這年2月給周恩來、鄧小平、陳毅寫了一封信，鄭重建議對資本主義國家、對蘇聯、對印度應該緩和一些，對外援助應該量力而行。王稼祥的這些主張也反映到他同年3月到6月主持起草的中聯部（編按：中共中央對外聯絡部）文件和派團參加7月莫斯科裁軍會議的方針中。當時的中聯部工作人員王力在回憶錄裏談到，王稼祥是先找劉少奇深談後才寫的信。劉少奇、周恩來和鄧小平都沒有對這封信提出過不同意見。因此，從中央領導人對王稼祥這封信的態度中也可看到在外交上暗中存在着兩條路線，當時王代表的是多數領導人的看法。

　　陳毅是毛澤東外交路線的忠實履行者。在這方面，毛澤東給了他充分的肯定。在1972年1月10日的陳毅追悼會上説，「陳毅同志是立了功勞的。他為中國革命、世界革命做出了貢獻，這已經做了結論嘛……陳毅同志是執行中央路線的。」

　　陳毅一就任外交部長就鮮明地提出要推行世界革命外交。1958年5月，他在黨的「八大」二次會議上説：「我們不僅要在中國實現共產主義，而且要促使社會主義在全世界範圍內取得勝利，新中國的外交也是為這個目標服務的。」

　　陳毅率先出面批判王稼祥1962年2月提出的主張和之後的做法。他同年9月14日在八屆十中全會華東組小組會上發言，説現在有一股風，叫「三面和一面少」，這種思想是錯誤的，這股歪風主要是三年暫時困難把一些馬列主義立場不堅定人嚇昏了。現在我們的外交政策是正確的。這個發言得到毛澤東的讚賞，在簡報上批：「可看，很好。」後來，毛澤東把這一主張歸納為「對帝修反要和一些，對世界革命的支持要少一些」的「三和一少」。「文革」中，康生更把它上綱為「三降一滅」。

　　1965年9月12日，陳毅舉行的那次震驚中外的記者招待會，是全盤照搬毛澤東的內部講話。毛澤東1965年3月19日會見在中國常住的美國專家柯弗蘭（Frank Coe）、艾德勒（Solomon Adler）和愛潑斯坦（Israel Epstein）時説：「我們準備美蘇合作瓜分中國」，「準備印度、日本、菲律賓、南朝鮮、蔣介石一起來。」陳毅的説法是，「如果美帝國主義決心要把侵略戰爭強加於我們，那就歡迎他們早點來，歡迎他們明天就來。讓印度反動派、美帝國主義、日本軍國主義者也跟他們一起來吧，讓現代修正主義者也在北面配合他們吧！我們等候美帝國主義打進來，已經等了十六年。我的頭髮都等白了。」

　　下面簡單歸納一下兩條路線的內涵。

　　和平共處外交路線是：首先應當把自己的事情辦好，即大力發展經濟；對外同所有國家和平共處，搞好關係；推動國際形勢緩和，爭取和平的國際環境；不搞革命輸出，反對干涉別國內政；對外開放，學習外國的長處；同西方國家建交，不完全對蘇聯「一邊倒」。這條路線的最大特點是對當時民族主義國家的定位，就是應當認同它們在獨立後把建設、而不是把學中國鬧革命定為第一要務；在外交上要把它們看做中國的直接同盟軍，而不是把它們視為反動勢力和輸出革命的主要對象。

　　世界革命外交路線是：以推動世界革命為外交的任務和目標；主張輸出革命，一有機會就干涉別國內政，特別是近鄰的小國和弱國的內政；願意看到國際形勢緊張，不願意看到緩和，有時甚至還製造點緊張；實行閉關自守，提出「關起門來，自力更生地建設社會主義」。這條路線要打倒帝、修、反。其中的反，就是把民族主義國家的統治集團，以印度的尼赫魯為代表，都列為反動派。執行這條路線只能導致我們，事實上也確曾造成我們國家在世界上的孤立。

　　毛澤東是一位忠誠的列寧主義者。而列寧對國際主義有兩條明確規定：一是本國無產階級的利益服從全世界無產階級的利益；二是取得勝利的民族要為推翻國際資本承擔最大的民族犧牲。所以蘇聯就一直在輸出革命，常年在幫助別國的革命和革命黨的活動上花大錢。毛澤東也按這一條辦。他還參與世界革命的領導，也為別國的革命出錢出力。中國很早就參加了設在布加勒斯特的一個基金會。蘇聯在裏面攤錢最多，佔三分之一；其次就是中國，佔四分之一。一些發達國家和發展中國家的共產黨，就靠這些錢開展活動。

　　毛澤東早有領導殖民地和亞洲國家革命的想法。還在1936年7月，他在和愛德格·斯諾（編按：Edgar Snow，美國記者）談話時已經提出，中國革命是世界革命中的一個關鍵因素，如果中國革命得到全力發展，那麼，許多殖民地國家的群眾將追隨中國的榜樣。1940年，毛澤東發表《新民主主義論》，書中提出，他的這個理論適用於一切殖民地半殖民地國家的革命。1948年7月，毛澤東向聯共（布）中央派駐中國代表科瓦廖夫（Ivan Kovalev）談到同東方共產黨及其他政黨建立關係的問題。1949年2月，毛澤東在西柏坡向米高揚（編按：Anastas Mikoyan，時為蘇聯部長會議第一副主席）提出建立亞洲國家共產黨局即東方情報局的問題。1949年6月至8月，劉少奇在蘇聯和斯大林多次談話。在他7月4日遞交給斯大林的一份報告中說，中國的經驗「對於其他殖民地半殖民地的國家，可能是很有用的。」斯大林的回應是，他支援這片地區的革命運動由中國領導的想法。斯大林7月30日對劉少奇說：中國應該更多地在東方殖民地、半殖民地、附屬國家幫助民族民主運動。他們這幾次談話，就在中蘇兩黨之間確定了分工：蘇聯更多地關照歐洲即整個西方，亞洲、東方的事歸中國負責。實際上就是蘇聯管發達國家，中國管殖民地半殖民地。斯大林還說，「革命的中心由西方移到東方，現在又移到了中國和東亞。」「希望中國今後多負擔些對殖民地、半殖民地、附屬國家的民族民主革命運動方面的幫助。」毛澤東欣然接受了這種分工。

　　中國要當亞洲革命運動的領導並且發揮作用，很快就在1949年11月北京舉行的亞洲和南太平洋工會代表會議和亞洲婦女會議上表現了出來。劉少奇堅持亞洲的工人和婦女組織應該開展反帝武裝鬥爭。這個主張同與會的蘇聯代表產生了分歧。劉少奇會後向蘇聯駐

華代辦報怨説，會議上的親蘇派對亞洲的特點了解不夠。而聯共（布）中央駐中共中央代表科瓦廖夫則向斯大林報告，劉少奇在會上的發言稿是清楚的證據，説明中國共產黨人在謀求這個地區的統治地位。1949年底毛澤東訪問蘇聯時，又向斯大林具體提出了以中國革命經驗為指導、推進亞洲各國人民解放事業的革命設想。

其實，這時中國黨在總的方面仍然完全聽命於蘇聯。前面提到的劉少奇1949年7月4日的報告，在談到兩黨關係問題時就正式表示，「毛澤東同志與中共中央是這樣認為的：即聯共（布）是國際共產主義運動的統帥部，而中國則只是一個方面軍的司令部。局部利益應當服從世界利益，因此，我們中共服從聯共（布）的決定，儘管共產國際已不存在，中共也沒有參加歐洲共產黨情報局。在某些問題上，如果中共與聯共（布）出現分歧，中共在説明自己的意見後，準備服從並堅決執行聯共（布）的決定。」所以當斯大林健在，共和國又剛剛成立，毛澤東還不可能產生取代斯大林當世界革命領袖的想法。有相當一陣子，毛澤東已經滿足於「一個方面軍的司令部」的地位。就這樣，中國要管的已經是一大片。而且就是在亞洲推進世界革命，毛澤東也是繼續尊重蘇聯的統帥部地位的。朝鮮戰爭就是在蘇聯、中國、朝鮮都致力於推進世界革命的背景下打起來的。當然，關鍵是金日成想儘早統一朝鮮，當整個朝鮮的領袖。只不過他首先要看斯大林的態度：是否同意他出兵南朝鮮。斯大林則要考慮讓中國在這裏面起什麼作用。這裏先不談斯大林對朝鮮半島的戰略策略考慮，毛澤東的想法卻是很明確的：中國革命勝利不能到此為止，要把勝利成果擴大到殖民地半殖民地，只不過一時還只能限於亞洲，首先是朝鮮和越南。非洲和拉丁美洲太遠，還夠不着。

同為國際主義者的金日成和胡志明也都認為，中國革命勝利之後，下一步理應由蘇聯和中國幫助他們取得勝利。但金日成既看不

起中國，也對中國有疑慮，所以一開始只想依靠蘇聯把南朝鮮拿下來，並不願中國出兵相助。他在關鍵時刻不能不找中國幫助，也是在斯大林叫他這樣辦之後。毛澤東倒是早已準備挑起領導亞洲革命的擔子。不光對朝鮮，對在越南推進革命，都表現出很大的主動性和積極性。

毛澤東帶頭在亞洲推行世界革命，多少有點兒一頭熱，起碼比要幫助的對象熱。幫助朝鮮是這麼個情況。後來幫助越南，又是。胡志明也是不願中國作戰部隊開進越南去的。在抗法和抗美戰爭中，儘管中國一再提出可以派軍隊去，公開聲稱願作出最大的民族犧牲，但越南沒有答應，只接受大量物資供應和要求我們派出防空、工程、鐵道和後勤部隊。帶有決定性的奠邊府戰役，越南也只要求我們派軍事顧問，而沒有要我們派出作戰部隊。羅貴波、陳賡就是那個時候作為顧問先後到越南去的。

毛澤東的革命外交路線是要一路打下去。先幫助朝鮮後幫助越南，同時鼓勵其他東南亞國家按中國革命勝利的經驗辦事，搞武裝鬥爭。

在東南亞，我們當時輸出革命的辦法，一個是直接派人去；另一個是指揮他們自己幹，特別是利用一些國家的共產黨。其中主要骨幹是華僑，指揮起來也方便。

直接派人去，緬甸是個典型。在抗日時期和日本投降後，緬甸共產黨同後來的政府領導人昂山、吳努、奈溫等本來是合作的，後來分裂了。不久緬共本身也一分為二，由「左」傾的德欽梭等一批人另組紅旗共產黨。緬共在領袖德欽丹東 (Thakin Than Tun) 遇害後，接替的領導人是長期住在中國的德欽巴登頂 (Thakin Ba Thein Tin)。我們對這一派緬共支持到了什麼程度呢？派出軍隊在中緬邊

境緬甸境內為他們開闢了幾塊根據地，組織了武裝力量。他們的一切供給，從糧食、服裝到武器，都從中國運過去。上世紀八十年代中期，鄧小平接受李光耀的意見，停止輸出革命。緬共當即失去供給來源，只好在當地種植鴉片換錢。靠種鴉片維持的共產黨力量，最後還是完全解體了。

　　指導當地人幹的，例如馬來亞和印尼。東南亞有些國家本來已經有了和平局面，中國卻在那裏鼓動武裝鬥爭。以陳平為首的馬共，本來已同當局談判和平相處，我們卻指示他們走中國道路，進行武裝鬥爭。武裝鬥爭才弄起來，1954年舉行了日內瓦會議。中共和蘇共一起轉而要馬共走和平道路。可是過不多久，又指示馬共進行武裝鬥爭。1956年毛澤東會見馬共領導人，還讚揚他們堅持武裝鬥爭，是英雄。1967年1月，毛澤東曾批評劉少奇、鄧小平、王稼祥説，1954年要馬共改變鬥爭形式的意見沒有請示過他。到上世紀八十年代，鄧小平上台後沒過幾年，中共要他們再走和平道路，而且隨之停止一切援助，斷絕一切聯繫。此後，馬共也就再無聲息。

　　支援印尼革命也過了頭。我們和越南黨聯手，準備支援印尼共領袖艾地（D. N. Aidit）把印尼拿下來，結果失敗。印尼和中國斷交二十三年。

　　在泰國，共產黨也曾起來進行武裝鬥爭，但在中國停止援助後很快散夥。

　　在南亞，我們原來支援印度共產黨進行武裝鬥爭。1967年他們分為贊成和反對的兩派。這時我們已經不再插手，隨他們自己去弄。但進行武裝鬥爭的人員卻自稱是毛派共產黨。他們掀起的納薩爾巴里運動聲勢浩大，武裝人員達兩萬之多，至今已控制全國九萬多平方公里土地，是印度政府面臨的一個大問題。

輸出革命，就要干涉人家的內政。這一條延續的時間相當長。從毛澤東開始，一直延續到鄧小平上台之後好幾年。鄧小平1978年3月31日會見泰國總理江薩（Kriangsak Chamanan）時還在講：「不支持革命是不可能的。這個問題極大。如果我們改變了這個原則，就等於在蘇聯社會帝國主義面前放下了武器，連在意識形態上反對蘇聯社會帝國主義的資格都沒有了。」

開展對外關係，毛澤東着眼於世界革命，連和當時亞非拉大批民族獨立國家發展外交關係的興趣都不大，只看在那兒輸出革命的機會多不多。為此，有時連斷交都在所不惜。「文革」時的1967年夏，在中國出現了反對緬甸、「打倒奈溫」的口號。當時毛澤東公開說，群眾喊打倒奈溫的口號沒有什麼了不起；緬甸要是和我們斷交就更好，我們可以更放手地去支援緬甸革命。在這樣的思想指導下，中緬關係還能不緊張？這導致兩國中斷外交關係三年。輸出革命、露骨干涉人家的內政，要麼建不成交，要麼建交後影響兩國關係的正常發展。

世界革命的口號是打倒帝修反。打倒哪一個都有問題，尤其是打倒「反動派」。被列入「反動派」的面就太寬了，幾乎所有非共產黨執政的民族獨立國家的統治階級和集團都成了新民主主義革命的對象，全都可以囊括進去。直接參與反對和打倒它們，那就是干涉它們的內政。例如我們曾用船隻偷運軍火和糧食、服裝等物資給泰國或馬來亞共產黨。那時我們和西哈努克的關係好，可以通過柬埔寨把東西運過去。

既然是路線問題，那就要貫穿一切，既管國內又管國外。而外交本來就是內政的延續。毛澤東推行革命路線，對內對外相互配合，高度一致。

例如，打朝鮮戰爭不光掩護了在土改、鎮反、三反中的過火行為，還乘所掀起的反美浪潮，大力肅清帝國主義特別是美國在中國的政治、思想和文化影響。

這還是讓民主黨派和受過美英教育的高級知識份子轉變對西方特別是對美國的態度、對他們進行打壓的大好機會。志願軍大規模開進朝鮮後兩天，周恩來就找民主人士中的一些頭面人物座談抗美援朝問題，告誡他們：「一些人中存在親美、崇美、恐美的錯誤思想。」

抗美援朝期間，受過美英教育的高級知識分子成批地被打壓下去。在全國一片聲討親美、崇美、恐美思想，樹立仇視、蔑視、鄙視美國觀念的聲浪下，1951和1952年在全國高等院校開展了聲勢浩大的改造知識分子思想運動。當時的教育部黨組書記（副部長）錢俊瑞專門發表文章，說自抗美援朝以來，大學教師的親美、崇美、恐美思想雖已「極大削弱」，但他們「仍濃厚地保存着英美資產階級思想，特別是美國資產階級的思想」。

世界革命的外交路線是國內「以階級鬥爭為綱」和「繼續革命」路線的延伸。內政要服從世界革命的大目標，為此不惜做出民族犧牲。和平共處的外交路線，是外交為內政服務，為國家建設創造和平的國際環境。

既然外交是內政的延伸或繼續，那就很容易在對內政策上找出兩條外交路線的根源。

第一，在國內是主要抓經濟建設還是主要抓階級鬥爭。對經濟建設，毛澤東談得不多，勁頭不大。他講和做得最多的還是抓階級鬥爭、搞各種政治運動，一直對發展軍事、準備打仗的事情興趣

大。至於為爭取在蘇聯之前進入共產主義所搞的「大躍進」，歷史已經證明，那不是搞經濟建設，而是對生產力和生態環境的大破壞。

第二，關於如何搞經濟建設，是以農業和輕工業為先導，還是以重工業為先導。毛澤東雖然在1956年提出的《論十大關係》中排列了農輕重的順序，但也只是說說而已，很快就被他發動的「大躍進」和提出的「以鋼為綱」給沖掉了。他在1960年7月還說過：「世界上沒有不搞實力的……我們處於被輕視的地位，就是鋼鐵不夠。要繼續躍進……十年搞一億噸。」為了準備打仗，國內產業佈局是在內地建立「三線」，因為打起仗來沿海會成為前線。可是三線建設談何容易？那兒沒有基礎，得從沿海把工廠和技術人員搬過去。結果，沿海地區不但得不到建設，有些重要工廠還得向內地遷移，從而造成了極大的損失和破壞。

不重視發展農業和輕工業，就使我們同蘇聯及其他社會主義國家一樣，長期處於「短缺經濟」狀態。那麼，積累靠什麼？只能靠剝奪和欺負農民。他們沒飯吃還不能離家逃荒。有些農民就因為逃荒而被打死。「大躍進」和反右傾人禍造成的三年困難，全國餓死的人數竟高達三四千萬，基本上都是農民。

和平共處與世界革命外交路線的差別極大。在取得全國政權以前，兩個代表人物張聞天和毛澤東在大方向上的追求並沒有什麼不同。對內都是要奪取政權，對外都是要推進世界革命。但在取得全國政權以後，無論在國內任務還是在外交事務上，他們都產生了不同的看法。和毛澤東要把中國革命的經驗推廣到世界上去不同，張聞天認為，應當首先把自己的事情辦好，把經濟建設搞上去，讓人民生活富足起來，這就是對世界革命的最大貢獻。

在國內工作上，張聞天認為，隨着抗日戰爭和解放戰爭的結束，共產黨執政後的任務應該完全不同於以前，要把主要力量轉入經濟建設。東北解放後，他就提出，東北開始了進行經濟建設的新的時代，「今後必須把經濟建設的任務放在壓倒一切的地位。」他根據自己的研究結果，寫出對全國工作都有指導意義的關於東北經濟構成和建設方針的報告。報告內容後來被列入七屆二中全會文獻。他本人繼續身體力行，共和國成立後一直想把自己的精力用到參加國內的經濟工作上去，只是毛澤東不允許。儘管如此，他一直繼續關注國家的經濟建設問題，在蘇聯當大使時還特別注意研究中蘇經濟合作中的問題、蘇聯建設中的經驗教訓以及他個人對工業化方針的思考，寫研究報告提請中央參考；任外交部副部長後，在1959年的廬山會議上就「三面紅旗」（編按：社會主義建設總路線、大躍進和人民公社的統稱）造成的禍害的發言，真正顯示出了他的真知灼見，實際上是對毛澤東的「大躍進」和人民公社化的批評，也因此倒了大霉。他晚年在中國科學院哲學社會科學部經濟研究所工作、「文革」中在肇慶被專政時，又撰寫了有關經濟問題的大量專著。

對於共產黨在奪取政權之後應該如何執政，張聞天也和毛澤東的大權獨攬、對內對外的事情全都由他說了算大不相同。張聞天主張實行民主，在中央實行真正的集體領導，重要問題按規定通過召開會議解決，反對個人說了算。他身體力行，有他在東北領導地方工作時致力於政權的民主建設為證。

毛澤東認為和平共處同革命外交路線不相容。其實在中國，和平共處首先是周恩來1953年就中印關係提出來的，當時還把它說成是中國外交政策的重要指標。毛澤東1954年7月6日卻把「不同制度的國家可以和平共處」說成是一個「口號」。他說，「這是蘇聯提

出來的口號，也是我們的口號。」毛澤東明確表明，不能以和平共處而應以世界革命為對外政策總路線。他1957年11月22日召開政治局常委會，介紹他訪蘇時和蘇聯的爭論情況。據吳冷西在《十年論戰》一書中引述，毛澤東在這次會議上說：作為國際共產主義運動，一個共產黨的對外關係的總路線，不能只限於和平共處。因為這裏還有社會主義國家之間相互支持、相互幫助的問題；還有執政的共產黨，也就是社會主義國家共產黨支持世界革命的問題，聲援資本主義國家沒有執政的共產黨的問題；還有支持殖民地、半殖民地獨立運動的問題；還有支持整個國際工人運動的問題，總之，還有一個無產階級國際主義的問題。所以不能把和平共處作為一個黨的對外關係總路線。這樣，他就把和平共處外交放到了革命外交的對立面。

張聞天正是把和平共處作為一條路線來看待的。他撰文把和平共處提到我國外交主要任務的高度。他1957年1月15日在外交部部務會議上說，「我們堅持和平共處五項原則，決不輸出革命。革命與否，如何革命，都是各國人民自己的事情。每一個國家革命的經驗，對別國只有參考的價值，機械搬用是完全錯誤的。」他認為和平共處不是一個口號和策略，應用範圍不限於社會制度不同的國家，而是長期適用於對一切國家的總路線。

在輸出革命的問題上，張聞天和毛澤東從理論到實踐都有差別，表現得最為明顯的是如何對待殖民地半殖民地民族解放運動的性質和對運動領導權的看法和做法上。毛澤東早在《新民主主義論》裏就曾斷言，只有在共產黨領導下，才是真正的民族民主革命，勝利後才能取得真正獨立。共和國成立後頭幾年，毛澤東還把當時的民族主義國家看成仍然是殖民地半殖民地，不承認這些國家

已經獨立，把那裏的當權派視為帝國主義傀儡。當無法否認由民族資產階級領導的國家是獨立國家時，卻繼續把他們看成是他們國內共產黨需要通過武裝鬥爭取而代之的革命對象。後來在把這些國家的統治者和帝國主義、修正主義相提並論，成了「打倒帝修反」中的「反」即反動派，就不足為怪了。

張聞天則是另外的看法。他早就和我談過對《新民主主義論》的意見，說書中對二戰後國際形勢特別是民族民主革命的估計不正確或者已經過時。他說，過去我們根據斯大林關於「十月革命」後民族解放動已經成為世界無產階級革命的一部分的理論，認為殖民地半殖民地國家的資產階級已經不能再領導民族獨立運動了，只能由無產階級及其政黨共產黨領導，並且經過新民主主義直接過渡到社會主義。但戰後的事實證明，情況並非如此。除中國等幾個國家外，亞非拉各國爭取民族獨立的鬥爭都是資產階級領導的，獨立後走的也是資本主義道路。所以這裏要有個轉變觀念的問題，不能要求別的國家同中國一樣，都來搞新民主主義。

張聞天和毛澤東的外交思想的大不相同，我在《黨史筆記——從遵義會議到延安整風》一書裏曾做過如下的概述：

> １，關於和戰問題。張聞天認為，「當今世界的主要趨勢是和平而不是戰爭」，新的世界大戰是可以避免的，不能「把戰爭與和平的可能性看作是半斤八兩」，「不僅要爭取持久和平，而且要爭取永久和平」，促進國際形勢趨向緩和有利於我國經濟建設。他也從不把戰爭與革命聯繫在一起，而是強調和平競賽。「因此，和平共處原則就成了社會主義國家對外政策的總方針」。毛澤東同樣主張爭取世界和平，但認為世界大戰不可避免，常強調帝國主義一定

要打仗，問題只在於「是戰爭引起革命，還是革命制止戰爭」。而且「現在是帝國主義怕我們的時代」，即使「第三次世界大戰準備打上十年吧」，人類「可能損失一半」，也「只好橫下一條心，打完了仗再建設」。他後來提出的口號也是：「備戰、備荒、為人民」；「保衞祖國，準備打仗」，甚至乾脆主張「立足於早打、大打、打核戰爭」。觀察和估量國際形勢，也是認為緊張更不利於帝國主義，因此還要主動製造點緊張，使他們不得安寧。

2，對世界革命和民族獨立運動的看法。張聞天認為，二戰後世界出現的是民族民主革命高潮，在相當時期內都不會有社會主義革命形勢，資本主義還有較強的生命力。民族獨立運動一般是資產階級領導，建立的也是民族主義國家，但都具有歷史進步性。1955年他還明確提出，戰後形勢已改變了《新民主主義論》關於民族民主革命只能由無產階級領導和「建立新民主主義社會」的論斷。他一再強調「革命決不能輸出」，對民族主義國家，「要向它們證明，我們並不想挖它們的牆角」。「我們的主要任務就是把自己的事情辦好」。在外援上不能「打腫臉充胖子」』。毛澤東則傾向於推進世界革命，要充當世界反帝的頭（「要頂住美帝國主義的大肚子」）。1958年對《新民主主義論》的修正，只涉及原殖民地、半殖民地國家民族資產階級在兩個陣營中可能採取中間立場的問題，仍堅持這些國家要繼續進行新民主主義革命並向社會主義過渡，把當權的資產階級列為「帝、修、反」中的「反」，號召和支援（按情況給予政治、經濟以至軍事援助）各國人民起來推翻它們。進而得出世界範圍的農村包圍城市、武裝奪取政權的戰略，成為一些國家所謂「毛派」游擊隊的理論基礎。

3，在對外關係上，張聞天主張面向世界，爭取早日同西方資本主義國家建交（共和國成立之初就曾專門給中央寫報告，建議同英聯邦國家等建立大使級外交關係），發展經貿關係，推進文化交流，引進外國的資金特別是技術。他在共和國成立前所寫東北經濟構成的報告中即曾提出六種經濟，內包括「秋林經濟」（當時蘇聯在哈爾濱辦了個秋林公司。張以此名詞代表利用外資）一項，後被毛澤東、劉少奇修改時刪去，剩下五種。毛澤東也提倡面向世界，但多半是面向世界革命，實際上執行的是閉關鎖國政策。他先提出「打掃乾淨屋子再請客」，後發展為「關起門來，自力更生地建設社會主義」。他認為，同美英等西方國家遲點建交好，美國越搞經濟封鎖對我越有利，也不急於參加聯合國（上世紀五十年代還曾提出，要參加得滿足我們提出的先決條件：撤銷宣佈中朝為侵略者的決議，通過美國為侵略者的決議，修改聯合國憲章。行不通，就和印尼的蘇加諾提倡籌組「新興力量國家」的聯合國）。閉關自守和國內的「以階級鬥爭為綱」，曾使我們吃了大虧，共和國成立後三十年經濟沒有發展、人民生活沒有改善，反而倒退。後來鄧小平在談及對外開放時也說，「總結歷史經驗，中國長期處於停滯和落後狀態的一個重要原因是閉關自守。經驗證明，關起門來搞建設是不能成功的，中國的發展離不開世界。」

4，張聞天和毛澤東都提倡勤儉辦外交，但張的要求更高，處處強調節儉。毛卻喜歡講點排場，特別是總想出頭，以大國和援助者自居。1953和1955年，張曾先後建議對國家慶典和外交禮賓應根據樸素大方原則和國際慣例進行改革或重新規定。如一年兩次（「五一」和「十一」）檢閱遊行、國際和外交事件動輒百萬人上街（慶賀、聲

援、夾道歡迎等）應予精簡。外援要量力而行，適當減少，反對「打腫臉充胖子」的對外援助。對外關係中的禮賓工作也須改革和簡化，反對鋪張浪費、弄虛作假、講排場、擺闊氣。但必須照顧國際法、遵守國際慣例，不能為所欲為。他的意見，有些被採納了，如取消「五一」慶典的檢閱等，但禮賓改革卻遭到反對，沒能行通。因為毛澤東實際上還是喜歡規模聲勢大些，特別是以個人好惡任意行事。如對伏羅希洛夫（編按：Kliment Voroshilov, 1953–1960年任蘇聯最高蘇維埃主席團主席）的接待就故意弄得過分盛大（夾道歡迎等），對赫魯曉夫則很不禮貌。對一些國家或政黨，高興時可以鼎力相助（如柬埔寨的紅色高棉），不高興時不惜斷絕關係（如日共）。毛在外交上不願受約束，認為可以「無法無天」，藐視國際慣例，實行以我劃線。例如對當時的社會主義國家和第三世界，凡同蘇聯關係好、不接受毛澤東思想的，就一律歸到「帝修反」一邊。結果只是孤立了自己。為了推行世界革命和打倒「帝修反」特別是蘇「修」，對外援助也不斷加碼。除朝、越、阿、柬等友好國家外，對一些當時人均收入已大大高出我國許多的國家如馬爾他、敘利亞（還是主動提出）等，也要援助。致使外援達到頂峰的1973年竟佔國家財政支出的7%以上（二十年後的1993年降為0.36%）。但張聞天在外交禮賓和節儉上也不是沒有缺陷。一是對交際活動如接見外賓、送往迎來等有些厭煩，不願多交際，更少同外國人交朋友。原因除個人性格外，也可能是為了珍惜時間和避（裏通外國）嫌。二是過分節儉，影響外交的開展。例如我們在駐蘇使館工作四年，張聞天沒有一次派人或組織去外地參觀訪問，大家幾乎都沒有離開過使館。一次幾個人去列寧格勒訪問，旅程食宿還是自費，實在顯得有點寒磣。

　　總之，張聞天按他的認識做外交工作，就是按國際關係準則處理好中國的對外關係，為中國創造和平的國際環境。毛澤東是內政、外交一盤棋，以鬥為主，借助中國革命領袖的身份進而追求取代蘇聯的地位、成為世界革命領袖。發動「大躍進」(爭取比蘇聯早進入共產主義)，向亞非拉地區輸出革命，爭當世界反帝旗手，批判赫魯曉夫修正主義等，都說明了這一點。毛澤東本人也不諱言。

　　分別以毛澤東和張聞天為代表的兩條外交路線，其影響在他們身後並未完全消失。我曾寫過一篇文章——〈從陳獨秀、張聞天到胡耀邦〉，談到這三位黨的總書記的共同點或相似處。胡耀邦對世界大勢和外交工作的看法，和張聞天相通。胡耀邦事實上早就認為時代特點已不再是戰爭與革命。他認為大戰打不起來，不應該輸出革命。他在黨的「十二大」報告中為了不割斷歷史，提了一句「把愛國主義和國際主義結合起來，從來是我們處理對外關係的根本出發點」。但他對國際主義的詮釋完全不同於列寧和毛澤東。他說，國際主義就是「深深懂得中國民族利益的充分實現不能離開全人類的總體利益」，強調「革命決不能輸出」，還把各國間的友好相處也納入愛國主義和國際主義的含義中。

　　2011年12期《炎黃春秋》刊載了〈胡耀邦最後的日子〉一文，介紹了胡耀邦對蘇聯東歐巨變的看法。胡耀邦認為，戈爾巴喬夫提出「人道的、民主的社會主義」的綱領和對外政策的新思維，像一股巨浪將堤壩衝開了一個大缺口；東歐各國一系列的政治變革，對社會主義國家衝擊很大；民主是世界性的潮流，勢不可當。這些談論是胡耀邦具有時代眼光的又一例子。這與按國內特定政治需要來解釋世界變化和各國政權更迭的毛澤東傳統迥然不同。時至今日，不論對當年蘇聯東歐巨變還是對近年來一些國家的政局動盪，淡化他

們國內政治和社會發展中存在的固有問題，一味強調西方和平演變在這些變局中所起的作用，不還是一種習慣思維嗎？

2011年8月口述，2012年3月成文，2017年9月修訂

第三章

# 毛澤東的外交指導思想

　　中華人民共和國成立後頭三十年的外交，完全以毛澤東的外交思想為指導。不僅如此，周恩來還確立了「外交無小事」的原則。這就使毛澤東的乾綱獨斷，在外交領域可以做到從大政方針一直貫穿到細枝末節。

　　正如胡耀邦所説，毛澤東1973年講「大事不報告，小事天天送，此風不改正，勢必出修正」，對周總理是不公平的；應該改為：「大事不敢講，小事必須送，如果不照辦，勢必打修正。」

　　頭三十年的外交，完全是毛澤東外交思想的實踐。從1949年10月共和國成立，到1976年9月毛澤東去世，是二十七年，之後還應加上三四年甚至更長的時間。華國鋒繼任的兩三年和鄧小平開始管事的頭幾年，先後在對外開放方面向前邁開步子，但他們對時代與形勢的觀察判斷和奉行的外交政策卻同毛澤東保持着傳承關係。最明顯的表現是對柬埔寨紅色高棉的態度。毛澤東堅決支持，華國鋒繼續，鄧小平更進一步，到1979年初還為了保護它出兵同越南打了一仗。至於對世界形勢的估計，直到上世紀八十年代初，鄧小平也沒有改變毛澤東對大戰危險和所謂蘇聯是大戰主要策源地的判斷。因此，説毛澤東的外交延續了三十年，應該是沒有爭議的。而且，觀察國際問題和做外交決策的一些出發點，這三十年的影響還一直延續到之後。

　　這裏談的正是這三十年，特別是頭十年的外交。主要談頭十年，有兩方面的原因。一方面，頭十年是共和國外交全面建設和奠定基礎的時期。舉凡外交政策的制定和實施、外交工作的開展、外交幹部的培養、外交風格的形成，都是在頭十年創建和發展起來的。另一方面，從個人來說，對這頭十年外交工作也有親身體驗，其間一半是在駐蘇聯大使館，一半是回到外交部。特別是回到部裏的五年，一直兼任部黨組秘書，更有利於對全面情況的了解。

# 共和國頭三十年的內政與外交

共和國成立六十年，無論內政外交，都應分為前後不同、各為三十年的兩個時期。前者，因為毛澤東在世實行獨裁專制，所以被稱為毛澤東時代；後者，因為實行了改革開放，往往被稱為改革開放後的三十年，一些國際關係和外交問題學者還乾脆稱之為鄧小平時代。兩個時期既有密切的傳承關係，主要表現在政治和文化上，諸如堅持共產黨的一黨專政、實行皇權專制主義和個人獨裁、從嚴控制輿論和限制一切自由等；又有顯著區別，主要是在經濟和外交上，表現為：前三十年是在毛澤東的直接控制下，對內貫徹「以階級鬥爭為綱」和「無產階級專政下繼續革命」的路線，對外奉行輸出革命、推動世界革命的路線。這導致中國長期背離經濟市場化和政治民主化的世界潮流，在二戰後世界大發展的形勢下喪失了最好的機遇期，造成國民經濟和人民生活水平絕對下降，在國際社會中被邊緣化而淪為世界上保守落後的專制獨裁大國。後三十年則是在鄧小平的管控下，雖然政治上仍然堅持黨國體制和個人獨裁，在經濟上卻改為以發展生產力為中心，實行由黨國控制下的市場化和對外開放。這就使中國竟然在躲開民主化大潮的情況下，還迅速成為世界經濟大國和國際社會一個舉足輕重的成員。

人們說的外交是內政的延續，這在共和國外交史上也表現得特別明顯。毛澤東的思想和行動，更是對內對外高度一致，而且他還善於利用以至製造一些外部事件來配合對內加強專制獨裁的需要。共和國成立後，毛澤東進一步堅持「以階級鬥爭為綱」，強調「凡是敵人贊成的我們就要反對」。在國內，全盤否定民國時期的內政外交，幾乎事事反其道而行。在國際上，試圖否定資本主義世界的一切，處處與之劃清界限。國內要實行向社會主義的窮過渡，對外關

係就實行「一邊倒」，即倒向蘇聯和社會主義陣營；對非社會主義國家則堅持「另起爐灶」和「打掃乾淨屋子再請客」的方針，使共和國長期自我孤立，自外於由資本主義佔主導地位的國際社會，未同世界上大多數國家建立外交關係，沒參加聯合國等重要的國際組織。

開展政治鬥爭也是內外直接聯繫。取得執政地位後，毛澤東仍然視政權為革命的根本問題，繼續靠「槍桿子」和「筆桿子」保護政權，實際上是保護一黨專政體制和他個人的領袖地位，以此為第一要務。一旦自感他的個人權威受到或可能受到挑戰，不論在國內還是在國外，就會被他視為敵對勢力。在國內，就是歷次被他打成「反黨集團」成員的高層領導人，共和國成立以來被定為各類「分子」的民眾，「資產階級知識分子」群體。在國外，就是「帝修反」國家及其代表人物。從上世紀五十年代末起，對內反右傾和對外反對「修正主義」同時開動，把內政外交完全攪和到了一起，所以才有在1959年的盧山會議及其後的軍委擴大會議和外事會議上對彭德懷、張聞天等人「裏通外國」的毫無根據的追查，也才有和蘇共分裂的迅速走向公開化。

為了對內的政治需要不惜損害對外關係的類似思維和作法，還表現在常常是國內外「敵對勢力」並提。國內出現任何亂子，無論大小，總要追查所謂的外國背景。這種內外聯繫也表現在對從高級領導到一般幹部以至廣大知識分子和一般民眾的政治排隊上。毛澤東一直讚賞鄧小平的堅決「反修」，多次指斥周恩來在台灣問題、對美國和一些國際外交活動上「太軟」。在實行對蘇聯「一邊倒」政策時，1957年確定劃右派的六條標準中有一條是反對蘇聯；但在和蘇聯鬧翻後，有在蘇聯留學或工作經歷的幹部和知識分子又大批受到猜疑以至監控和迫害。外交部給幹部做鑒定，政治上是好是差，包括對美蘇的認識和態度。1951年是對美、1964年是對「蘇修」（編

按：蘇修社會帝國主義，即打着社會主義旗幟的帝國主義）。這些都說明內外因素的互相影響，上面的指導思想就更是相互混淆而難以分清了。

但是，官方史學和與之保持一律的輿論，卻硬要把內政和外交斷然分開。如說國內是從1956年以後就犯「左」的嚴重錯誤，但外交卻一直正確。又如在鄧小平、陳雲的主持和操縱下，1981年通過的《關於建國以來黨的若干歷史問題的決議》，在全面否定「文化大革命」的同時，還特別指出這期間的外交是正確的，並肯定了聯美反蘇的「一條線」戰略和所謂「三個世界劃分的理論」。所以在官方輿論上，雖然承認毛澤東上世紀五十年代後在國內問題上有所謂「晚年錯誤」，卻一直肯定他在外交上能堅持實事求是，創造性地執行了正確的方針。[1]這就不但違背歷史事實，也違背外交是內政的延續這個公認的原理，還直接影響到對外交工作的正確總結和汲取教訓。

共和國成立後頭三十年的路線錯誤，源於毛澤東對時代的錯誤判斷。對時代的判斷正是基於對世界形勢的判斷。但是，毛澤東連如何判斷國際形勢也要為內政服務，常常過分以至故意強調國際形勢緊張、大戰危險增加和外部敵對勢力對國家安全威脅的嚴重。他直言他是喜歡國際形勢緊張的。形勢一出現緩和，他就要搞點緊張。在1956年以前，還偶爾可見毛澤東的「新的世界戰爭是能夠制止的」（1950年6月6日）[2]、「國際的局勢已趨向緩和」（1956年9月15日）[3]這類說法。此後就再也見不到了。

---

1　見《三中全會以來一重要文獻選編》（下），人民出版社，1982年8月，第1版。

2　《建國以來毛澤東文稿》第一冊，第391頁。

3　同上，第六冊，第203頁。

　　外交既然是內政的延續，要想說明頭三十年的外交，就得首先簡略交代一下頭三十年的內政。

　　必須承認，共和國成立後頭三十年，毛澤東在內政上犯了嚴重錯誤，執行了一條「左」傾機會主義路線，給國家和人民造成歷史上少有的災難和禍害。

　　毛澤東在成功地領導黨奪取到國家政權以後，恰逢世界經濟科技進入空前快速發展時期。這給各國都帶來了難得的機遇。對毛澤東來說，理應領導黨徹底改變戰略策略，着手黨的自我改造。黨的任務應從革命變為建設。地位應從統治變為領導。應該消除黨的秘密幫會性，實現黨的現代化。治國應從領袖獨裁改為實現憲政民主和法治。應放棄愚民政策，轉為尊重知識尊重人才。應保障新聞、出版自由以及公民的言論、結社、遷徙和信仰自由。但毛澤東卻領導我們這樣一個泱泱大國，反世界潮流而行。以各種人禍推動歷史倒退，甚至導致在正常年景餓死農民三四千萬，打破了中國和人類歷史的記錄。

　　共和國成立後隨即建立起共產黨一黨專政下的專制體制和個人獨裁，使中國人民一直處於專制獨裁統治之下，享受不到自由民主權利，兩次錯過二戰後掀起的世界民主化潮流。「新中國」的專制統治，比過去的國民黨「舊中國」還要嚴格和徹底得多。在言論、集會、結社、罷工、遷徙等幾方面的自由，也比「舊中國」更少。中國的進步人士和廣大知識分子、青年學生原以為，共產黨打下江山，人民會得到解放，會享受到自由民主，會豐衣足食，過上好日子。因此他們積極歡迎、支持和參與迎接「新中國」的到來，正如柳亞子詩文描寫的：「佇看荼火軍容盛，正是東征西怨時」。但是後來的事實卻讓他們大失所望。人們得到的只是一個集中國皇權專制主義傳統和斯大林獨裁模式於一身的專制獨裁統治。居於這個政權

金字塔頂端的「偉大領袖」，成了中國自秦始皇以來兩千多年歷史上權力最大、管轄範圍最深最廣、也最殘暴的獨裁者。「文革」結束後召開理論務虛會，時任副總理的方毅在發言中就說，「毛澤東是中國有史以來最大的暴君。」記錄整理人員問：「這句話能不能寫進上送的『簡報』」？方毅答覆說，「我既然講了，當然就不反對將這個話刊登在會議簡報上。」

毛澤東對內執行了錯誤路線，表現在對外方針上當然也只能是錯誤的。這不僅是邏輯推理，實際情況也確實如此。我們革命奪權成功後，對外並沒有改變推進世界革命的路線。這不僅嚴重制約我們開展正常外交，反過來還阻滯我國國內的各方面發展。

# 對毛澤東外交思想的理解

討論共和國的外交，不先談一下它的指導思想，許多問題就不容易說清楚。而共和國外交的一個突出特點（也是所有共產黨專政國家的共同現象，根源都是搬用列寧、斯大林的蘇聯模式），就表現在意識形態的基礎地位和領導人的個人作用上。一方面是幾乎一切外交問題都由領袖決定，另一方面領袖的意志又往往以意識形態的面貌出現。於是，領袖的個人意志和所標榜的意識形態的結合也就成了外交的指導思想。共和國成立六十年來中國外交分成不同的兩個階段，就是由於前後的指導思想不完全相同，因而執行了不完全相同的路線和導致了一些不同的後果。兩種指導思想雖然在政治理念和政治體制上保持相應的傳承關係，但在外交政策和外交實踐上卻存在很大差別。

　　毛澤東處理內外事務的指導思想基本上是一致的。因此，為了說明毛澤東的外交指導思想，需要先簡單談一下個人對毛澤東思想一點總的看法。

　　對於毛澤東思想，我個人可以說學了大半輩子，而且長時間都是他的忠實信徒。只是在「大躍進」失敗後開始產生一些疑慮，經過「文化大革命」就完全動搖了原來聽信的官方定義和解釋，並在後來接觸和研究中共黨史的過程中形成了自己的一些獨立看法。上世紀九十年代，我在一篇題為〈鄧小平理論的時代背景與歷史地位〉的論文中，曾對毛澤東思想做過一個概括,說:「毛澤東思想就是戰爭與革命時代中國化的馬克思主義，是關於新民主主義革命的理論和政策，特別是關於農村包圍城市、武裝奪取政權的理論和政策。」[4]這是套用斯大林給列寧主義下的定義，其實是很不確切的。當時的意思只是想說明，毛澤東思想只適用於共和國成立前的戰爭與革命時代，之後，世界和中國都已進入和平與發展時代，它就基本上不再適用了。至於提到馬克思主義和中國化，則是要說明毛澤東思想的兩個主要源頭，其實這也並不恰當。下面就談一下我現在對毛澤東思想的理解。

---

4　見《論和平與發展時代》（世界知識出版社，2000年），第123頁。另外，我不同意官方對毛澤東思想的定義和解釋，認為從延安整風時正式提出到文化大革命後作出第二個《歷史決議》，其中都包含製造和維護對毛澤東的個人崇拜精神，因而不夠科學，不夠實事求是。我在《黨史筆記──從遵義會議到延安整風》（利文出版社，2005年）一書中對此作過分析和批評，特別是其中的〈提出毛澤東思想也是個人崇拜的重要標誌〉和〈《歷史決議》為黨史編纂學奠定基礎〉兩節。

## 毛澤東思想的兩大來源

　　毛澤東思想的第一個來源是馬克思主義。[5]雖然毛澤東對馬克思主義了解不多，沒有讀過多少馬克思主義文獻，對國際共產主義運動也知之甚少，但他終究通過列寧主義的中介接受了馬克思主義，着重繼承了馬克思主義中一些多少有些消極成分的重要原理，如階級鬥爭、暴力革命、無產階級專政、消滅私有制和推進世界革命的國際主義等，並能結合中國傳統和中國實際進行發揮和創造。由於毛澤東思想繼承馬克思主義是通過列寧主義的中介，所以就表現為對馬克思主義有取有捨，主要接受的還是斯大林解釋和發展了的列寧主義。而列寧主義本來就和馬克思主義不是一回事，只是馬克思主義一個左的流派。[6]這都使毛澤東接受的馬克思主義原理，本來空想的和消極的成分就多些，有的原理經他的發展更進而走向極端。例如，他把馬克思主義完全簡單化，說只取其中兩條：階級鬥爭和造反有理。[7]他一直崇拜暴力革命，始終反對和平過渡和漸進改良。他不僅按照斯大林模式，把無產階級專政變成一黨專政和個人獨裁，還進一步創造出「無產階級專政下繼續革命的理論」，不

---

5　馬克思從不把自己的學說當作等同於宗教教義的主義，是列寧把它弄成一種排他性的主義並且經常當作棍子來使用的。這一點得到斯大林和毛澤東的繼承。這裏只是為了敍述方便，沿用主義的稱謂。

6　關於列寧主義和馬克思主義的區別，我在〈鄧小平理論的時代背景和歷史地位〉一文中即已指出，後來又在《從延安一路走來的反思──何方自述》一書最後一章〈對馬克思主義的幾點看法〉這一節中有進一步和較多的論述，這裏不再重複。

7　毛澤東在延安時就說過，「對馬克思主義我只取階級鬥爭四個字。」又說，「馬克思主義千頭萬緒，歸根到底就是一句話──造反有理，根據這個道理，於是就反抗，就鬥爭，就幹社會主義。」「造反有理」後來還成為「文化大革命」中的主要口號。

間斷地發動各種政治運動，阻礙經濟社會發展，給人民帶來不少苦難。

毛澤東思想的第二個來源，是中國兩千多年的皇權專制主義傳統。首先，毛澤東很重視中國歷代的農民運動（實為遊民階層的運動），並善於從中汲取社會底層人物成就帝王霸業的經驗和遭受失敗的教訓。毛澤東思想的一個核心內容——關於農村包圍城市、武裝奪取政權，就更多的是農民起義的經驗總結。受到毛澤東一再推崇的歷史人物多是出身於遊民階層的，如劉邦、陳勝、吳廣、朱元璋、李自成、洪秀全等。這些卻是馬克思主義經典中所沒有的。但毛澤東思想又高於歷史上的農民起義，因為它有一定的馬克思主義思想指導，特別是列寧關於黨的建設和黨的領導的理論。

其次，毛澤東熟讀中國王朝歷史，深諳帝王的統治權術，並能結合實際，嫻熟應用。毛澤東所讀中國古籍，比起讀馬克思主義文獻和近現代文明典籍，不知要多出多少倍。毛澤東自稱他超過秦始皇。確實，如果説秦始皇在殘暴之外還為中國創造了車同軌、書同文這類有利於中華民族形成和推動歷史前進的好東西，毛澤東則是摧毀了中國歷史上許多好的東西，從思想、文化直到文物精華。

毛澤東思想繼承中國皇權專制傳統要比接受馬克思主義的分量重得多。他又把宗法社會和家長制揉進列寧的建黨原則中，使中國共產黨一開始就沾染上了會道門組織（編按：封建迷信的民間秘密結社組織）的某些特色。中共黨史專家胡繩晚年曾就毛澤東思想中的民粹主義成分寫過專文。他還曾對友人説過，中國共產黨像個幫會，毛澤東更像個幫會頭子。連斯大林也早在西安事變後毛澤東想除掉蔣介石的時候，就認定毛在用幫會作風代替黨的原則。他在

1936年12月15日致中共中央的密電中説,如果中共不運用自己的影響釋放蔣介石,莫斯科將譴責他們為「土匪」,和他們斷絕關係,並面對全世界公開批判。這是宋慶齡1937年11月在上海告訴斯諾的(編按:Edgar Snow,美國記者)。[8]

毛澤東自稱他是「馬克思加秦始皇」,説明他並不諱言兩大思想來源。只是把他説的馬克思換成斯大林可能更確切些。胡喬木在起草「十二大」文件期間,就曾幾次私下對李慎之説過,毛澤東很長時間內都認為自己就是中國的斯大林。因此,連胡喬木他本人也不贊成把毛澤東思想説成是中國化的馬克思主義。

## 毛澤東思想的兩個階段

毛澤東説,他一生只做了兩件事情,一是扳倒三座大山(即所謂打倒了帝國主義、封建主義、官僚資本主義,實際上主要是從國民黨手裏奪得了政權);二是發動了「無產階級文化大革命」。毛澤東沒有提他在共和國成立後十七年所做的向社會主義過渡和建設社會主義的事情,看來是因為毛澤東奪得政權後就從未想過要變革命為建設。因此,他就把這十七年都算到「文化大革命」亦即無產階級專政下繼續革命中去了。或者,他認為十七年屬於探索,直到「文化大革命」才算找到了前進道路。對這個問題,我一直感到困惑不解。但是無論毛澤東怎麼考慮,作為中國民主革命階段一種指導思想的毛澤東思想,卻明顯地分為共和國成立之前和之後兩個階段。

---

8　斯諾在《紅色中華散記》一書中引用了記載有宋慶齡和他談話的日記,轉引自王偉、孫果達〈西安事變與斯大林的兩份「密電」〉,《黨史縱橫》,2013年第8期。

　　共和國成立之前那一段，可以追溯到大革命特別是土地革命戰爭時期，執行農村包圍城市，武裝奪取政權的政策，直到解放戰爭取得勝利，前後二十八年。這個階段的毛澤東思想，雖然也有極左的和民粹主義傾向，因而犯過不少甚至帶根本性的錯誤，但在推翻國民黨統治和奪取政權上，基本上取得了成功。共和國成立後則相反。毛澤東不顧世界已進入和平與發展時代，仍然堅持戰爭與革命的時代判斷，對內堅持以階級鬥爭為綱，進行無產階級專政下繼續革命，弄得國困民窮；[9]經過「文化大革命」，更把國民經濟和整個國家推到崩潰的邊沿。對外則使國家長期處於備戰狀態和孤立地位，落到了世界發展的後面。

　　毛澤東思想在共和國成立前的階段，確定和執行發展力量、奪取政權的方針，基本上適應了客觀形勢，所以實現了戰略目標。但此後，毛澤東卻進一步獨裁專制、一意孤行，使黨犯了一系列民粹主義和左傾盲動主義性質的錯誤，要在農業社會的基礎上不但大幹社會主義建設，還要跑步進入共產主義，當然完全錯了，只能以失敗告終。

## 毛澤東思想與毛澤東的錯誤

　　毛澤東生前特別是共和國成立後所犯的錯誤已經沒有人能夠否認，問題只在錯誤的性質和程度，特別是犯錯誤的時間。對這些問題，官方黨史都講得很含糊。特別是鄧小平要竭力維護毛澤東

---

9　毛澤東不允許民眾過上富裕生活，認為窮則變（即要革命），富則「修」。共和國成立後彭真曾一度規定農民人均年收入不得超過37元。毛澤東的所謂反對「資產階級法權」，實際上就是不讓包括各級幹部在內的各行各業人民富起來。

的地位和思想，堅決反對把毛所犯錯誤定性為路線錯誤。在時間上，官方的演算法是儘量短些，很多人就是從1956年後的反「反冒進」和反右派算起，到「文化大革命」結束為止。鄧小平也一再肯定1957年下半年以前都是正確的（包括鄧自己主持下的反右派也基本正確），只在這以後才犯了「左」的錯誤，耽誤了二十年。[10]實際上從共和國成立初期起毛澤東就開始犯重大錯誤，性質是推行一條完整的全局性的「左」傾機會主義路線。共和國成立後的過渡時期總路線，以及對農業、手工業和資本主義工商業三個行業的社會主義改造，顯然就已極其錯誤，不然實行改革開放後為什麼又得整個兒改過來。有的只算「文化大革命」，稱之為毛澤東晚年錯誤，連「大躍進」、人民公社、反右傾和人為造成的三年大饑荒，都不計算在內。對毛澤東錯誤在性質上減輕、在時間上縮短的不實事求是評估，至今仍然佔據主流地位。

共和國成立後的頭七年，至今仍被官方黨史著作大加稱道。但正是共和國一成立就確立的專制獨裁體制，才使唯意志論和極左路線通行無阻；[11]正是這些年的「社會主義改造」，才奠定了以後犯越來越「左」的錯誤的基礎。把共和國成立後實行向社會主義過渡的總路線說成完全正確，並不合乎歷史事實。歷史已經證明，共和國成立後頭幾年提出「總路線」和進行三大「社會主義改造」就已完全

---

10　分別見《鄧小平文選》第三卷，第22、227、237、266、269頁。但他在另外地方的談話中又不限於頭二十年，如説「三十幾年的經驗教訓告訴我們，關起門來搞建設是不行的」（同書，第64頁）。還説，「馬克思主義的基本原則是要發展生產力。」而毛澤東同志「有一個重大缺點就是忽視發展社會生產力」。（同書，第116頁）。

11　1953年5月19日毛澤東批評「劉少奇、楊尚昆破壞紀律擅自以中央名義發出文件」，連發兩個批示：凡以中央名義發出的文件、電報，「均須經我看過才能發出，否則一律無效」。並在一律無效四個字下面加上了重點。

錯誤。它妨礙經濟發展，還成為後來發動「大躍進」以至進行「文化大革命」的總根源。三大改造的所謂「成績」實際上已被完全推倒，這也是國民經濟後三十年能夠快速發展的歷史補課。如果繼續堅持「總路線」和「三大改造」造成的局面、拒絕改革開放，那就正如鄧小平一再說的，中國也會垮台（其實是指共產黨會失去一黨專政地位）。奇怪的是，直到現在，官方史學和官方學者還都在肯定所謂的「三大改造」，[12] 認為經過「三大改造」，中國就實現了向社會主義的過渡。人們看到在這裏有一個很大的矛盾：因為堅持這一論斷，就等於說實行改革開放是復辟資本主義。你看，在農業方面，實際情況不是正如農民所說，人民公社不如高級社，高級社不如初級社，初級社不如單幹（包產到戶）？在整個經濟制度上，實行混合所有制和市場經濟，鼓勵發展私人工商業和個體經濟，也是實行經濟改革的主要內容。這些不都是對「過渡時期總路線」和「三大改造」的根本否定？「三大改造」怎麼能和改革開放相容呢？其實，這七年是在客觀上缺乏工業基礎、基本還是農業社會，主觀上又並不清楚社會主義是什麼的情況下，盲目進行所謂「社會主義改造」，因而犯了嚴重的路線錯誤。

接着的十年，並不是第二個《歷史決議》上說的「開始全面建設社會主義的十年」，而是對國家和人民瞎折騰、接連犯各種更加嚴重錯誤的十年。例如在反胡風、肅反、反右派中就錯整了幾百萬知識分子和各級特別是在基層的幹部。緊接着的「大躍進」、人民公社化，更使中國生產力和生態環境遭到極大破壞。再加上後來全國規模的大反右傾，進一步造成嚴重後果，單是和平時期餓死的人就

---

12　如中共中央黨史研究室著《中國共產黨簡史》（2001年），逄先知、金沖及主編的《毛澤東傳》等。

有三四千萬，成為人類歷史上所僅見，還不算各種政治運動中被整死的上百萬人。這十年，中國人民遭受的苦難決不亞於接踵而來的「文化大革命」。而且毛澤東犯錯誤還有個特點，犯一次錯誤後一經其他領導人提出批評和來自下面的抵觸，就會刺激他犯新的更大的錯誤。由於彭德懷、張聞天等對「三面紅旗」提出意見，他就發動了全國性的反右傾運動。由於劉少奇等正視大規模餓死人的現實，他更發動了「文化大革命」。這都只能造成錯上加錯，後果一個比一個嚴重。由此可見，共和國成立後頭三十年，中國共產黨在毛澤東思想指導下犯了黨史上時間最長、後果最嚴重的「左」傾機會主義路線錯誤。這只能說明，毛澤東思想當然包括毛澤東的錯誤，否則，共和國成立後接連不斷的嚴重錯誤，又是在什麼思想指導下犯的？

1980年10月，中共中央為起草《歷史決議》，曾召集四千高級幹部進行了為期一個月的大討論，內容主要涉及對毛澤東和毛澤東思想的評價。討論對毛澤東的評價時，多數人認為「文革」前的十七年存在一條「左」傾路線，毛澤東就是這條路線的總代表，不同意草稿中對毛澤東錯誤的掩蓋和辯護。有關毛澤東思想的爭論，主要是毛澤東思想包不包括毛澤東的錯誤，還要不要以毛澤東思想為指導？很多人認為，說毛澤東思想只包括正確思想，不包括錯誤思想，道理上說不通。而且哪些是錯誤思想，如何劃分和由誰決定，也是糊塗賬。把別人正確的思想歸結到毛澤東思想中去，既不公平也不合理，邏輯上更不通。說毛澤東思想是中國共產黨集體智慧的結晶，不為毛澤東所專有，毛澤東的錯誤卻只屬於他個人，不能說是黨的錯誤，也把問題搞得更亂。例如，說「大躍進」、反右傾，只是毛澤東個人的錯誤，與毛澤東思想無關，那當時的毛澤東思想跑到哪兒去了？當時的指導思想又是什麼？總之，把毛澤東思想和毛澤東的錯誤硬行分開，實在說不過去。如果那樣說，不就成了在共

和國成立後犯錯誤的長時間裏，都是毛澤東在違背毛澤東思想，倒是他反對和打倒的少數人在堅持毛澤東思想？這不是太荒唐了嗎？但遺憾的是，這次討論中多數人的意見並沒有被後來正式通過的決議所採納。做出的決議只是反映了主要領導人和主持起草的少數人，即鄧小平、陳雲、胡喬木、鄧力群等人的意見。[13]

如何評估頭三十年歷史，仍然是個大問題。我們在黨史和國史的編纂與審定上，實行的也是一元化領導體制，由領導個人定調和拍板，形成為官方的看法，其內容和分寸見之於《第二個歷史決議》，以及按《決議》精神寫出的大量黨史和國史著作。現在距作出《決議》已超過三十年。這後三十年的實踐證明，《決議》不但基本上是錯誤的，而且《決議》中歌頌的正確決策和輝煌勝利，本身就是嚴重的錯誤甚至災難。可惜的是，正統史學至今也沒有公開地正視《決議》的錯誤，更不用說對《決議》進行清算了。

綜上所述，對《第二個歷史決議》論述和評定的毛澤東思想，應當進行以下幾點重要訂正：毛澤東所犯錯誤是毛澤東思想的重要組成部分；共和國成立後和平建設遭到一系列挫折和失敗，是毛澤東思想指導的結果；中國實行改革開放以後，沒有也不能再以毛澤東思想為指導（黨章、憲法以及有些黨的文獻提以毛澤東思想為指導，那是基於法統和道統上傳承的需要，而不是實踐的需要）；從犯錯誤時間之長和性質之嚴重看，錯誤成分在毛澤東思想中佔重要地位；今後毛澤東思想再也不能作為指導思想來提，這一提法更應從黨章和憲法中刪去。

---

13　有關這次討論情況，取材於郭道暉：〈四千老幹部對黨史的一次民主評議——《黨的若干歷史問題決議（草案）》大討論紀實〉，《炎黃春秋》，2010年第4期。

## 毛澤東思想的主要特徵

系統地提出毛澤東思想並給它下了不少定義的，最初還是延安整風特別是劉少奇在黨的「七大」上所作的《關於修改黨章的報告》。不過《報告》主要涉及的還是民主革命階段的毛澤東思想，沒有也不可能談到社會主義建設時期如何運用。也許由於這個報告是製造個人崇拜的標本，再加上劉少奇本人歷史地位評價的變化，後來人們已很少提起。但在這之前，六屆七中全會通過的《關於黨的若干歷史問題的決議》(通稱第一個歷史決議)已經提出毛澤東思想。雖然這個《決議》在製造毛澤東的個人崇拜上同劉少奇的報告並無二致，卻成為研究黨史必須遵守的圭臬，延續至今。不管怎麼說，「文化大革命」以後，毛澤東思想作為和平時期的指導思想遭到失敗，卻是再也無法掩蓋的了。但這涉及黨的領導和政權的傳承，因此必須及時設法彌補，對歷史做到自圓其說。這就是為什麼鄧小平等少數領導人急於制定第二個歷史決議的原因。這個決議的使命也就是維護毛澤東的歷史地位和毛澤東思想的指導地位。然而面對二十七年的失敗，不論是對毛澤東思想還是毛澤東的評價，都不能不適當降低調子。例如不再說毛澤東思想是馬克思主義發展的新階段，同時還必須承認毛澤東犯過全局性的錯誤，只是要勉為其難地評他功大於過。

鄧小平、胡喬木等人主持起草和審定的第二個《歷史決議》，對毛澤東思想講了六項內容。應該說這種講法很不準確，例如「關於社會主義革命和社會主義建設」，就仍然保留了一些民粹主義精神。至於提到毛澤東思想的活的靈魂，所謂「三個基本方面，即實事求是，群眾路線，獨立自主」，看來更不妥當。因為這一歸納太抽象，也不為毛澤東思想所獨有。例如實事求是，可說一般人都是

能夠和必須做到的。像工人做工，農民種田，不實事求是行嗎？更不用說一些科學家和成功的政治家了。比較起來，毛澤東反而做得差些。共和國成立後的歷次政治運動和群眾運動，有哪些是實事求是的？又如群眾路線，作為工作方法，也是許多人都做到了的。甚至中國過去的一些開明君主也講究從群眾中來到群眾中去，實行「采風」等辦法了解民情。談到獨立自主就更空泛了。世界上除了半殖民地和附庸國外，所有國家都以獨立自主為立國原則，更不用說那些大國強國了。把這樣幾條普遍原則歸納為毛澤東思想的靈魂，實在沒有意思。何況這正是毛澤東思想的一些缺陷，包括獨立自主這一條。因為受國際共運約束的「一邊倒」和後來聯美反蘇的「一條線」戰略，都不能算作獨立自主。所以鄧小平才事後說，「我們過去曾說過建立『一條線』的反霸統一戰線，現在不搞那些，執行獨立自主的外交政策。」[14]實際上只是到了1982年黨的「十二大」，胡耀邦才在政治報告中第一次提出實行獨立自主的外交。

　　那麼貫穿兩個階段的毛澤東思想的主要特徵是什麼呢？根據個人的理解，似可歸納為以下幾點。

　　一是提倡和信仰「鬥爭哲學」，把鬥爭絕對化。毛澤東說，「有階級鬥爭才有哲學。」從青年時期提出「與人鬥爭，其樂無窮」，到晚年聲稱「八億人，不鬥行嗎？」鬥爭精神貫穿了他的一生。尼克遜（編按：Richard Nixon，內地譯尼克松，1969–1974年美國總統）的女兒朱莉寫書提到1976年初獲毛澤東接見的情形。毛對她說：「年輕人吃不了苦，要告訴他們需要鬥爭……黨內要有鬥爭。階級和階級要

---

14　《鄧小平思想年譜》，中央文獻出版社，1998年，第318頁。

有鬥爭。除了鬥爭,什麼都是靠不住的。」[15]

他講「一分為二」,只強調事物的對立:相互排斥,「你死我活」。資產階級和無產階級、資本主義和社會主義,不是「你吃掉我,就是我吃掉你」。斷然否定事物的同一與融合,排除政治上的妥協、和諧共處與團結。蘇聯哲學界上世紀六十年代初提出對立面可以「融合」。1963年楊獻珍提出「合二而一」論。毛澤東批判楊,連同周恩來在外交上提出的「求同存異」也一塊兒批了。

民主革命時期,在黨內,靠發動路線鬥爭吃掉各方對手,包括潛在的對手,取得了領袖地位;在全國,靠武裝鬥爭吃掉國民黨,取得了全國政權。共和國成立後,不斷發動各種政治運動,除了吃掉真正反對新政權的勢力,還吃掉大批根據專制政治的需要認定的「敵對勢力」,包括:黨內高層中被認為有可能挑戰他最高權威地位的人物,黨內和社會上一切不擁護他的專制獨裁而追求自由、民主、平等的政界人士和知識分子。

體現在外交上,就是提倡「三鬥一多」,即對帝國主義、修正主義和各國反動派要強調鬥;要多援助反帝力量、馬列主義及其他革命的政黨和派別。[16]

二是堅持專政體制,「馬上得天下」也要「馬上治天下」,即完全按照革命戰爭的路數治國,鬥爭方式也倚重由強力部門來強行制服乃至暴力鎮壓。取得政權後,毛澤東還說過:「反革命殺了

---

15　轉引自王若水著〈辯證法和毛澤東的鬥爭哲學〉一文。

16　毛澤東1964年2月9日會見紐西蘭共產黨總書記威爾科克斯(Victor George Wilcox)時把「三鬥一多」說成是中國的外交方針。

一百萬⋯⋯六億幾千萬人，消滅那一百多萬，這個東西我看要喊萬歲。」[17]他還一再以「坑儒」數量超過秦始皇百倍而自炫。

對外，推進武裝奪取政權、建立專制獨裁的路線。一要堅持通過暴力進行世界革命，二要本國經常立足於準備打仗。因為他堅信，「不是戰爭引起革命，就是革命制止戰爭。」對所有國家都否定它們有和平過渡到社會主義的可能性。因此他主張從軍訓、軍援直至出兵，積極幫助亞非拉共產黨武裝奪取政權。

三是唯我獨尊、堅持個人崇拜，執行以個人意志治黨、治國的方針。延安整風創建的黨的一元化領導體制，就是個人崇拜體制，或叫金字塔體制。毛澤東的個人崇拜不僅集黨政軍大權於一身，還塗上濃厚的意識形態色彩，使人們不僅懾服於他的權威，還得服膺他的思想。他沒有「帝師」，本人就是全體中國人乃至全人類的領袖和導師。他的「朕即國家」，超越了中國的歷代皇帝。

唯我獨尊還表現在以個人好惡對待國內外領導人。在國內，在高層領導中發動政治鬥爭，毛澤東可以毫無根據地給那些他早就心懷疑忌的一些領導人如彭德懷、張聞天等，安上「裏通外國」的罪名，並借此使這些領導人在政治上翻不了身。對外國領導人，凡是他所反對的人，也要和他反對的中國領導人連在一起，稱之為「裏應外合」、「互相呼應」。

毛澤東痛恨赫魯曉夫揭露斯大林個人迷信和批評中國的「三面紅旗」（編按：社會主義建設總路線、大躍進運動和人民公社的統稱），

---

17　李銳：《廬山會議實錄》，河南人民出版社，1999年6月，第3版，第302頁。

因此給他戴上了「現代修正主義」的帽子，被他視為政敵的劉少奇也就成了「中國的赫魯曉夫」。張聞天1954年如實反映了蘇聯開始批判個人迷信。他在蘇聯離任時受到以赫魯曉夫為首的全體蘇共政治局委員餞別，這與王稼祥離蘇回國時沒有得到這種規格的歡送形成了鮮明的對照。這兩件事引起毛澤東的極大猜疑，成為1959年批判張聞天「反對毛主席」和「裏通外國」的一個由頭。

其實，這個猜疑只是説明毛澤東不懂國際外交慣例而已。因為王稼祥那次離蘇屬於回國述職，後因病未再赴任，才改派張聞天繼任大使。蘇方對王、張離任回國是完全按他們自己的外交規矩處理的。毛不懂外交禮節，主觀認定是蘇方因兩人政治態度而有意區別對待。但是，後來的事實證明，毛澤東對王稼祥也並不信任。批所謂「三和一少」，就是對王稼祥產生了類似的猜疑。這也與王稼祥引用了蘇聯的經驗教訓直接相關。王稼祥1960–1961年要闡明復查找蘇聯以往的農業公社如何垮台、農業集體化受挫折時如何推行責任承包制，這就犯了大忌。[18]1964年毛澤東批判楊獻珍的「合二而一」，也被認為與此前蘇聯哲學界批判德波林（編按：Abram Deborin，蘇聯馬克思主義哲學家）提出對立面可以融合相關，都是為了給反對赫魯曉夫的「三和」（和平共處、和平競賽、和平過渡）、「兩全」（全民國家、全民黨）製造理論依據。

外國主要領導人對毛澤東的態度，直接影響中國同這個國家的關係，除了赫魯曉夫，還有尼赫魯。在西藏問題上，尼赫魯觸犯了毛澤東的尊嚴。特別是1959年在中國駐孟買領事館門前發生了進行

---

18 〈閻明復：從我親歷的幾件事看康生〉，載於楊文、裴小敏主編《被歷史忽略的歷史》，河南文藝出版社，2008年。

遊行示威的印度反華群眾損毀和焚燒毛澤東像的事件，引起毛澤東極大震怒，除了提出一百年也不甘休的嚴重抗議[19]外，毛還給尼赫魯戴上了「半人半鬼」和「反動派」的帽子，中印關係也從此由友好變為敵對。

　　毛澤東對待日共總書記宮本顯治的態度是又一個足可說明問題的例子。1966年3月宮本顯治到北京時毛澤東正在上海，就先由劉少奇和彭真同他會談。劉少奇在這之後主持中央常委會就兩項外事問題做出決定：在中日（共）聯合公報中為照顧宮本顯治和日共在中蘇論戰中持中立態度而不點蘇聯的名；派代表團參加蘇共「二十三大」。這兩個決定當即被毛澤東否定。參加會談的王力認為，如果就事論事，這兩個決定本來無可厚非。只是這時毛正準備拿下劉、彭，有意借此給他們兩個人臉色看看。宮本到上海後和毛澤東會談時，毛告訴他，蘇聯已變成資本主義國家，蘇聯黨已變成資產階級黨、法西斯黨，要他在中蘇分歧中支持中共反對蘇共，宮本不同意。結果中日兩黨當場鬧翻，沒有發表聯合公報，關係也從此長期中斷。直到毛澤東去世多年後中共公開認錯，兩黨才恢復關係。

　　四是鄙視現代文明，否定普世價值。

　　一，否定植根於尊重個人生命、人性和人權的普世價值。從來不把廣大民眾的生命放在心上，但極為重視人們在思想和行動上對

---

19　事發後毛澤東親筆修改外交部起草的照會稿，不但第一次給印度戴上了「擴張主義」的帽子，還加了一段外交文書上少見的情緒化的話：「這件莫大侮辱中華人民共和國元首的事件是我國六億五千萬人民群眾極端地不能容忍的，必須得到一個合理的解決，否則不可能甘休。如果印度當局的答覆不能令人滿意，我們奉命申明，我國中央人民政府將向印度方面再次提出這個問題，不圓滿解決這個問題，中國奉命永遠不能停止，就是說一百年也不能停止。」

他的崇拜和服從。在他眼裏，黨員只能做馴服工具，百姓只能當渾渾噩噩的順民。

二，否定包括西方文明在內的普世價值，把民主、自由、平等說成是虛偽的；斷言西方政治落後、腐敗、低級趣味。

三，否定法治，自詡「和尚打傘」（「無法無天」）。公然說：從不相信法律，更不相信憲法，還要破除憲法迷信。因此，在當時的中國，憲法制定是制定了，但執行不執行，執行到什麼程度，還是要以黨的指示為準。1968年7月他告訴「文革」五大學生領袖：「法律恐怕還是不要太學的好。」還說，「有相當多的國家希望中國守規矩些……我們打過游擊，野慣了。那麼多規矩，令人難受。」

不和帝國主義國家建交，就是為了可以在國內和國際問題上無法無天。他公然地這樣說過，「帝國主義國家不承認我們，該有多好啊！不承認我們，我們就可以無法無天了！」[20]

四，反知識反科學，反對現代教育，鄙視知識分子，欣賞遊民文化。提出所謂「卑賤者最聰明，高貴者最愚蠢」、「讀書越多越蠢」、「知識越多越反動」之類的怪論。他蔑視大學教育，說「階級鬥爭是大學，可以學到很多東西。什麼北大、人大，還是那個大學好！我就是綠林大學的。」對「文革」五大學生領袖說：「我看知識分子最不文明，我看大老粗最文明。」

這一切決定了他在意識形態上瞧不起西方先進和發達的一面；把作為「世界農村」的窮國、小國、發展中國家視為在國際上的盟

---

20　千家駒在自撰的年譜上說，這是毛澤東1949年剛進北京時在香山對民主黨派領導人說的。

友；在國際和外交上不願受既定國際關係準則和國際慣例的約束，要我行我素，自搞一套。

# 談毛澤東確立的外交三原則

毛澤東的外交指導思想，首先體現在共和國成立前就定下的外交三原則上：「一邊倒」、「另起爐灶」、「打掃乾淨屋子再請客」。這既是遵從斯大林的指示，也反映了毛澤東的一貫思想，定為國策帶有必然性。實踐證明，今天看來，這三原則是束縛中國外交的三條鎖鏈：「一邊倒」是主動放棄獨立自主；「另起爐灶」是放棄二戰後中國原已贏得的國際地位，實行自我孤立；「打掃乾淨屋子再請客」是實行閉關鎖國。對於國家的建設和發展來說，三原則失大於得，基本上是錯誤的。

## 外交三原則的由來

三原則早有醞釀，最後形成是在1949年1月底2月初米高揚（編按：Anastas Mikoyan，時為蘇聯部長會議第一副主席）來西柏坡和黨的五大書記，即毛澤東、劉少奇、周恩來、朱德、任弼時的會談中。米高揚為什麼在這個時候來到中國？這裏面有個過程。

從1947年初開始，毛澤東五次要求前往蘇聯見斯大林。在到1949年1月為止的兩年內，毛澤東和斯大林來回交涉了十來次。1948年夏之前，毛澤東的主要目的是去談打仗，特別是要蘇聯提供武器彈藥。之後，是圍繞建立新政權的重大問題向斯大林請示彙

報。請示彙報是毛澤東的原話。他1948年9月28日的電報說：「務必就一系列問題向蘇聯共產黨(布)和大老闆親自彙報，(並得到)指示」。

1948年下半年，解放戰爭日益接近勝利，在毛澤東看來，國民黨的失敗已成定局。這時，除了解放戰爭的掃尾事宜，他還需要向斯大林請教掌權後的執政方針。這時，他去見斯大林之心更為迫切了。因為仗一打完接着就要建立全國政權、開始經濟建設和處理外交事務。這些都該怎麼做？必須向斯大林請示彙報。只是他一再要求訪蘇，斯大林卻一直拖着。拖的原因，1948年夏之前看來是，中國內戰還沒有取得決定性的勝利，解放軍還沒有打過長江，國共兩方也可能打到以長江為界而停下來實行分治。在中國內戰正打得很激烈、結果如何還不完全明朗時，蘇聯不願立即直接插進來，以免和美國發生對抗。所以斯大林再三考慮，一直沒有同意毛澤東訪蘇。他推託的理由就是，中國國內正在激戰，更大的仗還在後頭，需要毛澤東的指揮，毛澤東不能離開中國。不過毛澤東有信心，因為他本來就不管戰術戰鬥、而只是戰略的制定者和大戰役的指揮者，身在蘇聯照樣可以指揮戰事。因此儘管斯大林一再推託，他還是一再堅持要去。1948年夏以後，勝利已經在望，但斯大林還是拖着，他這時究竟如何考慮不大清楚。一直到1949年1月，斯大林才提出了個折衷辦法：派米高揚到中國去。米高揚來了以後宣佈，他只帶了兩隻耳朵來，就是說光聽中國黨彙報，然後回去向斯大林報告，他本人不發表意見。

很多書上只是含糊地說，外交三原則是1948年秋1949年春形成的，但沒有指明是在什麼地方和具體場合下形成的。我後來查看我們五大書記1949年2月和米高揚在西柏坡的談話，發現主要就是這個時候定下來的。那時五大書記都住在西柏坡，米高揚來的時候都

參加了。談的內容包括共和國成立後國內政策的各個方面，中國的革命道路和中共歷史。例如，政協怎麼開，對民主黨派怎麼辦，怎樣建立聯合政府，等等。所有這些，都是在這次談的。在彙報中有外交這一項，三項原則就是在彙報中基本成型的。

「一邊倒」，後來是在1949年6月20日發表的〈論人民民主專政〉這篇文章裏公開提出的。其實「一邊倒」並不新鮮，是不成問題的問題。中國共產黨一成立，從陳獨秀當總書記開始就服從共產國際，也就「一邊倒」了。從黨的第一任總書記陳獨秀開始，就服從共產國際的領導。共產國際解散後繼續服從蘇共的領導。因此米高揚來，並無必要在他面前重申。在談到整個外交工作的時候提到了「另起爐灶」和「打掃乾淨屋子再請客」，這兩條是新的。毛澤東說，為什麼要「另起爐灶」？就是要同舊中國喪權辱國的外交一刀兩斷；「打掃乾淨屋子」，是因為中國這間屋子被帝國主義糟蹋得很髒，要清掃乾淨以後再同包括它們在內的各國建立新的關係。米高揚聽到這個說法表示很感興趣，說這種形象的說法好，使人容易一下子就弄明白了。但因為他只帶耳朵來，不能表示這些提法是對還是不對。

三原則其實就是毛澤東的一貫思想在外交上的反映。「另起爐灶」，意思是毛澤東要我行我素，標新立異，自己另搞一套，不願受國民黨、帝國主義國家定下來的那套規矩的束縛。要「打掃乾淨屋子再請客」的意思也是一樣的。中共歷來反對帝國主義壓迫、力求消除帝國主義在中國的特權和勢力。應該說，提出這兩條也有其必然性，只是這還擴大運用到了佔世界大多數的其他非社會主義國家頭上，而在這些國家中好多本來還是同受帝國主義壓迫的前殖民地半殖民地國家。這就有點說不過去了。

只要回溯一下共和國成立以後實際上存在的兩條外交路線，就可以明白，外交三原則是基於毛澤東世界革命的外交路線。他主張共和

國成立後外交主要為世界革命服務，而不是主要為中國本國的建設服務。這就把清除美國和其他西方國家在中國的影響，和在世界範圍反對帝國主義這兩付擔子連到了一起，統而名之曰「繼續革命」。

「一邊倒」，就是把自己降到世界革命總司令部蘇聯之下的一個方面軍司令部的地位。「另起爐灶」和「打掃乾淨屋子再請客」，就是和資本主義國家劃清界限，切斷它們同所謂舊中國的一切外交和對外的政治、經濟、文化關係，而從頭「另來」。和西方國家雖然還是要做生意，但沒有外交關係，生意很難做和做不大。外交如果是為國內建設服務，就不能在蘇聯陣營之外實行自我孤立、自我封鎖。因為那時在產業、科技以至文化和教育上，走在前面、水平更高的是西方資本主義國家，而不是蘇聯東歐社會主義國家。

毛澤東當時對於和帝國主義國家建交的認識是，和它們，特別是和美國建交，要提出「不承認」帝國主義的方針，否則就不符合世界革命原則。所以他在1949年1月的政治局會議上說：「現在帝國主義在中國沒有合法地位，不必忙於要他們承認。我們是要打倒它，不是承認它。」它們的承認，反而會嚴重影響新政權的鞏固。1949年初在西柏坡時，他就對米高揚說，不同美英等建交有很大好處，「可以比較容易地對中國國內的一切外國的事物施加壓力，而用不着考慮外國政府的抗議。」1955年1月和蘇聯大使尤金（編按：Pavel Fedorovich Yudin，1953–1959年蘇聯駐中國大使）談起美國不承認中國的問題時，他也說，這有「不少好處：可以給我們以自由，以反美精神教育我們的人民，為在我國消滅剝削階級做充分準備。如果美國有八到十年不承認中國，那我們在這段時間將建立起社會主義的基礎。」1957年3月22日還說：「美國愈晚承認我們愈好，這樣我們可以更好地清理內部。它要是在我們這裏有使館，它就要在我們內部搞各種破壞活動。」這些表述說明，毛澤東實際上並不懂外

交。因為兩國建交與否和它們間的關係友好或敵對是兩回事。建交國之間還可以開戰呢，例如中印和中越的邊界衝突。何況建交並不會妨礙毛澤東在國內做各種鞏固政權的工作，包括在國內沒收外國在中國的資產、鎮反、進行反美宣傳和改造受過西方教育的知識分子等等。斯大林進行「大清洗」就是在蘇聯和美國建交四年之後，美國又能拿斯大林怎麼樣？

下面分別談三原則。

## 「一邊倒」

前面說過，中國共產黨執政以後執行「一邊倒」的政策，不管毛澤東宣佈還是不宣佈，都是必然的。為什麼要「一邊倒」？學界有各種各樣的說法。例如有人說，劉少奇訪蘇時得到了蘇聯給中國援助的許諾，因此才執行這一條。根據是由計算時間得來的：劉少奇什麼時間談的，毛澤東「一邊倒」又是什麼時間宣佈的。我覺得這不是真實的情況。即使劉少奇沒有訪問蘇聯，蘇聯沒有答應援助，中國的對外政策也會是「一邊倒」。宣佈的時間也不一定是因為蘇聯答應了援助，因為毛澤東對蘇聯援助一直信心十足。他在黨的「七大」的口頭報告裏面就強調，蘇聯援助肯定會來！

事實上也是蘇聯一直在援助中共。解放戰爭後期和共和國成立後近十年的援助更是達到規模大、範圍廣而全的程度。決不能低估蘇聯援助對中共奪權和在共和國成立初期的建設中所起到的作用。從1945年8月日本投降後東北的情況看，蘇聯的作用就了不得。在東北的蘇軍把所繳獲的全部日軍武器和上千門美製火炮都交給了四野（先稱「民主聯軍」）。要是沒有蘇聯援助，東北不是那樣容易就

拿得下來的。而東北拿不下來，整個中國也就很難拿下來。解放戰爭中的三大戰役，遼瀋戰役和平津戰役，主要就是東北的四野打的。從1945到1948年，東北的解放軍在那麼短的時間裏一下子從十萬人發展成百萬人，還有了重型武器、坦克以至飛機。雖然多為繳獲日本人的，卻大都是在蘇聯提供裝備甚至進行訓練之下搞出來的。這樣，我們才有可能迅速開始發動進攻。解放戰爭期間，在東北，蘇聯不僅在軍用物資方面，連一些民用物資也援助我們。據我所知，林彪當時就曾直接給斯大林打電報，要求蘇聯提供被服和布匹，並答應用糧食交換。日本投降後，東北的工業設備多被蘇聯拆卸運走或遭戰爭破壞，但農業的破壞還不太大，老百姓該種地的還是種地，糧食產量並沒有受到嚴重影響。

「一邊倒」的第二個根據，是因為毛澤東執行的是推動世界革命的外交路線。領導世界革命有分工。根據劉少奇1949年7月訪問蘇聯時交給斯大林的報告，以及在很長時間裏形成的實際狀況，在1943年共產國際宣佈解散後，中國共產黨仍然承認聯共即蘇聯共產黨是世界革命的總司令部，中國只是一個方面軍的司令部。局部要服從全局，所以中國黨要服從蘇聯共產黨。而且當時說得很清楚，現在雖然共產國際不存在了，但是我們中國共產黨還是承認蘇聯共產黨的領導。這一點，在劉少奇和斯大林談話的時候，斯大林只是稍微辯駁了一下，說蘇共和中共不能成為領導被領導關係了，但實際上他對中國表示的這個態度還是滿意的。

談「一邊倒」的必然性，還應該提一下毛澤東的領袖慾。毛搞「一邊倒」，和得到斯大林封官也有點關係。當時，毛澤東對於被封為一個方面軍的司令已經很滿意。斯大林把這一大片地方交給他，對他來說也是再好不過。抗美援朝就與中共和蘇共的分工有關。在

分工後，他要表現一下作為一個方面軍的司令的作用，就先在朝鮮和越南推進世界革命。金日成本來不想要中國管，後來只好跟着中國，因為中國分工管他，蘇聯又把好多事情往中國身上推。

怎麼看共和國成立後「一邊倒」的作用和影響？「一邊倒」對中國有兩大好處。一個是得到蘇聯援助。這個援助不簡單，不是中蘇關係破裂後一段時期只講我們的自力更生，把蘇聯援助貶到好像可有可無的地步。那時好多東西都要蘇聯幫助。仗剛打完就要求蘇聯派大批專家來，而且要得很急。比如解放上海，一開始我們還不想那麼快就把上海打下來，因為我們不懂大城市管理。國民黨的人是不能用了，交通怎麼弄？下水道怎麼弄？不知道。應該說，蘇聯有些援助確實是無私的。有些技術，蘇聯還沒開始使用就拿到中國來了。1953年開始修武漢長江大橋，大橋使用的新澆注法，就是由蘇聯發明但還沒在蘇聯採用的技術，經過蘇聯黨的政治局和政府的部長會議討論，他們決定允許先讓中國用起來。毛澤東就非常感激蘇聯那個幫我們造橋的工程師西林（K. S. Silin）。據說，在長江修的七八座大橋裏，至今最結實的還是這座蘇聯援建的武漢大橋。若果真如此，那確是奇跡！

蘇聯的援助是大規模和全面的，第一個五年計劃就幫助我們初步建立起了工業化體系，使我們的工業在各個方面都打下了一點基礎。重工業和軍工，從飛機到拖拉機都開始有了一點。能自己把大學辦起來，沒有蘇聯的支援，也很難。那時堅決不要美國和其他西方國家幫助創辦的大學了，可自己又不知道大學該怎麼辦，只能找蘇聯幫。而蘇聯還真幫忙，提供蘇聯辦大學的經驗（造成對我國原有大學教育體系破壞性的校、院、系大調整），派出教授和專家，帶來教材和各種有關資料。

「一邊倒」的第二個好處就是，得到了蘇聯的保護。蔣介石炸上海，蘇聯派來三個空軍師，就炸不成了。共和國成立時冷戰已經開始。美國雖然並不想攻打中國，但是對我們的安全有威脅。在朝鮮戰爭、蔣介石想進攻大陸和我們在金門打炮時，美國軍方幾次動過向中國投擲原子彈的念頭。最後沒有，顧慮蘇聯幫助我們用原子彈報復也是一個重要原因。

好處起碼有這兩條。但是整個說來「一邊倒」的負面作用更大，不僅在外交上是錯誤的，對國家的整個發展都有不良後果。

毛澤東當時宣佈的「一邊倒」，沒有說只是外交上倒向蘇聯，而是強調倒向社會主義。但我們長期了解的社會主義就是蘇聯模式，所謂蘇聯的今天就是我們的明天。因此，「一邊倒」的關鍵是全盤照搬蘇聯模式。照搬蘇聯雖然只有七八年，1958年以後開始和蘇聯分裂，但從蘇聯搬來的東西有很多卻固定化了，一直影響到今天。計劃經濟就不用說了。1953年推行的糧食統購統銷政策，是蘇聯1920年「餘糧徵集制」的翻版。現在共產黨的組織系統、政權的人民代表大會制度，都是蘇聯那一套，只不過叫法有所不同。大學院系調整也是學的蘇聯。蘇聯模式的危害至今影響巨大。主要是：政治上專制，經濟上壟斷，意識形態上僵化，文化和教育相對落後。

「一邊倒」在外交上的含義，首先是使我們放棄獨立自主。這就會喪失在國際關係中利用各種有利因素發展自己的機會。

拿中美關係來說，美國並不想幫助蔣介石重返大陸。它當時對中國只有一條：不希望中國成為蘇聯的附庸。有材料說，美國本來準備給中國幾十億美元的援助，條件就是中國不當蘇聯的附庸。1965年4月30日周恩來和迦納外長談話時還說起過這件事。他說，

1949年美國大使司徒雷登 (John Leighton Stuart) 離開中國前對羅隆基 (編按：中國民主同盟中央副主席，共和國成立後其中一個民主黨派) 說，如果新中國對美國友好，美國將承認中國並且提供30億到50億美元的貸款。一直到現在都還有人說，不「一邊倒」的話，就拿不到蘇聯的援助。其實蘇聯不援助，還可以有西方的援助。而且即使西方提供了援助，蘇聯也不一定會因此就拒絕援助我們。問題正在於，「一邊倒」被西方了解為證明中國成了蘇聯附庸，因此不僅不援助，還要封鎖。司徒雷登和羅隆基談話後不久，毛澤東就宣佈了他的「一邊倒」決策。因此，羅不僅沒敢轉達司徒雷登的話，反而叫他趕快走，說是沒有希望了。

蘇聯援助使我們有所發展，但與世界許多國家相比，我們的發展還只能說是太緩慢，還是大大落後了。我們靠蘇聯援助弄起來的工業體系同解放前的中國相比是進了一大步，但是用世界的發展水平來衡量，就顯得結構差，產品數量少而且品質低。二戰後國際上還是由資本主義體系佔着統治地位。我們的「一邊倒」卻使國家脫離了資本主義體系，這也等於脫離了整個國際大家庭，這就耽誤掉了二戰後國際化和新興技術迅猛發展的難得機遇。對外「一邊倒」加上對內瞎折騰，使我們失去了二戰後最好的發展機遇期。而且我認為，這次失掉的不止三十年，從全局和影響看，應以百年計。

## 「另起爐灶」

「另起爐灶」的意思，就是否定國民黨的「弱國外交」。和國民黨統治時期的外交不僅一刀兩斷，還要一切反着來，特別是同帝國主義國家的關係要反其道而行。1949年1月初，中央在西柏坡開會，專門起草關於外交工作的指示，談到共和國成立後同美英法的關係時，說我們是打倒它們，不是承認它們。我們全盤否定了民

國政府外交，説它是賣國和喪權辱國的外交。這種説法其實有點過分。民國政府無疑是親美的，但蔣介石也一直致力於求得國際上的平等地位，並且取得相當成效。民國政府除了堅持抗日外，還在世界上進行了不少反法西斯和支持民族獨立的活動，從而大大提高了中國的國際地位。再加上同美英蘇一起簽署《聯合國家宣言》，中國就成了公認的世界四強之一。當時美英許諾戰後廢除在華治外法權，但蔣介石堅持，不要等到戰後，戰時就廢。結果1943年1月中美、中英簽訂新約，廢除了兩國在華特權。之後，中國又與比利時、挪威、加拿大、瑞典、荷蘭、法國、瑞士、丹麥、葡萄牙等國分別簽訂了類似的條約。至於英國、法國、德國、奧地利、意大利、日本等在中國多個城市設立的租界，則從1919年開始到1947年，全部由中國先後收回了。當然，由於國家貧弱、政府專制腐敗、民眾缺乏覺悟，總之是自己不爭氣，無法真被別國看得起。在不少方面，中國的世界四強地位還是有點徒具虛名。

如何評估「另起爐灶」的得失？也和「一邊倒」一樣，有兩個方面。得，是打破了帝國主義和外國資本主義的枷鎖。中國人感到可以挺直腰杆、揚眉吐氣了。但另一方面卻使中國因此遭受很大的損失。

有人只看重擺脱了帝國主義和外國資本主義的枷鎖和制約這一面，沒有看到中國自我孤立於國際社會之外帶來的嚴重問題。因為國際關係不僅有一套規章制度，還有互相制約互相聯繫的一整套國際關係準則和國際法，而且有相應的組織機構。我們既然「另起爐灶」，脱離了國際社會，也就可以違背國際上的成規和慣例。一方面這倒是省掉了好多麻煩，另一方面也就不能參與其中，分享既有國際規則對我們發展的有利內容，如二戰後國際上對前殖民地半殖民地國家提供的各種優惠和照顧，《聯合國憲章》、《人權宣言》等所體現的合理國際關係準則和現代化的價值觀。

　　毛澤東總想在國際上別出心裁，自搞一套，在有的問題上可說是匪夷所思。例如他一度聯合蘇加諾，想甩開聯合國，由新興國家出頭另立一個聯合國。這個念頭是毛澤東支持印尼於1965年1月宣佈退出聯合國後產生的。這當然無法推行，最後只搞成了個新興力量國家運動會，但舉辦過一次就難以為繼了。這些，都只能是得不償失或最後以失敗告終。

　　在國際關係中，許多問題都受國際法和國際慣例的維護或制約。為了「另起爐灶」，我們的有些做法卻是公然違背國際慣例的。其中就有個繼承的問題。就是說，不論一個國家的國體、政體發生什麼樣的變化，有些事情如主權和領土範圍，是各國都應當繼承的。

　　首先，一國新成立的政權得到外國承認、和外國建交，就有繼承性。新成立的國家政權一般都希望趕緊得到各國承認，好使自己在國際上具有合法地位，能和各國打交道；別的國家也理應儘快承認已能對國內實現有效控制的新政權。按國際慣例，只要兩國政府申明彼此承認，就是兩國建交的開始。「另起爐灶」卻是不急於要別國承認。為此，就為建交定出條件：得先經過談判。這樣一來，好多國家就懶得承認了，或者是已經承認卻不能很快建交了。一直到共和國成立後十多年，我們也只得到四五十個國家，即只佔當時世界上三分之一國家的承認並和它們建交，而且主要是社會主義國家和一部分民族主義國家。和沒建交的國家在國際上沒法子打交道，連進行貿易都有困難。比如和日本就只能搞點民間貿易，而這種貿易同國家間建立正常關係下的貿易相差是極大的。

　　我們為建交設立了先談判的條件，並不適用於所有國家。和社會主義國家建交不用談判，和非社會主義國家則「一定要經過談判」。就連那些對我們友好的國家，例如緬甸、印度，也要談判。

這些國家當然不高興，但因為友好，事情還比較好辦。緬甸是繼蘇聯東歐國家之後第一個要求同我們建交的非社會主義國家。那是在1950年12月16日。當時毛澤東正在莫斯科，他給劉少奇、周恩來的電報立下了先談判後建交的規矩。他說：請緬方派一負責代表來北京商談建交問題，依商談結果再定建立外交關係；「此種商談手續是完全必要的，對一切資本主義國家都應如此」。結果這一談就是半年，直到第二年6月8日才和緬甸建成交。這是中國自己設置障礙。

不大友好的國家對我們這樣做不以為然，就既不承認我們也不來談判。我們和泰國、馬來西亞建交都很晚。和泰國，後來是我們着急它不急，我們還請印度和緬甸幫我們去做泰國的工作，最後才建成交。和英國更是談判了二十年。本來英國對我們的態度還是相當積極的。共和國成立沒幾天，留在南京的加拿大臨時代辦就告訴南京軍管會外事處，說已從英方得到消息，英聯邦國家在承認共和國問題上將採取一致行動。英國政府1950年1月6日承認了我們，提出要建交。毛澤東不完全了解情況，以為英國有求於我們，只是想保護自己在香港的利益，所以才那麼急。其實英國態度積極和當時是工黨執政有很大關係。張聞天正是根據這一點向中央正式提議和英國建交的。後來我讀了加拿大外交官朗寧（編按：Chester Ronning，1945–1951年駐中國外交人員）的回憶錄，他也提到這個問題。他代表加拿大參加了1954年日內瓦會議，和我們的關係挺好。他在回憶錄中講，那時英聯邦國家都準備和中國建交，但是中國要經過談判，要求條件很高，英國先試了一下沒談成，所以加拿大、澳洲、南非等英聯邦國家也就都不談了。

這一耽誤，就是十多二十多年。只有印度因為同屬第三世界，又是長期的殖民地，命運相似，這時又早已獨立，所以很快和我們

建了交。英國和荷蘭，都是一開始就承認我們。但和它們到1954年
才談成半建交，只互設代辦處，一直拖到1972年才談成和建立了互
換大使的正常外交關係。拖這二十多年，實在看不出對我們有什麼
好處。

在建交問題上「另起爐灶」所確定的原則，我們自己有時也堅
持不了。1962年我們想和法國建交，就既沒有遵守國際間通行的
原則，更沒有按自己制定並堅守的規矩辦，就是法國得和台灣先斷
交。我們向法國提出了先和台灣斷交的條件，但是戴高樂（編按：
Charles de Gaulle，1959–1969年法國總統）說，在和中華人民共和國
建交前，法國不能這樣辦。結果在法國還承認國民黨政府、台灣大
使館還在巴黎待着的時候中法就建了交。只不過蔣介石是個民族
主義者，脾氣又很倔，說你既然承認了中共，那他就宣佈停止兩國
之間的關係，把外交人員撤出了法國，才沒有在法國造成同時存在
「兩個中國」的局面。其實這本來也不失為一種解決問題的辦法，
只不過不合乎我們給自己定的規矩。

事實證明，共和國成立後頭二十多年那種儘量推遲和西方國家
建交，儘量拖延參加重要國際組織的政策，是一種繼承皇權專制制
度下的閉關鎖國政策。這使國家遭到很大損失和危害。例如，後來
為了改變那種吃虧多年還喪失關貿總協定創始會員國資格、長期被
置於觀察員地位的狀態，我國進行了爭取參加這一國際組織的談
判。可一談十多年還是沒有爭取到創始國的資格。而長期沒能加入
這個組織，使在外貿上遭到巨大損失。

其次，繼承法的另一項，是各國之間的邊界條約。如果不承
認邊界條約的繼承性，那就會造成周恩來所說的「四至不定，四鄰
不安」。我們倒是並沒有不承認舊的邊界條約，但有時出於政治考

慮,故意拿舊的邊界問題做文章,在解決違背舊約的越界問題、有條約未勘界等問題上處理得不夠妥當,結果在後來的邊界劃分等問題上吃虧不小,帶來的麻煩也不少。

譬如,和相鄰國家關係弄壞了,待解決的邊界問題可以一直拖着;關係弄好了,又可以把領土當成自己家裏的東西一樣隨便送給它們。最近看到一個材料,說1949年以來,我們先後讓給俄羅斯、蒙古、哈薩克斯坦、吉爾吉斯斯坦、塔吉克斯坦、朝鮮、阿富汗、巴基斯坦、尼泊爾、緬甸的領土總面積有40萬到50萬平方公里。

拿中國和先蘇聯後俄羅斯的邊界來說,中蘇關係好的時候,對於沙皇時期訂立的中俄不平等條約,我們長期不提起,兩國邊界也相安無事,甚至有邊無防。關係一壞,佔領了我們150萬平方公里領土的這些不平等條約就成了大問題。談判邊界問題,我方堅持首先得認定沙俄和清政府簽訂的是不平等條約這一歷史事實,蘇聯堅決不幹。因為要是承認的話,不就等於這一大片土地是侵佔中國的。結果僵持了幾十年,中國在這個問題上也無法完全「另起爐灶」,最後大體上還是得按國際法和國際慣例辦事,即考慮歷史和現實情況,以這些不平等條約為基礎解決邊界問題。這樣就順利地解決了同俄羅斯、哈薩克斯坦、吉爾吉斯斯坦、塔吉克斯坦等國的劃界問題。

和印度的邊界問題,則一直拖到現在還沒有解決。其實,這也是我方的過失造成的。中印邊境的主要爭議地區,是1949年共和國成立後印度逐步侵佔印藏邊境東部我方廣達9萬平方公里的藏南地區。1962年中印邊境衝突時,中國已收復這一地區。沒想到在中國取得勝利的情況下實現停火時,毛澤東卻下令撤出該地區,同時命令我方邊防部隊再從藏印傳統邊界線(也是實際控制線)全線後撤

20公里。所有這些撤出地區就自然成了不設防地區，印度後來不費吹灰之力，就將這些撤出地區全部佔為己有。靜觀了二三十年，看我方沒什麼動靜，於是乾脆把藏南地區改建成一個邦（阿魯納恰爾邦），我國政府只能表示抗議和不承認而已，領土的喪失則是肯定無疑的了。英國前外交部常務次長卡西亞勳爵1966年在回顧中印戰爭時說，據他所知，「中國在戰場上取得勝利之後撤回原線：一個大國不利用軍事勝利索取更多的東西，有史以來這還是第一次。」[21]所以，李一氓等人把主動放棄經過戰爭收復的藏南地區和主動全線後撤20公里的決策稱之為愚蠢之舉，是確有道理的。

在和越南友好的時候，為了方便船運援助越南的物資，1957年我們把解放軍兩年前解放的北部灣白龍尾島正式送給了越南。白龍尾島原屬海南省儋州縣，送給越南後，那裏的居民變成了越南公民，他們抗議無效，很快就被帶離這個島子，分散住到越南各省，從此生活水平下降，和祖國親人分離。[22]現在中越雙方都不提這件事。我們是沒法子說什麼。越南佔了便宜當然更不提，只講那個島本來就是越南的。1988年4月25日越南公佈了題為《黃沙、長沙群島和國際法》的外交部文件，其中說，「越南請中國幫助管理北部灣的白龍尾島，並於1957年收回」。它還把島的名字給改了。1947年民國政府出版《南海諸島位置圖》時劃出斷續線十一段。十一段線位處北部灣，中越北部灣劃界後，十一段從此變成了九段。失去的這兩段已經成為越南的海疆線。

---

21　倫敦《泰晤士報》，1966年6月12日

22　于向真：〈聽媽講越南的故事〉，《記憶》2016 年 2 月 28 日，第 109 期，第 60 頁

在和朝鮮劃界的時候，我還在外交部工作，知道當時是姬鵬飛去辦的。根據中央（實即毛澤東）的指示，他就把本來完全在我國境內的白頭山和天池的一大半分給朝鮮，特別是把鴨綠江和烏蘇里江裏面所有的島嶼都給了朝鮮。這些島子有五六十、甚至上百個，原來多屬中國，好多島嶼上還住着不少中國人，有中國管轄的城鎮村落。按劃分界河的通例，本來是應該按照主航道劃界並決定島嶼歸屬的，但我方把兩國邊界一直劃到了我國河邊。

總之，「另起爐灶」對中國並不是好事，只是整了自己，給我們帶來了不少損失和麻煩。我們有意回避和拖延同主要資本主義國家建交，嚴重影響作為發展中國家亟需的引進外資和技術，簡直有點作繭自縛。共和國成立後頭十年，連出國都只剩下莫斯科一條對外通道，到別的國家去得從莫斯科轉。後來增加了一個仰光，還可以從緬甸轉，也就只能經過這兩個國家才能再到別的國家去。共和國成立後頭三十年這種自我封閉，還表現在嚴格限制國人出國。後果是頭三十年出國人數只有28萬，平均一年不到一萬人。改革開放以後才使局面大為改觀，2016年一年出國的已達1.2億人次。你不出去，外面的情況不了解，對外辦事只能瞎蒙。所以「文革」一結束，從華國鋒開始，第一步就是派出一批代表團出國考察。東歐、西歐、北歐、美國都在考察之列，去日本考察的人最多。王震就是在1978年考察英國的時候發表了那句名言：英國就是共產主義，只差共產黨領導而已。中聯部常務副部長李一氓、社科院副院長于光遠和中聯部副部長喬石等去了南斯拉夫，于光遠又去了匈牙利，溫家寶去了瑞典。在學術上也開始了對外交流。研究日本經濟一時成了顯學。因為正如鄧小平所說，直到1960年，日本經濟還和我們處在同一起跑線上。可是到了1980年，日本經濟總量已高出我們近三倍。

## 「打掃乾淨屋子再請客」

這一條的重點是「打掃乾淨」，就是把外國在中國的勢力和影響清掃得乾乾淨淨。因為有「一邊倒」，這裏的外國就只指資本主義國家。「再請客」，也是主動權在我，請不請，請誰不請誰，怎麼請，那就看情況了。頭三十年，基本上是不請。

這一條的積極方面，是肅清了帝國主義和殖民主義，特別是美帝國主義的在華勢力和影響。外國按不平等條約保留的特權，例如在東交民巷的外國兵營，就一掃而光。但是整個說來這一條的消極作用更大。和「另起爐灶」一樣，這一條使我們在一個相當長的時間裏執行了閉關鎖國政策，耽誤了二戰後的國際化和科技快速發展的良好機遇，共和國成立後頭三十年經濟反而是相對下降。

打掃乾淨，不僅使我們在經濟上和西方資本主義國家斷絕了關係，政治上和文化上就更不用說了。本來在第二次世界大戰以後，除了蘇聯，各國都爭取外國資本到本國來投資，外資中還包括為數可觀的無償援助，特別是先進技術和管理經驗。我們卻連原來留在國內的那點外資都沒收了，外國還可能再來投資嗎？實際上就是他們想來我們也不讓，連他們想提供無償援助，我們都認為是經濟侵略。

毛澤東的話可不是隨便說說而已，而是話出法隨、立竿見影、當即變成政策。比如他說，帝國主義封鎖正好，可以使我們「關起門來，自力更生地建設社會主義」。從1949年一直到中美關係開始正常化，毛澤東不知講過多少遍：美國對我們實行封鎖有很大好處，因為這就讓我們從衣食住行到煉鋼煉鐵都得自己想辦法。他對關起門來成就大事業抱着極大信心，說在美國封鎖下我們反而能搞出六七千萬噸鋼。1958年全民煉鋼就是這樣搞起來的。毛澤東這些話的違反常識、完全錯誤，已由鄧小平指出，他說：「三十年的經

驗證明，關起門來搞建設是不行的！中國離不開世界，當然世界也離不開中國。」鄧小平還說：真正的開放，就是對西方的開放，特別是對美國的開放。事實正是，對那些前殖民地半殖民地國家、民族主義國家開放當然重要，但是不能作為重點，因為它們和我們的水平差不多。要引進他們的技術，他們有些方面還不如我們；要引進他們的資金，他們也正缺乏。最後真正的開放，還是對以美國為重點的西方開放。

我們除了在經濟上閉關，對美英等國在文化上的影響更是堅決清掃。西方，主要是美國在中國辦的教會大學有20所，這一掃，就把它們全部接收了。11所改為公辦，9所改由中國人自辦。美國在中國還有好幾個慈善機構，辦了多所醫院，包括協和醫院和湘雅醫學院這兩所在全中國有名的醫院，都讓我們給接管了。

在這方面進行打掃，道理實在不大。比如教育機關，美國人在中國辦的大學和中學並不都是政府行為，除退還庚子賠款所辦學校和醫院（並不由美國政府管理）外，其餘都是由美國的一些慈善機構、教會或基金會辦的。這些機構來中國辦教育辦醫院，當然要同時傳播美國的意識形態，傳播美國的民主和自由的思想，想要影響你。但這種影響不見得都壞。毛澤東在上世紀四十年代就曾高度評價美國的四大自由和民主制度。美國人崇尚民主自由，辦學又講究保護學生。他們對學生在政治上的取向遠不如國民黨那麼注意，還看不慣國民黨的專制獨裁。共產黨學生受到國民黨迫害，他們往往抱同情態度並出面保護。司徒雷登當燕京大學校長時就保護過好多共產黨員學生。他儘管被我們驅逐了，但他對中國還是很有感情的，曾要求把他的一半骨灰埋在燕京大學原址，只是因為我們不讓，最後妥協，埋到了他的出生地杭州。在國民黨時期，學生中出共產黨員多的還是美國人辦的學校，在北京有燕京大學，在上海有

聖約翰大學，一段時期比例甚至超過清華大學和復旦大學。我認識和知道的不少同志都是從這兩個學校出來的。比如黃華、凌青、龔澎、李慎之都是燕京大學的，原中國社會科學院常務副院長趙復三是聖約翰大學的。外交部建部初期的信使，絕大多數都是上海聖約翰大學的地下黨員。他們的英文好，見過洋世面，跑洋碼頭是不成問題的。

我認為，不應該有所謂文化侵略這個觀念。要說美國人辦學校辦醫院是文化侵略的話，那麼我們在外國辦了幾百所孔子學院，不也成了文化侵略嗎？孔子學院有兩條，一條是學中文，一條是傳播中國文化。外國人在中國辦學校也無非是這兩條，一是學外文，二是傳播文化，也就是文化交流。他們辦的教會大學和中學，不都給中國培養出了大批人才嗎？

「打掃乾淨屋子再請客」的最大錯誤，就是使中國在各個方面都和外界隔絕。原來留在國內的西方一套都掃出去，使它們的資金、技術、文化都進不來。受過西方教育的高級知識分子，幾乎全部受到打壓。人文社會學科的自然首當其衝，連自然科學領域的大師級學者如葉企孫、束星北，也未能倖免。在經濟技術上與外面隔絕，我們的經濟勢必要落後。文化上和國際隔絕，也要落後，因為文化和科學技術是聯繫在一起的。讓我們假設一下，在文化教育上，如果我們不把他們辦的大學中學和醫院裏原來的那些好東西掃出去，那只會給中國繼續成批地培養出人才，包括像上過貝滿女中和燕京大學的著名文學家謝冰心、出自協和醫學院的著名婦科大夫林巧稚那樣的高級人才！

「另起爐灶」也好，「打掃乾淨屋子再請客」也好，其實關鍵就在要堅決肅清美國和西方在中國的一切影響，從政治、經濟一直到思

想、文化。這個思維至今猶存，只不過經濟貿易領域除外。中央一些老領導總是喜歡講「美帝亡我之心不死」，「中美必有一戰」。這其實是偽命題。美國根本不會出兵佔領中國，把中國淪為殖民地或附庸國。以美國為中國首要敵人，指的只是美國對中國實行「和平演變」政策。但是，這個政策無論如何也不會導致我們「亡國」，我們也無法因此就和美國打仗。對「和平演變」疑慮重重，和斯大林當年對「包圍圈」擔心受怕出於同樣心理，其實是對本身模式的「優越性」並無足夠的信心。

毛澤東的外交三原則一直貫穿到後來。譬如「一邊倒」，提出時是全面倒向蘇聯，至今在政治體制上對斯大林模式的「一邊倒」未變。但到上世紀七十年代初，在外交上轉為倒向美國，從「聯蘇反美」變為「聯美反蘇」。這同樣有損於中國的獨立自主性。有一段時期，我國在美蘇霸權爭奪中實際上是和美國站在一邊的。對美國的歐、日盟友，那時的重點是勸它們不要對蘇聯搞「綏靖主義」，甚至希望日本增加防務費用在財政預算中的比重，加強日美同盟。對於親近蘇聯的發展中國家，也是見面就說，得注意「前門拒狼，後門防虎」，要它們重點防蘇。一直到上世紀八十年代初才徹底拋棄「一邊倒」方針，在外交上實現了完整的獨立自主性。

一直到現在，正統的説法還是堅持這三原則基本正確。傳承下來，就是現在的「反對西化」。拒絕承認西方除了經濟和科技外、在政治和文化上也有先進的東西。這也只能使我們自己吃虧。應當承認，長期以來，甚至直到現在，科技文化上處於領先地位的仍然是西方。所以魯迅生前曾提倡「拿來主義」。就是政治上也不應該一味反對西方，其中還有起碼比我們先進一些的東西。比如我們實行專制，西方講求民主。民主有什麼好反對的？而且，不管是在經濟還是在文化上，我們事實上在好多方面已經在走西方的路。我們是在

追趕人家，是在向人家學習，但是我們又宣稱堅決反對他們的制度和文化。要是真的反對，那你就甘於落後，就別再追趕。其中有些人口稱反對也是假的，實際上還是有點崇拜。在這些人中，千方百計地把自己的子弟弄到西方國家去上學、落戶的也不少見。

毛澤東的外交三原則，在共和國成立後頭七八年取得了一定成就，首先是得到了蘇聯的大力支持和全面援助，使中國在發達資本主義國家面前挺起了腰杆，可以揚眉吐氣了。上世紀五十年代中期，我們和印度提出了和平共處五項原則，還同不少前殖民地半殖民地國家建立了友好關係，又使中國在第三世界威望大增。上世紀七十年代，中國恢復了在聯合國的席位，並打開和美國建交的大門，這就已經可以說完全進入國際社會，為恢復世界大國地位奠定了基礎。這些都是在毛澤東外交思想指導下取得的重要外交成就。只是此時毛澤東已經改變了不同美國來往、拒絕進入聯合國這一「另起爐灶」方針。

但從根本上說，三大決策都是錯誤的。在國際上四面樹敵、陷於孤立，經濟建設落後，都和這外交三原則分不開。三大決策不只是落後於時代的問題，而是造成國家不穩定，社會不成熟，妨礙中國現代化、市場化、民主化、自由化，阻止中國進入國際社會的三堵牆。

現在牆並未全倒，尚需繼續努力。

毛澤東的外交思想具有兩重性，說它基本上錯誤，不等於說它完全失敗。對霸權主義和強權政治敢於鬥爭，成就還是突出的。在有些問題上，戰略上雖然錯誤，但策略和戰術卻運用得好，仍然能夠取得一定成就。毛澤東在屬於戰略判斷的時代問題上弄錯了，但

是，他的從「兩個中間地帶」到「一條線」的政策思想，又比較成功地聯合了一部分歐美國家和許多第三世界國家，從而大大拓展了中國的外交活動空間。這些都使中國明顯提高了國際地位，贏得了普遍的尊重。

# 毛澤東的外交決策形成

毛澤東的外交決策是為他在中國建立專制體制服務的。他一向反對「西化」，其實就是反對民主化。一黨專政本身就是專制，要保持專制當然就不允許西方的影響進來。

第二國際（編按：正式名稱是社會主義國際）時期的國際共運，列寧、羅莎·盧森堡（編按：Rosa Luxemburg，德國共產黨創始人之一）、卡爾·李卜克內西（編按：Karl Liebknecht，德國共產黨創始人之一）都是左派。但是列寧和後兩位的基本主張仍有所不同。列寧主張一黨專政，他們就堅決反對。盧森堡有句名言：存不存在反對黨是衡量一個國家民主還是專制的標誌；只要是民主的國家，就必須有反對黨派。在這個問題上，他們和列寧具有本質上的區別。在俄國搞蘇維埃制度，他們也堅決反對。但是國際共運仍然普遍尊重他們，列寧也是。原因是他們和列寧一樣，都反對第二國際。這樣兩位革命者要求有反對黨，還受到列寧的尊重，可見這種主張並不是大逆不道。中國要不要一點民主的一個標誌，也看允不允許反對黨存在。沒有反對黨派就沒有制衡和監督。現在政治上沒有制衡和監督，就無異於政治上的放縱。你有權，你願意貪污就貪污，想搞什麼就搞什麼，而且保密保得很嚴，誰也弄不清楚是哪些官員在

搞貪污，貪污了多少。要是有真正的反對黨，監督就會很厲害，就會一下子給你揭發出來。美國實行兩黨制，民主黨執政，共和黨監督，反過來也是。哪個黨想偷偷摸摸搞點小名堂，是不大容易的。本來沒毛病還要給你挑刺，何況你有毛病；反對黨會一下子就給你捅出來，所以這互相監督的作用很大。

我在《從延安一路走來的反思——何方自述》一書中，談到過共和國成立以來我們在外交工作中出過的一些紕漏甚至洋相。這裏想談談與此相關的三點。

第一，毛澤東對外國情況特別是西方文明的了解比較有限。他手不釋卷，一生讀書甚多，但絕大多數是中國的古籍。外國人寫的書，他讀的主要是馬克思、恩格斯、列寧、斯大林著作，為數並不多，也有少許其他人的哲學社會科學作品。毛澤東處理對外事務上的想法和做法，同他在相關問題上的知識不足有關。

鄧小平到過法國和蘇聯，眼界比毛澤東開闊些。但他對外國情況的了解也有局限性。我國網球選手胡娜1982年到美國參加比賽後自行留在美國，後來又申請政治避難，當時引起一場不小的外交風波。鄧小平曾親自出面向總統列根（編按：Ronald Reagan，內地譯里根，1981–1989年美國總統）打招呼，結果竟然沒能解決問題。《人民日報》曾專門發表文章，質問美國，國會和白宮，究竟誰說了算？這就得反問一句了：了不了解美國和中國不一樣，美國實行的是三權分立制度，不像中國，事情是不能由最高領導人個人說了算的？

第二，毛澤東對全黨全國事務乾綱獨斷，是延安整風後就立下的規矩。共和國成立後，毛澤東1953年更親自規定，凡以中央名義下發的中央文件，不通過他一律無效。從此，再無毛澤東之外的

其他中央領導人能代表中央做出最後決定了。對外事務更是高度集中。這就使外交部這個職能部門很難發揮任何主動性和靈活性。周恩來從外交部成立時起就把「外交授權有限」、「外交無小事」定為一條鐵的紀律。他帶頭這樣做，事無巨細全都向毛澤東請示彙報。大事就不用說了。就連發賀電、唁電等外交慣例文書甚至連宴請外賓時的中方參加人選、菜餚規格這些細微小事，都得上報毛澤東。包括部長和大使在內，外交部上上下下工作人員的手腳全都被捆得牢牢的。

正因外交授權有限，毛澤東從一開始就把他認為在國內礙眼礙事的張聞天外派出去，不讓張聞天從事他興趣所在的經濟工作。毛澤東兩次向張聞天交代，「不說話是金，少說話是銀」。一次是在張聞天問他怎麼做外交工作時，另一次是在伍修權陪同張聞天向他彙報工作時。對外要「不說話少說話」、「多聽少說」，從此就成為外事工作者的一條工作準則。

周恩來辦外交享譽國際，但也深受毛澤東掣肘。他比較了解外界的客觀現實，處理問題做得到切合實際，分寸也掌握的好。但他一是特別注意避嫌，生怕「功高蓋主」；二是明明做得對也做得好卻還屢受毛澤東無端指責，使他的外交智慧無法得到充分發揮。這方面的例子十分突出。在周恩來領導下，中國在1954年日內瓦會議上贏得了一次重大外交成就。會議大大提升了中國的國際聲譽，卻引起毛澤東的不滿和批評，說是沒有突出台灣問題等。1973年毛澤東借外交部寫出一篇如實反映美蘇關係新變化的調研報告——153號《新情況》（編按：外交部內部刊物），竟然對周恩來發出「勢必出修正」的警示；更借周恩來和基辛格（編按：Henry Kissinger，1973–1977年美國國務卿）的一次會談發難，叫江青領銜批判周恩來的「右傾機會主義和投降主義」。

　　對於大使的任命，毛澤東不是看能力而是看是否服從和聽話。他不信任知識分子和地下黨。他要將軍們當大使，直截了當地説是因為這些人「跑不了」。進入外事部門後，張聞天在聯合國代表團、駐蘇使館和外交部常務副部長任內，深感外交幹部的業務能力不符合工作要求。為了培養外事幹部，他做了大量開創性的工作，如在使館率先建立研究室、創辦國際關係研究所和外交學院等。劉英説，對張聞天在外交部的表現，周恩來是肯定的，但是毛澤東沒説過一句話。

　　第三，外交決策並未建立在扎實的調查研究工作基礎上。決策沒有「從群眾中來」這一條，只有嚴格按中央即毛澤東決策辦事的嚴格規定。

　　中央對外交部門調研工作的要求，只限於情報即資訊的及時提供和做出一定分析。龔澎領導外交部情報司（後改稱新聞司）時多次傳達過周恩來的指示，動向調研工作人員是當國際形勢的「偵察兵」，觀察形勢必須做到敏鋭，反映新動向必須做到準確、及時、簡要，有幾分材料就説幾分話。（只不過周恩來對於情報信息的上送有掌控：他認為比較重要的材料，會寫批語，請毛澤東和其他負責外事工作的幾位中央領導人一閲；有的材料，龔澎只讓寫作者手抄一份，專送周個人一閲。）共和國成立初期，劉少奇當面向龔澎交代過，你們搞調查研究等於炒菜，你們只要把要炒的菜分門別類備齊擺好就行，至於炒出什麼味道，那是中央的責任。龔澎一再表示：對中央的意圖和決策「不能議論紛紛」。當時外交調研人員都明白自己的職責所在，不該問的絕不去問，也不會去思考不符合我們所知中央意圖的政策性問題。我們的調研工作與學術無關，更不是去起「智囊」作用。在這種要求下做調研工作，品質很難達到多高水平。

外事部門一向強調突出政治。首先是必須站在正確的政治立場上觀察和估計形勢。討論世界力量對比和形勢發展對我國有利還是不利，主要的一面必定是有利。即使不能不承認對我們不大有利，也一定會說明，這是暫時現象，從長遠看必定還是有利。反映各國的基本情況，首先要看它們是敵是友。以美國為國家頭號敵人時，美國在歷史上和當前對中國所做的一切，無一不屬於侵略行為或陰謀活動。當中蘇親密無間時，蘇聯什麼都高明。當時在外交部做調研工作，連怎樣觀察分析國際形勢，蘇聯的看法也是主要依據。一旦蘇聯「變修」，蘇聯從內政到外交，沒有一條正確，分析國際形勢也得和它反着來了。

在高度集中、嚴格保密、毛澤東的意圖善變和對下管得嚴管得細的情況下，對外工作很容易動輒得咎。下級先揣摩上級意圖再反映情況，已成痼疾。調研職能部門往往是報喜不報憂。上級不願聽到、下級不敢反映對中國不利、有損中國形象或同中央想法不符的真實情況，對外決策哪兒還能建立在紮實的調研基礎之上？1971年7月允不允許美國乒乓球隊訪華？周恩來的意見是不允，毛澤東是允。同年10月，聯合國大會決議恢復中國的聯合國席位，我們是派代表團去聯合國還是不派？外交部的建議是不派，毛澤東卻決定馬上派出代表團進聯合國。毛澤東的決定當然完全正確。但周恩來和外交部原先的建議卻符合毛澤東長期對美國、對聯合國的態度。他們並不是根本認識不到該怎樣做才對我國更有利，但他們不敢提出毛澤東沒有提過或估計他可能不會同意的意見。

一個國家的外交本應以國家的根本戰略利益為準繩並為其服務，然而毛澤東卻往往是從個人情緒和意識形態考慮出發。他在1981年3月9日中央書記處第九十次會議上發表過一個不啻是對幾十年外交經驗教訓總結的長篇講話，其中就專門提到：一國外交，必

須「不為國內外某種一時的情緒所蒙蔽，所激怒。機會主義。不要一將軍就跳，不要為來勢洶洶的環境和情緒所蒙蔽，所支配。」[23] 而指導國家頭三十年的毛澤東外交思想恰恰不都是從國家的戰略利益出發，有許多是依據變化無常的領袖個人意志行事，使國家的內政外交都受害匪淺。

毛澤東的強烈個人專權意志和領袖欲，同他對國際形勢的估計和應對直接相連。

共和國一成立，毛澤東就急於鞏固他的權力地位，開始打壓那些影響太大的老戰友。在討論第二個歷史決議期間，鄧小平對鄧力群談到高崗時說，在這個問題上毛主席的確存在個品質問題；一建國他就想拿下劉少奇和周恩來，着手削弱他們的權力。他和高崗幾乎無話不談，早就讓高去秘密查閱劉少奇偽滿時期在瀋陽被捕的檔案。他任命高崗為國家計劃委員會主席並兼東北行政委員會主席。高崗的權力一時極大，本人的聲譽也如日中天。周恩來一度只能管外交部等涉外部門和幾個具體項目。後來的所謂「高饒事件」，就是由高崗揣摩到毛澤東的意思在黨內高層進行反劉、周遊說未果而釀成的。直到生命接近結束，毛澤東都不放心，總是懷疑自己在黨內和社會上的領袖地位有遭受挑戰的危險，或在他身後遭到否定。一有所懷疑，毛澤東就會強調國內階級鬥爭形勢緊張。

毛澤東最善於內外相互為用。國內外敵人裏應外合相互勾結，內亂外戰可能一齊爆發，已成為他的口頭語。只要認為國內階級鬥爭緊張，他對國際形勢的估計就一定是更為緊張。在這種時刻，他往往還會在國際上有意製造出點緊張，包括在境外挑起軍事行動。

---

23　見盛平主編：《胡耀邦思想年譜（1975–1989）》（上卷），第610頁。何方在胡耀邦這段談話旁批註「值得大書」（宋以敏）。

這一點，毛澤東又和斯大林一樣。研究斯大林的俄羅斯學者説，斯大林二戰初期對形勢判斷錯誤，使蘇聯遭受重大損失，同他對「『內部敵人』的恐懼感」相關；二戰後他對西方大國從合作轉為對抗，是因為擔心在國內出現新的「十二月黨人」。[24]

毛澤東對世界的認識，源自他的意識形態信仰，包括對時代的誤判。

對於在世界革命中取勝，毛澤東一向盲目樂觀。他否定兩種制度有和平過渡的可能，無意同資本主義國家展開和平競賽，相信只要把中國革命的成功經驗用於世界革命，也就是由世界農村——發展中世界的窮國弱國，包圍世界城市——發達資本主義富國，各國都通過武裝鬥爭奪取政權，就能達到最後赤化全球的目標。毛澤東的希望和情感所在，在國內是窮人，在國外是窮國和外國的窮人。他喜歡結交外國的窮人和小朋友，説和他們在一起就高興，讚美黑人兄弟看上去是那麼美，毛澤東看不到更不承認現代資本主義有自我改善和自我調節的能力。

對於資本主義終將爆發總危機走下歷史舞臺的依據，除了堅信上世紀二十年代末三十年代初美國經濟大蕭條必將重現，還有一條，就是認為資本主義各國間的矛盾嚴重，勢必相互火並。共和國成立後首任駐英國代辦宦鄉1958年底就西歐建立自由貿易區的談判破裂給外交部寫了一個調研報告，説是資本主義國家已經四分五裂。毛澤東十分贊許這一判斷，給的批語是：這就是西方世界的形勢。毛澤東這一條是從斯大林那兒來到。斯大林1952年批判了斷定

---

24　弗•祖博克，康•普列沙科夫：《克里姆林宮秘史》，世界知識出版社，2001年4月版，第13-14, 52頁。（編按：1825年12月，一批具有民主主義思想的軍人及貴族發起起義革命，意圖推翻沙皇專制政權，成員被稱為十二月黨人。）

社會主義陣營和資本主義陣營間的矛盾比資本主義國家間的矛盾更加劇烈的看法，認為帝國主義國家間的戰爭不可避免。

在共和國成立到毛澤東去世的二十七年裏，毛澤東兩次企圖領導中國率先進入共產主義，即「大躍進」和「文化大革命」，以名正言順地當上世界革命領袖。在這兩次，毛澤東都曾對世界革命形勢的估計高得沒邊。他1958年7月12日對蘇聯大使尤金說，亞非拉三洲到處醞釀着反帝反封建的革命，到處都是乾柴，伊拉克就是這樣，在歐洲同樣也醞釀着革命。「文革」期間則以「大動盪、大分化、大改組」為世界形勢主要特徵、革命形勢日漸成熟的證明，進而斷言「山雨欲來風滿樓」，「革命已成主要傾向」。這些估計和預言只能説完全出於臆想，但卻是當時對內對外戰略部署的依據，在全國各條戰線上大折騰的行動綱領。

毛澤東判斷國際形勢實在是有點浪漫主義。1957年11月18日毛澤東在莫斯科做出革命形勢大好、「東風壓倒西風」的論斷，列出十條「證據」説明「國際形勢已到轉折點。」它們是：一，美英要求蘇聯幫助打敗德日，説明同物質力量相比，決定問題的主要是人，是制度。二，中國革命；三，朝鮮戰爭，美國人也不過如此。四，越南戰爭，胡志明把法國打得嗚呼哀哉。五，蘇伊士運河，蘇聯人講了幾句話，英法兩個帝國主義打了幾天就縮回去了。六，敍利亞，美國人計劃打，又是蘇聯人講了幾句話，就不打了。七，蘇聯拋上兩個衛星。八，英國退出亞非拉很大一片土地。九，荷蘭退出印尼。十，法國退出敍利亞、黎巴嫩、摩洛哥、突尼斯。毛澤東根據頭七條「證據」得出結論：「以上七件事説明西方世界被我們永遠地拋下去了，蘇聯衛星上天，在最重要的科學技術方面我們也佔了壓倒優勢。」這十條「證據」，包括頭七條在內，意義各有不

同，並不是對世界大勢的確切概括，在相當時期內卻是制訂對外戰略策略的出發點。

對世界大勢的誤判，就使他對世界上各類國家推行的外交政策不能不接連發生失誤。過去對美國和蘇聯這兩個超級大國，就既有在不同時期分別鬥爭過度的問題，又有先後為其所用、影響獨立自主的問題。加之在國際上先後以美國或蘇聯劃線，對美蘇以外各國的態度，相應地也先後看它們對美國或蘇聯的態度如何。這就在不同時期疏遠了中國和不同的發達國家和發展中國家的關係。特別是在推動世界革命的思想和個人情緒的指導下，按「革命性」如何處理同某些第三世界國家和政黨的關係，更是有損於中國的國家利益和對象國的利益，還給地區安全帶來損害。朝鮮核問題至今還是東北亞國際關係緊張的重大因素。

周有光老先生有一句名言：「要從世界看中國，不要從中國看世界」。我很贊同周老的觀點。中國以本國為天下中心和世界老大自居的歷史悠久，對中國以外的世界知之既少，還看不起外國。直到民國成立，中國才開始對中國以外的世界採取較為開放的態度。國人第一次眼界大開。但共和國成立後又大為收縮，滿足於只在社會主義世界裏安身立命，對資本主義世界盡力隔離和排斥。

毛澤東從來只按他本人的認識和情緒看中國看世界，而且全國上下都得跟着來。他對外的想法和做法基本上就是以他劃線，以他為準。這就使毛澤東難以對國內外形勢作出正確判斷，無法制定出正確的戰略策略。在毛澤東的統領下，國人上上下下都得按社會主義和資本主義誰勝誰負、你死我活的觀點看中國看世界，否則就會被看成犯下政治立場、危害國家利益的錯誤和罪行。

　　毛澤東外交決策的出發點和內涵，至今仍不時發生迴響。這大概是因為，在黨國體制下處理對外事務具有一定的慣性。鄧小平對於時代特徵和美國看法的轉變，是對毛澤東外交的重大突破。但他的轉變從一開始就限於對外開放。一旦出現被視為有損黨國核心利益的外部因素變化，就難以按他本人提倡的從國家的根本戰略利益出發來考慮對外問題並做出應有抉擇了。

　　　　　　　　2011年9月口述，2013年12月成文，2017年9月修訂

第四章

毛澤東的世界革命思想與
中蘇關係

# 從國際共運說起

　　國際共產主義運動由馬克思、恩格斯等人開創，有歐美多國人士參與，組成時取名國際工人協會，一開始就是名副其實的國際組織，後來被稱為第一國際。在恩格斯指導下由各國社會黨成立的第二國際（即社會主義國際），因第一次世界大戰而分裂，右派伯恩施坦（Eduard Bernstein）等自稱改良派，公開脫離國際共運。以考茨基（Karl Kautsky）為代表的主流派無所作為，後來逐漸湮沒。只有以列寧為代表的左派自立門戶，按序被列為第三國際，自稱共產國際。成立於俄國「十月革命」[1]後的1919年，總部設於莫斯科，1943年宣佈解散。

　　馬克思對國際共運的貢獻主要是提供了一整套學說，並參與創辦國際工人協會。列寧、斯大林和毛澤東把馬克思的學說朝越來越「左」的方向發展，而且憑藉他們所掌控的蘇中兩大國國家政權，決定了國際共運百年來的命運。他們的理論和實踐，使國際共運在上世紀前五十多年快速發展，後四十多年走向式微，最終隨蘇聯解體宣告消亡。在任時被稱為「三寬」部長的前中宣部長朱厚澤，曾形象地稱國際共運走了一條「拋物線」。

　　中華人民共和國成立後的三十多年裏，中蘇兩國關係有七八年曾親如兄弟。從1953到1957年是兩國關係最好的時期；後來毛澤東和赫魯曉夫兩人鬧翻，中蘇兩國跟着反目成仇，一直延續到毛澤東去世，之後又過了幾年才轉過彎來。關係好壞，因果都是國際共

---

1　以往的法定稱謂是「俄國十月社會主義革命」。現有多種説法。俄羅斯教科書已採用「十月政變」多年。俄著名歷史學家列昂尼德·姆列欽稱之為「十月反革命」。蘇聯解體後，「十月革命」當即不再是全國性節日。

運。直到1989年5月，中蘇兩國關係才得以正常化。這是自1949年10月建交後，兩國在真正意義上實現的國家關係正常化。

第二次世界大戰以後，特別是隨着中華人民共和國的成立，世界格局發生了根本性的變化，出現了一個脫離資本主義體系且與之相對立的社會主義陣營，國際關係也增加了一個新的重要因素，就是除了原有資本主義國家之間的關係、資本主義和社會主義國家之間的關係，又多出了個社會主義國家之間的關係。資本主義國家之間，資本主義和社會主義國家之間，建立在相互尊重主權和領土完整、在各個方面發展聯繫的基礎上。這是民族國家形成後，在各國之間組建國際關係的必然結果。而社會主義國家間的關係，除了這些，還增加了意識形態這一重要因素。這些國家以世界革命為最高信念和奮鬥目標。這就是各國共產黨及其執政國家當年共同信奉的無產階級國際主義。也就是馬克思說的「工人無祖國」、「全世界無產者聯合起來」。列寧還專門作了詮釋。在國家關係之上和之外，社會主義各國還有國際共運框架下的黨與黨關係。

蘇聯東歐劇變前的社會主義國家關係直接受國際共運左右，具有三大特點：一，國家關係服從黨的關係，在實踐中往往是黨國不分，以黨代政；二，以進行世界革命的共同意識形態為思想指導；三，各國黨無論在黨內還是在共運內，都實行專制體制，不講民主。黨內是領袖個人說了算。共運內是共運領袖說了算。

共產國際是列寧以聯共(布)為中心建立起來的。它是國際共運從思想到組織上的統帥部，對各國共產黨享有絕對權威。劉英是曾任中共總書記張聞天的夫人，共產國際和中共當年關係的一位見證人。她說，共產國際是很神秘的，當時在我們黨內的威信高極了。[2]

---

2　劉英所談有關情況見本書附錄一。

　　各國黨是共產國際下面的「分部」，或叫支部。金雁教授寫的一篇文章說，列寧為申請參加第三國際的共產黨規定了20個條件，強調某國共產黨作為支部必須絕對服從共產國際執行委員會的領導，並向其宣誓效忠；共產國際對其實行直接組織控制，完全可以憑它的考慮選擇該國共產黨領導人，旨在使他們「布爾什維克化」和「俄國利益化」。共產國際有權審查和決定各國黨的政治路線和領導人選。各黨中央最高領導人員的升降存廢，共產國際有決定權。共產國際還有權解散或開除各國的黨。[3] 在歷史上它確實解散過好幾個國家的共產黨，例如朝鮮共產黨和波蘭共產黨。後來這些黨重建時就只好改稱勞動黨或工人黨，以免和原來的弄混。二戰後新成立的歐洲九國共產黨工人黨情報局，有一陣也起着共產國際的作用。因為南共領袖鐵托不完全聽蘇共和斯大林的，情報局就把它開除了。被開除的南共，經過改組也更名為南斯拉夫共產主義者聯盟。共產國際、情報局名為國際組織，實際上還是由蘇共控制掌握。

　　共產國際於1943年解散。解散的根本原因，是為了和美英等搞反德反日的統一戰線。毛澤東的說法是：解散國際是根據羅斯福之請求，解散（後來的）情報局是按尼赫魯的建議。共產國際解散後，在一個時期內由聯共（布）中央繼續起共產國際的作用。

---

3　中共「六大」就是由共產國際於1928年6月18日到7月11日在莫斯科召開的。大會的實際主持者是布哈林（Nikolai Bukharin，1924–1929蘇共中央政治局委員），做實際工作的是米夫（Pavel Mif，1925年起歷任莫斯科中山大學副校長、校長，1927年起兼任共產國際東方部副部長）。布哈林在會上罵張國燾和瞿秋白是大知識分子，說要讓工人階級代替他們。六屆四中全會也是在米夫直接干預下舉行的。《當代學人精品•朱正卷》，廣東人民出版社2016年6月出版，第15和26頁。

　　中國共產黨是在共產國際的幫助和直接操持下建立的。綱領和戰略策略以及中央領導人選，一直由共產國際決定。它一開始就把服從共產國際定為一條鐵的紀律。1928年中共「六大」通過的黨章，明確規定中共為共產國際的支部，在入黨條件中規定黨員必須承認共產國際和本黨黨綱和黨章……服從共產國際和本黨一切決議。1935年9月12日，毛澤東在俄界召開的政治局會議上說，中共不是獨立的黨，而是共產國際的一個支部組織。我們入黨時的宣誓詞，長時期把共產國際放在前面，把本黨放到後面，說：「我堅決服從共產國際和中國共產黨的領導。」我在1939年4月入黨時就是面對馬克思和列寧的肖像這樣念的。大概直到共產國際解散才不再這樣念了。共產國際解散後，中蘇兩黨已不再是總支和分支關係。但是，劉少奇1949年7月4日訪問蘇聯期間給斯大林寫的報告仍然申明：聯共（布）是世界共運的統帥部，中共則只是一個方面軍的司令部，局部利益應當服從世界利益，所以中共服從聯共（布）中央的決定，儘管共產國際已不存在，中共也沒有參加歐洲共產黨情報局。斯大林在世時，中國的大政方針，大的如編制第一個五年計劃、打朝鮮戰爭，小的如請蘇聯教師來華、中國派大學生去蘇，毛澤東都向他請示彙報。

　　除了大政方針，連吸收一些出名的社會人士為黨員，中共也得先請示共產國際，由它批准。例如，張學良在1935年瓦窯堡會議前後曾提出入黨申請，中央報告共產國際，沒有得到批准。理由是這類軍閥政客只為投機，無心革命。後來吸收閻寶航入黨，中共中央上報共產國際，先沒得到同意，後經一再解釋，才於1937年9月得到批准。那時，還由於各國黨均是共產國際支部，所以它們直屬的組織和黨員就可以相互轉換關係。中國人參加了外國的共產黨，回國時就可以把關係直接轉到國內，轉為中共黨員。我認識的外交部

和中聯部的一些同志，就是在美國參加美共，回國後直接轉為中共黨員，和我們一起過組織生活的。

各國共產黨進行世界革命要遵循「共同規律」，也就是「十月革命」共同道路。什麼是「共同規律」，1957年《莫斯科宣言》和我們在同蘇共大論戰時寫的多篇文章都提出過若干條。簡而言之就是：通過激化階級鬥爭和採取暴力革命的手段奪取政權，奪得政權後必須砸爛舊的國家機器、實行無產階級專政，消滅私有制建立公有制。1956年波匈事件後，毛澤東提出的列寧和斯大林「兩把刀」論，就是指上述這幾條。這年11月30日，他和蘇聯時任駐華大使尤金（Pavel Fedorovich Yudin）談話，説「兩把刀」是馬克思的基本論點，馬列主義的總路線。這幾條也是中共判定其他各國共產黨在政治上是否正確的準繩，它們領導的國家是否屬於社會主義的標誌。毛澤東批判赫魯曉夫，主要就是批他違反了這幾條。在中蘇兩黨的十年論戰中，我們先是把蘇共稱為共產主義事業的叛徒，之後又把蘇聯定性為社會帝國主義。

對外，各國黨也需聯合起來，採取一致行動。包括讓本國由工人、青年、婦女、學生、記者、社會名流等分別組成的群眾組織和團體，都成為由蘇聯的相應機構出面建立的國際工聯、青聯、婦聯、學聯、記者協會以及世界保衛和平大會等國際組織的成員，並在蘇共領導下參加它們舉辦的各種國際活動。[4]

---

4　上世紀三十年代中國民權保障同盟、魯格（即朱蘭）保衛委員會、反戰會議等，均為國際發動。馮雪峰説，「世界反對帝國主義戰爭委員會是國際的統戰組織，1933年在上海召開遠東反戰會議，主題是反對日本帝國主義侵略中國。國際派來的代表，一個是英國工黨的馬萊爵士，一個是法共機關報《人道報》主筆、作家瓦揚•古久里，一個是屬於社會民主黨的比利時人，一個是中國的宋慶齡。宋也是國際的代表。」《當代學人精品•朱正卷》，廣東人民出版社，2016年6月出版，第3頁。

　　無產階級專政在社會主義各國的落實，就是在各國建立黨國體制。黨國體制是根據列寧有關群眾、階級、政黨和領袖這四者的關係一級高過一級的理論建立起來的金字塔式結構。[5]這是個特權分配結構。領袖的權力大無邊，黨的官員依級別和官職享有大小特權，群眾中被劃為無產階級的能分到一點特權，被劃為資產階級的無權。從蘇聯開始，黨領袖的地位就凌駕於黨和國家之上。領袖通過黨組織從上到下實行一元化領導，在政治、經濟、文化和思想領域牢牢控制全國全民全社會。黨國體制發展到極致的例子是朝鮮。金日成三代世襲領袖對國民個人的控制，從人身自由一直到思想感情。

　　列寧時期，講到領袖時在俄文裏用的是複數。從斯大林開始，提到領袖就用單數了。我們黨也是一樣。在延安整風以前，講到領袖也是指領袖集體。那時凡是進了政治局、書記處的同志，都稱領袖。給我印象最深的是，每次中央領導同志來抗大講話，都是由副校長羅瑞卿（校長林彪因負傷在蘇聯養病）出來作介紹。他的介紹詞每次一樣，都是：「現在請我們黨的領袖之一XX同志來給大家作報告。」整風後，就只稱毛澤東一人為領袖了。共和國成立初期，我們曾一度沿用舊政府的慣例，把各省、市政府系統的領導人統統稱作主席。不久之後，各級行政領導中就只有毛澤東一人能稱「主席」了，其他人的稱呼一律另改，例如人大系統各級領導人稱作委員長。

　　所以，共產黨當權的國家，一定是一黨專政、黨政不分；政治制度一定是專制；領袖一定是個人獨裁。

---

5　有研究說，黨國體制由列寧提出理論，1934年由斯大林通過黨的「十七大」確立，1939年再通過「十八大」定型。「十八大」前，「十七大」的大多數代表均遭鎮壓。

　　共產國際的組織體系同樣是金字塔式結構,作為分支的各國共產黨接受聯共(布)領導,聯共(布)又先後由列寧和斯大林專權。斯大林去世後,毛澤東認為只有他才有資格接着擔負起領導世界革命的重任。儘管後來斯大林、毛澤東和赫魯曉夫在口頭上都不大承認,蘇聯黨和其他各黨、中國黨和部分地區國家的黨,主要是亞洲黨之間事實上一直存在着領導和被領導關係。共和國成立前,斯大林對中國勝利進行的革命已很興奮,表示今後要讓中共負責領導亞洲國家的革命運動,當然最後決策權還是在他手裏。這對中共是很大的鼓舞。在國際共運的分工中,中共那時已是享有部分領導權的第二大黨。

　　斯大林和毛澤東把不斷加強各自在本國的領袖地位,當作黨和國家的最高利益。這是他們擔任和準備繼任世界革命領袖的基礎。反過來,世界革命領袖的身份又強化了他們在本國的領袖地位。

　　各黨如果在意識形態問題上發生不同意見,某一黨對處於領導地位的黨有所不滿或者不服,各黨領袖間的個人關係不好,都有可能在共運內部引發路線鬥爭,有關黨和國家領導人的地位變更,甚至國與國之間的兵戎相見。

　　在意識形態和路線問題上判斷對錯,在各黨由該黨領袖說了算。在國際共運中,斯大林生前由他說了算。斯大林去世後,毛澤東短時間內在表面上仍然承認蘇共是領導黨,只是不再認為在意識形態和路線問題上可以繼續由蘇共和赫魯曉夫說了算。相反,力求改由中共即由他本人說了算。這一點,早就被赫魯曉夫看穿。他說,他在1954年第一次訪華時就看到,毛澤東不會聽從國際共運內部超過他自己黨之上的任何別的共產黨。

　　路線鬥爭、國際共運領導權的爭奪和領袖個人之間交惡，都沒有調和餘地。結果只能是你勝我敗，你上我下。鄧小平1960年8月10日在中共中央會議上就說：我們黨在國內實行的一系列路線、方針、政策，沒有一件是赫魯曉夫同意的；如果我們聽他的，承認錯誤，那我們現在就要下台。毛澤東早有逼赫魯曉夫下台而後快之心。他認為赫下台是被《九評》批倒的。

　　布里茲涅夫（編按：Leonid Brezhnev，內地譯勃列日涅夫，1964–1982年蘇聯最高領導人）上台後曾想緩和蘇中兩黨關係並有所表示。當時我們也有蘇共會改弦更張、不再反對毛澤東的期望。但很快就失望了。周恩來1964年11月率團赴蘇參加十月革命節，蘇聯國防部長馬利諾夫斯基（Rodin Malinovsky）喝醉，在宴席中先對周恩來說：我們人民要幸福，你們人民也要，不要任何毛澤東、赫魯曉夫來妨礙我們。又向隨同訪蘇的賀龍提出，我們已經搞掉了赫魯曉夫，你們也應該搞掉毛澤東。他提到毛時竟然使用大不敬粗話，「狗操的」。1967年1月中國「文化大革命」高潮時期，布里茲涅夫公開表示：相信中共「健康力量能取代毛澤東集團」。

　　國際共運的這一套章程，決定了在各黨之間，在共產黨執政的各國之間，不斷出現矛盾是不可避免的。一旦嚴重到發生衝突，就難有妥協餘地，更不用說重新和好。

　　社會主義國家的相互關係，起決定性作用的當然是黨際關係。這樣一來，本來只適用於各黨內部和黨際關係的組織原則，自然而然就被直接移植到它們執政後的國家關係上。這同歐洲國家1648年簽訂威斯特伐利亞公約（Peace of Westphalia）時開始創立的國際關係準則無法相容。黨與黨之間既然存在着上下級關係和受到一定的紀

律約束，在它們之間，特別是領導黨和被領導黨之間就談不上什麼真正的自主和平等。各國獨立自主、不分大小一律平等、互不干涉內政、和平共處這些現代國際關係準則，在社會主義國家之間沒有可能得到體現。何況它們本來就認為，社會主義國家的相互關係理應有別於社會主義同資本主義的國家關係，和平共處並不適用，應該採用的是更高的無產階級國際主義原則。

毛澤東竟然把無產階級國際主義原則運用到要求外國黨出面干預中國黨內高層的鬥爭。毛澤東在1962年舉行的七千人大會之後就下決心拿下劉少奇。1964年他多次向多位兄弟黨領導人提出，中國黨內已經出了修正主義。還說：中國一旦變成修正主義，你們應當群起而幫助中國人民反修。[6]當然，這只是口頭上一說，話主要是講給中國黨的領導人，特別是他心目中的「中國赫魯曉夫」們聽的。只是毛澤東對外這樣說話，卻充分表明中國的黨政不分、黨國不分、內事外事不分，一切由領袖個人說了算，已經到了何等地步。

附帶一說，毛澤東在和米高揚（編按：Anastas Mikoyan，時為蘇聯部長會議第一副主席）、赫魯曉夫特別是尤金等人談論中國領導人和胡風等社會知名人士時，多次信口開河，隨便給他們安罪名、扣帽子。例如，他告訴尤金：高崗企圖奪權，他有好多女人，其中

---

6　毛澤東1964年1月5日和3月23日先後會見日共的聽濤克己和袴田里見，談到：如果將來中國修正主義佔了統治地位，你們就要舉起反修的旗幟，那時的希望就（寄託）在日本和印尼黨身上了，你們要幫助中國工人階級同人民群眾反對這種修正主義。同年2月29日毛澤東會見金日成時說，他和日本的宮本顯治、紐西蘭的威爾科克斯還有印尼的同志等好多人都講過，但還沒有得到機會同越南的同志講：如果中國變成修正主義，天就黑暗了，你們要高舉馬列主義的旗幟反對中國的修正主義。見薄一波：《若干重大決策與事件的回顧》，中共中央黨校出版社，第1150頁；錢庠理：《歷史的變局──從挽救危機到反修防修》，《中華人民共和國史》第五卷，第315–316頁；《毛澤東年譜》第5卷，第301、319、322頁。

一些是內奸，高崗可能通過貝利亞（Lavrentiy Beria，蘇聯內務人民委員部領導，即秘密警察領導）和英國人有聯繫，正在查；說潘漢年與美國、日本、國民黨特務機關有聯繫，他要國民黨派飛機炸上海，饒漱石明知這些情況對潘還加以重用；胡風可能在日本參加了國民黨或日本秘密機構。

誰是中蘇分裂的主要責任者？赫魯曉夫下台後，蘇共領導層中一部分人認為是赫魯曉夫，因為他把意識形態矛盾擴大到了國家關係上，而且個人作風粗暴。1997年2月和1998年4月，江澤民要當年參加過中蘇大論戰工作的見證人和研究工作者開會討論中蘇關係破裂原因，我參加了。會議的主要結論是，「在國家關係和黨的關係方面，蘇聯的大國主義和大黨主義是導致中蘇分裂的主要原因，在這方面，蘇聯的責任是主要的；在意識形態方面，中蘇爭當『馬克思主義正統』，互不妥協，中國在這方面責任更大一些。」我在會上提出，主要責任在我們黨，主要責任人是毛澤東，關鍵是毛澤東對時代的判斷錯了。事實是，中蘇關係惡化始於中方主動對蘇方發起公開論戰，毛澤東批判赫魯曉夫在先，氣勢之壯也遠超過赫魯曉夫。1959年10月2日毛澤東率領七位老帥老革命唇槍舌劍地圍鬥赫魯曉夫。談話記錄[7]完全能夠說明這一點。

中蘇分裂的原因是：兩黨雖有在全世界實現共產主義的共同追求，但在如何理解和對待「十月革命」共同道路上發生重大分歧；中共在斯大林生前接受蘇共領導，斯大林去世之後立即開始挑戰蘇共的領導地位；毛澤東看不起赫魯曉夫，特別恨他反對斯大林個人迷信。

---

7　〈赫魯曉夫與毛澤東會談記錄：關於台灣問題和中印關係的爭論〉，沈志華主編《俄羅斯解密檔案選編——中蘇關係》第八卷，第419–432頁。

　　中蘇關係正常化，只有在兩國領導人都認識到必須擺脫黨與黨之間形成的這種特殊歷史關係，才有可能實現。毛澤東去世後，布里茲涅夫早在1982年就提出希望改善中蘇關係。他承認中國仍然是社會主義國家，儘管中國還在堅持蘇聯已成為社會帝國主義。中國這時雖已進入改革開放新時期，但鄧小平在反蘇「修」鬥爭中對蘇聯形成的看法還沒有發生大的變化。兩黨領袖也都沒有看到必須摒棄影響社會主義國家關係的那套國際共運規矩。直到上世紀八十年代中期，鄧小平和戈爾巴喬夫這兩位新的領袖才對世界革命和本國利益的關係有了新認識。他們不再抱着共運老章程不放，不再以在意識形態問題上爭出個誰對誰錯作為改善國家關係的前提。他們都按本國的根本戰略利益和公認的國際關係準則來處理兩國關係，這才使中蘇關係得以走上正常化軌道。

　　從中國方面來說，這與鄧小平自上世紀八十年代中期開始改變對時代問題的認識有極大關係。對內，他堅持黨國體制，但把毛澤東的「以階級鬥爭為綱」轉到「以經濟建設為中心」，開始進行經濟體制改革。對外開放邁出的步子更大。對外開放就意味着中國決定進入國際社會，遵守承認美國在其中可起主導作用的既定國際秩序。也就是說，對外，中國已從「革命國家」轉身，變為「常規國家」。

　　鄧小平先是停止輸出革命，[8] 接着又表示新的世界大戰並非不可避免，還提出和平與發展是世界兩大問題。這就是說，鄧小平已經放棄了埋葬資本主義目標。他在私底下還說過，中國的現代化就

---

8　鄧小平1978年10月訪問新加坡時當面問李光耀，如何才能搞好和東南亞鄰國的關係。李說：中國必須停止革命輸出，兩條：第一，關閉馬共和印尼共在湖南的電台廣播；第二，不再給游擊隊輸送武器。鄧小平接受了建議。他1981年1月26日提出，今後支持第三世界的民族獨立運動，不要再支持那裏的「民主」運動。

是美國化，美國就是我們現代化的榜樣；二戰以後哪個國家跟美國的關係好，就發展起來了，哪個國家反對美國，就發展的很慢。[9]他也重視日本和亞洲「四小龍」的經濟發展經驗。這樣，他就在對外指導思想上改變了戰爭與革命的時代觀。

在行動上，除了停止輸出革命，還向日共承認了錯誤，但這是在32年之後才做的一件事。[10]

上世紀八十年代以後的中國外交政策，不再把國家關係和意識形態因素緊緊聯繫在一起。這一點，是胡耀邦首先提出來的。[11]他1984年5月28日會見聯邦德國社會民主黨主席布蘭特（編按：Willy Brandt，1969–1974年曾任西德總理）時說，國家關係應該超越意識形態。趙紫陽的認識相同，且把這一點定為新的外交準則。鄧小平1989年10月31日會見尼克遜時有一段堪稱經典的表述：「考慮國與國間的關係主要應該從國家自身的戰略利益出發。着眼於自身長遠的戰略利益，同時也尊重對方的利益，而不去計較歷史的恩怨，不去計較社會制度和意識形態的差別，並且國家不分大小強弱都應相互尊重，平等對待。」

---

9　鄧小平的前句話是李慎之傳出來的。後句話是吳明瑜聽鄧講的，見楊繼繩：《中國當代名人政要訪談述評集》，天地圖書有限公司，2013年10月版，第344頁。鄧小平對美國的這種看法，當年也曾在外事部門的一定範圍內流傳。

10　1998年6月，中共中央聯絡部長戴秉國和日共中央書記處國際部長西口光會談時表示，中方對兩黨關係中出現的不符合黨際關係四項原則，特別是互不干涉內部事務原則的做法，已經做了認真的總結和糾正。1966年毛澤東決定斷絕中日兩黨關係的前前後後，見本書第三章，第144頁。

11　胡耀邦提倡解放思想，包括對毛澤東的革命外交提出了帶有撥亂反正性質的系統看法。見附錄六。

　　我國對外關係的新準則，徹底推翻了國際共運給社會主義國家對外關係立下的規矩。只不過鄧小平提出，中蘇關係正常化的條件，是得先解決「三大障礙」——蘇聯支持越南入侵柬埔寨，在中蘇和中蒙邊境駐紮重兵，武裝佔領阿富汗。[12] 這三大「障礙」，特別是其中第一條，說明他還留有世界革命思維。因為這個「障礙」的因果是，中國支持紅色高棉（赤柬）。後者1977年兩次侵入越南並殺害越南人，還濫殺在柬埔寨的兩萬越南裔居民，這才使受到蘇聯支持的越南有了出兵柬埔寨、結束紅色高棉血腥統治的理由。擺脫了紅色高棉統治的柬埔寨，把越南視為解放者。只不過戈爾巴喬夫出於蘇聯自身利益，已經改變對外做法，在「三大障礙」問題上全都能滿足中國的要求。

　　戈爾巴喬夫1985年當政後不久就提出了內政外交新思維，說明他明確告別了戰爭與革命的傳統時代觀。他提倡人道的民主的社會主義，推行言論和出版自由、多黨制和全民差額選舉蘇維埃代表。他從「人的利益優先立場去評價一切」，以全人類價值高於一切取代階級對立；以全球一體化取代兩種社會制度的對抗；反對戰爭，不要軍備競賽；不再推行世界革命，也不再在意識形態問題上謀求影響制度不同的別國。對待兄弟黨，他按平等原則不斷調整相互關係。在中蘇分裂上，他認為赫魯曉夫的責任不小。他譴責1956年蘇聯對匈牙利的武裝干涉，和1968年共同出兵撲滅「布拉格之春」的波蘭、民主德國、保加利亞、匈牙利這四個黨的領導人發表聲明，譴責這一「造成長期負面影響的非法行為」。他得知「卡廷慘案」真相時大為震驚，1990年4月13日向到訪的雅魯澤爾斯基（編按：

---

12　蘇聯1979年入侵阿富汗後，我們就提出改善中蘇關係存在着「三大障礙」。

Wojciech Jaruzelski，1989–1990年波蘭總統）交出部分檔案材料，說這是「斯大林主義的嚴重罪行」。1989年東歐各國劇變，戈爾巴喬夫的推動作用巨大。

隨着蘇中兩國領導人從認識到行動的轉變，國際共運悄然走下歷史舞台。這才使兩國之間有可能形成正常的國家關係。

## 毛澤東要繼斯大林之後當國際共運下任領袖，跟赫魯曉夫鬧翻

毛澤東一生的認識和實踐，都離不開列寧主義和蘇聯對中國的所作所為。為確立和鞏固他本人的領袖地位，毛澤東在治黨治國時從正反兩面充分地利用了蘇聯因素。毛澤東1975年6月接見波爾布特，王稼祥在參加「十大」時都說過，黨的十次路線鬥爭，全都離不開蘇聯背景。毛澤東自稱是「馬克思加秦始皇」。其實馬克思應該換成斯大林才對。胡喬木說，毛澤東在很長時間裏都認為，他就是中國的斯大林；延安整風的目的就是整掉中共黨內的所謂兩大宗派——教條主義和經驗主義，確立毛澤東思想和他本人在中國的斯大林地位。[13]赫魯曉夫和毛澤東有過多次接觸，他說，「看到毛澤東就跟看到斯大林的一個精確複製品一樣。」[14]又說，毛澤東講起話來

---

13　李慎之受到胡喬木賞識，在胡推薦下參加了黨的十二大政治報告起草工作。在此期間，他幾次聽胡喬木談到這一點。李時任中國社會科學院美國研究所所長，當時就把從胡喬木那裏聽來的告訴了社科院副院長宦鄉和我。另見《胡喬木談中共黨史》，人民出版社，1999年版，第122頁。

14　赫魯曉夫1960年7月16日在蘇共中央全會上關於布加勒斯特會議的講話。

是「那麼像斯大林」；他「像斯大林那樣，害着權迷心竅的自大狂，對別人的看法也有同斯大林一樣的病態觀點。」[15]

　　毛澤東在國內是一位具有濃厚斯大林色彩的「革命始皇帝」。「革命」，一是革命必須持續進行下去，二是一切通過暴力和專政強力，以發動運動方式解決問題。「始」，是否定「大、洋、古」（編按：毛澤東泛指一切大規模的、一切來自洋人的、一切來自古人的文化和事物）和「封、資、修」（編按：封建主義、資本主義、修正主義），一切由他從頭來，在中國這張「又窮又白」的大紙上隨意揮灑，「畫出最新最美的圖畫」。毛澤東爭當世界革命領袖，是要用列寧和斯大林這兩把「刀子」，不斷提升自己的領袖獨裁地位，推廣中國革命經驗，統領國際共運。

　　世界革命需要領袖。1939年毛澤東祝斯大林60壽辰時説，無論是革命或反革命陣線，必須有人當領袖，當他們的司令；馬克思死了，恩格斯和列寧也死了，如果沒有斯大林，誰下命令？

　　斯大林去世，毛澤東認為只有他才有資格接着當國際共運領袖。

　　毛澤東的這一抱負，早在取得全國政權前已有表露。他對中國革命的理論和實踐無比自信，認為對世界革命有普遍指導意義。

　　早在民主革命時期，1946年11月21日毛澤東就在劉少奇和周恩來面前預言，中國革命在世界政治中可能比蘇聯重要些。

---

15　《最後的遺言——赫魯曉夫回憶錄續集》一書第十一章〈中國〉。赫魯曉夫説，毛澤東在談到中國中央領導人時，對劉少奇、周恩來和朱德均無好感，對劉、周還有批評，只對鄧小平有所贊許。見該書第391–392頁。

中國革命勝利，毛澤東認為，通過「農村包圍城市」武裝奪取政權，已是對馬克思主義的重大發展，並已成普遍真理。共和國成立才兩個多月，1949年12月25日劉少奇在世界亞澳工會代表會議上的開幕詞，就是關於這一點的一篇訓話。他集中介紹中國革命的毛澤東道路，總結出四大「公式」，說這就是殖民地半殖民地人民應走的道路。1956年「八大」政治報告初稿，又是一篇給各國共產黨上課的報告。張聞天等人就此提出意見，後來報告才做出較大改動。

把中國革命理論推廣運用到世界革命的頂峰，就是走中國革命的道路，由世界農村包圍世界城市，以取得世界革命的最後勝利。在行動上，毛澤東比斯大林更急切地推進世界革命。

早在民主革命時期，毛澤東就考慮幫助解放朝鮮和越南。中共中央1945年8月11日發佈接受日本投降向各地進軍的七條命令。其中的第六條，要在華北的朝鮮義勇軍司令武亭等立即率部隨同八路軍進入東北，消滅敵偽，也組織在東北的朝鮮人民解放軍，以便完成解放朝鮮之任務。1947年12月，毛澤東在中央擴大會議上說，要準備向胡志明領導的抗法鬥爭提供援助，等中共「打到兩廣時援助他們」。

中國革命勝利後，毛澤東更是大力推動前殖民地半殖民地國家革命。在朝鮮戰爭和援助越南上，他表現得都比斯大林積極主動。

上世紀六十年代，毛澤東曾對印尼共產黨寄以厚望。說過，未來世界革命的中心有可能轉到印尼。印尼共黨總書記艾地（編按：D. N. Aidit，1950–1965年印尼共總書記）是緊跟毛澤東思想的。毛澤東可能覺得艾地日後有可能接過他的班，接着擔起領導世界農村包圍世界城市的革命重任。他已給艾地佈置過任務：武裝幫助馬來西亞共產黨。印尼共是中蘇兩大黨之後的世界第三大共產黨。據

艾地1965年公佈的數字，在印尼，共產黨員人數300萬，共產青年團員200萬，婦女會會員200萬，工會會員500萬，農民協會1,000萬，共計2,200萬人。看力量對比，毛澤東一向把人多人少，人心向背放在首位。何況，艾地已經在印尼成功地和蘇加諾（編按：Sukarno，1945–1967年印尼建國首任總統）結成統一戰線，力量甚至打進了印尼軍內。艾地說，社會主義可以在一國首先取得勝利，共產主義則不能；因為先進入共產主義的國家必須幫助還沒能進入的。中國黨把這視為對馬克思主義理論的新發展，請艾地到中央黨校做過大報告。陳毅在外交部做報告時也吹噓過艾地。可悲更可惜的是，一個「九‧三〇事件」，就使印尼共全軍覆沒，印尼共的支持者大批遭殃。在印尼的大量華僑深受牽連和迫害。印尼軍方採取的手段殘忍，印尼民間也有不少人參與其事。這一嚴重後果，是因為蘇加諾的親共警衛團三營營長翁東起事失敗釀成的。

　　毛澤東認為，進入社會主義革命時期，中國黨繼續對發展馬克思主義作出新的貢獻。他在「大躍進」年代說過，十九世紀中葉世界革命中心轉到德國，產生了馬克思主義；二十世紀初轉到俄國，產生了列寧主義，是對馬克思主義的發展；隨後革命的中心又轉到了中國，東方先進，歐洲落後，「馬克思主義、列寧主義大發展在中國，這是毫無疑義的」。從1958年後毛澤東的言論，特別是在「八大」二次會議和前後多次中央工作會議的講話中，以及1959年12月到1960年2月他和黨內一批大秀才們共同研讀蘇聯新版《政治經濟學教科書》過程中發表的議論中，[16]可以看到，毛澤東認為他在社會主義、共產主義革命問題上的理論和實踐建樹已遠勝過斯大林。

---

16　見《毛澤東讀社會主義政治經濟學批註和談話》，國史學會1998年1月印行的國史研究學習資料，清樣本上下兩冊。

斯大林一去世，毛澤東就開始拿中國的「成功」對比斯大林的「不足」，對斯大林的想法做法做出補充和「糾偏」。毛澤東說，社會科學在斯大林後期相當長的時期內沒有多大發展；「大躍進」是吸取了蘇聯經驗教訓之後找到的新路子，「三面紅旗」優於斯大林的社會主義建設方針；斯大林沒有看到社會主義國家在無產階級專政條件下仍然存在資本主義復辟的可能，沒有看到因此需要繼續革命。

毛澤東說，斯大林想鞏固社會主義秩序，不要不斷革命。斯大林只講經濟關係，不談政治掛帥；不講群眾運動，不講資產階級法權有哪些問題，哪些需要限制，教育也是資產階級式的。斯大林過去說技術決定一切是見物不見人，後來又說幹部決定一切是只見幹部之人不見群眾之人。說斯大林不談上層建築和經濟基礎的關係，不談前者如何適應後者及對後者的反作用，是重大缺點。我們是搞整風，下放幹部，兩參一改，幹部參加勞動，[17] 破除不適當的規章制度。毛澤東對於幹部待遇的這套主張，和斯大林建立的「花名冊（即權貴名冊）」制度是兩套路數。

毛澤東說，從集體所有制到全民所有制、從社會主義到共產主義這兩個過渡問題，斯大林都沒有解決，沒有找到過渡的方法、出路和道路。他批評斯大林為過渡提出的三個基本條件，說是不容易達到，因為其中沒有政治掛帥，沒有群眾運動，沒有全黨全民辦工業、辦農業、辦文化教育，沒有整風運動和逐步破除資產階級法權的鬥爭。毛澤東說，只要有了這些，加上人民公社組織形式，過渡的條件問題就比較容易解決了。人民公社是進行兩個過渡的最好形

---

17　毛澤東1958年8月2日對赫魯曉夫說，外交部900人，分三批，每批300人，下去勞動三年，九年裏每人輪一次。外交部聞風而動，只是根本無法達到毛澤東所說的規模和時間長度。

式。人民公社又大又公，工農商學兵相結合，是未來共產主義社會的基層單位。

　　毛澤東認為，斯大林對二戰後的國際形勢估計有錯。1956年5月2日對尤金説，當年斯大林對英國形勢估計不足，導致了英蘇關係緊張，使英國繼續靠近美國；斯大林對印度、中國和英國作為大國的作用認識不足。

　　毛澤東説，斯大林在認識論上也有錯。斯大林説，在天文地質等過程中，人們即使認識了它們的發展法則，也確實無力去影響它們。毛澤東説，這個論點不對，人類認識和改造自然的能力是無限的。

　　毛澤東的這些議論，只能説明他是以極左反對斯大林的「左」，以更加嚴重的唯意志論反對斯大林已經足夠嚴重的唯意志論。

　　毛澤東認為，中國差就差在生產力發展上落後。他決心在這個方面也迅速趕上並超過蘇聯。這樣，他才能當上名副其實的國際共運領袖。毛澤東在1957年的莫斯科兄弟黨會議上説，社會主義陣營必須有個頭，這個原則不能改變，中國只是政治大國，從經濟上説現在還是小國，還沒有這個資格。

　　毛澤東1958年發動「大躍進」，既是為了使中國在生產力上儘快超過蘇聯，也把「三面紅旗」視為重大理論創造。1958年搞人民公社，後來在「文革」中提倡巴黎公社原則和走「五七道路」，都是為了以他的「無產階級專政下繼續革命」理論發展馬列主義，在中國弄出個優於蘇聯的共產主義樣板。

革命領袖無不患有革命急性病。1981年宦鄉寫過一篇文章,[18] 在文中提出,所有的革命導師,馬克思、恩格斯、列寧、斯大林和毛主席(如在《論持久戰》一書中對日本革命的估計)對革命的估計「都過於樂觀,都希望革命很快勝利」。還提到,後來的歷史和馬克思當年的設想(革命會在資本主義生產力已經全部發揮出來了的國家開始)不同,社會主義革命全是在比較落後的國家取得成功,而這些國家也都容易忽視經濟基礎的決定作用,過分強調上層建築包括政治、意識形態,甚至個人的作用。

作為執政黨領袖,列寧、斯大林、毛澤東、赫魯曉夫和布里茲涅夫對共產主義建設都性急。他們急於趕超發達資本主義國家,認為這關乎社會主義和資本主義兩種制度誰勝誰負、孰存孰亡,至關重要。

列寧1917年9月提出,「或是滅亡,或是在經濟上也趕上先進國家。」斯大林1931年說,「我們比先進國家落後了50年至100年。我們應當在十年內跑完這一段距離。或者我們做到這一點,或者我們被人打倒。」毛澤東的提法是,不爭氣會「被開除球籍」。斯大林早在1928年至1933年就進行過「大躍進」(俄語Болъшой Скачок,正是大躍進的意思)。當時斯大林不僅在工業化上提出高指標,實現農業集體化的時間也從一到兩個五年計劃縮短到了一兩年。所以,「大躍進」的發明者不是毛澤東,而是斯大林。

---

18　〈關於「帝國主義垂死性」問題的通信〉,《宦鄉集》,中國社會科學出版社,2002年9月第一版,第141–150頁。此文是宦鄉讓我替他起草的,成文後他一字未改。

共和國還沒成立，毛澤東就急於進行社會主義革命，只不過那時還受到斯大林的牽制。斯大林不像毛澤東那麼「左」。他1948年4月20日回覆毛澤東1947年11月20日的信，明確反對毛信中所說，要按照蘇聯和南斯拉夫的例子，讓中共以外的一切政黨退出政治舞台。斯大林還在信中說，在勝利後還很難說多長的時期內，中國政府仍應是民族民主的而不是共產主義的。米高揚1949年2月在西柏坡同毛澤東談話時也說，俄國發生的是社會主義革命，中國是新民主主義革命，不應沒收私營企業及私人資本。斯大林一去世，毛澤東就放手大幹。1956年完成了原定要花十到十五年的社會主義改造，建立起了單一的公有制模式。

1957年11月，赫魯曉夫頭天剛宣佈蘇聯要在十五年內趕上美國（中蘇均以美國水平為達到共產主義的生產力標準），毛澤東第二天就聲稱中國要在15年趕上英國。接着打出「三面紅旗」，號令全國人民大幹快上。

毛澤東的目標其實就是儘快超過蘇聯。1958年說，中國的經濟發展速度、生產關係的改變都可以走到蘇聯前面，我們的共產主義可能比蘇聯提前到來。他堅信一定能做到，但表示只做不說。他表示，「至少等蘇聯進入二三十年後再進，免得列寧的黨、十月革命的國家臉上無光。」[19]薄一波傳達毛澤東在1958年北戴河會議上的講話，說用不了一二十年，蘇聯要變為兩個美國，我們可以變為四個

---

19　毛澤東1958年11月23日在武昌會議上的講話。

美國。陳伯達當時也說，2000年全世界建成共產主義。[20] 1958年幹部們聽到的傳達是，我們會比蘇聯更早進入共產主義，但到時候別聲張，得讓蘇聯老大哥先宣佈進入。

蘇共心知肚明。在《最後的遺言》一書中，赫魯曉夫直截了當地說，毛的「大躍進」目的很明顯：很快超英趕美，就能把蘇共遠拋在後面，並超過十月革命以來蘇聯的全部成就。1959年12月，他在蘇共中央全會說：「他們（指中國）把自己的措施冒充為『共產主義』樣板。」布里茲涅夫1966年12月12日說，中國領導人試圖在共運中確立自己的霸主地位，為此發明「大躍進」和人民公社，也毫不隱瞞「文化大革命」具有國際性質。

赫魯曉夫不甘落後，和中國展開了速度競賽。毛澤東1958年提出「大躍進」後不久，赫魯曉夫就在1959年初的蘇共二十一大上宣佈：蘇聯已經完成全面和最終建設社會主義的任務，將全面展開共產主義建設。同年蘇聯在內部確定，從1959年起到1971年，蘇聯要達到共產主義水平。1961年赫魯曉夫又在蘇共二十二大上提出「二十年內基本上建成共產主義」，在人均工業產品生產方面超過美國。他在1958年前曾採取鼓勵個人副業、推行小組包工獎等重視物質刺激的措施，幾年內已使蘇聯的工農業生產明顯改觀。但他在1958年後重又強調提高公有化程度，生產隨之下降。中國的「大躍進」顯然是個刺激因素。

---

20　「共識網」對王海光的訪談，2014年11月26日。

　　毛澤東和赫魯曉夫分別提出若干年後兩國的富裕標準。毛澤東1958年説，每人每年的生活標準達到750公斤糧、50公斤肉、10公斤菜油、10公斤皮棉時，就進入共產主義了。毛澤東還把達到多少噸鋼列為超英趕美、進入共產主義的指標。中國的其他領導人也提出過各自心目中的共產主義標準，那真叫五花八門！[21] 據説山東省有的地方傳達，過段時間每人每年能吃上幾十斤肉。群眾聽了發愁，肉太多吃不完怎麼辦？負責傳達的人説，吃得完得吃，吃不完也得吃！

　　赫魯曉夫的共產主義除了「土豆加牛肉」，1961年在蘇共22大上的提法還有，到1980年建成共產主義時，每名蘇聯公民每年將有85公斤肉、467升牛奶、44公斤糖、58公尺紡織品。

　　毛澤東提出糧食產量等高指標，只是為了和蘇聯較勁，並不真想大大提高中國人的生活水平。毛澤東要的是繼續革命，包括共產主義革命在內。他專門論述過，社會發展就是到了共產主義也還有革命；從共產主義這個階段到另一個階段，也是革命。他1975年接見波爾布特（編按：Pol Pot，1963–1981年柬共黨總書記，紅色高棉政權最高領導人）時説得明白：「我們現在正是列寧所説的沒有資本家的資產階級國家，這個國家為了保護資產階級法權，工資不相

---

21　鄧小平提的目標是：30公斤肉，半市斤蘋果，2兩白酒，允許穿高跟鞋和擦口紅。農業「大躍進」的主推手譚震林提得最高：每頓飯都有肉、雞、魚、蛋，還有猴頭、燕窩，都按需分配；普通服裝僅作為工作服，下班後換上皮服、呢絨和羊毛製服；人民公社都養狐狸，外套就都是狐皮的了；人人住高樓，北廂有供暖設備，南廂有空調設備；每個省都有機場、飛機製造廠；每個人都受到高等教育。羅德里克・麥克法誇爾：《文化大革命的起源》中冊《大躍進——1958-1960年》，中文，香港新世紀出版社出版，第83和84頁。

等，在平等口號的掩護下實行不平等制度。以後五十年，或者一百年，還有兩條路線鬥爭，一萬年還有兩條路線鬥爭，到共產主義的時候，也有兩條路線鬥爭，不然就不是馬克思主義者！」而毛澤東堅信，人只有窮才想鬧革命，一富事情就不好辦：農民富了就不願走集體化道路，幹部富了就會革命意志衰退，變「修」變資產階級、成為美國「和平演變」的社會基礎。

民眾富起來就不好指揮，也是黨內一些老革命們的共同擔心。上世紀五十年代流行過一句順口溜：「窮則變，變則通，通則富，富則修」。彭真那時在哈爾濱作報告時曾為農民的年均收入設過上限：37元人民幣。這成了全國的政策標準。1958年11月21日政治局擴大會議談到所有制從集體向全民方向轉時，彭真說，轉得太慢了，到農民太富了以後再轉也不利；劉少奇也說，農民窮一點好轉。

至於共產主義的中國樣板，前有1958年的「大躍進」和作為「進入共產主義金橋」的人民公社，後有「文革」中提倡的巴黎公社原則和「五七道路」。戚本禹1966年5月12日在上海聽毛澤東談「五七指示」，陳伯達當場做解讀：「大躍進」時已探索過向共產主義過渡的模式，這是又一次探索，又一次提到共產主義理想的高度。

毛澤東對共產主義的設想其實都是列寧時期「軍事共產主義」的翻版。毛澤東1958年11月28日和金日成談過他對人民公社的設想：組織軍事化，行動戰鬥化，生活集體化。「文革」時各機關各單位辦的「五七幹校」，就真的體現了這三化。縮小三大差別，是去高就低：城向鄉，腦力向體力傾斜。幹部、知識分子、知識青年大規模下農村下街道，從事體力勞動，向工農兵學習。「大躍進」時已提出要破除對「大、洋、古」和對「帝國主義（西方）文明高尚」的「迷信」，「文革」中更對這一切做進一步的大破壞。縮小收入差別，毛

澤東留戀的是供給制，認為這裏面就有共產主義萌芽。當時鄧小平也這樣說過。反對資產階級法權，「大躍進」那年第一次提出，後來又在「文革」中進一步強調。「文革」時高級幹部和知識分子「自願」或被勒令紛紛騰出部分住房，讓缺房少房戶搬進去同住這類安排，就是落實這個理論的一項。毛澤東批判赫魯曉夫變「修」的一大論據，就是說蘇聯已經出現高薪階層。其實赫魯曉夫下台的原因之一，正是他對幹部特權開始做出些限制，包括實行幹部輪換制，減少高級幹部收入。這引起習慣享受特權的幹部們的嚴重不滿。可見，毛澤東心目中的共產主義，只能體現「均貧」加「均愚」。[22]

　　看來紅色高棉實行的共產主義正合毛澤東心意。毛澤東1975年6月當面讚揚過他們的所作所為，說：「你們做到了我們想做而沒有做到的事」，很多經驗比我們好，基本上是正確的，贊成你們。紅色高棉斷言，通過取消城市、家庭、貨幣和商品，他們將是在世界上第一個完全實現了共產主義的國家。紅色高棉的經驗曾在「文革」中得到廣泛宣揚，對他們的肯定一直延續到華國鋒當黨的領袖時和鄧小平時代初期。這期間訪問過柬埔寨的我國領導人，對他們的溢美之詞可真不少。但是，聯合國特別法庭僅根據紅色高棉強制民眾撤離金邊而造成大量人員死亡這一條，就於2013年底宣判，農謝（編按：Nuon Chea，1960–1981年柬共副書記）和喬森潘（編按：Khieu Samphan，1976–1979年柬埔寨國家主席團主席，1985年柬共總書記）等紅色高棉領導人犯了反人類罪，判處他們終身監禁。聯合

---

22　「大躍進」和「文革」後中國的貧窮化資料，見朱文軼文章〈文革結束時刻：中國在接近谷底時獲得重生〉：1957–1976年，中國農村可耕地減少11%，人口卻增加47%；1976年全民所有制單位職工的平均工資為605元，比1966年的636元下降4.9%，很多人每月實際拿不到50元。《三聯生活週刊》，2006年10月26日。

國法庭2018年11月7日再次宣判他們兩人終身監禁，列舉的罪名包括反人類、謀殺、政治迫害、攻擊人身尊嚴。

馬克思提出的共產主義可說屬於對人類進入公正美好最高境界理想社會的一種嚮往。和中外古人對人類這種共同嚮往提出的各式各樣學說一樣，都是人類的寶貴文化遺產。只是這裏面恐怕不應包括列寧、斯大林和毛澤東提倡的「共產主義」。因為其中缺了至關重要的一條：對人類生命的敬重，人性和個人自由的尊重。在列寧、斯大林和毛澤東治下的蘇聯和中國，人命如草芥，人的個性讓位於黨性和集體性，個人自由遭到殘酷踐踏。在這三方面，毛澤東比列寧和斯大林有過之而不及。列寧說過：「假如在俄羅斯的一萬萬人口中有1,000萬不願意服從蘇維埃，那我們便把這1,000萬人的肉體消滅了。」他1918年1月說，要槍斃不勞而食者中的十分之一。他主張公開絞死富農、財主和「吸血鬼」。邱吉爾在《回憶錄》裏提及，斯大林1942年8月14日和他談到，蘇聯在紅色恐怖時期不像外界所傳的死了500萬人，而是1,000萬農民被處理掉了。斯大林還說，死一個人是悲劇，死幾千人就變成統計數字了。

對於農民的大規模餓死，毛澤東比斯大林更不在意。

在毛澤東的語滙裏，毛澤東在公開場合從不說「餓死人」，只說是「害腫病」。他是預料到「大躍進」會餓死人的。在1958年11月21到23日的武昌會議上，他說過這樣一段話：「搞起來中國非死一半不可，不死一半也要死三分之一或十分之一，死5,000萬人。」1958年12月9日說，人要不滅亡那不得了。滅亡有好處，可以做肥料。1959年3月25日他在上海開會時說，「大家吃不飽，大家死，不如死一半，讓另一半人能吃飽。餓死幾千萬人算啥大不了的事呀！讓婦女敞開生孩子，死的幾千萬人，過幾年不就又回來啦！」

列寧在搞軍事共產主義時，蘇聯已經大量死人。按俄羅斯學者祖博克（Vladislav Zubok）提出的資料，列寧時期紅色恐怖屠殺和人為饑荒每年使160萬人喪生，在斯大林統治下每年因此而死亡約100萬。雅科夫列夫（編按：Alexander Yakovlev，1982–1990年蘇聯中央政治局及黨書記處委員，主管意識形態）說，蘇聯在幾次大饑荒中一共死了兩千多萬。在我國，「大躍進」使農民餓死三四千萬。歷次政治運動特別是「文革」，又冤死無數黨內和社會精英，並在各個領域給全社會帶來巨大災難。

毛澤東評判共產主義道德水平的高下，只看人們的階級成分和政治表現。他心目中的無產階級，其實指的是流氓無產階級。他對遊民階層和從中湧現出來的領袖人物，推崇備至；對於知識較多教養較好的「高貴者」，一向反感。

鬧革命要靠流氓無產階級，是共產國際的傳統。

鮑羅廷（編按：Mikhail Borodin，1923–1927年共產國際駐中國代表及蘇聯駐中國廣州政府代表）說過，必須依靠痞子、流氓做「革命先鋒」。

毛澤東1964年說過，「勇敢分子也要利用一下嘛！我們開始打仗，靠那些流氓分子，他們不怕死。有一個時期軍隊要清洗流氓分子，我就不贊成。」

不信任乃至敵視知識分子，也是共產國際的傳統。

列寧1919年說，知識分子不是民族的頭腦，是大糞！針對知識分子，列寧1920年底給中央書記處克列斯金斯基（Nikolay Krestinsky）寫信，說要迅速和刻不容緩地秘密準備恐怖行動。列寧1922年3月22日交給聯共（布）「十一大」的政治報告，強調鎮壓。季諾維也夫

（編按：Grigory Zinoviev，1921–1926年蘇共中央政治局委員）談到知識分子時說，凡是不和我們站在一起的，就是我們的敵人。

其結果，在1922年的蘇共新黨員中，大學生只佔0.6%，中學畢業生6.4%，工作能力低下的佔90%以上。被驅逐的哲學家阿·斯·伊茲高耶夫（A. S. Izgoev）1922年11月16日說：全部有知識的人，要麼在監獄，要麼在西伯利亞，要麼在國外，留在俄國的，都是沒有文化的莊稼漢們，因為他們俯首聽命。俄羅斯學者祖博克說，蘇共黨內的反知識分子文化充分反映在「權貴官員名冊」中，直到上世紀八十年代初，「名冊」裏80.4%的上層人員還是出身於無技術的工農，沒有專業人員子弟。

毛澤東對待知識分子，既和共產國際也和中國歷代皇帝一樣：只要聽話、好使就行。但他和皇帝們還有一點區別。絕大多數皇帝還承認「帝師」。毛澤東不然，他本人就是中國人乃至世界各國人民的「導師」。「導師」是他最看重的頭銜。

毛澤東和列寧一樣，討厭知識分子，特別忌恨大知識分子。他所寫1926年〈中國社會各階級的分析〉一文，最初發表的稿子認定留洋的學生和知識分子是「大資產階級」，屬「革命的死敵」。大專畢業生必然「投靠軍閥」，是「革命的敵人」[23] 另一修改稿也把知識分子直接列入「極端的反革命派」或「半反革命派」。胡喬木說，毛主席對知識分子有很大的敵對心理，他一輩子都認為知識分子屬於資產階級。

---

23　見竹內實（日本）主編的20卷《毛澤東集》，內收有〈中國社會各階級的分析〉發表於1926年《中國農民》、《中國青年》的原文。

　　毛澤東也不信任中小知識分子。結果，在確定「八大」中央委員時，他排斥黨內知識文化水平和獨立思考能力都相對較高的「一二九」、「三八式」一代，只要老紅軍。正是因為老紅軍最聽指揮。

　　共和國剛一成立，毛澤東就為白區地下黨定出了「降級安排，控制使用，就地消化，逐步淘汰」十六字方針。隨後，這批幹部中很多人又成為共和國成立後多次政治運動的受害者。這批幹部大都屬不計較個人生死榮辱、隨時準備為救國和共產主義理想獻身的黨內知識分子精英。共產黨能打下天下，他們居功至偉。

　　劉少奇是「白區百分之百正確路線代表」（毛澤東當年對劉的評語）。周恩來一直是黨內情報和統戰工作的總負責人，還在中國廣大知識分子群體中享有崇高威望。白區地下黨是劉、周兩人直接領導和指揮的。因此，對白區黨的十六字方針，也是衝着劉、周兩人而來。

　　在延安整風時，毛澤東要邱會作到鹽城去當面向劉少奇口傳他的密令，叫他即返延安參加整風運動。劉少奇協助毛澤東打倒了所謂以王明為首的教條主義和以周恩來為首的經驗主義這兩派，幫毛澤東建立起獨裁領袖地位。毛接着就使劉成為在他之下事實上的第二把手。從共和國成立後毛澤東立即重用高崗來看，他似乎又想讓高崗發揮劉少奇當年在延安整風中起過的作用。如果沒有失手，高崗不無可能取代劉少奇成為他的新第二把手。

對於這一切，周恩來都清楚。他創建外交部時定下一條鐵規：凡是進外交部工作，職級安排都必須降一級。[24] 外交部必須使用大批長期在白區工作的地下黨幹部。當時也只有這批幹部才符合外交工作需要。對他們降級使用，就是十六字方針在外交部的落實。只不過這一條也累及並沒有從事白區工作而是自部隊上調進外交部的其他老幹部。

排斥知識分子的結果，就是直到1982年的「十二大」，全國受過大學教育的縣處級以上幹部只佔6%。這是閻淮在他的《進出中組部》一書中所引的權威數字。這個比例和1922年蘇共信黨員中大學生所佔比例完全一樣。

通過延安整風，延安的大小知識分子都得到了馴服，連理論和知識本身也受到了輕視。這一點成為中共特色。相對來說，蘇共還是比較重視理論和知識的。

在列寧、斯大林和毛澤東的心目中，沒有全人類概念。他們只承認作為階級的人，硬說人類必按階級分，無產階級和資產階級這兩部分人類的關係又只能是你死我活，你負我勝。捷爾任斯基（編按：Felix Dzerzhinsky，1917年得列寧支持建立全俄肅反委員會，即KGB的前身）1918年9月3日乾脆說，階級敵人不是人，是毒蛇，蘇聯意識形態包括消滅階級敵人。毛澤東在1943年12月17日給劉少奇致續範亭（編按：民國時期將領，1938年秘密加入共產黨）信加的批

---

24 最突出的例子是閻寶航。他在外交部一直只能當個辦公廳副主任，難再提升，還當不了大使。另，李克農告訴陳家康，到社會部可當個副部長，到溫家寶只能當亞洲司副司長（當時亞洲司長已定為夏衍，因夏為到任，陳才當上司長）。長期從事地下統戰工作的龔普生從外交部一成立就到國際司工作，她的副司長職務是過了一段時間才得到安排的。

語中有兩段話:「『人類』這個概念,其實產生於階級分化以後……至於『人類共同利害』,從來就沒有過,只待將來階級消滅後才會實現」;「人首先是社會的動物,資產階級總是強調人的理性(精神),我們不應如此」。

可見,這三位革命領袖要完成的解放全人類事業,就是要由被劃為無產階級的這部分人類通過暴力和專政,消滅或打壓被劃為資產階級的那部分人類,使他們即使不是失去生命也得俯首聽命於無產階級。劃分階級的標準沒個準,因人因事而定。對獨裁領袖的態度是頭一條。被劃為無產階級人類的,可以無法無天,隨意去共被劃為資產階級人類的產,去公然剝奪他們的各種自由。資產階級人類只能老老實實,不得亂說亂動。後者在我國,就是各類「分子」和知識分子群體。在紅色高棉,就是被波爾布特納入「新人」的有產者、有知識者和城市居民(其中包括大多數在柬華僑),他們的命運是被殺(總數以百萬計)、被關和做苦工。

把人類「按階級」劃為兩類,而且強調無產階級人類必須仇視和鄙視資產階級人類。這種學說代表和推動的只能是人類的野蠻化。因為評判人類先進和落後、野蠻和文明的標準,畢竟只能看人們脫離假惡醜野蠻人、靠近真善美文明人的程度高低。

列寧、斯大林和毛澤東這三位革命領袖這些想法和做法,屬於被馬克思和恩格斯批判過的「粗陋共產主義」。馬克思說,這種共產主義是反動的,其實並不是共產主義。馬克思還批判過中國和印度小農經濟的「亞細亞生產方式」社會主義,說這只是「東方式的專制」和小市民式平均主義的愚蠢和嫉妒。恩格斯早就說過:「遊民無產階級─由各階級脫離出來之破壞分子的渣滓堆─乃是所有同

盟中之最劣者。」可見，他們和馬克思的認識相去甚遠。何況他們
對馬克思學說，還都只挑各自所需的部分。

馬克思主義的人道主義精神，馬克思主義認同和維護的自由、
平等、博愛等普世價值，馬克思主義關於「每個人的自由發展是一
切人的自由發展的條件」主張和「自由人聯合體」理想，都為列
寧、斯大林和毛澤東所不取，以至所不容。就拿被認為是馬克思主
義核心的歷史唯物論、生產力決定生產關係、經濟基礎決定上層建
築、社會存在決定社會意識來說，這三位也都未遵守。尤其是毛澤
東，他執政後的理論和政策，就是企圖用不斷改變生產關係來「促
進」生產力的發展，用政權力量和輿論造勢影響和調整經濟基礎，
用發揮主觀能動性和人定勝天的精神改造客觀世界和歷史進程。結
果就淪為唯意志論，由領袖的個人意志決定一切。

中蘇兩黨競相加快共產主義建設，倒還沒有直接造成兩黨的
分裂，儘管赫魯曉夫對「大躍進」和人民公社的譏諷已經激怒毛澤
東。兩黨爭當馬克思列寧主義正宗的捍衛者，事關哪個黨有資格領
導國際共運，這才引發兩黨的大論戰。

毛澤東堅持他所理解的「十月革命」共同道路，赫魯曉夫想做
點修正。

毛澤東堅持世界仍然處於戰爭與革命時代，必須堅守暴力奪權
等馬克思主義列寧主義基本原則。他堅持認為帝國主義、資本主義
制度和資產階級的存在是世界大戰和國內戰爭的根源，只要舊制度
和資產階級依然存在，大戰和小戰、世界革命和國內革命就不可避
免。他把同赫魯曉夫的分歧歸結為社會主義國家外的人民要不要

革命、社會主義國家內的人民要不要繼續革命。鄧小平在1963年7月的中蘇兩黨會談中，給蘇共戴上了「反革命的和平過渡路線」的帽子，說蘇共不再以階級鬥爭、必須奪取政權、打碎國家機器的觀點為依據，同中共的根本分歧在於進行不進行革命。在毛澤東主持下撰寫的《九評》說：反對暴力革命，反對無產階級專政，主張從資本主義和平過渡到社會主義，就是背叛馬克思主義；整個世界只有用槍桿子才可能改造；革命戰爭不可避免，國內戰爭也是一種戰爭，誰承認階級鬥爭，誰就不能不承認國內戰爭，否認或忘記國內戰爭，就是陷入極端的機會主義和背棄社會主義革命。

赫魯曉夫沒有也不敢和毛澤東完全對着來。但他說，「十月革命」是和平解決問題，並沒有使用暴力。其實，這並不是他對「十月革命」做出了新的解釋。列寧和斯大林都曾承認「十月革命」並不是暴力革命。列寧1917年11月為彼得格勒工兵代表蘇維埃會議所做的決議中談到「十月革命」的鬥爭形式，說這是「罕見的不流血的和異常順利的起義……革命中僅僅死了六、七人。」斯大林1918年11月7日所寫文章，題目用的是〈十月變革和民族革命〉。

赫魯曉夫批判了把暴力和內戰視為社會主義革命唯一途徑的主張。認為無論對內對外都應該放寬些，放緩些。他提出一切為了人，一切為了人的幸福。1960年全面廢除實施已達四十二年之久的勞動教養制度。他在1961年蘇共「二十二大」上提出，「無產階級專政在蘇聯已不再必要」，提出了「三和」（和平共處、和平競賽、和平過渡）「兩全」（全民國家、全民黨）新路線。他承認，社會主義在蘇聯製造出來的是貧窮。在蘇共「二十大」之前就說過，「我當過工人，那時沒有社會主義，但有土豆；現在建立了社會主義，土豆卻沒有了。」

　　赫魯曉夫認為，時代已經開始發生變化。蘇共中央1960年6月21日致中共中央信，不贊成斷言當今時代是帝國主義和無產階級革命，說戰爭可以避免，資本主義有可能和平過渡到社會主義，社會主義國家可以同資本主義國家長期和平共處。赫魯曉夫同年11月在81個兄弟黨莫斯科會議上發言，再次表示，現在的時代不能只說是帝國主義和無產階級革命時代；不能只說帝國主義本性沒有改變；帝國主義可能發動局部戰爭，在一些國家可能發生解放戰爭，但不能因此就認為戰爭不可避免。他說，資本主義總危機已進入新的階段，最重要的特點是不再同世界大戰相聯繫。他反對毛澤東不怕在戰爭中死上個幾億人等說法，主張緩和同美國的關係，認為國際共運的總路線應該是和平共處。

　　1949年中華人民共和國成立時，第二次世界大戰已經結束四年，時代潮流開始從戰爭與革命轉向和平與發展。二戰後世界各國的興衰，就取決於它們對時代潮流的順逆。在中國，國內和世界形勢同時發生這樣重大的轉折，使我們黨面臨着大好歷史機遇。我們有條件把一個適應暴力奪權需要的革命黨，自我改造成為一個符合國家現代化建設要求、推行憲政民主的執政黨。國際條件也容許黨從根本上改變在戰爭與革命時代形成的戰略策略，為黨領導和團結全國人民全力發展經濟，建設現代化國家，讓各族人民過上和平、富強、民主、自由、平等、文明的生活，找出一條新的道路。可惜毛澤東完全沒有這樣的認識。他認為，戰爭與革命時代沒有也不會變，中國得繼續革命。革命的根本問題還是政權，只不過從過去的奪權變成今後的保權。原因是認為西方大國都對中國虎視眈眈，國內外敵對勢力相互勾結推翻黨的領導、在中國復辟資本主義的危險嚴重存在。共和國成立以後，毛澤東最擔心的其實就是共產黨的隊伍會不會渙散，他本人會不會被削權以至被奪權。他在高層領導中

製造「反黨集團」時，動不動就危言聳聽地説，他可以重上井岡山打游擊，帶領隊伍再次打天下。

於是，毛澤東全按馬上得天下的一套實行馬上治天下。根本辦法還是依靠「槍桿子」加「筆桿子」，動蠻加造假。他的繼續革命，第一步是否定民主革命，立即開始社會主義革命。治天下伊始，就排斥民主和自由。在民主革命時期，私有財產是得到承認的，民主自由甚至美國式民主政治是得到宣揚的，對民主人士和知識分子是努力爭取的。進入社會主義革命，這一切都不能要了。現在要的是儘快實現公有化，給民主打上階級標籤，只允許扼殺思想和言論自由的「無產階級民主」存在。這種民主其實是專制。毛澤東説過：「社會主義民主的問題，首先就是勞動者有沒有權利來克服各種敵對勢力和它們的影響問題。像報紙刊物、廣播、電影這類東西掌握在誰手裏，由誰來發議論，都屬於權利問題。」美國提倡的民主自由一下子成了頭號防範對象。民主人士和知識分子都成為必須嚴加管束和整肅的對象。黨內外人士誰要還留戀民主革命時期的那一套，必然挨整。用毛澤東的話，這是因為他們只能當共產黨在民主革命時期的同路人，過不了社會主義革命這個關。

毛澤東的共產主義追求和實踐，不僅給中國帶來災難，還扯了赫魯曉夫初步改革的後腿。蘇聯一位深入了解國內高層政情的資深學者格・阿・阿爾巴托夫（Georgy Arbatov）説，「赫魯曉夫擔心的是被扣上偏離馬克思—列寧主義的罪名」，「中國的宣傳把我們嚇住了，迫使我們處於守勢，促使我們採取前後不一或完全錯誤的立場」；領導人「生怕失去我們在『革命性』上，在堅決反對帝國主義和準備犧牲一切盡力支持各國人民的革命鬥爭和解放鬥爭問題上的領

導地位」;「『中國因素』對我國社會思想和政治的發展起了阻礙作用。」[25]

可以想見，如果蘇共順着赫魯曉夫開始邁出的步子走下去，也許還不致發展到最後遭到全黨、全軍和全國人民唾棄的地步。但是，布里茲涅夫上台後卻立即倒退，逐步全面恢復斯大林那一套。布里茲涅夫執政使蘇聯停滯倒退十八年。蘇聯由盛轉衰到最後解體的進程，由此啟動。這是蘇聯的大不幸。中國在裏面起到重大促退作用。

以上所述涉及對馬克思主義、社會主義和蘇聯問題的理解。蘇聯解體前，我在政協小組討論會和中央黨校都說過，蘇聯共產黨的氣數已盡。我個人的一些認識，在《從延安一走來的反思——何方自述》[26]一書最後一章裏談到過。本書附錄二至五是其後的相關論述。

中蘇分裂的要害，在於赫魯曉夫反對斯大林個人迷信。按曾彥修的說法，反斯大林個人迷信是「挖了毛澤東個人崇拜的祖墳」。胡喬木說，「（蘇共）二十大批判了斯大林，對毛主席的刺激是非常深的。」鄧小平說，專談斯大林問題的《二評》是《九評》中最重要的一篇，可打100分，是挖底的。

---

25　格·阿·阿爾巴托夫：《蘇聯政治內幕：知情者的見證》，新華出版社，1998年10月版，第133–134頁；《社會體制》英文版，第95頁。

26　此書由香港明報出版社2007年9月出版。

　　萬里對朱厚澤説過，毛主席的本來面目是大陰謀家、大野心家。圍繞毛澤東自我製造個人迷信所做的一切，足可説明這一點。

　　毛澤東個人迷信是他通過延安整風開始搞起來的。共和國成立後，他在1950年「五一」勞動節口號裏親自加上「毛主席萬歲」這一條。斯大林去世後，毛澤東開始自吹，是他在發展馬克思列寧主義。「文革」中，毛澤東一面幾次三番地大講黨內路線鬥爭歷史，吹噓自己貶低別人；一面大樹特樹毛澤東思想對世界革命的指導作用。

　　蘇共「二十大」後，毛澤東就在對斯大林的評價、和平共處及和平過渡的問題上開始批判赫魯曉夫。那時，毛澤東雖已自詡為國際共運的領導者，表面上仍奉蘇共為領導；在之後的兩年裏，中蘇兩國也還繼續保持着兄弟般的密切關係。這裏有兩個背景。

　　一個是，對赫魯曉夫批判斯大林，毛澤東有滿意的一面。毛澤東一生不甘居於任何人之下，斯大林並不例外。胡喬木告訴過李慎之，毛澤東講，他和斯大林可以打個平手，對赫魯曉夫是略具上風。實際上毛澤東認為，他早已在多方面超過了斯大林，赫魯曉夫更是根本不在話下。斯大林生前，毛澤東已多次軟頂過他。中蘇兩黨長期處於「父子黨」「貓鼠黨」狀態，毛澤東不得不接受，但一直憋着氣。蘇共「二十大」反了斯大林個人迷信，一下子解除了國際共運中對他的唯一約束力量，給了他出氣和在共運中出頭的機會。蘇共「二十大」後，毛澤東有一段時間一變他過去竭力頌揚斯大林對中國革命的幫助，轉而大談特談斯大林多次阻撓中國革命：抗戰時期要他同蔣介石合作抗日，王明右傾機會主義路線應運而生；抗戰勝利後要他和蔣介石組織聯合政府，逼他親赴重慶和蔣談判（此行嚴重損害了他的健康，回延安後大病了一場。1949年江青當着毛澤東的面告訴過劉英，在相當一段時期，毛澤東見到生人手就發抖）；解放戰爭末期不相信他能很快取得全國勝利，一度希望他見好就收。

　　第二個背景是，1956年是毛澤東比較樂觀和自信的一年。在國內，完成了社會主義改造。毛澤東認為，「1955年下半年中國情況起了根本的變化」。在國外，因為在波匈事件和蘇共黨內鬥爭中幫了赫魯曉夫的忙，毛澤東在共運在蘇聯的影響和地位都大為上升。赫魯曉夫也報以給中國遠比斯大林慷慨的援助。這段時期，毛澤東對內對外都採取了相對緩和相對開明的做法。他的《論十大關係》，黨的「八大」政治報告，都和蘇共「二十大」報告有不少相通之處。

　　接着的兩年，出了1958年金門打炮和1959年國慶日期間毛澤東等就中印及蘇美關係猛批赫魯曉夫這兩大事件。那時，毛澤東儼然已以國際共運領導人自居，有意用彰顯中國反對美帝國主義的革命堅定性來反襯赫魯曉夫的軟弱，對他同美國緩和關係的想法做法加以警示。只是這時毛澤東卻並不準備同他分道揚鑣，只是因為此時中國已經大規模餓死人了。

　　1960和1961這兩年，是中國餓死人最多的大饑荒年份。大災難已經出現，在生產力上趕超蘇聯更成泡影。雖然又出現蘇聯撤專家，赫魯曉夫在布加勒斯特兄弟黨（Bucharest Conference of the World Communist and Workers' Parties）會議上指名攻擊毛澤東等嚴重事件，毛澤東這期間仍然一直表示，同蘇聯還是要以團結為重。參加1960年11月莫斯科會議，劉少奇抱着求團結的願望而去，也基本上達到了目的。

　　毛澤東對赫魯曉夫準備發動猛烈攻勢，發生在七千人大會結束半年之後。這一切，都出於毛澤東在「三面紅旗」釀成大災難後要繼續維護他個人獨裁地位的需要。毛澤東不問大是大非，對國家和民眾所受深重災難輕描淡寫。他耿耿於懷的只有一條，他的「一貫正確」受到了劉少奇等高層領導人的質疑。共和國成立以來，毛澤東第一次對自己的領袖獨裁地位產生了真切的危機感。他在七千人

大會上的發言中已經點到黨內出反對派的問題，説允許公開的，但不允許秘密的。

　　毛澤東明知彭德懷1959年提的意見本身沒有錯。[27]大批人餓死已無可辯駁地證實了這一點。但毛澤東絕不認錯。七千人大會和大會之後半年左右的事態發展，觸到了毛澤東的最大痛點。劉少奇和毛澤東的其他老戰友們已經開始採取行動對他的路線方針進行糾偏。彭真在七千人大會前已在查「大躍進」以來的中央文件，看問題到底出在哪裏。彭真，特別是劉少奇，在七千人大會上實際上已在向毛澤東問責。劉少奇為在共產黨領導下竟然出現「人相食」慘像而痛心疾首。兩次説過「人相食，是要上書的」這樣沉痛的話。一次是在劉少奇家裏，鄧力群等參加的會議上。[28]一次是和毛澤東面對面。毛澤東竟當場訓斥劉，「你為什麼不頂住？我死了看你怎麼辦？」七千人大會後，劉少奇接着就進行一系列重大政策調整：搞責任田和「包產到戶」，糾正政法部門的過火行為，等。這種調整在中央領導層中得到幾乎一致的擁護。鄧小平的「貓論」所指正是「包產到戶」。1962年上半年在黨內給1959年反右傾運動受害者大規模甄別平反。周恩來和陳毅同年3月給知識分子「脫帽加冕」。陶鑄同年5月在廣東開放關卡，20天內放30萬大陸饑民湧到香港逃命。繼1956年之後，1962年上半年是全國再度短暫出現一絲春暖的時期。這時在中央有那樣多的主要領導人都和毛澤東的意見相左，是

---

27　毛澤東兩次向彭德懷承認，彭1959年在盧山提的意見可能並沒有錯。劉英告訴過我，1959年盧山會議結束回京後不久，張聞天因病住院，陳毅在看望張時説：不久前毛主席請彭老總吃飯，要他作陪；毛對彭説，也許你是對的。陳毅對劉英説，他和張都是政治局委員，所以談這些，叫劉英不得外傳。1965年毛澤東動員彭下放三線，又當面對彭説了同樣的話。

28　《鄧力群自述（1915–1974）》，人民出版社，2015年11月，第一版，第356頁。

共和國成立以來從未有過的現象。鄧力群說，當時領導層確實出現了一個危機，毛主席處於少數。[29] 1963年2月15日，毛澤東在準備秋後算帳時說，1962年上半年一個短時期，我們黨內少數同志相當地發了瘋。

1962年秋，國民經濟剛剛開始略有好轉，以毛澤東在八屆十中全會上提出「階級鬥爭要年年講、月月講、天天講」為標誌，毛澤東下決心對內對外都轉守為攻。其中最重要的一招就是把強化國內階級鬥爭同激化國際共運內的路線鬥爭套到一起。對內，提出要大反「黑暗風」、「單幹風」、「翻案風」；對蘇聯，提出要在國際共運中同修正主義爭奪領導權。由於自忖在黨內高層中的力量對比懸殊，毛澤東決定從長計議，多方部署，為最後不僅拿下劉少奇，還同和劉少奇觀點相近的各級幹部算總帳做好準備。事後發展證明，以對待「三面紅旗」的態度為主要政治標準，把在國內反「修」防「修」和對外反對蘇「修」聯繫起來，為毛澤東最後得以掃除他心目中的所有不可靠分子，發揮到了有效的作用。

正確認識「三面紅旗」和反對蘇「修」，從此便成為一個硬幣的兩面。1964年又一次為全國各級幹部做鑒定時，統一規定的首要政治標準就是對這兩者的認識是否正確。[30] 這樣做既成功地轉移了各級

---

29　同上，第440頁。

30　宋以敏留有1964年外交部新聞司黨支部書記畢季龍起草的宋鑒定底稿。鑒定的第一段是，宋「積極參加政治運動，能聯繫思想，提高認識。注意學習和領會黨的方針政策，響應黨的號召。擁護三面紅旗。積極參加了反修的學習，能夠認識現修的本質和反修鬥爭的意義。」第三段是，宋「在1959年曾對國內建設中的某些問題有一些不正確或模糊的認識，在運動中受批評後，有一段較長時期心情不夠舒暢，有些顧慮組織上是否仍信任自己，影響主動和同志們接近。經過甄別後，過了一段時間，已經克服了這種情緒。」

幹部探究「三面紅旗」教訓的注意力，又在政治上對各級幹部形成了巨大的震懾力。

激化反對蘇「修」的鬥爭，在黨內高層無人反對。吳冷西在他《十年論戰》一書裏多次談到，在寫作和修改《九評》期間，原定專門研究國民經濟調整的政治局擴大會議，幾次都是討論正題沒多會兒就轉到研究《九評》稿子上去了。對蘇「修」，與會者們沒有一個不義憤填膺。

同蘇「修」的大論戰，不僅加固了毛澤東在國內的領袖獨裁地位，也大大提高了他作為世界革命領袖的聲望。「文革」時期，毛澤東思想被説成是繼馬克思和列寧之後馬克思主義發展的第三個里程碑，「帝國主義全面崩潰、社會主義全面勝利時代馬克思主義發展的頂峰」。周恩來1966年5月21日在政治局擴大會上説，毛主席和列寧一樣是天才的領袖，世界人民的革命領袖。國人普遍接受了「頂峰論」的宣教。

## 世界革命損害中蘇的國家利益

列寧給各國共產黨立下了無產階級國際主義的兩條原則：第一，已經取得國家政權的無產階級，要幫助還沒有取得政權的外國無產階級；第二，幫助要具體，包括進行戰略和策略指導，培養軍政幹部，提供金錢和武器，直至協助他們通過暴力奪取政權。

在中共取得政權之前，斯大林和聯共（布）對中共就是這樣做的。取得政權之後，斯大林和蘇共對中國繼續這樣做。應中國之請，斯大林派出大批專家、提供大量援款和設備。1959年之前經赫魯曉夫之手，蘇聯給中國提供的援助規模更大，技術也更全面。

蘇聯援助使中國較快地打下了初步工業化基礎。我們説，沒有共產黨，就沒有新中國。同樣地，沒有共產國際和聯共（布），就沒有中共；沒有蘇聯援助，中國在上個世紀五十年代的建設也沒有可能進行得那麼快，那麼順。

中共從建黨、發動革命直到共和國成立後採用的發展模式，蘇聯都是戰略策略的指引者，金錢和物資的提供者。中共也長時間以蘇共為領導為老師。這一點在上一章〈毛澤東的外交指導思想〉一文談對蘇「一邊倒」的部分，已有簡述，在此不贅。斯大林在世時，毛澤東承認這一點。説過，沒有蘇聯的援助，中國向社會主義過渡的時間就會長得多。

斯大林去世後，毛澤東的説法變了。1956年4月20日聽取「二五」計劃彙報時，他批評了「沒有蘇聯援助，中國的建設是不可能進行的」説法，説這種思想不對，是當奴隸當慣了，像賈桂；列寧反抗第二國際才取得俄國革命勝利，我們抵抗第三國際才取得中國革命勝利。同年12月29日在修改〈再論無產階級專政的歷史經驗〉一文時，他刪去了原稿中「中國社會主義建設事業迅速發展，在很大程度上就是學習蘇聯經驗的結果」這一句。批判「賈桂思想」一時成為潮流。到1958年，毛澤東更進一步大講特講蘇聯的那套規章制度害死人。黨史教科書也是一味強調中國黨的獨立自主性和蘇聯對中國革命的消極影響。説我們從延安時期起就反對把共產國際的指示教條化，把蘇聯的經驗神聖化，還把延安整風説成是整共產國際的風。這並不符合歷史真實。延安整風時我們學的就是《聯共黨史》和斯大林的其他著作。通過整風，是把共產國際和斯大林個人迷信個人專權那套壞東西在我們黨內牢固地樹立了起來。這就是：對抗民主潮流，堅持一黨專政、領袖獨裁，實行愚民政策，鎮壓黨內和社會上有不同意見的力量，等等。所謂整共產國際的風，實際上只是

打擊得到共產國際信任支持，卻是毛澤東下決心壓服的兩派：以王明為首的「教條主義派」和以周恩來為代表的「經驗主義派」。[31]

蘇聯援助是中國全盤照搬斯大林模式的物質基礎。蘇聯模式是造成共和國成立後頭三十年在國際比較下停滯倒退的根源。蘇、中兩國各自特權階層的形成壯大和與之如影相隨的貪污腐敗，是這一模式的必然產物。中國的等級制、特權制、委任制、接班制、拉幫結派、化公為私、堅持人治、輿論控制等等，全都是具有中國特色的蘇聯翻版。

中共從建黨時起一直高舉世界革命旗幟。用毛澤東的話，就是「革命時外援，勝利後援外」。中共「二大」已宣佈中國革命是世界革命的一部分，確定以世界革命為外交目標，並開始幫助其他國家的革命者。[32]在二戰過程中和戰後，毛澤東對世界革命和中國國內革命的急切和熱忱度都超過斯大林。取得政權並從斯大林手中分得對前殖民地半殖民地主要是亞洲地區民族民主運動的領導權後，毛澤東更進一步高舉世界革命大旗，「文化大革命」時達到最高峰。

---

31 周恩來1939年9月中旬到1940年2月25日在莫斯科，除治療臂傷，還直接參與共產國際瞭解、研究和指導中國革命的工作，包括磋商召開中共「七大」。在周的直接參與下，共產國際執行委員會書記處1940年2月8日就中共的組織和幹部問題做出決議，對中共中央的領導體制和幹部組成有所批評，要求中共「必須遵守民主集中制和黨內民主制原則」，注意揭露「變節者、托派分子和叛徒的活動」，召開「七大」要注意選拔優秀幹部並提拔之，等。在蘇期間，周恩來一直和中共駐國際代表任弼時一起，同共產國際研究新中央的人選和其他人事安排。毛澤東顯然並不滿意國際的意見和安排，但當時他並無對黨內高層人事安排的最後決定權。整風後，毛澤得到了這個權。

32 1931年11月7日，中華蘇維埃共和國《憲法大綱》已有「對於因革命行動而受到反動統治迫害的中國民眾以及世界的革命戰士給予托庇於蘇維埃區域的權利並幫助和領導他們重新恢復鬥爭的力量，一直達到革命的勝利」這一條。説：「外交政策的最後目的，不但在打倒帝國主義在中國的統治，而且打倒帝國主義在全世界的統治。」

推進世界革命，損害了社會主義各國的國家根本戰略利益。在上個世紀一百年的一多半時間裏，社會主義國家和發達資本主義之間，發展中世界選擇社會主義或資本主義為發展方向的國家之間，在經濟發展和社會進步上的差距都是越拉越大。這一事實說明，同世界革命相聯繫的國家發展戰略是失敗的。

依照「工人無祖國」的世界革命理念，局部服從總體，共產黨各國的國家利益服從世界革命的整體利益。

世界革命利益和各黨所在國的國家利益本來就不是一回事，有時更是完全背離。

一戰時，第三國際規定，各國共產黨的戰略在於使本國資產階級政府戰敗。列寧對沙皇政府採取的正是這一策略。協約國成員德國是同盟國成員沙皇俄國的敵國。列寧卻拿了德國皇帝的大量金馬克，在德國安排下回到俄國，成功奪取到了政權。列寧接著實現事前對德國的許諾，簽訂了把俄國大片土地割讓給德國的布列斯特和約。

斯大林對德國法西斯抱有好感。1933年底說，法西斯主義代表德國新生力量，是國際關係發展的積極因素，因為這有助於資本主義國家矛盾的發展。二戰前夕，斯大林曾和希特拉（內地譯希特勒）事實上結盟。1939年簽訂的蘇德互不侵犯條約，附有侵犯波羅的海三國、波蘭、羅馬尼亞主權的秘密附加協議書。[33] 斯大林還考

---

33 中國共產黨1939年的態度和蘇共一致，中共中央1939年9月10日接到共產國際關於反對帝國主義戰爭的指示後，毛澤東四天後宣佈，這次戰爭是「第二次帝國主義戰爭」，「過去法西斯國家與民主國家的劃分已經失掉了意義」，「現在世界上最反動的國家已經轉到英國方面」。中共中央這時以英美法為主要敵人，反對國民黨政府加入美英法陣線。

慮過參加德意日三國條約，同這三個法西斯國家正式結盟。蘇德兩國1940年11月在柏林舉行會談，德國建議蘇、德、意、日四國訂立「政治合作協定」，蘇聯提出對波蘭、芬蘭、羅馬尼亞、匈牙利、南斯拉夫、希臘、捷克斯洛伐克等國的部分領土感興趣。莫洛托夫（Vyacheslav Molotov，時為蘇聯外交部長）允諾希特拉，只要德國同意滿足蘇聯在波羅的海和黑海可自由出入等條件，蘇聯不反對和德意日一起締結四國條約。[34]

中共在抗戰時期，更願看到國民黨的力量因抗戰而受損。毛澤東1937年8月在洛川會議上講，「有人認為我們應該多抗日才愛國。但那愛的是蔣介石的國。我們中國共產黨人的祖國是全世界共產黨人共同的祖國，即蘇維埃（蘇聯）」；「我們的方針是：一分抗日，二分敷衍，七分發展，十分宣傳。」為了對付國民黨，當時中共和日本情報機構和漢奸也有私下交往。潘漢年當年受命具體執行這一政策，還會見過汪精衛。

尊重別國和捍衛本國的主權和領土完整，同「工人無祖國」的世界革命思想不相容。

在歷史上，遇到中國的國家和民族利益同蘇聯利益相悖時，中共多次遷就過蘇聯的利益。在上世紀二十年代末發生中東路事件時，中共中央曾站在蘇聯一邊。對於抗戰期間蘇日締結中立條約，中共中央也表示贊同。

---

34　[俄]列昂尼德・姆列欽著《歷屆外交部長的命運》，新華出版社2005年1月版，第239頁。該書還提到希特拉和斯大林的互相欣賞。希特拉說，「全世界只有三位偉大的國務活動家——斯大林、我和墨索里尼。墨索里尼最弱，斯大林和我是唯一能夠看到未來的國務活動家。」（第222頁）斯大林說，他一直景仰希特拉（第215頁）。邢廣程：《蘇聯高層決策70年》，世界知識出版社1998年6月版，第二卷，第389頁。

中東路是中俄關係歷史上遺留下來的問題。上世紀二十年代末發生中東路事件,張學良派軍隊去接管中東路,和蘇聯軍隊打了起來。張學良有民族主義情緒,血氣方剛,但他既不懂外交也不懂國際法,連國內情況都不太了解。要動武把中東路收回來,也得有取勝的把握才行。但是他沒有。當時在那兒指揮蘇聯軍隊的特種遠東軍司令加倫將軍,就是布留赫爾(Vasily Blyukher)。布留赫爾曾參加中國大革命和北伐,擔任國民革命軍軍事總顧問,並指導中共發動南昌起義。他幾下子就把張學良打敗了。不僅中東路還是由蘇聯人掌握着,黑瞎子島也從此被蘇聯佔領。在整個事件中,中共中央的態度是什麼呢?是根據斯大林的指示「武裝保衛蘇聯」![35] 1929年7月17日中共中央第41號通告稱,「蘇聯是世界反帝國主義的大本營」,「中東路事件,就是進攻蘇聯戰爭的開始」。這個通告號召中國人民「反對帝國主義進攻蘇聯」,「保衛蘇聯」。

東北老百姓管蘇聯老毛子叫「大鼻子」,管日本人叫「小鼻子」。提起「大鼻子」、「小鼻子」,他們都火得不行,對「老毛子」也是反感的。東北抗聯的歷史,那可是複雜了。按共產國際的分工,殖民地和附屬國的黨由宗主國的黨領導。譬如,印度黨受英國黨、越南黨受法國黨領導。但是在「滿洲國」,這樣做卻缺乏主客觀條件。所以,抗聯就改由共產國際直接管。共產國際在抗聯的代表,就是後來回到延安擔任《解放日報》總編輯的楊松。由共產國際管就是由蘇聯管,那就得按蘇聯的利益辦事。那時東北老百姓要起來打日本。共產黨也搞抗日武裝,但是還有「武裝保衛蘇聯」這一條管

---

35 斯大林1927年8月1日發表題為《國際形勢和保衛蘇聯》的演說:「有一個問題可以檢驗各黨的革命性和反革命性:保衛蘇聯問題……誰絕對地、無條件地、公開地和忠實地捍衛蘇聯,保衛蘇聯,誰就是革命者,誰就是國際主義者。」

着。當時中共臨時中央根據共產國際指示，說「九一八」事變是帝國主義進攻蘇聯的導火線，再次提出了「武裝保衞蘇聯」的口號。這條口號對抗聯也同時發揮作用。1979年成立的張聞天文集編輯領導小組，有一次開會時連組長鄧力群也認為，在「九一八」後國家處於民族存亡的危機下，包括張聞天在內的中共中央還提出要武裝保衞蘇聯，那是很脫離群眾的。

1941年4月13日在莫斯科締結的蘇日中立條約，含有蘇聯保證尊重偽滿洲國和外蒙古「領土完整和不可侵犯」的條款。斯大林對前去簽約的日本外相松岡洋右禮賢備至，破格地親往送行，還把手搭到他的肩膀上。這個條約遭到民國政府和民主人士的堅決反對，應該說這反映了絕大多數中國人的感情。外交部長王寵惠第二天就聲明：「東北四省及外蒙古是中國領土，滿洲國是非法的，中國政府決不承認第三國妨害中國領土與行政完整的任何決定，蘇日兩國公佈的共同宣言對於中國絕對無效。」救國會「七君子」之一的王造時起草民主人士公開聲明，表達了知識分子的抗議（共和國成立後王造時被打成右派，他的這一行為也成為他的一條罪狀）。但是，中共三天後於4月16日公開發表的意見卻是：這是符合全世界勞動人民與被壓迫民族利益的蘇聯外交的偉大勝利，其中的滿蒙條款，即蘇聯承認「滿洲國」，日本承認「蒙古人民共和國」的條款，「也是題中應有之義」！

沙皇俄國不斷擴張疆域的傳統，斯大林也用到了中國的頭上。十月革命後蘇聯宣佈取消對中國的不平等條約，行動上卻是繼續兼併中國的大片領土，拿走了我國佔地17萬平方公里的唐努烏梁海（1921年8月由蘇聯紅軍佔領該地，1944年8月蘇聯最高蘇維埃把這塊地方劃為蘇聯領土，將其改名為圖瓦蘇維埃社會主義自治共和國）。蘇聯

1919年宣佈外蒙古是「任何外國人不得干涉其內政的自由國家」，又
從我國手裏拿走了外蒙古，把它變成蘇聯的附庸國。

相比起來，赫魯曉夫倒是不像斯大林那樣擴張成性。他是真的
抱有國際主義理念。說過，「一個真正的共產黨人和國際主義者不
會特別重視邊界問題，尤其不會特別重視社會主義夥伴國家之間的
邊界問題。根據列寧主義哲學，國界問題應該是無足輕重。國際革
命運動是一股超國界的力量，它將在全世界取勝。」[36] 赫魯曉夫1964
年在蘇共中央主席團會議上作報告，在報告文本的註釋中，就有支持
日本社會黨的主張──把千島群島歸還日本這一條。1954年，為了慶
祝俄羅斯和烏克蘭結盟300周年，赫魯曉夫把一直屬於俄羅斯的克里
米亞送給了烏克蘭。布里茲涅夫1968年出兵捷克斯洛伐克，公然提
出「有限主權論」。這同樣也是無產階級國際主義題中應有之義。

和斯大林不同，毛澤東不大計較中國領土的得失。這也繼承了
中國皇帝們的傳統：享受君臨天下、萬邦來朝局面；以對藩國屬國
賜予包括領土在內的封賞，換取它們對天朝大國的臣服。毛澤東也
有點把國家領土當作私產一樣，高興了可以把中國的領土拿出一塊
送給別國，不高興了也可直接闖入同別國有爭議的領土。耀武揚威
一番，卻並不以佔領或者收回領土為目的。1962年中印戰爭對印度
就是這樣的。毛澤東1967年12月13日會見印度共產黨總書記高士和
印共左派代表團時說過，一旦印度人民掌握了政權，中國不僅會承
認麥克馬洪線，而且會把該線以南9萬平方公里的藏南地區領土讓
給印度。

---

36　《最後的遺言》，第434頁。

　　同周邊國家劃分邊界，毛澤東很是大方，不怕吃虧。[37]長白山（包括天池）的我國領土，讓給了朝鮮一大塊。毛澤東有一次和金日成談得高興起來，還說過以後整個東北都可以劃給朝鮮。[38]為了方便運輸援越物資，1957年把中國的白龍尾島主動送給了越南。1947年民國政府為南海海疆劃的斷續線十一段，從此變成了九段。白龍尾島原屬海南省儋州縣，送給越南後，那裏的居民變成了越南公民，他們抗議無效，很快就被帶離這個島子，分散住到越南各省，從此生活水平下降，和祖國親人分離。[39]中蒙劃界，把原屬新疆和內蒙的共計一萬餘平方公里土地讓給了蒙古國。我們從小就知道片馬和江心坡在雲南省，可是到中緬劃定邊界時這兩個地方都劃給了緬甸。珠穆朗瑪峰本來在中國境內，為了照顧尼泊爾的感情，劃界時把它一分為二。在中蘇邊界問題上，在中蘇關係好的時候，兩國邊界相安無事，甚至有邊無防。關係壞了，就一下子成了無法解決的大問題。我們提出，可以同意按舊中國和沙俄簽訂的邊疆條約為基礎劃界，但要蘇聯首先承認這150萬平方公里領土是沙俄侵佔的中國土地，以此為進行邊界談判的前提。蘇聯不幹，談判久拖

---

37　沈志華在一篇文章中說，中國在和緬甸、尼泊爾和蒙古的邊界協議中最後所得領土分別佔有爭議領土的18%、6%、34.4%。和阿富汗的有爭議領土則是全部放棄。參見〈事與願違：冷戰時期中國處理邊界糾紛的結果〉，《二十一世紀雙月刊》，2014年8月號，第144期，香港中文大學中國文化研究所出版，第57頁。

38　因特虎深商讀書會2017年4月17日網訊轉發沈志華評論，說2001年金正日訪華時向江澤民提出要考察東北，江糾正說，去訪問可以，不宜提考察。金正日說，毛澤東已把東北送給了朝鮮，這是金日成生前對他講的。江叫中聯部長朱良查檔，果有此事，雖然金氏父子是斷章取義。

39　于向真：〈聽媽媽講越南的故事〉，《記憶》，2016年2月28日，第109期，第60頁。

不決。其實毛澤東當時並不真想解決邊界問題，更不想要回這一大塊土地，他只是借此拖延談判，好大做反蘇「修」文章。[40]

琉球群島的歸屬問題，我們曾把照顧日本共產黨的處境置於領土本身得失的考慮之上。開羅宣言和波茨坦公告規定日本主權限於本州等四大島及中蘇英美「所決定之其他小島之內」。過去琉球是個半獨立國家，向中國也向日本朝貢。它的歸屬有待四大國做出決定。開羅會議時羅斯福向蔣介石提出交給中國，蔣沒有要，就先由美國託管。美國後來又移交給日本管理。為了討論對日和約，外交部1950年5月開了四次會，我參加了三次。在是否把琉球要回來的問題上，我們着眼於爭取日本人民，主張在領土問題上採取能寬就寬的態度。與會的台灣和日本問題專家李純青說，假如把琉球給日本人，會給日本人民好的影響，何況日共總書記德田球一還是琉球人。[41]我也聽廖承志談到過，如果把琉球要回來，德田球一不就成了華僑，那怎麼能行？[42]

蘇中兩國一直面臨解決各自民生問題、不斷提高民眾生活水平和品質的迫切需要。這本應是擺到國家利益首要位置上的基本問題。兩國卻長期把本國的大量寶貴資源耗費在援助兄弟國家和兄弟黨身上。兩國長期貧窮，同發達資本主義國家的差距越拉越大，這也是因素之一。

---

40　1964年中蘇第一次談判邊界問題。毛澤東的方針是，第一要讓蘇聯承認條約不平等，第二不要求收回154萬平方公里。只要蘇聯承認是不平等條約，有爭議的3.5萬平方公里可以不要。

41　中國外交部解密檔案，檔號105–00089–04（1）（原檔號105–C0062），1950年5月17日。

42　共和國成立後相當時期，日本問題不歸外交部管，而歸廖承志（廖辦）管。

　　蘇聯背的經濟包袱很是沉重。據俄學者祖博克提供的資料，1945–1959年蘇聯給中國的援助相當於蘇聯同時期國民收入的7%。二戰後頭十年，蘇聯從和東歐的經貿關係中佔過便宜，但從上世紀五十年代中期起，東歐越來越成為蘇聯的經濟包袱。有統計說，從1972到1981年，蘇聯給東歐的貿易補貼總計達1,019億美元。蘇聯長期背着古巴這個沉重包袱，政治局委員謝列斯特在日記裏說，每天在古巴身上的花費約為150萬盧布，蘇聯每年的損失達3.2億盧布。在布里茲涅夫時期，蘇聯在經濟和軍事上援助「以社會主義為發展方向」的第三世界各國的費用，分別達127.62億和447.85億美元。1962年，蘇聯食品不足，價格高昂，赫魯曉夫卻仍然承擔着沉重的援外負擔，引起人民嚴重不滿。當年春在新切爾卡斯克市發生的抗議活動還引起流血事件。

　　我們把國家的緊急需要丟在一邊，不惜做出最大的民族犧牲，全力援外的最突出例子，就是1950年幫金日成打朝鮮戰爭。我國在百廢待興的1950到1953年，因為參加朝鮮戰爭，軍費在財政支出中所佔比例高達45%、42.1%、33.3%和35.%有餘。另據俄解密檔案，周恩來告訴斯大林，1951年比例為52%；陳雲告訴羅申大使，這年的比例是63%。

　　中國援外在財政支出中所佔的比例，第一和第二個五年計劃期間超過1%。張聞天那時當外交部常務副部長，已經屢屢批評我們援外是打腫臉充胖子。1958年後強調搞世界革命外交，全國接着進入「三年困難」時期。在這期間，反而變本加厲地加強援外。援外支出，1958年到1960年為9.9億元，1961和1962年為13.7億元，五年共計23.6億元。其中給阿爾巴尼亞、朝鮮、越南、古巴和蒙古五個社會主義國家18.7億元，亞非民族主義國家5億元。

在進一步宣揚世界革命的「文革」期間，全國經濟開始走向崩潰，援外負擔更為沉重。在財政支出中所佔比重，1970年為3.5％，1971年5.1％，1972年6.7％，1973年7.2％，1974年6.3％。1975年4月，紅色高棉接管金邊，中國立即運去糧食，同年9月贈予10億元經濟援助，包括2,000萬美元現鈔。

最讓人無法理解的是，三年困難時期中國農民大規模餓死，毛澤東卻繼續給外國人送糧食。1959年已開始餓死人，毛澤東6月批准出口419萬噸糧食，佔當時儲備糧的24％。到餓死人數已以千萬計的1960年和1961年，仍然對外撥糧。1960年5月，赫魯曉夫挑撥中朝關係、拉攏金日成獲得成效。為了挽回局面，同年9月，中國除了同意給朝鮮不用歸還的四年貸款4.2億盧布，還給了它23萬噸糧食。同年7月，赫魯曉夫中斷了給阿爾巴尼亞的糧食援助。中國當即補上，這年從8月到12月給它運去五萬噸小麥，包括把中國從加拿大買的一批糧食中途轉道運了過去。同年11月，哲古華拉（編按：Che Guevara，內地譯格瓦拉）訪華，我們答應每年都用大米換古巴糖。同年，中國還「借」給越南十萬噸大米，援助幾內亞一萬噸大米，剛果五千萬噸小麥和一萬噸大米。蘇聯出現過類似情形。蘇聯1946和1947年鬧饑荒，餓死人不少，這時卻給了捷克斯洛伐克60萬噸糧。原因只是：蘇聯不給，美國就會給。

毛澤東在援外時還特別喜歡白送。他多次說「我們不當軍火商！」除給了越南和阿爾巴尼亞各200億美元，毛澤東的大手筆還如：只因蒙博托反蘇，就一次性地給了他一大筆美元，數目記得好像是一億；給中非皇帝3,000萬美元（這位皇帝把它全都用到了他的大婚上）。「文革」期間，我們在外交部五七幹校聽到傳達，說毛主席把外交部因秘魯（當時並未建交）受災上報的5萬美元援款，大筆

一揮加上兩個零，一下子變成500萬。周恩來傳達時說，我們要好好領會毛主席的偉大革命胸懷！

# 中、蘇兩黨領導人對國際共產主義運動的再認識

怎樣認識國際共產主義運動的百年起落和蘇聯的七十四年興衰，直接關係到中國如何吸取歷史教訓，正確規劃未來。

蘇中兩黨早就提出，共產國際有問題。

1943年5月21日決定解散共產國際時，斯大林說，共產國際存在缺陷，建立時過高估計自己的力量，錯了；由一個國際中心來領導世界各國工人運動，既不可取也不可能；共產國際繼續存在，會敗壞國際主義的思想和名聲。他申明，蘇聯放棄世界革命。毛澤東對共產國際早就一肚子意見。但是，斯大林說這些，只是為了當時建立國際統一戰線的需要。毛澤東的不滿，只限於共產國際對中共的控制，都不涉及共產國際的理念和運行原則。

再認識國際共運，蘇共是在斯大林，中共是在毛澤東先後去世之後。標誌是兩國先後出現的改革。

首先看看蘇聯和俄羅斯。

斯大林在世時，除了伏羅希洛夫（編按：Kliment Voroshilov，1953–1960年任蘇聯最高蘇維埃主席團主席）等有數的幾位老革命，蘇共領導層中多已意識到蘇聯內外都存在不少嚴重問題。斯大林一

去世，新的領導班子馬上着手內外改革，並不偶然。他們的動作相當之快。很快調整輕重工業在國民經濟中所佔的比例，提高消費品生產在整個工業生產中所佔比重。對外當即採取一系列緩和國際形勢的措施，刻不容緩地實現朝鮮停戰。接着就做消除斯大林個人迷信的輿論準備，釋放政治犯，文化解凍，改善和南斯拉夫的關係，等等。但是，領導層對改革的態度隨領導人的更迭而變，直到戈爾巴喬夫上台，認識才達到全新高度。

赫魯曉夫率先邁出較大步伐。1956年蘇共「二十大」批判斯大林個人迷信，揭開了黨國體制的蓋子。他第一次揭示了和這一體制伴生的反民主、反自由、反法治、反人性等殘暴現象。但他時進時退。他本人的認識有局限性，何況內有黨內阻力，外有中國黨對他搞「修正主義」的指責。

布里茲涅夫上台後進一步倒退。他在相當程度上為斯大林恢復了名譽，基本回歸斯大林模式。通過進一步加強黨的官僚特權制度，穩坐江山十八年。他本人地位無憂，1968年出兵捷克斯洛伐克增強了蘇聯對東歐各國的控制，上世紀七十年代上半期出現對蘇聯經濟增長有利的世界石油危機，使他認為資本主義總危機在加深，蘇聯內外形勢一片大好。他上台初期曾為赫魯曉夫定下的共產主義趕超速度降調，把蘇聯（從1961年起）20年後建成共產主義的提法，改為蘇聯已經建成的只是發達社會主義。到這時，重又走上急於趕超的道路，說發達社會主義和共產主義直接相連。1975年竟放言，在經濟潛力上，社會主義國家已接近帝國主義國家，將進入超過他們的歷史時刻。他在第三世界大事擴張，大量提供錢、物和武器援助，直至出兵阿富汗。上世紀七十年代下半期，蘇聯開始走下坡路。到蘇共「二十六大」，布里茲涅夫不得不再次改變提法，說「發達社會主義是歷史上相當長的階段」。但改革一直沒有重新提上日程。

　　1983年上台的安德羅波夫（Yuri Andropov），是蘇共領導人中少有的頭腦清醒者。長期的克格勃（蘇聯秘密警察KGB）生涯，使他得以掌握國內外的真實情況。他也能正視蘇聯國內和國際共運中存在的問題。他企圖扭轉布里茲涅夫時期留下的殘局，提出新黨綱應該從理論上深刻認識二十年來國內外發生的重要變化，重新評價整個國際共運基本活動的意義。他說，過去把向共產主義過渡的事業看得過於「輕鬆」，發達社會主義不等於成熟社會主義，只不過是長期歷史階段的起點，而這個歷史階段還有自己發展的各個時期和階段。和後來的鄧小平一樣，安德羅波夫承認並未弄清蘇聯的社會規律特別是經濟的固有規律。他認為社會主義大家庭各國的建設道路可以採取不同模式，有些模式還值得蘇聯借鑒。他強調「以社會主義為發展方向的」第三世界各國只能靠自己，蘇聯不應向它們提供過多援助，特別提到古巴。只不過他在任時間過短（1982年11月–1984年2月），他的深厚克格勃背景又不能不給他的認識和實踐打下深深的烙印。

　　繼任的契爾年科（Konstantin Chernenko）既老且病，在任職期間再次大踏步倒退。他退得簡單明瞭，乾脆回到老一套：肯定蘇聯現狀，吹噓蘇聯所取得的各種「成就」，突出政治和意識形態的重要性，強調社會主義各國發展的共同規律和蘇聯經驗的指導作用。他對內求穩怕亂，對美國重又採取強硬態度。

　　戈爾巴喬夫對蘇聯模式、國際共運和世界的認識，代表着一種根本性轉變。他既同赫魯曉夫和安德羅波夫的認識有所傳承，更有重大突破。他不粉飾太平，在蘇共「二十七大」上承認黨自身有失誤，承認蘇聯的問題成堆，上世紀八十年代上半期的蘇聯國際處境「極其不利」。他更加嚴厲地批判超越社會發展進行建設。他在自傳中談到他對國際共運的結論性看法：「共產主義運動的危機及其分

崩離析實際上是不可避免的。因為它源於『共產主義思想』內在的弊端，正是由於實現這種思想才導致極權社會的誕生。這種社會模式遲早必然會失敗。」

蘇聯解體後，共產黨在俄羅斯和其他原有加盟共和國以本名或改名繼續存在，但黨國體制已一去不返。對於蘇聯模式，它們都已有全新認識。俄共主席久加諾夫（Gennady Zyuganov）把蘇共垮台歸咎於它對權力、利益和意識形態的三壟斷，這就指出了黨國體制的要害。

一個重要事實是，從赫魯曉夫起，蘇聯和俄羅斯的轉型伴隨着人性的復蘇。從赫魯曉夫揭開斯大林個人迷信的蓋子開始，其後的蘇聯和俄羅斯各屆領導人幾乎沒有一個敢出來維護斯大林「大清洗」罪行本身的。想多少有所維護，至多也只能表示一下斯大林這樣做有當時的一定背景。

這說明，蘇聯和俄羅斯的轉軌伴隨着社會價值觀的自我重塑。

2011年美國《外交政策》刊載〈對蘇聯解體的普遍誤解〉一文，引用了戈爾巴喬夫以來蘇聯領導人的有關言論。戈爾巴喬夫1987年1月提出，要開展對價值觀的重估，對之做創造性反思。謝瓦爾德納澤（編按：Eduard Shevardnadze，1985–1990年蘇聯外交部長）1984–1985年冬說，每件事都已腐爛，必須做出改變。雷日科夫（編按：Nikolai Ryzhkov，1985–1991年蘇聯部長會議主席）說，1985年的蘇聯社會有着極為驚人的特徵：監守自盜，行賄受賄，無論在報紙、新聞還是講台上，都謊話連篇；我們一面沉溺於自己的謊言，一面彼此佩戴勳章。雅科夫列夫1989年說，謊言夠了，奴性夠了，怯懦夠了；最終我們要記住，我們都是公民，一個驕傲國家的驕傲公民！我們無法再像過去那樣生活——那是一種無法忍受的恥辱！

葉利欽（Boris Yeltsin）譴責殺害末代沙皇一家是「極端殘酷的犯罪」，俄「歷史上恥辱的一頁」。

普京（Vladimir Putin）說，蘇維埃政權的建立從大規模鎮壓開始。他提到消滅沙皇全家事。還提到槍決神甫事：1918年一年三千，十年達一萬。

梅德韋傑夫（Dmitry Medvedev）擔任總統時說，無論斯大林取得怎樣的工作成績，他對人民犯下的罪行無可饒恕。

蘇聯解體後，俄羅斯多地建立起「大清洗」受害者紀念碑。普京2017年10月30日在莫斯科「悲傷之牆」落成揭幕式上說，「政治鎮壓對於我們的全體人民、對於全社會來說都是悲劇，是對我們的人民的沉重打擊，包括它的根基、文化和自我認知。直到現在我們依然在承受着這種迫害的後果。我們的義務是——不忘記！」普京還說，「政治鎮壓悲劇在歷史上曾反覆上演，其原因是那些看似吸引人的空洞理想被置於人類的基本價值觀——珍視生命、人權和自由之上。」

從戈爾巴喬夫開始，宗教信仰真正獲得了自由。東正教在俄羅斯的地位和作用不斷上升。普京多次譴責「十月革命」後不斷殺害宗教人士的罪行。他認為，馬克思的共產主義學說也源自宗教。

蘇聯和平解體，之後俄各屆政府都不細算也不嚴懲參與「大清洗」的各級領導人和負責人的個人責任。可能這也和東正教傳統有關。王康曾寫文章介紹別爾嘉耶夫（編按：Nikolai Berdyaev，俄國政治哲學家）等俄羅斯學者的觀察，說從東正教中可以發現比西方基督教中更多的自由，更多的人類兄弟之情，更多的仁慈，更真的謙卑，更少的權欲。

越南和古巴這兩個黨，在長期執政中對內鮮見直接的殺戮現象。這同兩國的宗教背景和黨的宗教政策也有關係。胡志明主張和平土改，毛澤東大怒，説必須把地主的威風打掉。在這個問題上，胡志明至死也沒有聽從毛澤東。

與毛澤東的「資本主義復辟將是千百萬人頭落地」的預言相反，蘇聯東歐實現的是和平的轉型。新領導人未把前領導人置於死地。對他們的處理還顯示了人道主義關懷。

其次，再看看中國。

鄧小平是黨中央當年反對蘇「修」的主將和先鋒。當上「第二代核心」以來，他對國際共運和蘇聯問題的看法和做法有個變化過程。

**一、同對「美帝」的認識很快就大幅度轉彎相比，鄧小平對蘇聯認識的轉變比較緩慢。**

1979年他還下令專門組織班子研究蘇聯，準備寫一本《論蘇聯社會帝國主義》之類的書。1980年7月17日胡耀邦在外交部第五次駐外使節會議上委婉地提出，須重新考慮蘇聯已經變成資本主義、亡我之心不死、要搞對華戰爭這些説法。鄧小平第二天就在同一會議上加以批駁，説：戰爭因素還會不斷增長，戰爭只能來自蘇聯，要立足於它早點來，立足於大打，要肯定蘇聯叫做「社會帝國主義」。李光耀同年11月第二次訪華，鄧小平還在講，蘇聯是世界和平的最大威脅。

**二、拖延同蘇聯和好。**

從1982年布里茲涅夫開始，蘇聯歷屆領導都承認中國仍然是社

會主義國家，希望改善兩黨兩國關係。安德羅波夫1983年上台後進一步表達這一願望。戈爾巴喬夫更為殷切，不僅要改善關係，還說中蘇合作有巨大潛力。鄧小平的回應是，改善中蘇關係得先消除「三大障礙」。這一點堅持了多年。這裏有三個原因。最主要的是，我們當時的國策仍然是「聯美反蘇」。對外交往時還在繼續勸西方各國不要對蘇聯奉行「綏靖主義」，還在繼續叮囑第三世界各國注意「前門拒狼，後門防虎」。我們需要在中美蘇大三角關係中繼續保持並加強中國的有利地位。其次，鄧小平在反蘇「修」時對蘇聯形成的看法還沒有發生大變化。第三，對戈爾巴喬夫上台後所作所為的意義估計不足，且有不小懷疑和保留。

**三、對於中蘇間的歷史恩怨，表示中國是沙皇時期帝國主義、蘇聯時期大國主義的受害國，只不過這些舊賬今後都不再去算了。**

鄧小平1989年5月16日會見戈爾巴喬夫時，以申明兩點「結束過去」：中國歷史上長期受到包括沙皇俄國在內的外強欺凌，蘇聯沒有正確看待中國在世界上的地位；中蘇之間有干涉反干涉問題，中國是遭受屈辱的一方；中國曾以蘇聯為威脅，也有其原因。又說，這些都到此為止，以後不再提了。

**四、對於過去的意識形態爭論，鄧小平採取「不爭論」、「一風吹」的態度，但也承認中國方面有錯。**

他對戈爾巴喬夫有兩句話：「不認為自己當時說的都對」，雙方「都說了些空話」。在和蘇共以外的兄弟黨領導人談話時，鄧小平談得稍多一點。原中聯部長朱良在2006年第8期《炎黃春秋》雜誌上發表的一篇文章中，介紹了鄧小平1987年5月7日會見保加利亞黨的領袖日夫科夫的談話。他說：(中國)從1957年開始「左」，包括對國際共運的政策也是「左」的；我們的真正錯誤是用自己的經驗和實踐來判

斷和評價國際共運的是非；不應要求其他發展中國家都按中國的模式進行革命，更不應要求發達的資本主義國家也採取中國的模式；論戰升級，中國黨也在一定程度上犯了唯我獨革，以我劃線的錯誤，自己也犯了點隨便指手畫腳的錯誤。

在和兄弟黨談話時，鄧小平還表示，並沒有弄清什麼是馬克思主義，什麼是社會主義。他對保加利亞黨的領袖日夫科夫說，蘇聯搞了很多年的社會主義，也並沒有完全搞清楚；蘇聯模式的弊病及照搬蘇聯模式帶來的問題，中國雖然早就發現，但沒有解決好。又對雅魯澤爾斯基說，我們兩國原來的體制都是從蘇聯模式來的，看來這個模式在蘇聯也不是很成功的。

鄧小平作為黨的一代「核心」，承認包括中蘇兩黨在內的各國共產黨，原來竟都還沒弄清什麼是馬克思主義和社會主義，承認蘇聯和中國建設社會主義的實踐都存在缺陷。這一認識，意義重大。

改革開放初期鄧小平的女兒鄧榕在我國駐美使館工作期間，曾和與她相熟的一位外交部同事說，鄧講過，跟美國人好的話，前途就好；我們跟了蘇聯，吃了大虧。這不正好說明，鄧小平對美蘇兩種國家治理模式孰優孰劣，已有了自己的肯定性結論嗎？只不過對鄧來說，高於一切的是維護黨國體制的利益，美國模式再優也不能學。這一點，鄧和毛又是一樣。毛在內戰時期曾大吹美國式民主政治，許諾中共執政後要搞的就是這樣的政治。但他一執政，就以美國為首要敵人了。

**五、對於蘇聯東歐劇變，鄧小平的態度比較複雜。**

（一）把1980年代初波蘭出現「團結工會」活動，戈爾巴喬夫1985年上台後大力推進改革並提出「新思維」這些發展，視作國內發生學生運動和出現「資產階級自由化」問題的國際大氣候。

　　波蘭「團結工會」於1980年1月成立。7月出現工人抗爭事件。鄧小平一開始沒太在意，認為中國不會發生同樣事件；教訓是必須堅定進行徹底改革。他同年8月18日曾就國家領導制度改革問題發表過重要講話。但陳雲不久後寫信，說中國如不在經濟和宣傳上注意，也會發生類似事件。鄧小平很快轉向，也擔心工人學生「鬧事」可能造成重大政治後果。他的上述講話很快也就被束之高閣，從此不再提起。這同毛澤東在1956年波匈事件前後的表現如出一轍。在毛澤東一生中，他曾在波匈事件前罕見地表露出思想清醒和開明的一面。1956年1月20日說，我們對資本家對知識分子進步的一面估計不足；要革愚蠢的命，革無知的命，革技術的命，單是我們這些老粗就不行。毛澤東還說，斯大林統治，其黑暗不下於歷史上最專制暴虐的統治；不論英、法、瑞士、挪威，一切國家的先進經驗都要學，學習蘇聯也不要迷信。把知識分子定位為工人階級一部分，提出「百家爭鳴、百花齊放」口號，都發生在波匈事件之前。波匈事件後，毛澤東迅速轉向，立即開始準備在民主黨派和知識分子中大抓右派。

　　鄧小平1981年7月7日第一次提出反對「資產階級自由化」。1983年10月12日提出反對「精神污染」。之後一再重申這兩條。鄧小平先後搞掉胡耀邦和趙紫陽，他們對學生運動的態度都是關鍵。隨着對中國也會出「亂子」的擔心逐步增加，鄧小平越來越把「維穩」提到為政的首要議事日程，大大加強專政措施，直到不惜決定動用軍隊開槍鎮壓群眾。

　　（二）反對以「反和平演變」壓改革開放，特別關心不使對外開放受到影響。1989年「風波」後，中國政治迅即「左」轉。「十三大」政治報告強調黨政分開，鄧小平還說報告「一個字也不能改」。實際上均已行不通。把蘇聯解體歸因於西方「和平演變」陰謀和戈爾巴

喬夫個人的「叛變」，成為領導層的主流判斷。江澤民在講話中不止一次談到西方對蘇聯的「和平演變」。中央要專家學者專題研究上世紀五十年代杜勒斯（編按：John Foster Dulles，1953–1959年美國國務卿）提出的「和平演變」問題。中央黨校成立了「反和平演變研討班」。但這些，後來都被鄧小平叫停了。

（三）堅持在處理國家關係時淡化意識形態因素，同過去毛澤東在國際共運中爭着當頭的做法劃清界限。1991年8月19日蘇聯發生倒戈爾巴喬夫政變。在高層領導人中，為蘇共正統派如此出手感到歡欣鼓舞，認為這是件大好事的，不乏其人。外事幹部們已經聽到緊急傳達。駐蘇聯使館已經得到指示，《人民日報》也受命撰寫文章，準備表示支持和慶賀。多虧政變行動迅速失敗，否則我們在外交上就會陷於被動。蘇聯解體，高層領導人中又出現「蘇聯紅旗既倒，今後得靠中國接着扛旗」的想法。

也就在蘇聯東歐變化的過程中，鄧小平陸續提出「韜光養晦、冷靜觀察、沉着應付、守住陣腳、善於守拙、決不當頭、有所作為」等四字句，後來被濃縮為十六字方針。這成為中國在蘇聯東歐劇變後對外工作的總方針。這一方針影響深遠，作用良好。中國同俄羅斯等新獨立國家和中東歐各國得以順利建交，並不斷發展良好關係，還使中俄關係很快上升到歷史上最好時期。這一方針長時期維護並保障了中國改革開放後的良好國際環境。

鄧小平又進一步採取「南巡講話」這一大舉動，制止了經濟上隨着政治「左」轉的發展勢頭。

胡耀邦早就對國際共運有着清醒的認識，提出過不少重要理論見解。他1983年4月到5月會見不同的外國共產黨領導人時，承認「文革」前中國黨自身的很多觀點並不成熟，處理同兄弟黨的關係有過錯

誤。表示中國黨過去實際上並不獨立自主，而在黨與人民的關係、社會主義道路的選擇、對世界事務的觀察與決策這些方面本來都是必須保持獨立自主的。他還談到，中國黨主要錯在：干涉其他黨的內部事務，認為搞革命一定要有個模式，把中國革命中的武裝鬥爭經驗加以誇大，說中國農村包圍城市的這條道路在亞非拉各國都普遍使用，這是不妥當的；對議會鬥爭說了些不妥當的話；中國黨對本國大資產階級（指蔣介石政權）鬥爭時，沒有看到它所以能執政，往往是它高舉了民族獨立的旗幟；在黨內鬥爭方面長期存在的缺點是過於簡單化，打擊面過寬，處理過重；長期忽視文明建設，作為社會主義國家一定要發展生產、搞物質文明和精神文明。向蘇聯表示希望推動兩黨兩國關係、使之走向正常化的，胡耀邦是中央領導人中的第一位。他早在1986年就通過民主德國黨的政治局委員謝萊斯給蘇聯帶話，表示蘇聯東歐各國是根據自己的經驗和國情確定各自的內外政策的，中國黨不會有意見，尊重它們的內外政策。[43]

趙紫陽已經看清蘇聯模式的弊病，特別重視蘇聯和中東歐各國在國際共運消亡後轉型實踐的經驗和教訓。政府部門的研究機構囿於傳統觀念和「要善於體會領導意圖」的習慣，思想束縛很大，向中央反映情況顧慮重重。趙紫陽不得不專門另外組織人馬調查研究，直接聽取他們的意見。

趙紫陽1988年7月15日說，對戈爾巴喬夫的新思維還要觀察；蘇共第十九次代表會議對蘇聯改革將起到積極推動作用；內政不可能不影響他們的對外政策；蘇聯勢必對外做出新調整。他1989年5月16日會見戈爾巴喬夫時的談話說明，他們兩人在重大理論問題上

---

43　盛平主編：《胡耀邦思想年譜—1975–1989》下卷，第860–866頁，參見本書附錄六。

存在着一定共識。在1995年所寫《生活與改革》和《戈爾巴喬夫全傳》兩書(俄文版)中,戈爾巴喬夫引用了趙紫陽對他講的下面這一番話:「在社會主義制度下,已經犯下了一些主觀錯誤。在中國,這些錯誤來自中國共產黨的領導層」;「中國長期以來堅持的是一種業已衰朽的模式,這種模式是蘇聯十月革命後確立下來的」;「中蘇兩黨應該一起來回答:一黨制能不能保證民主的發揚?在一黨制條件下能不能對負面現象進行有效監督?能不能同黨政機關裏的營私舞弊現象進行有效的鬥爭?」「假如這不能取得成功,那就將不可避免地面對『多黨制』的問題」。「還有一個司法完全獨立的問題,如果制訂相關的法律,法庭有沒有最終審判權?」

趙紫陽向戈爾巴喬夫提出的這些問題,在中國至今還嚴禁討論。對國際共運和蘇聯的認識,在中共高層領導人中是存在很大差別的。毛澤東生前多次警告過的「千百萬人頭落地」前景,在一些高層領導人和老革命的頭腦中,這一條影響猶存。但是,在蘇聯東歐劇變的過程當中和之後,除了齊奧賽斯庫夫婦被處決這個特例,這並未成為現實。當然,原來的領導人紛紛下台是不可避免的。而在一些高層領導人中,光是下台就不得了了。蘇聯東歐劇變後有好幾年,我國高層領導人都極為關心各國領導人的更迭,各國下台領導人的命運。

如何按照國際共運的百年真實歷史,正確認識和總結國際共運和作為其中一員我國的經驗教訓,在我國還遠未得到正視。如何糾正我國跟着蘇聯在歷史上走過的彎路錯路,設法吸收世界各國的成功經驗,使我國趕上世界潮流,尚未能提上議事日程。

2011年口述,2017年6月成文,2018年2月由宋以敏修訂

# 第五章

# 毛澤東的戰爭思想與共和國成立後打的四場仗

　　共和國成立後的三十年裏，同周邊四個國家打了四場戰爭：1950年的抗美援朝，1962年的中印戰爭，1969年的珍寶島爭奪，1979年的對越「自衛反擊」戰爭。四場戰爭均由中國挑起。直接戰果是並無所得。長遠後果是對中國國內發展和對外關係都產生了長期不利的影響。在毛澤東時代，中國曾成為世界上唯一最好戰的大國。總之，四場戰爭全都打錯。

　　關於朝鮮戰爭，本書第六章另有專論。另外三場戰爭，前面幾篇已有所涉及這裏不一一詳述。下面只根據個人認識，簡要談談毛澤東和鄧小平先後決定打這四場戰爭，所為何來。

　　事情得從毛澤東的時代判斷和戰爭思想說起。

　　由於對時代判斷錯誤，毛澤東總是過高估計戰爭爆發的可能性和革命形勢的成熟度。戰爭和革命不可分，「不是戰爭引起革命，就是革命制止戰爭」。這是他不斷在全國採取備戰臨戰大行動的理論根據。他不讓經濟發達的沿海地區好好發展，卻大搞並不充分具備發展條件的「三線」建設。共和國成立以來，只在1956和1962這兩年，各出現過一次得到毛澤東一時認可緩和現實的例外，全國幾乎沒有停歇過備戰。備戰活動一直深入到各省乃至基層建設。「文革」時期，戰爭危險更一度被強調到「已迫在眉睫」、準備「打大戰」、「打核戰爭」的地步。

　　大約在1970或1971年，外交部湖南幹校的全體「五七戰士」，聽到湖南省革委會主任卜占亞到北京開會後向全省做的傳達：毛主席說，我們得做好解放（也就是打）台灣的準備；給各省準備接管台灣，做了分工。卜占亞具體說了要湖南接管的具體領域，已忘記是哪個。為了備戰，各省建設都要適應戰時需要，在戰爭爆發後都能自造武器彈藥及運輸工具，都能獨立作戰。在湖南，部隊醫院大力

提倡用針刺代替注射麻藥止疼，用在農村和山區到處都能找到的中草藥代替西藥治病。幹校和地方上的「赤腳醫生」們跟着部隊醫院的醫生，學的就是扎針和大量辨識草藥的本事。

關於對時代的誤判，前面各篇已有闡述，不再多談。這裏專談毛澤東的戰爭思想。

毛澤東講戰爭，既指世界大戰、民族獨立解放戰爭和國內革命戰爭。他也把美國進行的反共反蘇反華、蘇共反對中共的路線鬥爭視為戰爭，統稱為「沒有硝煙的戰爭」。毛澤東1959年11月3日明說：艾森豪威爾（編按：Dwight D. Eisenhower，1953–1961年任美國總統）這種人物，他不只是有講和平的一面，還有戰爭的一面；比如他要分化中蘇，要打擊美國共產黨，向工人進攻，把全世界的反帝國主義浪潮壓下來；因此講美國發動戰爭，也不是指武裝進攻，而是指政治鬥爭。美國的「和平演變」政策，被看作美國對中國作戰的主要方式。

毛澤東早已把蘇聯定為「修正主義」。1968年為了終止「布拉格之春」，蘇聯又出兵捷克斯洛伐克。毛澤東更以此為由把它定性為「社會帝國主義」。從此蘇聯就成了對中國乃至全世界的首要戰爭威脅。當年外交部副部長余湛曾在《紅旗》雜誌上發表專論，把列寧《帝國主義論》所舉的帝國主義五大特徵，一一直接套用到了蘇聯「社會帝國主義」頭上。說明：凡是帝國主義，它們的本性就決定他們註定要發動戰爭。其實，無論是出兵捷克斯洛伐克的本身還是布里茲涅夫（編按：Leonid Brezhnev，內地譯勃列日涅夫，1964–1982年蘇聯最高領導人）提出的「主權有限論」，都是按國際共運規矩辦事。在中蘇兩黨鬧翻前，這類做法和說法，同當年帝國主義國家為佔領殖民地而發動戰爭，根本沾不上邊。

　　把在我們黨內高層進行「路線鬥爭」說成是打仗，是毛澤東的口頭禪。一在黨內高層發動「路線鬥爭」，他就會說準備拉着隊伍重上井岡山。也就是，重打一次天下。江青在「文革」集會上講話，開口閉口都是「打仗」。說她是領着革命小將們來「打仗」的。她拉着幾位教授跟着她上台「評法批儒」，也宣佈：今天來「打一仗」。

　　毛澤東認為，只要還沒有把國內外資產階級全部消滅乾淨，內戰外戰就不可避免。這既指「武」戰，更指「文」戰。他承襲了列寧斯大林的理論衣鉢，但又大有發展。他把這一點運用到了在黨取得執政地位後在國內還要繼續進行不懈的「階級鬥爭」上。他創造出了理論：「無產階級專政下繼續革命」。又創造出實踐經驗：依靠不斷發動各種政治運動來推進繼續革命。

　　由於國內外階級敵人從來都相互呼應、相互勾結，因此外鬥和內鬥不可分割。這一點，毛澤東和斯大林倒是完全一致。他們都把本人認定是政敵的對象說成是外國奸細。我國的高饒、彭黃張周、劉少奇、林彪全都有「裏通外國」這一條。劉少奇乾脆就是「中國的赫魯曉夫」。連毛澤東懷疑可能成為下一個反黨頭目的對象，也會事先警示性地提到。1973年他有意動一動周恩來。王海容和唐聞生在同年11月28到12月5日的批周擴大會上傳達毛澤東的話：「周恩來對蘇聯怕得不得了，如果他們打進來了，他要當蘇聯的兒皇帝！」毛批周的由頭是當年外交部第153期《新情況》事件，[1]以及周恩來

---

1　外交部1973年6月8日出的內部刊物《新情況》所載文章對美蘇關係的估計使毛澤東大批周恩來：「大事不報告，小事天天送，此風不改正，勢必出修正。」

1973年11月13日和基辛格的談話事件，針對的是周對美國的態度。但卻說他想當「蘇聯的兒皇帝」。說明毛澤東心裏更放不下的是周恩來早年同共產國際的深厚關係。難怪他批周時調出當年他所寫激烈批判包括周在內幾篇一直未發表的反「教條主義和經驗主義宗派」的文章，反覆閱讀，還作出修改。

毛澤東把他推翻民國政權的打內戰成功經驗，直接或改變表現方式套用到世界革命、對外作戰和對內繼續革命的戰略策略上。

在世界革命問題上，毛澤東把在國內的「農村包圍城市」戰略，直接推廣到國際上，即「世界農村包圍世界城市」的戰略。

對外對內作戰、無論進行文鬥還是武鬥，毛澤東的戰略策略思路相通乃至一致之處很多。包括計算敵我力量對比，打仗依靠什麼取勝，戰而勝之的信心，鬥爭的方式方法。

計算敵我力量對比，毛澤東對內對外高度一致：一看對社會主義制度、對共產黨和對他本人，及對資本主義制度、對資產階級政黨和對整個資產階級的人心向背；二看敵我雙方各自擁有人口的多寡。人心向背是根據他本人的估計。毛澤東堅信，他在黨內國內已經牢牢樹立起不容任何其他領導人挑戰的個人崇拜地位，在國外的威望也蒸蒸日上。人口是可以量化的實際數字。毛澤東1957年在莫斯科首次做出「東風壓倒西風」的判斷，說了兩種制度國家各自的人口總量。他對中國留蘇學生說，東風壓倒西風，我們人多他們人少，不久他們就會發生地震。中國國內外階級敵人的數量是「一小撮」，絕大多數都是擁護共產黨或是可以團結在共產黨周圍的。在國內，這「一小撮」佔全國人口5%的比例源自延安整風。1955年10月22日陸定一奉命向蘇聯駐華大使尤金介紹當時的肅反運動。他

説，延安整風中異己分子佔5%，這次肅反把反革命分子佔全國人口的比例定為5%，顯然正確。在國外，各國人民都是好的；在資本主義國家，壞的只是統治階級一小撮。

和外國作戰，仗的是我們兵多，相信人海戰術是取勝之道。毛澤東在朝鮮戰爭中就搞人海戰術。毛澤東1951年3月1日報告斯大林：花幾年時間，拼掉美國人幾十萬生命，中國擬用它巨大人力資源拖垮美國；軍隊已死亡10萬人，估計今明年還得死30萬；中國準備和美國打一場持久戰。赫魯曉夫在回憶錄裏説，1957年毛澤東向他提出，如果蘇聯遭到進攻，不應還擊，而應撤退；撤至烏拉爾山（編按：Ural Mountains，歐洲與亞洲大陸分界線），堅持兩三年，有中國做後盾；你們只要挑動美國人動武就行，你們需用多少師打垮他們，我們就給你們多少師，一百個、二百個、一千個都行。毛澤東1969年在九屆一中全會上也説，準備打仗，打起來放他（指蘇聯）進來好，讓他陷入人民戰爭汪洋大海中。

堅信和帝國主義開戰必勝還有一條：我們不怕死。毛澤東多次説，我們人多，還不怕死，而美國人最怕死。他1957年1月19日對葛羅米柯（編按：Andrei Gromyko，時任蘇聯外交部長）説，美國最怕死人，打死幾百人，對他們來説就非常嚴重了；如果他們傷亡200萬到300萬，那就等於美國的滅亡。毛澤東在「九大」發言談珍寶島戰爭：我們不是不要飛機、坦克、裝甲車，打，主要是靠勇敢；珍寶島破除了迷信，什麼飛機、坦克、裝甲車之類，現在到處的經驗都證明，可以對付。

不怕打核戰爭，也是因為人多和不怕死這兩條。1957年在莫斯科説，打起核戰來，人類死掉三分之一甚至一半也不怕。中蘇關係緊張，蘇聯軍內有對中國動核手術的設想，毛澤東召開軍委會，

所有軍委領導都表示不怕原子彈，毛不同意對蘇聯進行核報復，提出：一旦蘇聯動用核武器，我軍可全部快速進入蘇境，多批次全方位進攻，地方獨立武裝、武裝民兵機動跟進，全部武裝佔領蘇聯領土，全民移民蘇聯。還提出，蘇聯一旦對我動武，我就對美軍動武，美軍用核武器反擊中國也無所謂，做好再次搬家到美國的準備。據說消息通過波蘭傳給蘇美，蘇美全都慌了。

毛澤東不怕打第三次世界大戰包括核戰爭，只因深信戰爭結果只能是帝國主義和資本主義在世界上徹底消亡，社會主義和無產階級在世界上全面勝利。他早就提出過這一信念。「文革」期間，「世界大戰，第一次打出了個蘇聯，第二次打出了個社會主義陣營，第三次必將打出全世界一片紅」的說法，幾乎成為國人特別是「革命小將」們的普遍認識。一批「小將」還跑到國外去，直接參加那裏的武裝鬥爭革命。

但是，對於帝國主義發動第三次世界大戰，蘇聯「社會帝國主義」進攻中國，毛澤東都並不大相信真的會發生。特別對帝國主義，他基本上完全排除了這種可能性。和葛羅米柯談話時，他明確地說，正是因為美國人怕死，美國不敢進攻我們。

他真正擔心的是，美國用西方價值觀、蘇聯用「修正主義」來演變中國。即西方以「和平演變」，蘇聯以反對個人崇拜和開始採取不同於中國的改革措施，在中國造成毛澤東定義下的「資本主義復辟」，即「亡黨亡國」。這是「敵人亡我之心不死」一說的真正含義。蘇共不是已經被西方成功地演變了過去嗎？但是，如果不同時強調美蘇真有可能對中國發動戰爭，不真的採取備戰行動，又不足以煽起國人對美蘇侵華的足夠警惕和仇視。

毛澤東對美國「和平演變」的擔心，在於它有可能在中國的社會層面發揮影響。這一條，對於在中國持續推行黨國體制確實可能造成一定的障礙。對蘇「修」影響的擔心，那就更大也更加現實了。因為蘇「修」直接針對的已經是毛澤東個人。何況根據國際共運和各國共產黨的理論和實踐，在國際共運內各兄弟黨間，在各黨黨內，都早就存在不聽話、不換思想路線就換人的傳統。還不能排除為維護「政治正確性」而動武，開殺戒。在一黨專政的共產黨國家，決定開戰只需要黨中央特別是領袖下決心就行。不像三權分立的西方國家，決定能不能開戰是很麻煩的。說蘇聯已經取代美國，成為對中國安全的主要威脅，是毛澤東當時的真實認識。

中國和蘇聯同是無產階級專政國家，摸得着彼此的脾氣。布里茲涅夫是真怕中國對蘇聯動武，這才有軍事包圍中國之舉和對中國「動核手術」之議，毛澤東也真的擔心蘇聯有朝一日確有可能在軍事上對中國動手。全國的戰備活動，1950年代上半期主要針對的是美國。其規模和程度，遠不及後來對蘇聯。

毛澤東在國內和國際上推行同樣的統一戰線戰略策略。首要一條是劃清左中右、敵我友界限，以確定聯合、中立或打擊的對象。在國際上提出的「中間地帶」論、「三個世界」論、「一條線戰略」論，都是如此。毛澤東時代在國際統一戰線上所作的最大調整，就是從共和國成立早期的「以美劃線」，轉到中蘇兩黨決裂後的「以蘇劃線」，甚至決定「聯美反蘇」。

具體戰術或策略運用也大同小異。「誘敵深入」和「引蛇出洞」，讓人感到正是異曲同工。都是先放後收，「聚而殲之」。在對外戰爭中「誘敵深入」，執政前是「讓開大路，退到兩廂」；執政後是不發展沿岸和邊界地區，戰時準備從這些地區退出，轉入內地「三線」地

區，誘使敵人長驅深入到中國境內，以達「關門打狗」，大量消滅敵人有生力量的目的。對內，是先騙人公開說出自己真實看法，然後倒算賬。

戰爭和戰爭氣氛有利於世界革命和國內繼續革命，毛澤東是直言不諱的。他1958年9月有句名言：國際局勢緊張有利於「調動人員，調動落後階層，調動中間派起來鬥爭」；民主黨派「過去心裏有些疙瘩，有些氣的，受到了批評的，也就消散一點吧。就慢慢這樣搞下去，七搞八搞，我們大家還不就都是工人階級了」。1959年3月3日，他接見拉美15國共產黨領導人時也說：「局勢愈緊張愈好，各國共產黨可以比較迅速地發展，革命會更快一些。」因此，他也在有意渲染甚至製造戰爭危險論，國際局勢緊張論。「文革」期間毛澤東把國際形勢主要特徵定格為「大動盪、大分化、大改組」。這是為了替世界革命形勢大好鼓勁，卻並不符合當時總的國際形勢發展正處於比較緩和階段的實際情況。

還有一條，即和平狀態是培育「修正主義」和「資產階級思想」的溫床。這和怕讓幹部和民眾富起來會「變修」、「資產階級化」，出於同樣的理念。

毛澤東說過，政權就是軍隊。軍隊隨時準備為貫徹黨領袖定下的方針路線「保駕護航」。

備戰、進入臨戰狀態和實戰，還是練兵的需要，防止軍隊鬆垮渙散的良方。

毛澤東決定打的三場戰爭、鄧小平決定打的一場戰爭，從戰略思想到戰術運用都源於毛澤東的上述戰爭思想。下面只簡要談兩點。

第一，四場戰爭都出於世界革命理念。

抗美援朝戰爭，這是毛澤東為推進世界革命而採取的第一次重大行動。

早在抗美援朝之前，毛澤東就開始援助越南進行反對帝國主義的武裝鬥爭。先是援越抗法，後是援越抗美。這同樣是為了推進世界革命。中國早就在軍事上深深介入越南共產黨領導下的武裝鬥爭，解放軍也在越南大量流血犧牲。陳賡大將曾被派往越南，成功指揮了抗法的奠邊府戰役。毛澤東和周恩來不止一次表示，中國願為援助越南做出最大的民族犧牲，包括出兵和直接到南越幫助作戰。中國為越南大量無償提供各種援助，持續運去大量武器彈藥和生活物資，長期派去軍事顧問和數目可觀的軍事和工程人員。常常是越南主動提出要求，中國慨然允諾，越南欣然接受。只有一條，胡志明和繼任的越南領導人全都婉拒中國提出的直接出兵相助建議。為了援越，中國耗費了大量物力、財力和人力。只因從來沒有直接出兵越南，就沒有列入共和國成立後所打戰爭的序列。但為越南長期大量提供那麼多援助，和其他支援世界革命行動所耗費的一樣，只能使政府在財政上更加捉襟見肘，更難滿足國內的各種民生需求，包括能讓中國人少餓死一點的最低民生需求。

在中蘇兩黨反目之前，毛澤東援越抗法抗美（以及抗法抗美之間的抗美援朝），是為了共同反對帝國主義。之後，在繼續反對美帝國主義的同時，又增加了同蘇共爭當國際共運領袖的因素。此刻的大量援越（以及援朝），就多了一層同蘇共爭奪對越共（朝鮮）影響的考慮。從1969年開始，在認定蘇聯對我國國家安全的威脅已經超過美國，「聯美反蘇」政策從開始醞釀到不久後正式形成，我國對外開始從「以美劃線」轉到「以蘇劃線」。如何平衡「抗美援越」和「聯美

反蘇」？圍繞向越南繼續提供援助和促進越南和談，中國對越、對美、對蘇展開的外交活動，多種因素交錯，十分複雜。

毛澤東1962年發動中印戰爭，仍然同他的世界革命思想不可分。此戰倒不是為了推動印度共產黨在印度發動新民主主義革命，儘管對印度這個國家及其統治階級的定性，早就存在着問題。是把印度統治階級看作革命對象還是爭取對象？毛澤東認為是前者。本書第二章談到過毛澤東和張聞天對由民族資產階級代表人物領導的前殖民地半殖民地國家的不同看法，這裏不去重複。毛澤東把尼赫魯定成「帝、修、反」中反動民族資產階級的代表和領先人物，因此是主要打倒對象之一。趙朴初從1963到1964年連續寫出「哭三尼」套曲，毛澤東大加讚賞。「三尼」即肯尼迪（編按：John F. Kennedy，港譯甘迺迪）、尼基塔・赫魯曉夫和尼赫魯。由胡喬木執筆，《人民日報》發表過諷刺挖苦尼赫魯的專文。毛澤東稱尼赫魯是「半人半鬼」。

但，這裏面有個和蘇聯爭奪國際共運領導權直接相關的因素。當時蘇聯和印度的關係好於中印，蘇聯在印度的影響大於中國。蘇聯給印度提供了大量援助，尼赫魯和赫魯曉夫的個人關係也很好。而斯大林是早就把領導前殖民地半殖民地特別是亞洲民族解放運動革命的權力授給了毛澤東的。

還有一個和世界革命也有間接關係的因素。尼赫魯長期在前殖民地半殖民地國家中享有崇高威望，還是不結盟運動的領袖人物。而毛澤東認為，中國革命的勝利已使他成為所有新獨立國家的當然引領者。

我一直感到，我們是對不起尼赫魯的。印度獨立後，在西藏問題上和中國一直存在着矛盾，同中國也一直有領土和邊界糾紛。但

是，同樣在尼赫魯治下，印度一直對中國很友好。印度對中國國共兩方的抗日都支援。共和國成立後，印度對中國長期採取友好態度，在國際上和在聯合國內不斷開展對中國有利的外交努力。當然，在毛澤東的外交決策三原則下，中國不一定把印度所做努力都看成對我們有利。上世紀五十年代，亦即在毛澤東短暫表現開明的時期，中印兩國共同倡導了和平共處五項原則。兩國關係曾高度友好過一陣。後來中印這兩個偉大國家的關係變壞，實在可惜。

1969年的珍寶島之戰，是事先經過我們周密準備，選好了時間地點，突然向蘇聯發難的。戰爭本身為時不長，雙方流血不多，但是意義重大。發動這場戰爭標誌着中國黨為同蘇共爭奪意識形態正統地位和國際共運領導權進行的鬥爭，已到不惜同蘇聯兵戎相見的地步。這場戰爭把中蘇分裂從政治領域一下子推進到軍事領域。蘇聯的反應強烈。不僅同年8月就在新疆鐵克列提對中國邊防軍採取直接報復行動，還從此在中國周圍大量增兵、實現了對中國的軍事包圍。蘇「修」「亡我之心不死」這下子有了軍事後盾，真正成為對中國的重大安全威脅了。

鄧小平1979年發動對越「自衛反擊戰」，動機比較複雜。其中世界革命思想範疇內的爭奪共運領導權也是因素之一。越南在蘇聯支持下反對柬埔寨的紅色高棉。而我們是堅決支援紅色高棉的。中越兩國之間一直存在着領土和邊界糾紛，歷史悠久。但光憑這個，並不能成為打這場仗的充分理由。

鄧小平還想借此使毛澤東定下的「聯美反蘇」國策得到進一步強化，使中國在美國獲得更大實際利益。鄧小平訪美時已經認識到，二戰後，哪個國家和美國關係搞得好發展就快，反之就會很

慢。他專門選擇在對越南採取行動之前訪問美國，向卡特（編按：Jimmy Carter，1977–1981年美國總統）交底：蘇聯是中美的共同主要對手，他決定採取軍事行動「教訓越南」，是因為越南跟着蘇聯跑。卡特並未表示支援中國對越採取軍事行動。但是鄧小平進攻越南發生在他訪美之後，卻增加了蘇聯在軍事上幫助越南抗擊中國的顧慮。此行確實也有助於使美國進一步近中國遠蘇聯。

第二，打這四場戰爭，都是為了直接配合毛澤東和鄧小平各自進一步掌控黨政軍大權。

1950年參加朝鮮戰爭，對於鞏固剛剛成立的共和國政權起到了無可替代的重大作用。毛澤東因打這場戰爭在國內外的聲威大振。這些在第六章有詳述。

1962年秋發動中印戰爭，恰逢在七千人大會結束半年之後。這裏就有毛澤東此時已下定最後打倒劉少奇的決心這一重要背景。為倒劉而開始採取的主要對外措施就是，決定和蘇「修」公開決裂。這是為給劉少奇最後戴上「中國的赫魯曉夫」帽子留下伏筆。蘇聯塔斯社9月9日對中印衝突採取了中立態度。這成為一個重大由頭：蘇聯竟然在兄弟國家和非兄弟國家的爭執中沒有採取無條件站在兄弟國家一邊的立場。這豈不是對國際共運章程的離經叛道？就這個問題大做反對「蘇修」文章，還有助於煽起國人對外反對「帝、修、反」的民族主義情緒。

珍寶島之戰，正值毛澤東準備召開「九大」。他把林彪定為他的接班人，還鄭重其事地把這一點寫進了黨章。同時，他也開始做在林彪之後由「四人幫」接班的準備工作。但是，毛澤東當時就觀察到林彪不會接受由他所看中的張春橋輔佐江青接班的安排。他不用

由陳伯達起草、反映了林彪有關今後全國工作安排設想的報告稿，二讓林彪在「九大」上宣讀有張春橋起草的稿子。林彪唸稿是無精打采，被毛澤東看在眼裏。

「九大」後，備戰的調子越唱越高，與此直接相關。1969年9月，毛澤東在國慶20周年口號中加上了一條：「從現在起就要（對任何侵略戰爭和）有所準備！」同時開始動員積極戰備疏散。

九屆二中全會進一步證實了林彪在林後接班人問題上和他存在的尖銳矛盾。只是林彪在國共內戰中立下赫赫戰功，在軍中長期享有很高威望，在高級將領中有一大批忠實的追隨者。毛澤東就一方面從打倒陳伯達下手，對林彪開始旁敲側擊。作為重大防範措施，更借珍寶島之戰引起的中蘇軍事關係緊張，不斷加碼強調蘇聯是中國的主要軍事安全威脅，爆發戰爭的可能性越來越大也越來越迫近，備戰活動更是不斷升級。林彪口頭上也強調這種危險和備戰的必要，私下卻認定蘇聯是不會進攻的。

毛澤東在「九大」後即大搞緊急戰備疏散。他本人和林彪暫避外地。在短短幾天裏，在「文革」中已被關押的高級領導人全部、挨鬥的大部都被趕出了北京。在北京的大批幹部，為數更多的知識青年，下「五七幹校」的下幹校，上山下鄉的上山下鄉。

這些行動也含有為防範發生「政變」，控制異己力量的成分。

鄧小平決定發動對越自衛反擊戰，發生在他接華國鋒的班立足欠穩的時刻。他需要在軍隊中為自己樹威。在中國共產黨的實踐中，同每次防範或準備發動不同形式政變時的情況一樣，主事者都是首先抓軍隊。鄧小平明說，兵要靠打實戰才能練出來。對越「自衛反擊戰」結束後中越邊境戰爭連綿不斷多年，那裏真的成了解放軍的練兵場。

「六四」時，鄧小平借學生「鬧事」開動大批軍隊、坦克進京並大開殺戒，槍殺或壓死無辜學生和群眾的人數至今嚴格保密。其實鄧要對付的並不真是手無寸鐵的學生，而是為拿下趙紫陽而有意把事情弄大，也意在防止趙紫陽的力量和影響上升。不是已有多位大將和包括李一氓在內的老資格革命家反對戒嚴、更反對開殺戒了嗎？

最後，以簡單談談毛澤東和鄧小平的異同，包括外交上的異同結束本文。

一，毛澤東思想是個體系，鄧小平理論並沒有形成理論體系，只是關於中國經濟建設特別是改革開放的方針政策。

二，鄧繼承毛的是：和戰問題，反「修」，世界革命，大國主義，邊界問題，「教訓越南」等。

三，鄧對毛的修正和撥亂反正是：向資本主義開放，引進外資外企，設立特區和免稅區，開展外經外貿、兩個市場。逐漸採納李一氓和宦鄉等人的建議，包括：改變對爆發世界大戰可能性的看法，放棄無產階級國際主義，取消「打倒帝修反」口號，不再保持原來那種共產黨間的黨際關係；削減外援；加入國際社會，承認國際慣例；不再「聯美反蘇」，在外交上同美國拉開一定距離。

四，在外交上，鄧、毛的根本區別是閉關自守與改革開放。鄧見過世面，毛只是坐井觀天。毛是完全封閉，鄧是部分封閉。

（1）在內政外交決策上，毛完全是由個人說了算。鄧還不能做到完全由他個人說了算。

（2）毛、鄧對外都是一個時期突出一個重點，單打一。如台灣問題，打掉日本常任理事國企圖，會見達賴喇嘛，打擊法輪功。

(3)　從反美到反蘇兩次劃線的變化，毛、鄧一致。都不是有理有據的成功國際戰略。

(4)　從「以我劃線」到「以我為準」。毛、鄧都不承認普世價值，如人權、人道、三權分立等。怕「西化」怕「演變」，既是拒絕文明，也是軟弱和怯懦的表現。

(5)　以「歷來主張」為「證」，毛、鄧都以一貫正確自居。頭三十年以對「頂峰」態度劃線，後三十年以「中國特色」相框。

(6)　毛、鄧都屬於「宣傳」拜物教。改善中國形象不能只靠對外宣傳。「軟實力」的形成，不在對外宣傳方面的巨大投入。

宋以敏註：2018年3月30日完稿，是本書唯一沒有來得及由何方最後修改定稿的一篇

# 第六章

# 朝鮮戰爭停戰六十年祭

鳴謝：此文的寫作參閱了沈志華先生的《毛澤東、斯大林與朝鮮戰爭》等著作，許多材料也出自此，茲專致謝意。

朝鮮戰爭停戰已經過去了六十年（編按：1953年7月停戰）。按中國紀年，這正是一個甲子，很值得做些回顧和反思。不過六十年來，國內外輿論對這場戰爭的資料收集和研究成果，可說早已十分充分。我今天只是想換一個角度，着重談中國在這場戰爭中所應記取的教訓或者說是有哪些失誤。在我看來，主要的失誤就是：同意和支持金日成發動戰爭；乾綱獨斷地決定抗美援朝；拒絕對中朝極為有利的聯合國停戰建議；以戰俘問題為由長期拖延戰爭；以及處理中朝關係上的一些問題，等等。

# 關於朝鮮戰爭的發動

六十年前的朝鮮戰爭，嚴格地說，應該分為兩個階段。第一階段是北朝鮮發動的南下「統一祖國」的戰爭。第二階段才是中國參加的抗美援朝戰爭。現在先從朝鮮戰爭的發動談起。

按理說，發動朝鮮戰爭應該是朝鮮領導人金日成決定的事，但按當時還存在社會主義陣營的規矩，則必須得到斯大林的批准。而斯大林在二戰後所極力避免的一件事，正是同美國發生軍事衝突，引起蘇美大戰。在朝鮮問題上，他也是擔心美國的直接干涉，所以對金日成多次提出武裝統一的要求，都一直沒有同意。然而到1950年初，斯大林的態度卻發生根本變化，同意金日成發動戰爭。他誤以為美國干涉的可能性不大，同時決定拉上中國，萬一美國插手，可以把中國推到第一線。

金日成按斯大林的意見來找毛澤東，得到了支持。毛澤東除了和斯大林一樣，對美國的意圖有所誤判外，還由於他堅持支援世界

革命的外交路線，且有爭當東方革命領導者的念頭。早在抗日戰爭時期，他就把延安當作指揮東方革命的「總部」。因處於秘密狀態而不能回國的一些亞洲國家共產黨領導人就有不少滯留延安。如時任日共領導人的岡野進（野阪參三）就以公開的身份出任延安日本工農學校（學員由被俘的侵華日軍人員組成）校長，並代表日共在中共七大上公開致詞。單是我所在的延安俄文學校，教員中就有越南、朝鮮、印尼等國共產黨的領導成員。他們都是蘇德戰爭爆發後從蘇聯撤到延安的，日本投降後均已回國出任重要職務。正是由於毛澤東具有強烈推進世界革命的國際主義情懷，所以中國革命剛一勝利就積極支援金日成發動朝鮮戰爭，也不是偶然的了。

金日成是從中國東北起家的。由於歷史的原因，東北有大量朝鮮人居住，成為中國境內的少數民族之一。朝鮮在日本的殖民統治期間，人民的抗日復國運動一直沒有停止過，並且蔓延到了中國東北。日本佔領東北後，中國人民掀起了反日怒潮，東北更出現了中共領導下的武裝鬥爭，組成了遍佈東北三省的抗日義勇軍，後改編為統一的抗日聯軍（簡稱抗聯）。朝鮮人的抗日復國力量多匯入各地的抗聯。金日成就是從他的生長地吉林參加抗聯的周保中部，最後升任為營長的。1938年後，中國的抗日戰爭進入相持階段。日本在關內佔領區鞏固其統治的同時，也加強了對東北抗日力量的清剿，致使公開活動的抗日武裝無法立足，不得不分批退入蘇聯境內。後來，抗聯經過整編，蘇聯把其中的朝鮮人獨立出來，編成以金日成為首的朝鮮部隊。1945年8月，蘇聯出兵東北，並根據同美國的協定佔領了北朝鮮。金日成也就率部回到北朝鮮，此後又在蘇聯策劃下，成立了朝鮮民主主義人民共和國，組成「內閣」，金日成出任「內閣首相」。同時也組建了朝鮮人民軍。人民軍雖然得到迅速擴充，但訓練不足，更沒有經過戰爭鍛煉。所以他的骨幹和主力就主

要靠中國撥給的人民解放軍中由朝鮮人組成的三個師外加兩個團。朝鮮戰爭打響後，中國還在遼寧為朝鮮設立訓練基地，成批地幫他們訓練新兵和俘虜兵，每批數以十萬計。至於物資方面的援助，更是不可勝數，而且都是白送，分文不收。

還應指出的是，斯大林把批准金日成南下武力統一朝鮮的最後決定權交給了毛澤東；而蘇、朝醞釀和決定發動戰爭，卻有意對中國保密。什麼原因，至今學界還是看法不一，只有一點無可爭議，即表現了斯大林當時對毛澤東還缺乏充分信任（懷疑他是東方的鐵托），金日成則是看不起中國和對中國懷有疑慮。

朝鮮戰爭的對打雙方，一家是南韓和打着聯合國招牌的美國及其追隨者十六國，參戰軍力一百二十多萬（其中韓59萬餘，美48萬，其餘為英、加、法、澳等），一家是毛澤東所說的「三駕馬車」蘇、中、朝，參戰兵力朝鮮26萬、中國78萬（一說135萬）、蘇聯2.6萬（主要為空軍）。在這三家中，首先是金日成急於以武力統一南朝鮮，一再要求斯大林批准，斯大林先是猶豫，後來才同意，但實際上還是以中國參戰和蘇聯不參戰為條件。中國的態度則是從一開始就積極支持，後來更直接參戰。所以，對朝鮮戰爭起關鍵作用的始終是中國。如果毛澤東不支持金日成南下進攻，或者堅持先做解放台灣的準備而不進行積極援朝的部署（如在鴨綠江邊派駐大批軍隊準備進朝參戰），也許這個仗就打不起來。但是毛澤東由於堅持仍然處於戰爭與革命時代這一過時的錯誤判斷，以在亞洲推進革命為己任，決心在朝鮮戰場上狠狠打擊美國，這就決定了他必然要進行抗美援朝。因此可以說，朝鮮戰爭是由於毛澤東奉行世界革命外交路線而打起來的。

抗美援朝戰爭也給毛澤東提供了大力整肅國內被他認定的敵對勢力和掃清美國等西方國家在中國的政治和思想影響的大好機會。

他認為，這是鞏固革命政權所不可或缺的。所以，朝鮮戰爭又成為內政外交相互為用的毛澤東外交指導思想的一次大實踐。


# 在朝鮮戰爭問題上中國有四大失誤

## 同意和支持金日成發動朝鮮戰爭

朝鮮戰爭首先是被金日成急於充當全體朝鮮人民領袖的欲望給挑起來的。1949 年 3 月 11 日金日成已經在蘇聯向斯大林提出武力統一朝鮮的設想。斯大林沒有同意，只答應增加給錢給武器。但是金日成鍥而不捨，接連找蘇聯駐朝鮮大使和參贊談話，再三提出南下的要求，説南朝鮮人民水深火熱，都盼着他去解救，看着一大半朝鮮人受苦受難，他不忍心；而且南朝鮮人民信任他，拖着不打，他會失去朝鮮人民的信任。

斯大林一直不答應，主要是怕美國干涉，會把蘇聯拖進去。二戰後頭幾年，斯大林確實非常謹慎，竭力避免同西方國家發生軍事衝突。為此甚至一時收斂世界革命追求，在國際共運中推行所謂「聯合政府」路線，就是要各國共產黨停止暴力革命，轉而求得同資產階級政黨合作，組成聯合政府。所以毛澤東在「七大」的政治報告也命名為《論聯合政府》。因為蘇聯在二戰中實在打得精疲力竭，死亡人數佔到全國人口的近七分之一，物質損失也很大，人民生活相當困難。在蘇聯，老百姓害怕戰爭到了什麼程度呢？當時在中國駐符拉迪沃斯托克（編按：Vladivostok，即海參崴）領館工作的一位蘇聯女打字員聽説朝鮮戰爭爆發，竟當場暈了過去！

但金日成卻一直決心發動戰爭。為了解除斯大林對美國干涉的顧慮，他多次向斯大林表示：他準備發動的是突然襲擊，四天即可拿下漢城（今稱首爾），很快就可佔領南朝鮮，等美國反應過來，把遠東駐軍開到朝鮮，戰事已經結束。何況勞動黨在南朝鮮還有20萬黨員會裏應外合，舉行起義。

其實，斯大林早有他的戰略計劃，並不完全是受金日成的煽動。根據蘇聯擴張勢力範圍和支援世界革命的外交路線，他先是集中力量在歐洲爭奪地盤。等在東歐的地位和影響基本確定並大體鞏固下來後，他就要騰出手來經略（編按：籌劃治理）東方。所以金日成的武力統一計劃也合乎他的想法。但他主要顧慮美國干預。雖然形勢的變化表明美國干預的可能性在減小，但萬一要出兵參戰呢，總不能把蘇聯直接捲進去。怎麼辦？他設想讓中國頂住，至多發展成為中美之間的大戰，這樣還正可把中國牢牢地和蘇聯拴在一起，把美國對外擴張的重點從歐洲引到東方，從而大大減輕在西線對蘇聯的威脅。所以，他後來同意金日成發動戰爭、武力統一朝鮮，先決條件也是必須取得毛澤東的同意，也就是把中國拉進來。在斯大林並未同意金日成進攻南方時，就已要金日成同中國共產黨協商，讓中國把它的朝鮮族部隊編進朝鮮人民軍。因此，金日成1949年4月底派金一（編按：時任民族保衛省副相，民族保衛省為1948–1972年間朝鮮最高軍事機構，等於國防部）作為特使到中國來，請毛澤東同意把解放軍中的朝鮮族部隊撥給朝鮮。毛澤東當即同意，表示可以把東北軍區由朝鮮族組成的官兵成建制地撥給金日成。金一走後，毛澤東隨即指示高崗把駐紮在瀋陽和長春的兩個朝鮮族師兩萬多人送回朝鮮。這支在中國參加過抗日和解放戰爭、富有戰鬥經驗的部隊7月份就回到了朝鮮。

斯大林的謹慎態度也終於在1950年1月30日發生變化。他通過蘇聯駐朝鮮大使轉告金日成：說是由於國際形勢有了變化，他同意

金日成武力統一朝鮮的計劃，並準備幫助他。發生了什麼變化，他沒有具體説明，不過從當時一個月內發生的事件或許可以看出促成斯大林改變態度的因素。這就是：

第一，杜魯門（編按：Harry Truman，1945–1953年美國總統）1950年1月5日聲明，美國不擬捲入中國內戰，意思是説不會干涉新中國解放台灣了。幾天以後，艾奇遜（編按：Dean Acheson，1949–1953年美國國務卿）宣佈，沒人保證台灣不會受到軍事攻擊，但美國在遠東的太平洋防區不包括朝鮮和台灣。這就使斯大林放心了，如果金日成打南朝鮮，美國也許真的不會干涉。

第二，中蘇已談妥簽訂新的友好同盟條約。共和國成立後，在對外關係上毛澤東要「一邊倒」和「另起爐灶」，所以爭取中蘇簽訂新條約和要求蘇聯援助，就成為他1949年12月訪蘇的主要目的。由於斯大林先還堅決維護雅爾達協定（編按：1945年美、英、蘇三國領袖羅斯福、邱吉爾、斯大林在蘇聯雅爾達舉行會議），不準備廢舊約立新約，所以讓毛澤東到莫斯科後坐了好些天冷板凳。直到1950年1月中旬，他才轉而同意訂立新的條約。他這時改變態度的原因，一是在美國表示可放棄台灣後，斯大林擔心中國同西方國家尤其是同美國接近，而他卻是要使中國成為蘇聯堅定的盟國，即西方當時所説的衛星國或附庸國的。二是有了條約，萬一金日成南下引來美軍，就便於把中國推到抗美第一線。三是新條約預示蘇聯將失去在中國東北的特權，包括長期使用旅順港，這也許使斯大林相應提高了朝鮮在蘇聯遠東戰略中的地位。

第三，金日成利用毛澤東的積極性推動斯大林。在毛澤東從1949年底到1950年初訪蘇的這兩個月期間，金、毛都和斯大林談過朝鮮問題。金日成1950年1月17日向蘇聯駐朝大使什特科夫（編按：Terentii Shtykovz，1948–1950年駐朝鮮）表示：如果沒有可能

去莫斯科見斯大林談他武力統一朝鮮的計劃，那他就要去中國見毛澤東，「毛澤東將會對所有問題做出指示」。斯大林顯然不願看到出現這種情況。他了解，毛澤東一直認為應該先解放台灣，再幫金日成打南朝鮮，但是解放台灣需要蘇聯給予海空軍支援，對此，蘇聯已斷然拒絕。如果現在中國人改變主意，先幫助朝鮮統一，蘇聯在朝鮮問題上就會陷於被動。斯大林早就了解，毛澤東對金日成一直採取主動積極幫助的態度。毛澤東以前就已經把一批朝鮮族中國人民解放軍撥歸朝鮮，還準備繼續撥。1月2日毛澤東又把林彪的一份電報當面交給斯大林看。電報說人民解放軍中還有一萬六千多名朝鮮人，建議把他們合併成一個師或四五個團送回朝鮮。

簽訂中蘇條約剛於1月30日基本談妥，斯大林立即給金日成南下開綠燈。

金日成自認為早已準備好了，從1950年4月8日到4月25日，就一直在莫斯科同斯大林和蘇聯軍方討論進攻南朝鮮的具體部署。斯大林雖然批准了他的行動計劃，但是仍然不放心，一定要他再次去和毛澤東商談，告訴他：「如果你們遇到強大的抵抗，我一點兒也幫不上忙，你們必須請求毛澤東提供所有的幫助。」

金日成原先有事只找斯大林，沒把毛澤東當成亞洲革命領袖看待，也沒想讓中國幫他打仗。因此，他當場就向斯大林表示，他不需要中國的援助，因為他的一切都已經在莫斯科得到滿足。只是因為斯大林有指示，他才不得不來找毛澤東。

5月13日金日成秘密來到北京，向毛澤東傳達了斯大林的指示：「現在形勢不同了，北朝鮮可以開始行動；但是這個問題必須同中國同志和毛澤東同志本人討論。」毛澤東不太相信，因為斯大林以前和他談到朝鮮的時候，一直都說不忙打，還同意中國先解放台灣

再幫朝鮮。他當即中斷同金日成的會談，讓周恩來通過蘇聯駐華使館核實。斯大林5月14日致電毛澤東，證實他已經「同意朝鮮人關於實現統一的建議」，但是說明，「這個問題最終必須由中國和朝鮮同志解決，如果中國同志不同意，則應重新討論如何解決這個問題。」

早在共和國成立前，毛澤東就確立了要執行對蘇聯「一邊倒」的政策。現在既然斯大林批准了金日成用武力統一朝鮮的計劃，毛澤東自然沒二話可說。何況毛澤東還認為，自己是亞洲革命領導，那就更加責無旁貸。在這種情況下，毛澤東放棄先解放台灣的決策，轉而支持北朝鮮發動統一戰爭，就成了必然的事。

5月15日，毛澤東對金日成做了這樣的表示：既然斯大林已經做出決定，他沒意見；中國準備在鴨綠江擺三個軍，美國一旦干涉並且跨過三八線，就一定打過去。金日成說，只要中國同意就行，不用中國出兵。

當時同意金日成南下顯然是個重大錯誤。這就涉及共和國成立後兩條外交路線的鬥爭。一條是毛澤東執行的推進世界革命的外交路線，一條是張聞天（在一定程度上還有周恩來、王稼祥）所主張的適應時代潮流和為本國建設服務的和平共處外交路線。這一點在朝鮮戰爭問題上表現得非常明顯。革命勝利和建立新政權後，下一步該往哪兒走？是推動世界革命呢，還是集中力量於國家建設？毛澤東雖然也要抓建設，但他注意的重點，無論對內還是對外，都是繼續革命。

對外也要繼續革命，還應加上一個因素，那就是1949年7月劉少奇訪問蘇聯時得知斯大林對中國的一個見解，也就是一個指示。斯大林說，鑒於中國共產黨指揮的成功和革命的勝利，今後在世界

革命上要搞一個分工，蘇聯管西方，也就是歐美；中國管殖民地和半殖民地，因為中國在這方面有經驗。這就等於封毛澤東為第三世界革命的領袖和導師，毛澤東當然感到高興。不過當時中國實際上還只能管一點亞洲近鄰，而且斯大林還不完全放手，例如，他就不支持毛澤東建立東方情報局的設想。其實，在日本投降後，中朝之間就很快建立起了緊密的關係。在解放戰爭期間，東北解放區就得到過朝鮮多方面的支持和幫助，朝鮮曾是運送物資的重要通道。北京解放後，兩國的中央也就建立起了直接聯繫。1949年4月底5月初金一來中國時，毛澤東還主動向他提到建立亞洲共產黨情報局的問題，表示希望兩黨建立更密切的聯繫。這說明他對當東方革命領袖的興趣的確很大。

金日成南下是斯大林同意在先，但他又把決定權交給了中國。只要中國稍為具備一點獨立自主精神，不完全「一邊倒」，跟着別人的指揮棒轉，就有充分的理由，用委婉的方式提出自己的不同意見。比如講，我們覺得現在還不是時候，朝鮮同志要打，中國就一定得幫助，但中國還面臨解放台灣的問題；而且我們才打完仗，經濟上很困難，人民生活很苦，萬一美國人要干涉，中國就又得長期捲進去，那確實是一個相當大的負擔，等等。諸如此類的理由還有，而且都站得住。可是毛澤東一條也沒提。所以說斯大林想把中國拖下水，這沒問題；但不能說是斯大林「強迫」中國同意的。何況斯大林後來在一度以為中國不會出兵朝鮮時，曾要金日成準備撤出朝鮮，退到中國東北，在那裏成立流亡政府。這也說明中國就是不按他的意見出兵，他對中國也並沒見外。

毛澤東同意金日成南下大概並沒有召開中央會議同其他領導人商量。如果商量，多數領導恐怕不會同意支持金日成發動戰爭。後來要抗美援朝，絕大多數領導人反對，就是證明。

## 決定出兵抗美援朝

對朝鮮戰爭，毛澤東從一開始就沒有旁觀，而是早就積極考慮，一旦需要，就派軍隊入朝參戰。早在1949年5月金日成派金一來中國談把中國人民解放軍中的朝鮮族部隊撥給朝鮮人民軍的問題時，金一當時並未受權同毛澤東討論朝鮮統一的方案，毛卻主動談到並首次提出：朝鮮要實現統一，必須使用武力，一旦情況需要，中國就會悄悄派兵去和金日成並肩作戰，「都是黑頭髮，誰也分不清」。1950年5月金日成來北京向毛澤東傳達斯大林批准他南進時，毛即表示，如果美軍參戰，中國會派兵支援，因為蘇聯受制於同美國簽訂的以三八線為界的協定，不便出兵，中國則不受約束。

金日成是在1950年6月25日發動全面進攻的。一開始確也一帆風順，勢如破竹，一下子就解放了漢城，一直打到朝鮮半島東南邊的洛東江北岸，佔領了90%的南朝鮮領土，把李承晚（編按：大韓民國第一至三屆總統，任期1948-1960年）部隊壓縮到釜山一角。但是金日成把戰線拉得那麼長，後方就空虛了。他並沒有估計到美軍會在後方登陸，進行干預。中國曾給他提過醒，只是被他當成了耳邊風。

金日成本來以為並不需要中國出兵朝鮮，直到他的進攻立即引來美軍參戰，他才開始向斯大林提出希望中國出兵。斯大林也是到7月5日才第一次談到這個問題。他以「敵人越過三八線」為條件，表示中國用志願軍的名義入朝作戰是正確的，屆時蘇聯將為志願軍「提供空中掩護」。但之後他卻猶豫了兩個多月。蘇聯駐朝鮮大使什特科夫1950年7月15日報告斯大林，金日成提出，美國等既已參戰，民主國家如捷克斯洛伐克、中國等也可用自己的軍隊幫助朝鮮。斯大林沒有做出回應。8月26日，金日成又向什特科夫提出請

中國派兵相助，斯大林兩天後回電不同意。美軍在仁川登陸後，朝鮮人民軍被攔腰切斷，南下部隊立即兵敗如山倒。這時斯大林開始考慮讓中國出兵，但還是壓着。金日成9月20日向蘇方通報，周恩來已經問到朝方下一步對中國有何要求，他該如何應對。得到的答覆仍是無可奉告。金日成9月底同時緊急致函斯大林和毛澤東，要蘇聯提供空中援助並讓中國和其他人民民主國家以建立國際志願部隊的方式給予軍事援助。這才得到斯大林的最後同意。

毛澤東並沒等斯大林和金日成提出要求，美軍一參戰，就已着手準備入朝作戰。7月2日周恩來告訴蘇聯大使羅申（編按：Nikolai Vasilievich Roshchin，1949–1952年駐中國），中國已經把三個軍12萬人集中到了瀋陽地區，如果美國人越過三八線，中國軍隊將扮成朝鮮人進入朝鮮境內；還問到，蘇聯紅軍到時候可不可以提供空軍加以掩護？7月7日，中共中央軍委開會決定成立東北邊防軍，準備日後變為「志願軍」入朝參戰。7月中旬，毛澤東向金日成的代表表示，朝如需援助，中國「可以派自己的軍隊去朝鮮。中國方面已為此準備了四個軍共32萬人」。毛澤東8月4日在一次會上說，「對朝鮮不能不幫，必須幫，用志願軍形式，時機當然還要選擇，我們不能不有所準備。」接着就在第二天指示高崗，邊防軍應準備於9月上旬能作戰。高崗隨即在東北邊防軍幹部會議上說，「我們必須主動幫助朝鮮人民……，讓朝鮮成為一個統一的國家。」8月19和28日，毛澤東兩次會見蘇聯的尤金院士，說如果美國繼續增加在朝鮮的兵力，只靠北朝鮮是對付不了的，他們需要中國的直接援助，而最新情報又表明，美國決心大規模增加在朝鮮的兵力。美軍在仁川登陸後，毛澤東立即致信高崗，說：「看來不出兵不行了，必須抓緊準備。」劉少奇也於9月21日告訴羅申，如果美國在朝鮮佔了上風，中國有義務幫助朝鮮同志。

　　由此可見，毛澤東打算派兵赴朝作戰有很大的主動性，是早就下了決心的，比金日成通過斯大林向中國求援要早得多。

　　金日成9月底緊急求援，10月1日斯大林致電羅申，叫他轉告毛澤東，要中國立即派五六個中國師去朝鮮，即刻向三八線開進。

　　派兵出國打仗，毛澤東不能不先召開中央會議討論。現在只知道當時政治局多數人不同意，包括劉少奇、張聞天等。林彪、粟裕兩員戰將也以有病為由沒有接領帥印。當場表示同意馬上出兵參戰的只有周恩來，但他提出要蘇聯同時出動空軍。毛澤東第一次徵求彭德懷的意見時，彭一開始也不同意，說：「蘇聯完全洗手，我們裝備差得很遠，只好讓朝鮮亡國，是很痛心的。」後來他被說服同意領兵，但同樣以蘇聯出動空軍掩護為前提。在這一情況下，毛澤東10月2日答覆斯大林：暫不出兵，立即派周恩來赴蘇同他討論朝鮮局勢。周恩來去蘇聯，主要就是談中國出兵需有蘇聯空軍掩護的問題。

　　斯大林收到毛澤東的電報，馬上打退堂鼓，準備放棄朝鮮。他一方面決定把在朝鮮的蘇聯機構和人員撤回蘇聯，但另一方面仍不死心。作為試探，他10月5日再次要求中國派兵，還特意表示，中國如果不出兵，以後就無法迫使美國放棄台灣。周恩來和斯大林就蘇聯出空軍問題談了兩天，沒有談成，兩人10月11日聯名發出電報，說：蘇聯暫不出空軍，中國暫不出兵，建議北朝鮮軍隊一部分在平壤和元山以北地區組織防禦，另一部分轉入敵後打游擊，部隊中的精英分子及指揮員調到東北組成朝鮮師團。10月13日，斯大林把這個商談結果通知了金日成。

　　可是毛澤東卻不等待周恩來和斯大林商談完畢，不管蘇聯是否提供空中支援，已經決定出兵。就在周恩來動身前往蘇聯的10月8

日那天，毛澤東發佈了組建中國人民志願軍的命令，並準備立即入朝。10月13日毛澤東又召開政治局緊急會議，説服彭德懷和其他人，説即使蘇聯空軍暫時不進入朝鮮，也必須馬上出兵援朝。

斯大林得知中國決定出兵後，當即取消讓金日成撤退的決定。

由此可見，在金日成進攻失敗後，朝鮮戰爭還打不打得下去，決定的關鍵，已從斯大林轉變為毛澤東。

進行抗美援朝，會不會把戰火燒到中國，導致美國對中國開戰，這個風險是存在的。彭德懷在接受出兵作戰的任務時就説，我們準備打爛了再建設。毛澤東對這一點也並未忽視，但他估計可能性不大，並在儘量避免，所以他把赴朝作戰的軍隊稱作中國人民志願軍。

問題是，美國並不想打爛中國，這是毛澤東當時就比較清醒地看到了的。

但在決定抗美援朝的同時，毛澤東卻提出了「保家衛國」的口號，其實這只是為了説服和動員全國人民的一種策略手段。事後，毛澤東自己就承認並作了説明。1970年10月10日他和金日成談話時就説：「你如果不提『保家衛國』，他（指中國人民）也不贊成啊！他説，只為了朝鮮人，不為中國人，還行啊？所以我説，是為了保家衛國嘛！就是你要保家，你要衛國，要到那個地方去保，那個地方去衛。你不支援朝鮮人民保衛朝鮮，還能保自己的家？衛自己的國？這樣，戰士就理解了。」所以，毛澤東是為了推進世界革命，為了解放全朝鮮，才不惜讓中國軍民做出重大的犧牲。提「保家衛國」只是對群眾的蒙蔽。

## 拒絕聯合國的停戰和談建議

這裏指的是，毛澤東沒有在極其有利的條件下同意進入和平談判，特別是拒絕聯合國政治委員會1951年1月13日通過的解決朝鮮問題的議案。這是一個非常嚴重和使人感到十分痛心的錯誤。

1950年底1951年初的戰場形勢很好，聯合國內圍繞朝鮮停戰進行的外交調停工作也對中國十分有利。只是毛澤東既以趕走美軍、幫助金日成解放南朝鮮為目標，自然不會因初戰再戰告捷就在戰場上止步，同意舉行和平談判。勝利衝昏頭腦的毛澤東果然放棄了這一有利的機會。

美國軍隊在仁川登陸後不久就跨過三八線，之後又佔領了平壤。1950年10月19日悄悄入朝的志願軍沒過幾天就打響了第一次戰役，到12月24日第二次戰役結束時已基本上收復了三八線以北的全部朝鮮國土。兩次戰役取得巨大成功，大出美國的意料。在第二次戰役還沒結束時，12月5日美國就有過在體面條件下進行和談的考慮。第二次戰役結束後，美國進一步產生撤出朝鮮半島的想法。參謀長聯席會議12月29日指令聯合國軍司令麥克亞瑟（Douglas MacArthur）和第八軍軍長李奇威（編按：Matthew Ridgway，內地譯李奇微），只有在不會造成巨大傷亡的情況下才應繼續組織戰鬥，否則要做好從朝鮮全面撤退的準備。幾天之後，杜魯門再次考慮撤退。同時，在聯合國內出現了矛頭越來越多地指向美國而有利於我國的外交努力，包括恢復我國的聯合國席位。

但是，就在這個時候，李奇威看到了中朝方面的弱點，已經開始準備反攻，華盛頓也隨即打消了撤退的考慮。中國更在談判問題上採取了極為強硬的態度，這就使聯合國內的調停活動只能以失敗告終。

　　印度是調停活動的帶頭國，從一開始就把恢復中國聯合國席位和台灣問題同朝鮮停戰聯繫在一起。金日成進軍南朝鮮半個多月後，尼赫魯在致美蘇領導人的信中就提出了這個問題；美軍仁川登陸半個月後他又一次提出。美軍越過三八線，印度在聯合國內正式採取行動，呼籲的主要對象從中國轉向美國。12月7日，印度代表十三個中立國家提出關於朝鮮停戰的提案，包括以三八線為界實行停戰、外國軍隊撤出朝鮮、美艦撤出台灣海峽等內容。12月14日，在暫時擱置解決遠東現存問題這一條後，聯合國大會通過了這個提案，建議在雙方以三八線為界停戰的先決條件下，舉行由中華人民共和國全權參加的朝鮮問題大國會談，商談內容除朝鮮停戰還包括台灣和中國的安理會席位問題。在中朝軍隊跨過三八線的新形勢下，聯合國政治委員會1951年1月13日通過由聯合國大會主席、印度和加拿大駐聯合國代表組成的三人委員會提出的新提案，又撿回了被擱置的遠東現存問題，基本點是：立即實現停火，舉行政治會談，分階段撤出外國軍隊，由朝鮮人民選舉自己的政府、為統一和管理朝鮮做出安排，停火後召開英美蘇中四大國會議以解決遠東問題，包括台灣的地位和中國的聯合國代表權問題。印度向中國通報時指明，這一建議對中國有利，不能被認為是支持美國的。

　　這的確是一個符合中國利益而違背美國意願的決議，只在幾個小時之前才得知決議內容的美國並不想投贊成票，但它又不能不顧及國際上包括英國等盟國要求舉行朝鮮停戰談判的壓力，只好投下了贊成票。美國是把寶押在中國會拒絕上，這是艾奇遜出的主意。他在《回憶錄》中說，國務院「熱切地希望並相信，中國人會拒絕這個決議」。這個寶，美國押對了。

　　對於印度等國的調停活動，中方的態度實際上是斷然拒絕，所以一開始就為談判設置嚴重障礙，如反對先停戰後談判，不再承認

三八線等。1950年12月5日印度、緬甸等11個亞非國家呼籲中朝軍隊不要越過三八線。對此，中國在蘇聯支持下提出五項條件：所有外國軍隊撤出朝鮮，美軍撤出台灣，朝鮮問題由朝鮮人民自決，新中國進入聯合國並驅蔣，召開中蘇美英四大國會議準備對日和約。除此之外，中國還一再聲稱：美軍跨越了三八線就宣告這條分界線已不復存在，先停戰後談判是陰謀、是騙局。毛澤東1950年12月29日更提出，志願軍不消滅敵人不回國，三八線在人們頭腦中的舊印象，經過第二次戰役，也就不存在了。這都表明，印度等國的調停活動在我們這裏只能碰釘子。

當時形勢和事後發展都表明，這只是顯示新中國領導者態度的傲慢和缺乏知己知彼之明，因而導致中朝付出更加慘重的代價，所得反而更少。我方人員傷亡被俘，物質損失和朝鮮的城鄉破壞，絕大部分都發生在我國這次拒絕談判之後。這還使中國在外交上從主動變為被動，從得到國際上特別是第三世界，還有英聯邦各國以及一些西北歐國家的同情和支持，變成了多數國家的不理解以至反感。果然，1951年1月30日聯合國大會政治委員會以壓倒多數通過了美國提出的認定中國「政府在朝鮮從事侵略」，譴責中國為侵略者的提案；過了三個多月，又通過提案要求成員國對中國實行禁運，這樣做的國家數目很快達到45個。中國一下子就在國際上孤立了。

如果我們在當時軍事和政治都有利的形勢下就此轉入謀求政治解決朝鮮和遠東問題，那麼，在犯了前面的兩大錯誤之後，不僅可以體面地挽回局面，還很可能由此走上在朝鮮半島實現和平，同時開啟解決我國的聯合國席位和台灣問題的談判。

但是，毛澤東的革命外交路線，加上他的過分自信，決定了他不可能這樣做。戰場上的初勝，更增強了他速戰速決地儘量多殲滅

美軍、由此把美軍全部趕出朝鮮、完全消滅韓軍、解放南朝鮮的信心。他對聯合國席位素無興趣，也不想用和平方法特別是通過國際協商途徑解決台灣回歸問題，而認準只能用槍桿子去解放台灣。

拒絕談判後又未能在戰場上取得一些較大的勝利，也應由毛澤東負主要責任。他屢屢駁回彭德懷根據戰場實際情況和出於愛惜指戰員生命而提出的意見。但毛的意見是必須執行的，因為他是最高統帥。彭德懷和毛澤東雖然都是志願軍的指揮者，作用卻大不相同：彭是親臨實戰的司令員，毛是遠離戰場的軍事統帥；毛不僅節制司令員，還可直接指揮軍團司令和軍、師長。毛澤東不僅是整個戰局的決策者，還是幾個戰役乃至某些戰鬥的具體指揮員。人們看到，儘管彭德懷在同意掛帥出兵上也負有責任，但在戰場指揮上，都是他對，毛澤東錯。這種情況貫穿於五次戰役，茲簡述如下。

一，志願軍準備和入朝之初，彭德懷主張穩紮穩打，先防後攻，以阻攔美軍北進為目標，不忙於大規模進攻；毛則急於誘敵深入、聚而殲之。毛澤東1950年10月14日致周恩來電中轉述彭德懷的意見是：志願軍進入平壤元山以北地區使之不被敵佔，爭取時間裝備訓練。他還主張公開入朝，使美軍有所顧慮而停止繼續前進。彭10月22日致毛澤東和高崗電，提出「爭取擴大鞏固平壤元山鐵路線以北山區，發展南朝鮮游擊戰爭」，以防禦戰形式尋機反攻或政治解決。他還建議先構築陣地，組織一個時期的防禦以站穩腳跟，對敵形成壓倒優勢，六個月後再實施反攻。這一套沒被接受，毛下令儘快開戰。第一次戰役隨即打響，直到戰役結束的1950年11月5日才對外公佈志願軍參戰，還有意不說明參戰的規模和意圖。這次戰役固然取得勝利，但是部隊犧牲很大。11月，毛澤東四次發電報催彭德懷，要求一次性殲滅美軍幾個師。結果第九兵團因倉促入朝，

來不及換裝，致使志願軍凍死四千、凍傷三萬多，而殲滅美軍幾個師的目標當然更做不到。

二，第一和第二次戰役取得重大勝利後，彭德懷建議在戰場上見好先收，毛催着不停地接着打。彭提出部隊需要進行較長時間的休整，再戰才比較有把握。他12月8日致信毛澤東，提出可暫不越過三八線，到1951年二三月再進行第三次戰役。毛澤東過了五天回電，要他越過三八線，要他接着就打第三次戰役。彭德懷12月19日致電毛澤東，報告說雖已遵命越過三八線作戰，但存在受阻和勝利不大的可能性。1951年1月8日第三次戰役結束，中朝軍隊在十分艱苦的條件下再次攻佔漢城，推進到三七線。彭立即再次要求休整，而且需要休整較長時間。毛澤東1月11日雖然同意了彭德懷的部隊撤至仁川及漢江以北休整兩三個月的建議，但他仍然盲目樂觀，14日給彭打電話，說預計美或作象徵性抵抗後退出朝，或則在大邱、釜山一帶進行頑抗而耗盡潛力後撤走；春季攻勢是進行「最後性質」的作戰，「保障最後勝利」，在1951年4–5月「根本解決朝鮮問題」。

三，彭德懷建議把聯合國政治委員會1951年1月13日和談決議中「限期停戰」這一條接過來，毛反對。李奇威大規模反攻兩天後的1月27日，彭和金日成、高崗、鄧華聯名致電毛澤東，建議借這個限期停戰的決議，中朝軍北撤15–30公里，以贏得時間繼續休整。毛澤東第二天就回電，叫停止休整，「必須立即發起第四次戰役」，繼續南進，等消滅兩三萬美韓軍後再休整。2月毛澤東在北京會見專程回來緊急陳情的彭德懷，仍然要求全勝，只不過開始承認速勝不易，說第四次戰役辦不到就準備第五次。這樣一來，第四次戰役一結束，4月22日就接着打響第五次戰役，直到5月21日結

束。在這次戰役中，中朝軍隊未能按計劃再推進到三七線，還丟掉一些地盤，而且邊打邊撤，成為歷次戰役中犧牲最為慘重的一次，減員8.5萬，被俘兩萬多。這是繼美軍仁川登陸後被俘人員次多的一次戰役。只是上次是朝鮮人民軍，被俘10萬；這次被俘的主要是1.7萬志願軍。

## 在遣俘問題上好面子，長期拖延戰爭

第五次戰役後的5月下旬，黨中央多數領導同志都主張志願軍在三八線附近停下來，這才進入了邊打邊談的階段。也就是這個時候，駐蘇聯大使張聞天要時任使館研究室主任的我寫的一篇《關於朝鮮停戰的和談問題》調研報告上送到中央，並引起高度重視。周恩來親來電報，指示這類報告今後不能通過信使傳遞，而應立即用電報發回。

這個調研報告主要是說明，情況已經很清楚，聯合國軍很難打過三八線，中朝軍隊也趕不走美軍、消滅不了韓軍，再打下去已經沒有什麼意義。為增強中朝方面在談判桌上的地位而把戰爭拖下去，也是得不償失。對這一陳述以及明擺着的朝鮮戰場形勢，毛澤東卻不為所動，仍然要用邊打邊談的形式把戰事拖下去。一直到停戰談判結束兩天之後，毛澤東還不無惋惜地對蘇聯駐華大使庫茲涅佐夫（Kasili Kuznetsov）說，從純軍事觀點看，大致再用一年時間繼續打擊美國人，以佔領沿漢江更為有利的邊界，是可能的。

因此，毛澤東在停戰談判中就一直採取強硬態度。停戰談判從1951年7月10日開始，談完了三個議題，於1952年5月初便進入第四個議題——遣返戰俘問題。糾結於究竟是按我方主張的全部遣返還是按美方堅持的志願遣返，使談判陷於僵局長達15個月之久。直

到斯大林去世後，蘇聯新領導決定推行緩和的外交政策，並對中國施加強大壓力，毛澤東才被迫同意按自願遣返原則最後結束談判，從而終止了朝鮮戰爭。

按照國際公約，雙方戰俘本來應該全部遣返。毛澤東也曾認為，戰俘問題不難達成協議。事實也正是這樣。早在美韓手裏有13.2萬中朝戰俘、中朝手裏有近4,500名美英戰俘和七千多韓國戰俘時，美方曾提出有可能向中朝遣返11.6萬人（這個數字比最終被遣返回來的8.25萬人要高出很多）。問題是，出於所謂的「人權」考慮，美國同時表示，得對這些戰俘進行「甄別」，因為其中有1.6萬人不願被遣返。這可是影響中國軍隊聲譽的大問題，所以毛澤東從一開始就堅決反對「甄別」。後來在談判過程中，有一次問題已經接近解決，但最後又被毛澤東否決。1952年7月，美方同意向我方遣返8.3萬名戰俘。這與我方可同意接受遣返數位的底盤——「9萬人上下」相去不遠，因此我方談判代表團認為，這代表美方的一種讓步，傾向於接受。但是這個意見被毛澤東駁回，說在敵人加緊向我施加壓力的情況下接受8.3萬這個數字對我不利，還批評代表團「在政治上太天真」。8.3萬這個數字也高於最後被遣返者的總人數。

毛澤東主觀地認為，志願軍戰俘願意回國是沒有問題的，障礙就出在美國和蔣介石對他們的脅迫上。但是他沒有想到，除美台方面的威脅勸誘外，也確實有許多戰俘不想回來。因為入朝參戰的部隊中有不少被俘的是原國民黨軍經教育後編入我軍的，其中不少人的家庭還在土改中受到過衝擊，很多人容易動搖變節，所以最後還是有1.4萬人，即將近三分之二的被俘人員去了台灣。

毛澤東一直硬不讓步，主要是個面子問題，並不是真的那麼重視這些戰俘的權益。經過同美蔣進行英勇卓絕鬥爭最後才掙扎

着回到了祖國的7,000名戰俘，全部遭到嚴重的歧視和迫害。1954年2月，80%的黨團員戰俘曾恢復黨團籍和軍籍，但在緊接着發生的高饒事件後，中央又迅即下發文件，把95%的黨團員戰俘開除黨團籍。他們大都被遣返回鄉，從此長期成為當地被專政或監控的對象，一直被當作「怕死鬼」、「變節者」甚至是「投誠的敵偽人員」對待。

　　由於戰爭是在朝鮮土地上進行的，美國又掌握着空中優勢，每日的狂轟濫炸使朝鮮的損失極大。所以金日成從1952年1月底開始就要求儘快締結停戰協議，把戰俘等有爭議的問題交給之後由有關國家召開的政治會議去解決。毛澤東就是不同意，還一直得到斯大林的支援。斯大林1952年8月20日來電要毛澤東「對美必須強硬」，還再次斷言，「如果美國不輸掉這場戰爭，中國永遠也收復不了台灣。」在這種情況下，金日成有意見也沒有用。談判開始後，金日成就認為不值得為戰俘問題拖下去。美國提出自願遣返的問題後，他又主張妥協，1952年2月提出應該儘快結束談判，說志願軍戰俘的多數都是以前蔣介石的軍隊，政治上不可靠，「為他們去鬥爭沒有特別的意義」。金日成1952年7月14日致電毛澤東，主張接受美方提出的條件，立即停戰。毛15日覆電反對，於16日又致電斯大林尋求支持。斯大林自然同意毛澤東的意見。所以一直到斯大林去世後，局面才出現大變化。蘇聯新領導集團要求立即迅速解決問題，結束談判。他們提出，可從接受對方先交換傷病戰俘的建議入手，儘快解決整個戰俘問題，結束停戰談判。對於這一新方針，金日成不僅雙手贊成，而且極為興奮，當即向蘇聯方面表示，「朝鮮方面在前線和後方的損失非常大，每天幾乎有300到400人喪命，而與美國人進一步討論關於遣返有爭議的戰俘的數字不是十分明智的。」對於中國在戰俘問題上拒不讓步導致戰爭拖延的做法，他的不滿再次溢於言表。

在蘇朝特別是蘇聯的壓力下，尚未放棄「一邊倒」政策的毛澤東只好妥協。於是，歷時三年多的朝鮮戰爭終於在1953年7月27日停了下來。

## 抗美援朝戰爭的得失

抗美援朝戰爭的結果是：志願軍雖然蒙受重大損失，最後仍只能推進到三八線附近，南北間的界線還得按停戰生效時雙方部隊的接觸線劃分。結果，南方（韓國）在東邊北進最遠達50公里，北方（朝鮮）在西邊只南進最多10公里，朝鮮反而喪失近3,000平方公里領土。朝鮮也就是大體上保住了1950年底1951年初頭兩次戰役取得的戰果，在聯合國內則和中國一起，成為專指的被譴責對象。

抗美援朝最大的「得」，就是以志願軍近百萬傷亡的代價保留下了北朝鮮的朝鮮民主主義人民共和國和金家政權。如果沒有抗美援朝，這個國家和政權大概只能消失了，與中國隔江相望的近鄰則可能是大韓民國。而金氏家族政權給朝鮮民眾帶來的卻是長期貧窮和食品匱乏，餓死的人數眾多。對外，這個政權給東北亞乃至全世界安全帶來的是麻煩不斷。但是，中國領導人對它的上兩代領袖都讚揚有加。毛澤東和金日成關係親密。多位領導人訪問朝鮮後給予好評。改革開放後胡錦濤還提倡學習朝鮮和古巴，說，「朝鮮、古巴在政治上始終是正確的」。

為什麼要抗美援朝，過去一直有個「唇亡齒寒」的說法。其實仔細想來，當時（上世紀五十年代下半期）與韓國相鄰，並不能說我們一定會受到多大的威脅，發生什麼「齒寒」的問題。事後中韓關係的發展就證明了這點。

## 毛澤東也認為發動朝鮮戰爭是錯誤的

朝鮮戰爭結束兩三年之後，毛澤東就已一再表示，幫助朝鮮打這場仗是錯誤的。只是他把這筆賬完全算到了金日成和斯大林的頭上。1956年9月18日他同前來參加中共「八大」的朝鮮代表團會談時就說，「對朝鮮勞動黨的做法，過去就有意見，例如朝鮮戰爭，開始就提醒過金日成不該打，後又警告他敵人可能從後方登陸。」9月23日，他對也是來參加「八大」的米高揚（編按：Anastas Mikoyan，1955–1964年蘇聯部長會議第一副主席）說，「朝鮮戰爭根本錯誤，斯大林應該負責。」1957年7月5日米高揚到杭州通報蘇共打掉以馬林科夫（編按：Georgy Malenkov，1953–1955年任蘇聯部長會議主席）為首的「反黨集團」問題時，毛澤東又和他談到朝鮮戰爭問題，還抱怨說，「斯大林、金日成對中國刻意隱瞞發動戰爭的時機及作戰計劃，最後，中國卻被牽連進戰爭，這是錯了，絕對錯了。」這說明，毛澤東實際上已經承認抗美援朝不對，斯大林去世後在發洩一下他對斯大林的不滿時，朝鮮戰爭也成為問題之一。但赫魯曉夫認為，該負責的應是毛澤東。1960年彭真在各國共產黨代表參加的布加勒斯特會議上曾就此同赫魯曉夫吵了起來。赫魯曉夫說，「如果毛澤東不同意，斯大林就不會那麼做。」彭真反駁：這種說法「完全錯誤……毛澤東是反對打仗的……是斯大林同意的。」1961年彭真參加蘇共「二十二大」，再次和赫魯曉夫發生爭論。赫魯曉夫說，戰爭是斯大林和毛澤東共同策劃的。彭真反駁，說斯大林和金日成有何計劃，毛澤東最不知道。

事實上，無論是對於打朝鮮戰爭的積極還是在和平談判問題上的消極，同斯大林相比，毛澤東都有過之而無不及。

下面先談朝鮮戰爭帶給中朝方面的傷害和損失，並從中國談起。

## 一、中國遭到慘重傷亡

由於我方採取的是被人們稱之為「人海戰術」的辦法，就使我們在抗美援朝戰爭中遭到近百萬人的傷亡。有人找到我們一份題為《抗美援朝衛生工作經驗總結》的文件，裏面談到我們先後出動的志願軍人數達135萬，最後健全回國的只有37.2萬人，包括凍傷致死致殘在內的減員人數達到97.8萬。[1]另按丹東市抗美援朝紀念館的統計數字，志願軍直接戰鬥犧牲的人數是183,108人。再加上負傷的38萬多和被俘者，一共減員56.54萬人。按犧牲18萬多人同美國陣亡54,246人（名字被鐫刻在華盛頓一面紀念牆上）相比，大概平均美國方面死一個人，我們得賠上三個多。

## 二、嚴重阻礙中國實現憲政民主、經濟建設和開展和平友好的對外關係

抗美援朝戰爭鞏固並增強了我國的專制獨裁政治。毛澤東把發展國民經濟丟到一邊，把資本主義和社會主義兩大陣營原來局限於歐洲地區的冷戰，一下子擴大到了亞洲，且激化為相當規模的地區性熱戰。從這時開始一直到毛澤東離世，中國作為世界上最好戰好鬥的大國，先後站到了反對世界頭號和二號大國的第一線，這就是反對「美帝」和「蘇修」，後來還加上反對民族主義國家的所謂「反動派」（以印度尼赫魯為代表），毛澤東也就擔任了全世界反對「帝修反」的革命領袖。但這卻使中國喪失了二戰後世界經濟、政治、科技、文化發展的黃金時代，全面倒退了三十年，國民經濟下降，人

---

1　劉家駒在所著〈我經歷的朝鮮戰爭〉一文中説，彭德懷的老秘書王亞東告訴他，志願軍負傷、陣亡、病故共978,122人，佔入朝作戰總人數190萬的51.5%；這一數字經民政部門在全國普查中核實過。據徐焰統計，志願軍損失的兵員共計42.62萬人。

民更加貧困，同發達國家和不少新興發展中國家進一步拉大了經濟差距。

抗美援朝對於中國對外關係產生的巨大負面作用，主要是由於我們傲慢地拒絕了聯合國的停戰建議。美國得以煽動並聯合大多數國家通過譴責中國為「侵略者」的決議，從此世界上許多國家都以中國為主要對手。為防止產生所謂「多米諾骨牌」效應，美國在朝鮮戰爭後同我國周邊國家簽訂了一系列針對我國的軍事條約。這些又迫使我國不能不進一步強化對蘇聯的「一邊倒」和對西方國家的閉關鎖國政策，使中國被排除在大半個世界（主要是發達國家）之外，沒能跟上世界發展步伐。

抗美援朝也耽誤了台灣問題的解決。連毛澤東也認識到了這一點。他說過，沒有抓住最有利的時機攻打台灣是「我黨『七大』後所犯的第一個大的歷史錯誤……這是不能挽回的錯誤，是百分之百地錯了。」他雖然沒有說這是抗美援朝帶來的一個後果，但人們心裏都是明白的，將來的歷史書也會講清楚，決策者的責任是逃不了的。當然，攻打台灣並取得勝利給那裏民眾帶去的會是福還是禍，那就是另一個問題了。

朝鮮戰爭在世界範圍內刺激了軍需發展，促進了資本主義世界的經濟增長和科技發展。日本從中受益甚大。

抗美援朝只有在軍事建設上使中國收穫巨大，人民解放軍基本改裝了。中國有上百個師都是在抗美援朝時期改裝的。按彭德懷的說法就是，原來我們是非正規的，現在正規化，變成正規軍了。因抗美援朝，蘇聯在軍事工業上對我國的幫助也很大。原來人民解放軍用的多是二戰結束前後的舊式武器，特別是繳獲日本的武器。在抗日戰爭期間，解放區能夠自己製造的武器，最高標準也就是迫擊

炮。斯大林雖然只秘密派出空軍參戰，但卻拿出大量現代化軍事裝備廉價（按半價計算）賣給中國。抗美援朝期間，在蘇聯幫助下，基本上解決了人民解放軍的現代化裝備問題。我們原來連個子彈都生產不了，後來全軍首次實現了槍械型號的同一，還開始生產坦克、大炮、飛機、導彈了。

## 停戰六十年朝鮮還沒有解決民眾的溫飽問題

談得失，還應看抗美援朝戰爭給朝鮮究竟帶來了什麼。抗美援朝本來為的是解放全朝鮮，讓全朝鮮人民都過上光明、進步和富強的好日子。但是，抗美援朝戰爭後，早已得到解放的北朝鮮基本上一直處於貧窮落後狀態；被它始終當作對頭的韓國，日子反而越過越好。

停戰後兩個朝鮮的發展大不相同，就和二戰後兩個德國從底子差不多的水平上開始發展，不久就一個飛速前進一個長期停滯的情形一樣。韓國從比朝鮮相差很多的起點上很快就上升為亞洲的「四小龍」之一，現在更進入經濟、政治、文化發展比較均衡的發達國家行列。朝鮮則從一度突飛猛進竟然落到大批民眾多年來食不果腹的境地。[2]

其實，朝鮮在戰後也曾經有過一段輝煌時期。上世紀六十和七十年代，它的工業化水平，可與當時被稱為經濟發展「奇跡」的日本媲美，把韓國遠遠甩在了後面。原因主要是得到蘇聯和中國的

---

2　信力建2013年在網上發表的一篇文章，談到按美元計朝韓人均國內生產總值對比：1960年朝253，韓82，韓為朝的三分之一；1970年，朝400，韓410，韓略超朝；1980年韓1,592，為朝的兩倍有餘；1990年6,482，為朝的6.2倍；2007年19,624，為朝的20倍。

大量援助，另一方面也由於金日成在國內執行了着重發展生產搞經濟建設的正確政策。停戰後頭十年，經濟年均增長25%，創世界記錄。1984年，朝鮮糧食總產量突破4,000萬噸，自給有餘；工業也得到飛速發展，和中國一起成為蘇聯東歐經互會（經濟互助委員會）的觀察員。

　　斯大林死後，因毛澤東和赫魯曉夫爭奪國際共運的領導權而導致中蘇矛盾急劇上升，雙方都想把朝鮮拉到自己一邊，這就使朝鮮佔了大便宜。1960年中國由於「大躍進」造成嚴重經濟危機，但還是不惜國內大量餓死人也繼續慷慨援助朝鮮。1959年10月赫魯曉夫推遲訪朝引起金日成不滿。金日成1960年5月訪華時表示要親華遠蘇。過了半個月，赫魯曉夫邀請金日成秘密訪蘇，決定取消給朝鮮的全部軍事債務，還給他看了毛澤東1956年11月30日和尤金的談話記錄。裏面談到金日成不贊成毛澤東拖延停戰談判的主張和作法，想將朝鮮問題提交聯合國處理。但聯合國是朝鮮戰爭的交戰一方，所以引起毛澤東的一時反感和懷疑，順口說道，金可能叛變革命，成為朝鮮的鐵托或納吉。金讀後大怒，當即說中國就是想把朝鮮變成自己的殖民地，他再也不相信中國人了，表示將支持蘇共一切方針，不再去中國。毛澤東和中共中央趕快彌補，1960年9月撥給朝鮮大量援助。周恩來表示，中國可以對別的國家欠帳，但要保證對朝的援助項目。這一年中國正在大量餓死人，仍給朝提供了23萬噸糧食。同年10月5日，周恩來接見朝鮮副首相李周淵，同意分四年貸款4.2億盧布，還說：至於償還期限，能還就還，否則可以無限延期，等後代再還也行。

　　蘇聯和中國戰後給朝鮮的援助規模巨大。據蘇聯統計，到1960年4月，蘇對朝的無償援助已達13億盧布，還有36億盧布的低息貸款，並幫助建設了大批成套專案。

中國自然不甘落後。根據中朝1953年11月的政府間協定，中方把從戰爭開始到1953年援助的全部物資和費用無償地贈送給朝方，還在三年內向朝方無償提供時值近八億人民幣的生產建設物資和生活用品。在戰爭期間，不僅兩國部隊並肩戰鬥，就是在其他一些方面也近乎不分彼此。停戰之後援助仍在繼續。戰爭的破壞，不光使朝鮮許多城鄉變成廢墟，而且青壯年勞力也極為缺少，幾十萬志願軍在戰後當即轉身成為遍佈北朝鮮城鄉的施工隊，直到1958年回國。平壤、元山等七十座大中城市，百餘個工廠和水利設施，主要靠志願軍的義務勞動。從1958年到1963年，正是中國最困難的時期，仍以無息貸款的方式為朝鮮援建了紡織廠等29個成套項目。那個時期，只要朝鮮提出需要而我們又有，就會首先滿足他們的要求。例如他們看到北京建地鐵，就要求先幫他們在平壤建地鐵，因為平壤是反美「前線」，所以工程既緊迫而且還要求修得更深更結實。於是北京地鐵緩建，連器材帶施工人員移師平壤。又如，一次朝鮮急着要建造兩座紡織廠，中國就將自己已建成尚未開工的邯鄲兩個紡織廠的設備全套拆掉，運往朝鮮。類似例子，不勝枚舉。

到上世紀九十年代，情況急轉直下，朝鮮經濟已從衰退變得嚴重惡化。原因是蘇聯解體後國際援助大為減少，但更重要的還是朝鮮領導層改變了政策，推行所謂「先軍政治」和閉關鎖國方針，集中力量發展軍事工業，特別是搞花錢最多的導彈、核武器，要成為「軍事強國」；政治上則不斷加強專制獨裁，鞏固家族統治和領袖世襲。為此，搞了不少新花樣，如拋棄馬克思主義，以「主體思想」(編按：也稱金日成主義) 統領一切；立新年號，以金日成出生的1912年為主體元年等等。其結果是，國民經濟凋弊，民不聊生；但對外又胡作非為，一再破壞國際關係準則，如搞核子試驗核擴散、發射導彈等，遭到全世界的反對和聯合國的一再制裁，成為少有的國際棄兒和影響東北亞安全和穩定的一個重大危險因素。

## 抗美援朝增加了中朝兩國的不和與矛盾

就中朝關係而言，抗美援朝也是失敗的。

在抗美援朝過程中，金日成和中方多次發生矛盾和衝突，有時弄得關係相當緊張，不得不由斯大林出面干預。因為金日成雖然看不大起中國，但對斯大林和蘇聯還是百依百順的。例如，抗美援朝一開始就產生了兩國軍隊的統一指揮問題。雖然朝鮮人民軍已基本被打垮，但戰爭仍在朝鮮境內進行。因此金日成認為，作為朝鮮人民軍最高統帥，中國志願軍也應由他統一指揮。對此，中方當然不能同意。因為這時戰爭的主力已經是志願軍，同意金日成統一指揮，無異於把志願軍的指揮權完全交給他，這當然既不妥當也不現實。在第二和第三次戰役結束後，金日成急於求成，屢次同主張進行必要休整後再戰的彭德懷意見相左。停戰談判開始後，金日成想早點把戰事停下來，好讓國土不再遭受破壞、朝鮮人少受點傷亡，毛澤東卻堅決主張繼續打。還有，在鐵路運輸中究竟由中方還是朝方負責管理，運送軍用和民用物資常因搶車皮鬧摩擦，弄得不可開交。最後都是由斯大林裁決，按中方意見辦。這些都使金日成十分惱火。直到多少年以後，在朝鮮還流傳着這種說法：沒能把全朝鮮統一起來，都是因為中國不聽金日成的話，沒有在第三次戰役後一鼓作氣地打下去，而是實行長時間的休整。

金日成政權的保全和戰後的鞏固自然與中國的戰時犧牲和戰後援助分不開。但朝鮮當局卻有意抹殺這些。朝鮮停戰後，當局在平壤建了個戰功博物館，十二個展廳中只有一個是關於中國抗美援朝和志願軍的，還主要供中國人和一些外國人參觀。其他十一個展廳都是說，仗是朝鮮人民在金日成領導下打的，也因此取得了勝利，一概不提中國的抗美援朝和志願軍參戰。

對於中國為朝鮮做出的犧牲和提供的援助，朝鮮官方輿論還一直有一種說法，認為是他們為中國做了犧牲，而且犧牲很大，是他們為中國把美帝國主義擋在了中國的家門口外，因此中國幫助朝鮮是理所當然。其實這也不能全怪朝鮮人，毛澤東和其他某些中央領導人也就是經常這麼講的，特別是對朝鮮客人和其他某些外賓。

中朝關係搞不好，還有個歷史和民族感情問題。朝鮮是長期向中國進貢的國家。它認為過去一直受到中國的侵略和壓迫。所以，在接受中國的援助時態度一直非常謹慎，在國內事務上更是嚴防中國插手。不到不得已，絕對不願中國軍隊跨過國境幫他們打仗，怕的是戰勝了一個外國敵人，又來了一支新的外國佔領軍。這種觀念根深柢固。越南的情形也類似。

中朝關係搞不好，更有個共產黨領導的國家要按世界革命的原則處理國家關係的問題。金日成領導着朝鮮，卻並不能完全由自己說了算。朝鮮戰爭時，他第一得聽斯大林，第二得聽毛澤東的。斯大林去世後，毛澤東的地位上升，要讓金日成完全聽他的了。金日成對這種情況很有意見，1955年底提出了「主體思想」，以此取代馬克思主義，在意識形態上和其他社會主義國家區分開來。在國內，他為了獨攬大權和排除異己，在戰後特別是1956年大肆清洗黨內所謂的「延安派」和「莫斯科派」。為此開了一次勞動黨中央全會，把那些被認為屬於這兩派的中央委員一下子都給開除出中央委員會，有的甚至被開除掉了黨籍。這碰巧就發生在中共「八大」會議期間。金日成這一做法，當即引起毛澤東和赫魯曉夫的極大不滿，尤其是毛澤東。毛澤東和蘇共中央商定，派彭德懷和米高揚前往朝鮮，批評金在幹部問題上犯了「路線錯誤」，他們「黨內充滿恐怖情緒」，要他開中央全會改正，還要登報。金日成當時只能接受批評，一時做了一些改正，如重開中央全會，恢復了此前開除的一批「延安派」

和「莫斯科派」的中央委員地位，但不予重用，反而更加給以歧視和擠壓。這些人中大多為了防止進一步遭到迫害，不久後就自動逃到了中國或蘇聯。但金日成對這次中共、蘇共干涉他們黨內事務一直耿耿於懷，非常不滿，在對外關係上提出了反對「事大主義」，矛頭直指中國和蘇聯。不過在實際上，金日成不可能有什麼作為，因為朝鮮不但在防衛和外交上還離不開蘇、中的維護，而且經濟上還依賴它們的援助，特別是國內還駐紮着幾十萬中國人民志願軍。所以1958年2月我隨周恩來為首的政府代表團出訪朝鮮時，除看到朝鮮舉國上下的熱烈歡迎外，也看到金日成和朝鮮其他領導人畢恭畢敬的態度。一次金日成到代表團駐地來看周恩來，周正在午睡，我說我馬上去叫醒，他卻堅決不讓，硬是一直在客廳裏轉悠着，等了半個小時。

中國卻並不因金日成和金正日另搞一套而改變對朝態度。我們長時期不但承認朝鮮是社會主義國家，稱它為「兄弟國家」。在外交部工作時讀毛澤東和金日成的談話記錄，毛澤東在金日成面前可以隨便談論中國黨的高級幹部，例如指責彭德懷和中國歷屆駐朝鮮大使對朝鮮犯了大國主義錯誤。歷屆領導人幾乎都對金日成把平壤建設得既有氣派又整潔有序，把朝鮮民眾治理得整齊劃一並對他衷心崇拜，讚譽有加。

毛澤東也一直以無產階級國際主義（按，這一口號在上世紀下半期就已被各國共產黨先後放棄）態度處理社會主義國家間的邊界問題。他的想法是，一個國家只要由共產黨執政，兩國之間不僅在有爭議的邊界問題上，就連領土問題都好商量。不同於斯大林，毛澤東似乎還同時繼承了中國天朝大國皇帝的傳統，在領土問題上仍有點視周邊國家為「進貢國家」，對它們的饋贈依然大方。

　　毛澤東按這種思路解決中朝邊界問題，就使金日成佔了大便宜。在劃分中朝邊界線上滿足了朝方的要求，把本來完全在我國境內的長白山白頭山峰和天池的一大半劃給了朝鮮；中朝間的界河也不按國際慣例根據主航道劃線，而是把邊界線一直劃到我國岸邊，鴨綠江裏好幾十個沙洲、島嶼就連居民帶土地都劃給了朝鮮。（當時我還在外交部工作，了解這件事是由姬鵬飛奉命具體經辦的。）毛澤東甚至最少五次向金日成表示過，東北也是朝鮮的。[3]但是朝方不但毫無感謝之意，還認為那些地方本來就是屬於它的，迫使當地的原漢族居民離開。他們在歷史教科書上說的更遠，連東北地區一直到長城這一大片地區在以前也是它的。

　　直到現在，我國的一些主流媒體還在說，不進行抗美援朝不行，否則金日成政權垮了，敵人就開到鴨綠江邊了，因此這個仗是非打不可的。這個邏輯一直佔着統治地位。其實仔細想來，這恐怕不一定對頭。人家韓國怎麼就是敵人？和韓國交界就受到威脅？現在實際上我們和韓國的關係似乎還比和朝鮮好一些，起碼是比較好相處一些。韓國經濟比我們強，起碼不要我們的援助。我們非得在朝鮮北部保持金日成留下來的這個「主體」國家作為前哨陣地、同韓國之間的緩衝區不可嗎？

---

3　沈志華2017年11月7日在日本笹川日中友好基金舉辦的朝核問題報告會上說：毛澤東這麼談的意思是：「朝鮮就是我們的前方，東北就是你們的後方。將來打起仗來，你就前方、後方一起管吧！我把東北交給你啦！你還可以在這裏招兵。你不但要熟悉這裏的山川地形，還要熟悉這裏的幹部。金日成就到東北視察。1963年鄧小平去東北，把他交給東北局宋任窮。金日成真把三省都考察了。各省司局長以上幹部，軍隊的軍區以上幹部都向他彙報工作。金日成回國後，在朝鮮辦東北領導幹部培訓版。東北司局長以上幹部分別到朝鮮，表面上是去療養，實際就是接受朝鮮培訓。『文革』前已培訓兩期。」見2017年11月29日，鈍角網。

實際上，在中朝關係上，一直都是我們在背包袱。背了抗美援朝這個大包袱之後，還接着背，直到現在也沒有解除。毛澤東在世時，未因戰爭結束而放下包袱，還為加強在國際共運中的領導地位和赫魯曉夫爭相拉攏金日成。例如，毛澤東曾罕見地在金日成面前認過錯。1957年莫斯科會議期間，毛澤東曾向金日成承認1956年犯了偏聽偏信和干涉朝鮮內政的錯誤。後來毛澤東還在金日成面前多次表示，中朝關係中發生的不愉快，都是中國的過錯，中國內部有人搞大國主義，並指名彭德懷和歷任中國駐朝鮮的大使。

金正日對中國已不像金日成時期那樣還比較客氣，可我們對他卻更加優待。金正恩對我們的態度更差，連他父親對我們承諾的重大事情必定事先通知都不履行，如第三次核子試驗（場地距中國邊境只一百公里左右）和失敗了的那次導彈發射。即使做做樣子的事前普遍通報，有時對我國也在對美國之後。可他一上台，中國政府就從2012年2月下旬開始對朝鮮提供價值高達6億人民幣的無償援助。這在中國援朝史上是規模空前的一次單筆援助，數量為1994年金日成去世時所給的兩倍。

## 抗美援朝阻礙中美早日走上建立正常關係的軌道

還在解放戰爭發生轉折時，美國就積極同我們拉關係，並認真準備承認即將誕生的新中國，建立中美間的正常關係，雖然一再碰釘子，但仍未放棄努力。直到抗美援朝，美國才最後放棄幻想，決定與我國為敵，進行遏制與包圍，開啟了中美的全面對抗。鑒於美國在二戰後急劇發展的經濟、政治、科技、文化國際化進程中的地位和影響，這就使中國在相當程度上被排擠到邊緣地位。在國際比較下，共和國成立後三十年的經濟建設沒有發展反而倒退，不能說與此毫無關係。

在整個朝鮮戰爭過程中，中國對美國的意圖有兩次誤判。支持金日成發動南下進攻，雖然斯大林和金日成做決定時是誤以為美國不會干涉，中國即使不完全相信也不能不給予正面回應，但我國也對美國不會干涉心存僥倖。美國軍事介入後，我們又過高估計它的戰略意圖。1950年6月28日和8月26日，周恩來兩次表示，朝鮮戰爭不過是美國對東亞發動更大範圍的侵略的藉口，美國企圖在朝鮮打開一個缺口，準備世界大戰的東方基地，美如壓服朝鮮，下一步必然對越南及其他原殖民地國家加以壓服。毛澤東8月4日也說，「如美帝得勝，就會得意，就會威脅我」，所以必須幫助朝鮮。

事實是，美國並不想和中國打仗，更無意打世界大戰。美軍在第二次戰役中失利後，杜魯門政府1950年年底和1951年年初曾兩度考慮過讓美軍撤出朝鮮，1951年4月又撤了想把戰火燒到中國境內的聯合國軍司令麥克亞瑟的職。1951年5月，美國參謀長聯席會議主席布萊德雷（Omar Bradley）在政策辯論中說：「把戰爭擴大到共產黨中國會把我們捲入一個在錯誤的地方，錯誤的時間和錯誤的敵人進行一個錯誤的戰爭。」

抗美援朝後，美國開始對我國採取敵對政策。它在我國周邊建立了一系列軍事條約組織，為的是防範我國繼續在這片地區推進紅色革命，所以實際上主要還是為了防禦。凱南（編按：George Frost Kennan，1952年美國駐蘇聯大使）提出並由幾屆美國政府推行的遏制政策（編按：圍堵政策），含義就是以蘇聯和其他共產黨當權的國家為敵國，企圖把它們關在國門以內，擋住它們向外擴張，防止出現「多米諾骨牌」效應。冷戰一結束，老布殊總統（編按：George Bush，內地譯布什，1989–1993年美國總統）就宣佈今後要變遏制為「超越遏制」，也就是不再以這些國家為敵人，打交道的辦法也一改而為歡迎它們對外開放，走出國門，融入國際共同體。因此，把

遏制政策說成是一種進攻性和擴張性的軍事侵略政策，並不符合美國原意。但對此至今仍有各種不同的解讀，以美國為中國主要敵人的輿論，仍傾向於以往對美國的理解，即它「亡我之心不死」，始終是中國防禦和鬥爭的主要對頭。

借抗美援朝在國內掀起仇視、蔑視、鄙視美國的浪潮，大有助於我國政府在國內肅清被視為親美以至整個西方的勢力和影響，自封為國際上堅決反美的旗手。所以在蘇美拉關係，大肆宣揚「大衛營精神」（編按：內地譯戴維營精神）的時候，毛澤東特別提出「我們要頂住美帝國主義的大肚子」。經過長期的國內群眾教育和積極的對外行動，再加上其他措施如炮打金門等，都為我們在對外關係上以美為敵的決策夯實了基礎。朝鮮戰爭停戰三十年後，中國採取了「一條線」（實為聯美反蘇）的外交戰略，美國也以尼克遜訪華為標誌積極拉攏中國，以改變蘇攻美守的態勢。直到這時，中美關係才出現鬆動和取得突破，使中國的外交局面和國際地位起了轉折性的變化。

在談了朝鮮戰爭和相關情況後，現在根據停戰後六十年來形勢的發展變化和包括我自己在內一些人的反思，主要可以得出以下三點看法：

第一，二戰結束後，上世紀五十年代實現了新舊時代的交替，即從上半期的戰爭與革命時代，逐漸轉變為下半期以及此後長期的和平與發展時代。在這種時代背景下發動戰爭，因為違背潮流，所以只能是以失敗告終，或是造成局部混亂，而不可能有真正的勝利一方。中國同意並支持金日成發動朝鮮戰爭之所以根本錯誤，就正是因為朝鮮戰爭違背時代潮流。金日成在斯大林、毛澤東支持下發動進攻韓國的戰爭，除給參戰國特別是南北朝鮮人民帶來慘重傷亡

和物資的極大損失，以及朝鮮南北方國土的嚴重破壞外，可以說是一無所得，戰爭的性質也談不上有什麼正義性。三年多的戰爭經過互相妥協而停下來後，幾乎一切都回到了原狀，被分裂的兩個朝鮮依然對峙着。因此，不僅金日成的武力統一計劃是徹底失敗了，就是我國的抗美援朝也不能說取得了勝利，充其量只能說是在戰場上和美國打成了個平手。如果用實現毛澤東原先設想的把美帝趕出朝鮮半島、幫助金日成統一朝鮮的戰略目標來衡量，那就不得不承認，結局也只能說是完全失敗的。

第二，應當承認，杜潤生老人（編按：中國農村改革之父）把「抗美援朝」批評為「建國以來的最大錯誤」（超過「文革」）這一見解是深刻和正確的。他認為，抗美援朝最大的「失」，倒還不是人員傷亡和物資受損，而是影響甚或改變了我國的建國方略。這場戰爭使 中國沒能適應人類發展和世界演變的潮流，即走經濟市場化和政治民主化的道路；還使我國只能照搬蘇聯模式，並大搞各種運動，使我國的專制獨裁制度不斷得到加固，社會經濟文化出現長期全面倒退。

第三，抗美援朝戰爭造成中朝兩國的不正常關係長期延續下來，無論對兩國人民還是對國際形勢的緩和以及東北亞地區的安全與穩定，都明顯地不見得有利。抗美援朝似乎讓我們對朝鮮承擔下一些義務：對它在國內事務上的錯誤政策如「先軍政治」和搞導彈、核武器等所造成的困難進行補償，援助糧食和能源；在國際事務上對它進行保護和偏袒。在社會主義陣營早已崩潰的情況下，還要單方面地保留朝鮮為「兄弟國家」（宣傳上和實際上）的名義和地位。這不但使我們半似自願地長期背上這個包袱，而且在國際上還要落一個是不守規矩的朝鮮的黑後台罵名。因此，我國在外交上的

一個當務之急就是下決心改變對朝政策，使中朝關係逐步走上正常國際關係的軌道。

　　第三，抗美援朝戰爭造成中朝兩國的不正常關係長期延續下來，無論對兩國人民還是對國際形勢的緩和以及東北亞地區的安全與穩定，都明顯地不見得有利。抗美援朝似乎讓我們對朝鮮承擔下一些義務：對它在國內事務上的錯誤政策如「先軍政治」和搞導彈、核武器等所造成的困難進行補償，援助糧食和能源；在國際事務上對它進行保護和偏袒。在社會主義陣營早已崩潰的情況下，還要單方面地保留朝鮮為「兄弟國家」（宣傳上和實際上）的名義和地位。這不但使我們半似自願地長期背上這個包袱，而且在國際上還要落一個是不守規矩的朝鮮的黑後台罵名。因此，我國在外交上的一個當務之急就是下決心改變對朝政策，使中朝關係逐步走上正常國際關係的軌道。

2011年8月口述，2013年7月成文，2017年12月修訂

第七章

我對日本和中日關係
的看法

# 如何認識日本和中日關係 [1]

2015年是抗日戰爭勝利七十周年。在「七七」紀念日之後一個多月，本人收到中共中央、國務院、中央軍委聯署頒發的「中國人民抗日戰爭勝利70周年紀念章」。說明上指稱，紀念章圍繞「銘記歷史、緬懷先烈、珍愛和平、開創未來的主題設計」。據此，本人始敢自稱「抗日老兵」，感慨良多。

## 從接受抗日啟蒙到出任日本所長

我開始上私塾認字，和「九一八」事變是同一年。當時就參加了國民黨的縣教育局組織的遊行示威活動。我們打着小旗，在農村宣傳反日。上高小的時候開始接觸新文化，還同那時駐紮在我老家臨潼的東北軍混得很熟，並且開始參加救亡運動。啟蒙是普世性的歷史進程。我一直認為，在中國，抗日救亡是一個時期啟蒙的主要內容。當時到延安去的愛國青年，都是既為抗日也為追求民主自由。我本人就是因此棄家奔赴延安，走上革命道路的。

在延安抗大的學習和工作，是我認識日本的起點。完全出乎意料，多年之後，既沒專門研究過日本（當然，共和國成立後我一直從事國際問題研究，對日本問題並不生疏），又不懂日語的我，竟當了九年中國社會科學院日本研究所所長，曾被一些媒體稱為日本問題專家，還被日本一些報刊列為所謂「知日派」中的「鴿派」。

---

1 本文曾發表於《中日熱點問題研究》，中國社會科學出版社，2015年12月版，第14–21頁。本文為未加刪節的原稿。

　　奉命籌辦和主持日本所的工作後，我擔任過全國日本學科規劃組長，提出研究日本必須去日本進行實地考察和學習，並組織全國日本研究機構的領導人訪日。

　　在我擔任日本所所長期間，中日關係很好。中國學習、借鑒日本發展經濟的經驗，引進日本的技術，得到日本的幫助。中國對日本也是不念舊惡，友好相待。鄧小平等領導人一直強調要向前看，「世世代代友好下去」成了兩國交往的主旋律。其時，正值中國開始實行改革開放政策，並同日本締結了和平友好條約，中國興起學習日本發展經驗的熱潮與日本興起的「中國熱」交相輝映。在此背景下應運而生的中國社會科學院日本研究所，不但受到中國有關方面的重視和支持，也受到日本官方和民間的歡迎和幫助。中日友好的熱潮一直持續了十來年。此後，我也離開了日本所。

　　從上世紀九十年代中期以後，我漸漸感到中日關係出現轉折，開始走下坡路。一方面，日本政治在右傾，對中國的發展和強大感到不安；另一方面，中國領導人和輿論又強調起了歷史問題，認為歷史問題是「中日關係的基礎」，「中日世代友好」提得越來越少，一些日本人則對多提歷史問題感到厭煩。對此，我應約在《環球時報》發表〈我們能同日本友好下去嗎？〉一文。據新華社駐日記者說，這篇文章在日本產生了「爆炸效應」，後來還被人們稱為「開啟對日關係新思維的先導」。其實，我寫這篇文章是遵照鄧小平指示：「考慮國與國之間的關係主要應該從國家自身的戰略利益出發。着眼於自身長遠的戰略利益，同時也尊重對方的利益，而不去計較歷史的恩怨，不去計較社會制度和意識形態的差別，並且國家不分大小強弱都相互尊重，平等對待。這樣，什麼問題都可以妥善解

決。」[2] 我的文章就是闡述這個思想的，文中提出中日關係應以友好合作、平等互惠為主軸。

## 怎樣「以史為鑒」和「面向未來」

當然，中日關係要「以史為鑒」。但我以為，「以史為鑒」應擴大範圍來談。不僅要以日本侵華五十年的歷史為鑒，也要拿兩千年的友好來往，特別是戰後歷史（亦即當代史）為鑒，吸取正反兩面的經驗教訓。對於戰後七十年中日關係的歷史，也應看到：前二十多年，日本執行敵視中國的政策，雙方尖銳對立，對誰也沒好處；後四十多年，走上和平共處的道路，不僅對雙方有利，而且還對亞太地區的穩定和發展做出了貢獻。所以，中國方面強調的「以史為鑒」（2015年「九三」閱兵時提出的「銘記歷史」），其結論就是「和則兩利，鬥則兩傷」。那種認為中國強調歷史問題是算老賬，甚至要報仇雪恨的觀點，應該說純屬誤解。我們對日本少數右翼分子的居心叵測，當然不能漠然置之。但與此同時，我們也需要放眼世界，以西方史為鑒。為什麼曾為世仇的德法兩國，能在戰後正確對待歷史，摒棄前嫌，攜手合作，成為推動歐洲團結與發展的主力，而作為亞洲兩個偉大民族的中國和日本就做不到這一點呢？

至於「九三」閱兵提出的「開創未來」，更是中國「面向未來」一貫主張的延伸，中國領導人曾對此作過多次說明。還在復交前的1961年，周恩來總理就曾說過：「有上萬的日本朋友見到毛主席、劉主席和我，表示謝罪。我們說，這已經過去了……我們應該往前

---

2　《鄧小平文選》第3卷，人民出版社，1993年版，第330頁。

看，應該努力促進中日兩國的友好關係。」[3] 後來（1964年）陳毅副總理還專門代表中國政府聲明：「中國政府和中國人民對待中日關係，從來是向前看，而不是向後看。」[4] 中方的這種態度是容易理解的，因為世界各國歷史證明，一個斤斤計較算老賬和只知向後看的民族，從來都是不會有出息的。

以戰後七十年歷史為鑒，人們都還記得，在中日友好的八十年代，日本的資金、技術、經驗對中國的現代化建設起到了很大作用。這裏，我還想舉兩個人們多已忘記的例子：上世紀五十年代中期，日本眾議員帆足計等「三勇士」衝破佐藤政府的阻撓毅然訪華，簽署中日民間貿易協定；但一個孤立的「長崎國旗事件」，[5] 中國就斷絕同日本的一切貿易和人員往來，結果對兩國都造成不小損失，多少年也彌補和修復不過來。另外，對於戰後日本走和平發展道路，中國改革開放後日方對中國現代化建設的支援，都宣傳不夠，這也在日本人中造成一定隔膜。總之，我認為，對今天中日關係上的許多問題，都需要重新研究。我們固然不能苛求學者的每一個觀點都精確無誤，但是輿論導向卻不能含糊，一旦煽起民族情緒，可就不是短時間能解決的了。

---

3　周恩來：〈接見嵯峨浩、溥傑、溥儀等人的談話〉，《周恩來選集》下卷，人民出版社，1984年版，第321頁。

4　〈中華人民共和國國務院副總理陳毅1964年6月19日答日本東京廣報導局長橋本博問〉，《中華人民共和國公報》1964年第10號。

5　長崎國旗事件：1958年5月2日，在長崎中國郵票和剪紙展覽會上，兩名日本青年扯下了會場上懸掛的中國國旗。事後，中國政府提出抗議，並決定斷絕同日本的一切進出口貿易，對已簽合同停發信用證，未簽合同一律停簽；停止延長漁業協定；召回訪日中國代表團，除根據需要酌情邀請日本進步人士和友好人士來華，中斷中日之間人員往來。

　　歷史問題，這是大國之間特別是鄰國之間很難避免的，應當逐漸淡化，而不應受民族主義情緒的影響。這既與雙方的政策有關，兩國媒體也起着很大作用。中日關係友好的時候，什麼東海問題、釣魚島問題，都沒有成為妨礙兩國關係的大事。後來國家關係不怎麼好了，這些問題就都突出了起來。而被喚起的強烈國民情緒，反過來又成為制約政府決策和輿論動向的重要因素，特別在今天的互聯網時代。所以，關鍵在於兩國政府就相互關係制定政策的傾向。

　　這就要求我們從國家的基本戰略利益出發，來看待日本和中日關係。從小泉純一郎內閣起，中日政治關係走低變冷已達十多年。如果雙方都能從戰後七十年這段當代史中汲取一些經驗教訓，經過共同努力，中日友好關係還是能夠逐步恢復起來的。既然自然地理環境把中日兩國「安排」成一衣帶水的近鄰，我們就必須對日本執行睦鄰友好政策。而且，正像鄧小平所說，二十一世紀、二十二世紀、二十三世紀，要永遠友好下去。[6]更值得提到的是，直到1989年底，鄧小平還說：「我雖然退休了，但還是關注着中日兩國關係的發展。我們兩國畢竟是近鄰，我對中日友好有一種特殊的感情。」他表示，對於保證和實現中日友好的重要性應超過兩國間的一切問題。他還留給我們一個重要的思想武器：「對一小撮不甘心中日友好的人，唯一的辦法就是用不斷加強友好、發展合作來回答他們。」[7]老人對中日友好合作的拳拳之心，後人決不應忘記。

　　進入新世紀以來，國際形勢和中日兩國國力對比都逐漸發生了一些變化，但我對日本的基本看法一直沒有變。日本現在還是世界

---

6　《鄧小平文選》第3卷，人民出版社，1993年版，第53頁。

7　《鄧小平文選》第3卷，人民出版社，1993年版，第349頁。

第三經濟大國，政局穩定，社會和諧，國民質素高，作為綜合國力基礎的經濟、技術、資金實力依然雄厚。雖然上世紀五十年代日本經濟總量只有我國的一半，後來很長一段時間它卻遠遠超過我們，現在我們則又超過它的40%。需要指出，由於地理、歷史、自然災害等原因，日本國民意識中常有一種很強的危機感和緊迫感，這「兩感」用得好，就會發奮圖強，努力發展自己；以往沒有用好，就曾對外擴張，侵略別國。長期在亞洲稱雄的日本，現在看到身旁一個過去長期落後的「龐然大物」中國竟然迅速發展起來了，就不免產生一定的逆反心理。但它忽視了兩國人口和國土面積懸殊的問題。與此同時，中國，特別是一些媒體也洋洋自得起來。對此，需要有一種客觀冷靜的態度。中國體大力強，經濟總量將來還會超過不可一世的美國，但計算人均產值我們就驕傲不起來了，目前只有日本的幾分之一。中國的現代化水平與日本相比還有很大差距。在貧富差別、生態環境等方面懸殊也不小。至於中國，今後首先是搞好自己的事，堅持和平發展。現在有些日本人談什麼「中國威脅」論，不是杞人憂天就是別有用心了。

另一方面，我們也要以平常心看待日本，把它看作國際大家庭中的平等一員。這是毛澤東老早就說過的。他在1955年10月15日同日本議員團的談話中說道，「我們兩個民族現在是平等的了，是兩個偉大的民族。」[8]如果中日兩大民族能夠以平等相待，就可以做到和平共處，友好合作。這在中國方面不會成問題，因為「以和為貴，和而不同」是中國文化的精粹和中華民族的優良傳統。還在日本軍國主義瘋狂侵略中國的時候，魯迅即曾希望中日間總會有「歷

---

8　《毛澤東外交文選》，中央文獻出版社、世界知識出版社，1994年版，第219頁。

盡劫波兄弟在，相逢一笑泯恩仇」[9]一天的到來。現在，儘管兩國政治關係還不順，但經濟上早已密不可分，客觀上有可能逐漸做到這一點了。

同時，對日本，我們也不可總是以戰敗國相待，別國可以做的事它卻不能做。我認為，日本軍國主義永遠也復活不了，最近安保法的通過也不可能使軍國主義復活。因為舊軍國主義的標誌是對內實行法西斯和經濟統制，對外進行軍事侵略。這些，日本都恢復不了，連統治集團也不想恢復。前些年，日本想做「軍事大國」，由於實際上也很難辦到，後來也就放鬆了。日本要求取得「集體自衛權」，主要是為了起到世界大國的作用。現在，日本統治集團的主要目標是做所謂「正常國家」，也就是求得和其他大國平起平坐的地位，這同「復活軍國主義」是兩回事。二戰後國際形勢和日本國內發生的根本變化，已使「復活軍國主義」變成歷史用語，再也回不到現實中來了。

關於日本對侵略歷史的認識，我認為，以「村山談話」為標誌，日本統治集團和廣大國民的主流意識已經畫上了句號。事實證明，2015年的「安倍談話」表明，要讓日本再往前進已無可能。日本和德國不同。德國戰後一直是反納粹力量上台執政，盟國對納粹也清算得徹底。戰後日本的統治勢力幾乎沒變，特別是後來又得到美國的包庇扶持，使日本的戰爭罪沒有得到徹底清算。所以德國能很快融入歐洲社會，而日本卻還想在東亞稱雄。但它已沒有這個力量，因此只能投靠和依賴美國，做美國卵翼下的「東亞大國」，二戰失敗後失去的世界大國地位，是永遠拿不回來了。安倍政府和自民

---

9　魯迅：〈題三義塔〉，《魯迅日記》下卷，人民文學出版社，1976年版，第836頁。

黨控制下的國會剛剛通過的新安保法案,大背景是日益強大的中國讓美日都產生焦慮,因而雙方都希望加強同盟,新安保法案因此與美日新防衛指針是相互配套的關係。日本以為,矛頭指向中國,會增強美日同盟對中國的「遏制力」。但由於美國是美日同盟的主角,日本的自主性有限,西太平洋的事情首先取決於中美之間的關係。日本現在已沒有能力改變時代發展的格局,安倍搞新安保法案,在相當程度上是虛張聲勢,很難落實到行動。誰會相信,安倍集團有驅使日本年輕人上戰場,以戰爭手段遏制中國的本事和能量?

日本的發展終究得受戰後世界已經發生的根本變化、國內經過民主改造後政治局勢的制約。實際上,二戰後國際形勢和東亞各國的情況都已發生根本變化。亞太地區和全世界一樣,主要趨勢是和平與發展,而不再是戰爭與革命。在今後相當長的時間裏,太平洋都將是太平的,不會有大國之間的戰爭,也不會有影響大的社會革命。經濟科技的發展、使爭取合作共贏成為世界的主流。日本國內的情況是,已經歷過七十年的經濟市場化和政治民主化,不可能再回到統制經濟和法西斯專政。安倍以鷹派著稱,但形勢比人強。例如在釣魚島問題上,儘管日本不會完全收斂,但大約也不會和不敢再前進一步,進行大的冒險。只是它同鄰國(中、韓、俄)在領土等問題上的摩擦將會長期持續下去。

## 調整對日本的認識

由於國際形勢瞬息萬變,我們對於日本的看法和估計曾經發生過某些偏差,這也需要調整。例如,我們就一直沒有把日本的對外侵略看成屬於一種「民族犯罪」,而總是用階級分析的方法和階級鬥爭的觀點,把日本的軍國主義分子(還強調他們只是「一小撮」)和

支持並追隨他們的群眾嚴格區分開來。這就不如歐美人看德國。歐美人認為德國法西斯的胡作非為，既是希特拉等法西斯頭子的罪行，也是整個德國民族的犯罪。而且直接踐踏各國人民的正是出身於德國工農和知識分子的納粹官兵。

德國人自己也認識到希特拉發動的對外侵略戰爭屬於民族犯罪，特別是反法西斯勢力戰後取代了納粹的統治，所以才有了近乎全民的普遍反思；才有禁止軍國主義和法西斯活動的法治（如規定各級教育必須講法西斯罪行，對公開推崇和膜拜法西斯戰犯及仿效納粹聚會和禮儀等活動的人要追究刑事責任等）；才有戰敗後東部領土被割去一大片也一直沒有再提領土問題；才有布蘭特總理（編按：Willy Brandt，1969–1974年西德總理）訪問波蘭時在華沙猶太人死難者碑前下跪，這在世界上引起很大反響。應該說，有同樣認識的，在德國人中佔大多數。這就使德國比較容易同其他歐洲國家實現友好團結和合作發展。

這都和日本形成了鮮明對照。淡化侵略戰爭歷史和儘量減輕罪責、對各鄰國挑起領土問題、參拜戰犯和侵略戰爭參與者的亡魂等，越往後就越成為日本輿論的主流，更談不上應有的民族負罪感了。

我們過去一直把日本對外侵略只歸罪於一小撮軍國主義分子，一再說日本人民也和我們一樣，都是軍國主義的受害者。這就混淆了是非。我們怎麼能把跑到中國來進行屠殺、搶劫、欺壓和踐踏中國老百姓的日本兵和遭受屠殺、搶劫、欺壓和踐踏的中國老百姓相提並論呢？就是沒有當兵來中國而留在日本從事生產勞動和其他工作的日本人，絕大多數也是忠於天皇、甘心在為「大東亞聖戰」作奉獻的。真正反戰的日本人恐怕是極少數。

這裏還應該談談民族歸屬和國家認同問題。這在日本倒好解決，因為它是單一民族的國家。但國家認同還會帶出對國家的責任和義務，以及對榮辱與共的擔當。例如就國家認同而言，國家在對外所進行的正義戰爭中取得勝利，或做了其他大好事，國民自己當然可以也應當分享國家榮譽；但國家進行的是侵略戰爭或做的是壞事，即使自己沒有參加甚至反對，有民族歸屬和國家認同感的人，也會自覺地承擔起民族反省的責任。這種志士仁人，古今中外並不少見。中國漢朝的馬援南征交趾支那，越南的二征姊妹因誓死抵抗被後人贊為民族英雄而修廟永祀。兩千年後的中國總理周恩來在訪問越南時，曾專門前去祭拜，並以漢人後裔身份向她們致敬。德國反法西斯人士布蘭特，在希特拉執政時期被迫長年流亡在外，二戰後才得以回國。他出任總理訪問波蘭時，在受納粹迫害猶太人的紀念碑前下跪請求恕罪。他的這一行為在全世界引起轟動，國際輿論普遍給予高度評價。只願分享自己國家民族從事正義事業（如反對侵略和支援被壓迫民族）的榮譽，卻對國家的犯罪行為（對外侵略和對內鎮壓）視而不見或置身事外，力圖脫身，就顯得風格不高了。

汲取戰爭的慘痛教訓，日本戰後走了和平發展道路，但對過去侵略歷史缺乏一以貫之的「全民認罪」態度。事實證明，中日兩國人民之間相互感情越不好（甚至相互厭惡和敵視），一些「不認罪」的日本人就越不會認罪，中日歷史問題就越難以解決。只有通過努力擴大中日交流，消除部分民眾相互間的厭惡和敵意，增進兩國人民的相互理解和相互好感，才能有助於雙方在歷史問題上逐步取得較大共識。

寫於2015年9月，2017年7月修訂

# 中日關係 60 年 [10]

**主持人：**今天我們請到社科院榮譽學部委員何方老師，介紹新中國六十年來的中日關係。

**何方：**六十年時間是很長的，中華人民共和國成立的時候我在東北。抗戰的時候我在延安，抗戰一勝利我就到了東北，應該說跟日本人打交道的時間不短。這六十年來，前三十年我參與不多，有十年在外交部見證了中日關係，有二十年沒怎麼管事，只是一個旁觀者；後三十年和日本有點關係，對日本多少有點了解。上世紀八十年代，我當了九年的中國社科院日本研究所所長，又一直研究國際問題。

六十年來的中日關係有這麼幾大階段。第一大段是敵對狀態，這是由我們戰略決定的，也是日本國情決定的。我們的戰略是什麼？就是毛主席說的「一邊倒」，倒到蘇聯方面去了。日本投靠美國，把蘇聯當作敵人，蘇聯也把日本當作敵人，我們加入蘇聯陣營自然要和日本為敵，也和美國為敵。《中蘇友好互助同盟條約》中明確規定，條約的目的就在於防止日本軍國主義復活和侵略，這樣就完全把日本置於敵對地位了。

一開始就制定的「一邊倒」戰略不一定合算。張治中認為我們本來可以佔據這樣一個地位：在美蘇之間，不僅我們不需要依賴誰，反而他們有求於我們。初期對日本的估計也是不準確的，對日本的看法有錯誤。咱們曾經看了兩部電影《啊，海軍》和《山本

---

10　此部分是2009年8月19日「騰訊網」採訪何方先生後的文字稿，經本社整理。

五十六》，之後就覺得日本軍國主義復活了。其實日本軍國主義永遠也不會復活，也不可能復活。

如果不是這樣，我們和日本關係不會搞得那麼僵，搞得那麼壞。中日敵對狀態延續了一個相當長的時期。

共和國成立以後相當長的時間裏，一方面我們把日本政府當成敵人，另一方面又和日本發展民間關係。

1952年，莫斯科舉辦國際貿易促進會，是一個促進國際貿易的國際性會議。我們委派了中國人民銀行行長南漢宸兼任中國貿促會會長與會，邀請當時參加會議的幾個日本人來中國訪問。從那時起，中日民間來往就已開始。這是對日本打開的第一扇門，但是門縫很小。因為中日一直處於敵對狀態，我們仇恨日本，日本政府也敵視我們，他們認為中蘇聯合起來是要收拾它。

**主持人：**實際上當時美國是以佔領國的身份對日本進行統治。

**何方：**是這樣，其中也有一個可以作為學術問題討論的問題。一方面，日本同美國結了盟；另一方面，日本也不是完全跟着美國跑，特別是群眾反美情緒很濃厚，舉行反美示威遊行，因為美國人放兩個原子彈，把廣島、長崎炸壞了。東京居民都是木板房，戰後許多地方成了廢墟，就是由於美國的轟炸。戰後盟國總結希特拉的經驗教訓，大家對法西斯非常痛恨，決定要把侵略國家的工業基本搞垮，讓法西斯再也起不來。同盟國美國、蘇聯、英國，也包括中國在內，也是這樣裁決日本的戰後賠償問題。日本拿什麼賠償呢？拆工廠。所以中國對蘇聯在東北拆工廠意見很大，實際上這是一個整體規定。在德國拆，對日本也要拆。但後來中國革命勝利了，美國依靠日本，從壓制日本變成扶持日本了，日本的工業產業才開始恢復起來。在此期間，日本和我們沒有什麼來往。

**主持人：**民間交往也減少了？

**何方：**共和國成立後很少有民間貿易。五十年代，我們宣佈日本軍國主義復活，並且把那兩部電影《啊，海軍》、《山本五十六》當作教育片給幹部看。這是第一個階段，中日確實處於敵對狀態。中國跟着蘇聯跑，日本跟着美國跑，敵對是自然而然的。很難怪中國，也很難怪日本。

歷史不能假設。但是假如那個時候我們對日本不是敵對姿態，跟日本人關係搞好一點，那麼起碼中日人民可以聯合起來對付美國。現在也還存在中國對日本的態度影響日美關係的問題。美中日關係，這個三角關係是互有連帶的。

大概從上世紀五十年代末六十年代初開始，中日民間貿易和人員來往有一定的發展。五十年代末，梅蘭芳還率領代表團訪問日本，到日本去演戲，中日間開始有一點緩和。六十年代由於「文化大革命」又搞僵了。中日外交上也辦過一件蠢事，六十年代初中國在長崎舉辦了個展覽，日本右翼分子踩踏了我們國旗，侮辱了我們國家。毛主席一發脾氣，就斷絕了和日本的一切來往，剛剛發展起來的貿易又沒有了。政治上也好，經濟上也好，我們都吃了虧。

那麼，到底是什麼使中日關係緩和了？中蘇交惡。我們和蘇聯一鬧僵，自然就和美國緩和一點，名義上我們還是反美。對日本的敵對實際上也不那麼厲害了。

從反對蘇聯「修正主義」以後，我們和日本的關係逐漸緩和。因為我們在國際上太孤立，所以就和日本來往多了。中日建交以前，來往就已經不少，六十年代李德全、廖承志、梅蘭芳訪問過日

本。當時和日本人緩和關係，就是想拉日本來對付蘇聯。中日關係出現重大改變還是中日建交，但是兩國貿易和民間來往上一時還沒有大的變化。

**主持人：**中日建交並沒有明顯提升中日關係？

**何方：**因為中國沒有開放，所以沒有什麼明顯的來往。中日建交是因為尼克遜（編按：內地譯尼克松）訪華。這麼大的事，美國應該但並沒有通知它的同盟國日本，日本後來才知道。

一方面日本對美國表示不滿，另一方面本來也想和中國建交，這就使我們和日本關係搞得好了起來。為什麼沒有要日本賠償？一是我們沒打算要，二是也根本要不來。毛主席一直有個思想，要對外國人表現大方、寬容。你看1962年打印度，我們不僅一下子從印佔中國領土藏南地區撤回到原來的出發線，而且還再後退了20公里。在困難時期，我們也要把蘇聯的借款一律歸還。針對日本賠款，毛主席要表現氣派，用世界革命階級鬥爭的觀點來看，日本老百姓也是受害者。其次，我們根本要不來大額的賠款，也許可以要一點小賠償，一點小意思。但是咱們這麼大個國家要那麼點小意思也對國家沒什麼大的幫助。

另外，日本那個時候還是神氣了一點。建交，我們多少是有點有求於人，要求高了，就會影響建交。現在是要日本和蔣介石斷交，和我們建交，何況蔣介石先就已經放棄日本賠款了，我們還能怎麼樣？所以，這種情況讓老百姓意見很大，不僅僅是政府的賠償要不了，民間的賠償基本上也要不成了。按道理國家賠償可以不管，民間賠償應該要，老百姓的房子倒了，日本軍隊幹的，日本政府應該賠。但實際上行不通。

**主持人：**中日建交背後有沒有什麼突出的故事？

**何方：**背後說不上有什麼特別故事，因為中日建交帶有相當的突然性，尼克遜訪華是關鍵。外交上把這歸功於毛主席，是毛主席開闢了外交新局面。共和國成立了二十來年，建交的國家只有四十多個，除去社會主義國家只有三十多個。一百多個發展中國家中只有那麼幾個建了交，資本主義國家沒有幾個。所以，在「文化大革命」前後，中國是非常孤立的。孤立到什麼程度？只有不到五十個國家和中國建了交，而且後來好幾個國家又斷了，非洲三個國家、亞洲的印尼、緬甸就和中國中斷了關係，三年後中緬關係恢復，印尼過了很長時間才恢復邦交。因為「文化大革命」搞世界革命，違反人家的國情。

**主持人：**中日建交很迫切。

**何方：**「文化大革命」的時候胡鬧，建交國家很少。後來尼克遜為什麼訪華呢？這是從美國戰略利益出發。美國和蘇聯對着幹，當時蘇聯雖然在經濟上差得遠，GDP是美國的十分之一，但是軍事上超過了美國，原子彈、導彈數目都超過了美國。蘇聯集中生產那玩意，搞軍事工業，80%以上工業服務軍事，搞成蘇攻美守的局面。蘇聯還往外擴張，西面出兵到捷克斯洛伐克，南面打到阿富汗。西方聯盟不太穩固，蘇聯又雄心勃勃，美國就很緊張，所以希望在中蘇之間插一腳。其實美國從杜魯門開始歷屆政府都想做這件事情，到尼克遜才「屈尊」親自來到中國了。

**主持人：**也就是說中日建交是在中美關係改善的大背景下。

**何方：**尼克遜訪華實際上是破了冰，中日建交就是在這個大背景之下的，而且後來有一大片國家與中國建交。在尼克遜訪華到中

美正式建交之間大概就有了好幾十個國家和中國建交，拉丁美洲一下子就是二三十個，非洲當時獨立國家不是太多，但英聯邦國家全都和中國建交了。之前和法國的建交有些波折，法國不願公開宣佈和台灣斷交，一開始實際上承認兩個中國，但我們為了突破帝國主義封鎖線，我們忍讓了。

**主持人**：中日建交對兩國關係有什麼影響？

**何方**：中日建交的國際影響可大了。另外，原來沒有外交關係，現在有了，民間可以隨便來往了，貿易也可以進行了，但是發展不快。

因為「文革」，中日建交以後很長時間實際上是一個「冷卻時間」，民間和官方來往都不多，經貿關係也不多，合作也不多，真正「熱」起來是1978年改革開放以後。

到1984年我們對國際形勢的估計才開始變化，對於所謂的第三次世界大戰的認識才開始變了。1985年公開提出對國際形勢的估計變化就是世界大戰不是必然要打。我們的外交政策也開始調整，原先爭取十年的和平，後來往前了一點兒、爭取二十年的和平，現在可以爭取持久和平了。另一個變化就是不再執行「聯美反蘇」的政策，放棄「一條線」戰略。所以，八十年代中期以後中國整個局面才打開，中日關係1979年就開始熱乎起來了。所以我給別人「吹牛」，我碰到的機會都是「中國熱」的時候。我去駐蘇聯大使館的時候是中蘇友好最熱乎的時候，當日本所長也是中日關係最熱乎的時候，後來做台灣工作經常去美國又是美國民間對中國人最熱乎的時候。

**主持人**：1978年以後幾年中，中日關係回暖，在經濟和其他方面有什麼表現？

**何方**：華國鋒當政時已經開放了，那時候就開始派了很多的代表團到日本訪問，也進口日本的一些裝備、生產線、產品。現在我們的家電產量在全世界是第一了，彩電生產、冰箱生產、洗衣機生產是全世界第一了。因為發達國家多不願意做這些勞動密集型的東西，發展中國家又還沒跟上來，我們正好填補了這個空子。

日本對中國工業發展發揮了相當大的促進作用。

一個是技術。進口很多生產線，比如家電生產線。汽車中豐田、本田也是那時候進口的，中國的街道上行駛的基本上都是日本車。後來才進口其他國家的汽車，日本官員發現在北京街道竟然有美國法國德國的汽車，趕緊回去報警，說中國汽車市場被人家擠進來了。

再一個就是資金。日本提供日元貸款，我們把這個貸款當做賠款了，日本方面也有點賠款的意思。日元貸款利息很低，一般在3.7%以下，期限很長，還有10-20年的延緩期，到期了還可以往後拖。日本方面提供的無償援助不太多，總共也就幾十個億，但提供的日元貸款多，日元貸款一大半也等於是無償援助，還有其他各種各樣的援助。

改革開放後幾年，中日關係比較密切。日本侵略了我們，戰後有負罪感，因此我們只要友好一點，中日關係就會好。

**主持人**：這樣的民間交往在那時候多嗎？

**何方**：民間交往當然很多。當時我們組織大家去日本參觀，除了路費以外，其餘花銷日本全部接待。為什麼我在中國的日本研究界有點地位呢？是我先去了日本，一開放就去了。而且我積極組織地方上的日本問題研究者去日本。人家以為我膽子太大。我說研究

日本不到日本去，那是紙上談兵。有人研究日本五六十歲了沒有去過日本，這怎麼行呢？那個時候得到去日本訪問的機會是了不得的，曾在全國研究界掀起了一陣浪潮。所以，八十年代是中日關係的高潮。日本人有一種負罪感，説對我們很對不起。我們稍微友好一點，特別是毛主席、周總理抱着那樣一種對它友好的態度，日本人更感激了。那時日本人裏頭80%、90%對中國友好。

**主持人**：是從您和日本交往的過程中的發現的嗎？

**何方**：很明顯，我們不管到什麼地方，願意去哪裏就去哪裏，願意參觀什麼地方就慢慢參觀，日本人都非常歡迎非常友好。那個時候，我和日方交涉説要派一些人來這裏實習、進修，也很容易解決。日本設立了很多幫助外國研究的基金。1970年首次在大阪舉辦了世界博覽會，剩下一堆錢沒處花，就成立了基金會專門支援國外的日本研究。比如規定一年給外國某單位一個專案1,000萬，第二年停一年。但是對我們例外，頭一年1,200萬，第二年還是1,200萬。本田財團的本田也親自來和我們進行學術交流，會議費用全部由他們出。

**主持人**：有人認為日本這種做法是在收買中國。

**何方**：我估計當時老百姓中間沒有這種説法，我認為八十年代中日關係搞得好，中國政策起了很大作用。毛主席、周總理都説過不算舊賬。後來鄧小平也説得很清楚，他説，「考慮國與國之間的關係主要應該從國家自身的戰略利益出發。着眼於自身長遠的戰略利益，同時也尊重對方的利益，而不去計較歷史的恩怨，不去計較社會制度和意識形態的差別。」可是到了九十年代，卻把歷史問題定為中日關係的基礎，這就使問題有點複雜化了。

八十年代的領導人如胡耀邦，就主張中日世世代代友好下去，曾邀請3,000日本青年來中國訪問，影響很大。中國領導人去日本都是歡騰一片，日本人來中國也受歡迎。日本3,000青年到中國之後是到處歡迎，這也送禮，那也送禮，飛機帶不了，只好船運。和日本友好到甚至把一些國寶技術都弄丟了，比如景泰藍、宣紙的製作過程，那時都讓日本人去參觀了。那時候，中國人到日本、日本人到中國，都很受歡迎。日本人對我們印象好，中國人對日本人印象也好。

為什麼呢？一開始連毛主席都出來做工作。開始時中國人還是很恨日本人的。日本人在我們這兒舉辦展覽會，我們就討厭把它的太陽旗掛出來，因為老百姓一見太陽旗就火。毛主席就親自去看展覽。後來群眾也就慢慢地轉過來了。連一些抗戰中受過日本人罪的人也部分地想通了。

老百姓的觀念比較容易轉變，馬克思在《共產黨宣言》上提到，一個社會佔統治地位的意識形態就是統治階級意識形態。根據2008年中國對於日本問題關注度的調查，中國人對日本的了解百分之八九十是來自電視和廣播，電視上說好大家就說好；電視上盡說他的毛病，大家對他印象就壞了。日本也是，報紙上老說中國壞話，那中國人在日本人眼裏也就壞了。

八十年代佔統治地位的意識形態是中日友好，希望世世代代友好下去。到九十年代就變了，我們也變了，日本也變了。最近民意調查，九個城市包括北京，對日本有好感的只有6%，對日本人反感的有一大半。日本也有72%的人表示對中國不喜歡。說到靖國神社，在一定程度上可說是我們自己炒起來的。原來中國老百姓不知道有個靖國神社，現在就都知道了。對日本人印象最深的是什麼？除了侵華日軍，就是靖國神社。中日關係今後怎麼辦？參拜靖國神社仍然是個問題。

**主持人**：為什麼中日關係九十年代會發生那樣的變化呢？

**何方**：這有日本政局右傾的原因，也有我們方面的原因。我們大規模紀念了抗戰勝利50周年後，就逐漸把歷史問題放到了中日關係基礎的地位，宣傳上也更多地算歷史賬了。

國內大量地宣傳日本侵華、參拜靖國神社，宣傳日本的教科書否認歷史。實際上，日本的教科書是下面自主採用的。不承認南京大屠殺、為侵略破壞狡辯的中小學課本被學校採用的不到1%。真正在日本街上開大喇叭反對中國的「極右」勢力不到一萬人，普通老百姓對我們還是友好的。我們把教科書這類問題炒起來，給中國人造成日本不承認侵略的印象。在山東跟日本人打球就鬧出矛盾，日本電視一播，日本人對中國人的印象就不好了。

**主持人**：日本人對我們的態度發生了變化。

**何方**：這有雙方政策的調整和輿論的作用，也還因為中國從貧弱變得強大了。

二戰後日本很快就工業化了，而八十年代，中國才開始興起，但還是又窮又落後，日本人看不上眼，不認為中國是威脅。日本認為以前到他們那裏要生產線，接受他們援助的國家沒什麼了不起。那時，從老百姓的角度來講，日本人對中國的發展是一種同情態度，這麼大的一個國家這麼窮困。日本也是受苦過來的。二戰後五十年代初期，我們的GDP佔世界比重是4.7%，日本不到2.5%，幾乎比我們差一半，日本那十來年相當艱苦。

後來因為我們胡折騰，搞「大躍進」、「文化大革命」，日本卻是一心一意搞發展。所以到毛主席時代結束時的1980年，日本GDP已佔世界10%，我們倒變成2.5%，我們退回到日本原來的水平了。鄧

小平講過，「1960年的時候中國和日本還處在同一起跑線上」，三十年我們沒發展，或者發展很慢、人家發展很快。過去我們窮困，也是因為日本帝國主義的侵略使我們落後了。日本人只有同情，覺得對不起我們，覺得我們落後也有他們的責任。到了九十年代，中國真正開始往上發展，2002年一直到2008年是最快的時候，底子也厚了，這時日本有點怕了。

日本是島國，本來就常有危機感。國內出一點什麼事，立即緊張起來，開始預防。現在有些中國人喜歡吹，經常在報紙上看到「中國崛起」、「趕超日本」，日本人嚇一跳。以前亞洲唯一的強國就是日本。真正早實現工業化、進入現代化行列的就是日本。日本進入近代以後這一百年在亞洲一枝獨秀。雖然日本帝國主義侵略有五十年，但是五十年以後它在經濟上還是領頭羊，一百多年，日本在亞洲獨一無二，所以它很神氣。別的中小國家像韓國、新加坡等都不在話下，中國、印度、印尼等大些的國家也都不行。

現在我們起來了，威脅到它的領先地位了，日本人就嚇一跳。因為日本這個島國，地方很小，只有37萬平方公里，我們有960萬平方公里。日本面積沒有一個雲南省大，一億多人擠在那裏，而且沒有大平原，主要都是山，這麼一個地方。香港、澳門也是建立在一堆石頭上的。但它們都發展得那麼快。我們內地平地很多反而落後了。日本一看，旁邊一個塊頭這麼大的國家，13億人，960萬平方公里，竟然強大起來了，它就怕了。一怕就有防備心理。跟日本學者交流，他們說日本跟中國是朋友，但確實對中國發展有點擔心、害怕。再加上日本國內的形勢右傾，就更有影響了。

自民黨這次倒台（編按：2009年日本眾議院選舉，自民黨慘敗，自民黨總裁麻生太郎辭去首相一職，民主黨成為執政黨，黨魁鳩山

由紀夫出任首相）的一個原因是官僚機構慢慢老化、僵化了，不僅老百姓不擁護，連自民黨自己都夠嗆。自民黨在九十年代初期黨員人數最多的時候有540多萬，去年只剩下110萬。大多數都是老的，領導人裏也找不到多少年輕的。

**主持人**：去年日本為什麼停止對華日元貸款？這個好像一下子又激起民間的情緒。

**何方**：道理很簡單，中國老百姓知道有日元貸款和使用這回事的，我估計包括大學生在內，人數不會多。比如，以前北京修地鐵，首都機場擴建，有日本的援助，治沙也有援助，知道的人就很少。因為我們從來不宣傳日本對我們的援助。突然停止，使我們知道了這回事，就認為你原來在幹的事，怎麼現在不幹了，那就是你對我們不友好了。我們講，老百姓有知情權，這就包括接受援助和提供援助的情況。我們接受外國援助的情況應該向老百姓講，我們援助外國也應該向老百姓講。援助外國的錢是老百姓納稅人的錢，不是官員的錢。有些日本人幫助中國不要名也不要利，吃苦耐勞一直幹，這種人不少。日本有一些「中國通」，去過敦煌十多次，去維護那裏的環境和文物。這些咱們都很少講。日本人對這些是很不滿意的。

**主持人**：日本普通民眾對政治、戰爭以及中日關係怎麼看？

**何方**：對歷史問題，日本老百姓基本跟政府一樣。政府是什麼看法呢？認為日本確實侵略過中國，做了對不起我們的事情，但也就到此為止。這在日本應該是普遍的想法。這次中國九個省市的調查顯示，在希望中日關係將來如何的問題上，要求日本必須真正向我們道歉的人很多。但日本認為已經道歉過了。馬來西亞也說不要

日本再道歉了，已經夠了。可我們說還不夠。日本人說，不知道要道歉到什麼程度。以前，日本人，民間也好、官方也好，見了面首先說對不起。毛主席、周總理就讓他們不要再多說了，要向前看。

其實，日本的認識也就到這種程度了。不能把日本和德國相提並論，這是兩碼事。德國二戰後是什麼人當權呢？德國是反法西斯的人當權。是從納粹的監獄裏出來和從外國流亡回來的人當權。這些人和盟國立場一樣，都堅決反對納粹。但日本原來的統治集團沒變，只是投降了。美國讓了步，連天皇都保了下來。現在要叫日本統治集團像德國那樣認錯，是沒有可能的。日本和德國不能相提並論，就是這個道理。我覺得我們應該使中日關係變成學德國和法國的關係。德法之間比起中日關係世仇更大，打了三次仗，都是法國敗。但是後來都不提了，二戰以後，和解了。結果兩國變成了歐盟的軸心。

其實，看日本的主張和做法，你得看問題的本質是好事還是壞事。他做的是好事，你反對幹嘛？例如現在我們自己提出來要在亞洲搞共同基金，和日本、韓國一起搞基金。其實，上次亞洲金融危機時日本就提出來過。那時美國反對，我們也反對。當然，中日韓三國之間也是互有戒備的，日本怕中國，中國也怕日本，搞共同基金恐怕還是相當不容易的。

**主持人**：中日兩國相互沒有信任。

**何方**：對，關鍵是缺乏信任。而這個事情必須從中國領導和日本統治集團做起。但這在日本不容易做到，在中國也不容易做到。下一步看樣子會稍好些。民主黨上台以後眼光看得遠一點，在外交問題上提出要「脫美入亞」，要和美國保持一定距離，提出要修改日

美安保條約中有關美軍地位的協定，要和中國搞好關係，要入亞。當年是「脫亞入歐」，現在是「脫美入亞」，這個是好兆頭，如果能做到，我估計中日關係大概會好一些。我方也要做工作，宣傳各方面友好一點。少揭人家短，現在看到他們出醜很得意，有時候甚至是一個謠言咱們也要炒作，這是不對的。例如一次中山太郎來訪問，日本報紙上說他提出今後外國訪日的元首要參拜靖國神社，因為日本領導人到別的國家去都要參拜無名英雄墓什麼的，到日本來就應參拜靖國神社。我們報紙一登，批判了一通。我問中山太郎，你怎麼提這麼個建議？他說沒有這回事，誰說的？告訴他是《產經新聞》上登的。他說，這個報紙能信？它造的謠還少嗎？

**主持人**：您覺得有哪些障礙在阻礙中日關係發展？

**何方**：根本問題還是互相信任。互相信任以後，兩國關係的發展就不成問題了。你看中蘇友好的時候，那150萬平方公里土地根本沒人提。中日友好的時候，道歉我們也不要，日本人也很高興。要不然，我們老這樣算老而賬，雙方都不高興。

**主持人**：中日關係的根本問題是歷史問題嗎？

**何方**：任何歷史問題都不能成為國家發展的障礙，因為許多雙邊關係中都有歷史問題。我認為提出算賬本身就是錯的。你算賬要算到什麼時候？叫日本人怎麼解決？給你磕頭還是賠款？賠款我們不要，磕頭有什麼意思？所以老提歷史問題，做法本身就有問題，而且沒法解決，所以我主張歷史問題淡化。據說現在日本政府準備承認慰安婦問題，甚至做必要的賠償。至於南京大屠殺我們說30萬，日本說沒有那麼多，那就隨他去，我們也不一定非讓他承認30萬不可。在這個問題上怎麼能最後取得一致呢？

**主持人：**民間賠償呢？

**何方：**民間賠償一般不可能，因為民間賠償很難執行。民間人士可以索要，但這牽扯太大了。民間的賬沒辦法算，而如果全體受侵略國家，包括印尼、菲律賓、馬來西亞都問他要錢，日本人也受不了。另一方面，有些賠償要求，這一級法院同意的，上一級又把它否決了。咱們政府也不大提倡，所以不會在這個問題上出什麼大事。現在出問題的關鍵還是互相信任不足，日本怕我們軍事力量超過它太多。我們也不知道從什麼時候起不大多談鄧小平的「韜光養晦」了。有些人還喜歡吹自己。好多外國人也在吹我們，有人說今年我們的GDP就要超過日本。即使總量超過日本，人均要趕上日本還得要幾十年，我們要把中國農村變成日本農村那樣，恐怕沒有三五十年是辦不到的。日本人一到珠江三角洲、上海郊區一看，說這裏的農村跟日本農村差不多了。但他們沒看到貧窮的農村。現在西方國家基本上消滅了城鄉差別，人們不願意住在城市，往鄉下搬，咱們現在恐怕還是往北京擠。我們連解決農民的城市戶口都不行呢。外國憲法裏有一條就是人民有遷徙自由，我願意住北京就住北京，願意住西安就住西安。咱們行嗎？辦到這條，恐怕我是等不到了。連遷徙自由都沒有，怎麼消滅城鄉差別？

**主持人：**您前面講了八十年代有3,000日本青年到中國來，中國日本交往很好。現在網上也有發洩情緒的叫「憤青」，您怎麼看？他們在對日本的內心表達領域中非常激進。

**何方：**每一個國家都有憤青。德國有新納粹，俄羅斯有光頭黨，都有這麼一批人。這和踢足球一樣，足球比賽時常出現球迷鬧事，打得頭破血流。有極端分子是社會普遍現象，關鍵是如何引導，引導不好的話憤青會越來越多、影響越來越大。現在的憤青

在相當程度上是我們自己製造出來的，因為我們老算日本侵略的歷史賬。演的電影、電視，日本侵略佔的分量很大，把日本人寫得很壞，而我們自己的歷史教訓卻不讓講。「大躍進」不准寫、「文化大革命」不准寫，反右派不准寫。自己的經驗教訓不能接受，只在別人身上找經驗教訓，就可能培養出一些憤青。

這次舉辦奧運會，日本人如果贏球多了，恐怕中國一些觀眾就不幹了。多虧日本人得獎不多，馬馬虎虎，要不然連中國有的老太太都不高興，何況憤青？因為宣傳的時間太長了，一直被灌輸着日本人有多壞的思想。別的國家要是老算我們的舊賬，我們也不會高興。越南如果從馬援打越南說起，從漢朝一直說到現在，我們能高興嗎？印度說中國打過它，現在邊境集結部隊已經超過10萬了。咱們報紙上講，我們邊防部隊只有它的十分之一。

主持人：請何老師用歷史學家的觀點對六十年來的中日關係進行一個簡要的評價。


## 和平民主在日本紮了根，軍國主義永遠復活不了
## 對待中日關係應冷靜，不能用感情代替政策

何方：六十年的中日關係有波折，有高有低。從歷史整體上看，低的時間短，高的時間長；但進入近代，敵對的時間很長，改革開放以後波折也很大。趙紫陽訪問日本的時候，曾經召集我們開了一次會，說胡耀邦訪日時提過四條，他也準備提四條，要我們研究。後來還是中曾根康弘提了個長期穩定，就是不要再折騰。中日關係是需要穩定發展。我想這個問題從領導方面開始就要做好。因為兩國關係穩定發展對雙方都有利。所以首先要增強互信。

第二還是要積極推動。應該多講友好合作，因為現在打不起仗，也用不着軍備競賽，日本防衛省說中國軍事不透明，或者增加軍費太快。確實也是這樣，我們這十幾年軍費呈兩位數增長，這是少有的。中日雙方的互信應該包括軍事。

外交也非常複雜。熱比婭說去日本，日本就放她去了，我們堅決抗議，日本不聽，還是去了，我們當然不高興。結果日本兩艘軍艦想在香港停靠一下，原來是可以的，現在不行了。關係能夠平穩發展對兩國都有利。而且現在是和平發展時代，打不起仗。我認為日本軍國主義永遠都復活不了，首先老百姓不同意，和平民主在日本已經紮了根，日本人不會扛着槍來中國侵略，我們也不會轟炸他，這就是和平發展了。加強合作對雙方都有利，現在也在做。中日韓也是一種合作，一起參加東盟國家的一些活動也是一種合作。

九十年代雖然有波折，但是日元貸款還是繼續拿，我們佔了便宜，日本人也沒有吃虧，佔了中國市場一大塊。現在中國已經成為日本第一大市場了，日中貿易已經超過了日美貿易，中國發展好了對日本還是有利的。我們對中日關係，還是應該想得開一點，真正從國家利益出發，不從感情出發。胡耀邦特別強調，列寧也講過，不能以群眾的感情決定政策，所以還是應該冷靜的對待中日關係，使中日關係得到平穩的不斷的向前發展。

總結來說，六十年來的經驗是：友好合作則俱榮，敵對鬥爭則兩傷。

附錄一

劉英談共產國際

劉英是1935年遵義會議後任中共總書記的張聞天夫人。她被人稱「活黨史」，「活檔案」。因為她參加革命早（1925年入黨），經歷豐富（曾兩度留蘇、參加中央蘇區的實際工作和隨後的長征、接着又和時任黨中央總書記的張聞天結婚），對中央領導同志和中央工作比較了解。特別是在中國革命從遵義會議到延安整風這一重要階段，她一直在黨中央集體領導下做具體工作。因此，對於從長征一直到延安這十來年的黨中央情況，她知道得比較多也比較具體。在張聞天、周恩來、毛澤東相繼謝世後，她算得上是了解中央這段時間上層情況碩果僅存的唯一見證人了。張聞天去世後，她獨自一人生活，顯得孤單，我常常去看她，來往頻繁，也無所不談，可算得上是我的亦師亦友的忘年交。她從1979到2002年多次和我談黨史，經過整理，全文已發表在《黨史真相》一書中。下面是其中有關共產國際問題的有關段落。[1]

# 劉英談共產國際

## 在莫斯科中山大學學習，參加反支部局鬥爭

我是莫斯科中山大學【何方註：1928年改名莫斯科東方勞動者共產主義大學，簡稱勞大，但習慣上仍簡稱中大】最後一批學生，1929年去莫斯科的。白區的白色恐怖那麼厲害，我們搞暴動，沒有辦法站住腳，周恩來才把我們送出去。我們都是堅定分子，但許多人根本沒有學過理論。

---

1 何方：《黨史真相》，香港大山出版社，2016年12月版，第5–7，41–45頁。

我們新學生分成四個班，我是四班。進學校都興改用俄文名字。我叫尤克娜，夏之栩叫什帕托娃，錢瑛叫達拉索娃。夏之栩、錢瑛、孔原、帥（孟奇）大姐比我高一班。我們同住在由一個大跳舞廳改成的宿舍裏。

學了一年，在我們學生中就分成了支部局和反支部局兩派，發生了鬥爭。開始時爭論的是學習問題。支部局主張按部就班地學，時間要長。反支部局的反對這個樣子學，急着回去革命。後來又發展為政治爭論。支部局堅持中國的革命處於高潮，我們新班的學生大都不同意這個説法。我們才從白區來，鬥爭那麼殘酷，哪裏有什麼革命高潮！支部局書記陳昌浩是牆報委員會主任。我是牆報委員，也參加爭論，寫牆報，反對博古、陳昌浩他們。我們爭吵得很厲害，陳昌浩常常把我寫的文章刷掉。老班裏也有許多人反對講革命處於高潮，帥大姐就是一個，錢瑛也是。我們新學生人多，反支部局這邊的人就佔了多數。我們諷刺支部局，把他們稱作「二十八個半」【何方註：那半個指徐以新。一說是因為他年齡小，還不到18歲；一說是由於他態度不明確，對兩派主張各同意一半】。從投票結果看，其實他們還不止28人。那時托洛茨基的影響很大，拉狄克（編按：Karl Radek，共產國際早期領導人）還請托洛茨基到學校來演講。托洛茨基就利用了我們學生之間的爭論。後來斯大林説，有一部分人鑽到托派裏去了。我們不了解情況，只是想早日回國去革命，不是托派。當然，學生裏也有許多人是無所謂的，談戀愛，不參加爭論。

接着就搞清黨。清黨時，首先是把這些人的經歷搞出來，要每個人填表寫自傳，還要翻譯成俄文。他們看完了就開會，要大家評論。在蘇聯，一重成分，二看表現，學習也算一條。工農分子盲從，都擁護他們這些布爾什維克，當打手。工人階級嘛！

搞了半年，到1930年9月才清完，700人中只200人通過。擁護支部局的都沒有問題。反支部局的被開除了一批。清黨時對老生從嚴，大部分被開除了黨籍；對新生就寬些，沒有開除的。我們這些新生，喊了兩句口號，不算。所以，對我們無所謂。有一個法國人揭發，說我的男朋友中有托派。在清黨委員會負責的蘇聯人說，有男朋友不等於就是她本人的問題。我受到了勸告處分，錢瑛的處分是警告。孔原是僱員出身，是布爾什維克。他擁護支部局，經常往支部局跑。他就問：兩個人情況一樣，為什麼處分不同？那個蘇聯負責人說，尤克娜在白色恐怖下經過考驗，兩個人就是不一樣。

在莫斯科時我就認識聞天，可是他不認識我。聞天那時在紅色教授學院學習，沒有參加清黨，但有時過來幫助翻譯一下。我對他不十分了解，只聽他講過課，知道他學問大，俄文特別好，論文都是用俄文寫的。我在那兒也認識王稼祥。他當時也在紅色教授學院學習，同時教我們新班黨建。他回國後對我特別好，很親熱的，老叫我到他那裏去。

1930年老同學都回國了。周恩來要留一批人學無線電，好在回國後找到一個職業，能掩護革命工作。我就進了國際無線電學校。這個學校由共產國際的交通部管，那裏有美國、德國等各個國家的人，是絕對秘密的。周恩來叫我學密碼。我在那裏學了兩年，當中還在燈泡廠實習過一陣。錢瑛動作比較慢，老是做第一道工序。我手腳快，所以我做第二道第三道工序。

1932年冬天，共產國際派我回國。因為我是在國際秘密學習無線電的，就叫我去中央蘇區，不准到別的蘇區去。共產國際的命令，是誰也不能違抗的。一路上花了半年，才走到瑞金。到中央局後見到了管交通的鄧大姐。她在總書記博古的辦公室的外面辦公，擔任中央的秘書長。

## 第二次去莫斯科治病

長征後期，許多人生了病。我也是差一點死掉。過草地時我就拉肚子，後來就落下了腸胃不好的毛病。我到了保安後也發起高燒，三十九度四十度，瘦得皮包骨。傅連暲來給我看病，說我得的是肺病。他給聞天寫了一封信，說劉英再不治就完了，沒有藥嘛！

盧溝橋事變後，同國際聯繫的路線已經打通，人員可以經過蘭州、迪化（烏魯木齊）、阿拉木圖到莫斯科去。那時盛世才還支持我們。對要去莫斯科的人，共產國際提出的條件是老紅軍和高級幹部子弟；被捕過、坐過牢的不要。第一批選出我、賀子珍、蔡樹藩、鍾赤兵四個人。以後又有張子意、蔡暢等好多人去。1937年11月，我們到了蘭州辦事處。蘭州辦事處主任是謝覺哉謝老。謝老之後是伍修權。蘇聯公開是和國民黨政府打交道，暗地裏同我們黨聯繫。我們到莫斯科就是搭乘他們的軍用運輸機去的。飛機上沒有座位，條件很差。

我們1937年11月去莫斯科治病經過蘭州辦事處，正好斯大林派專機把王明送到了蘭州。因為形勢變化大，要搞統戰了，季米特洛夫（編按：Georgi Dimitrov，1935–1943年共產國際執行委員會總書記）就派王明回國幫助中央工作。那時斯大林保護王明是保護得很厲害的。蘇聯飛機不熟悉地形，要是落在敵人的飛機場就完蛋了。因此先要在延安降落點的地面上佈置好標誌：弄上信號，周圍插上紅旗什麼的。中央回電報說佈置好了，飛機才起飛的。那時張浩才打通國際路線。

陳雲是和王明一起回來的。王明住在蘭州機場的蘇聯機關裏，不能出來。他非常神秘啊！比毛主席還神秘。陳雲同志可以來辦事處。他穿便衣把我們幾個要去莫斯科的人搞到一間房子裏，講王明

同志回來了，他現在不便出來，要我慰問這些經過長征的紅軍同志，送給我們200還是400塊美元，說這是王明同志給的。陳雲那時對王明好尊重的。我們這才知道王明回來了，但這是絕對的秘密，對任何人都不能講的。王明給我們錢，表示他地位高，慰問我們嘛！我們覺得組織上很困難，我們不要，把錢交給了謝老。

我當時感覺，王明一定是回延安來當領袖的。根據當時的氣氛，王明必然是領袖。王明在理論上有一套，因為在共產國際搞的時間久嘛。人也比較聰明，思想來得很快，講話沒有稿子，一套一套的。但是王明從國際帶到延安的意見是，要讓毛澤東當黨的領袖。我是後來才知道的。

我去蘇聯是治肺病，養了一年多。王明1937年11月回國以後，王稼祥在莫斯科沒有什麼地位。他是中共的代表，不是國際的書記，在那裏只起點聯絡的作用。我們這批看病的走了，第二批看病的又來了。給這些人跑腿，沒意思。他搞這些事不安心，想回去。他當時又沒有老婆。過去在蘇聯的好多人都娶了蘇聯工人老婆。他有個蘇聯老婆，也是個工人。他這次到莫斯科後，這個老婆想來看他，他不敢見。他一個人住在「ЛЮКС」(俄語，可譯為華舍，指的是豪華級別墅、房子或套間。)，一個星期來國際一兩次。後來到(1938年)5月，任弼時來了。他也是利用機會來治病，就接替王稼祥當了中共駐國際的代表。但是，季米特洛夫很尊重弼時。

我們到莫斯科後，王稼祥代表國際接待我們。那時他是中共駐共產國際的代表。一開始我們幾個住在共產國際的康佐夫「ДАЧА」(別墅)區，住進王明原先住的「ЛЮКС」裏。這個房子原來是曼努伊爾斯基（編按：Dmitry Manuilsky，1928-1943年共產國際執行委員會書記）住的，和季米特洛夫住的別墅並排。這是一棟樓，中間有一間很大的房間。我和賀子珍一人住一間房。吃飯在餐廳，裏

面有一個長桌子，吃西餐。王稼祥一個星期來看我們一次，蠻辛苦
的。他說，你們在這裏長期住不方便，你們要看病，天下起雪來，
這裏路都走不通，要先把雪鏟掉才能走車；我把你們弄到東方大學
去住吧，那裏有中國人。所以我們後來又搬了。看病是去皇宮醫
院，由共產國際派人帶我們去。這個醫院是沙皇留下來的，重要中
央人物都到那裏去看病。共產國際看我們是毛澤東夫人、張聞天夫
人，還有兩個將軍，就讓我們到那裏去看病了。王稼祥還是常來看
我們。

聞天在遵義會議後當了總書記。聞天說過，選他當總書記是毛
主席提議的。毛主席是利用這些人，因為這些人有國際背景。當時
對共產國際是很迷信的。大家都相信共產國際。李德並不是因為高
明大家才服他，就是因為他是共產國際派來的。那時候共產國際的
威信高極了。

那時的共產國際，神聖哪！王明在蘇聯時很活躍，到處講話。
因為他是國際書記處書記，地位高嘛。康生在國際工作時就喊「王
明萬歲！」我們在莫斯科治病時，鍾赤兵還奇怪，怎麼喊王明萬
歲，沒有人喊毛主席萬歲呢？王明在國際有威信，四中全會有功
勞，帶着統一戰線那一套回來到處講，氣焰很高。謝老回延安講了
王明回來的事。延安高興了：共產國際回來了！王明回來了！當時
迷信共產國際啊！

我去蘇聯治病，還在莫斯科養病的時候就知道聞天的地位變
了。去的時候，王稼祥做翻譯，向共產國際介紹說，劉英是總書記
張聞天的夫人。1938年，少共國際（編按：青年共產國際）知道了
我是團中央書記處的組織部長。當時我們已經把青年團改組為青年
救國會。他們就問我，少共中央是幹什麼的，搞救國會又是幹什麼
的，要我去做個報告。王稼祥答應了，說他們有翻譯，我就去了。

這次王稼祥向共產國際介紹我的時候特別提到，中共領導體制有點變化，加強集體領導，不設總書記；洛甫不再稱總書記，但還是主持日常工作負總責的書記。他說到洛甫時，還看了我一眼。我做報告時翻譯翻得不清楚，我講也講得不清楚，他們就要我寫個書面報告。我寫好報告交給王稼祥，他在批語中提到張聞天是書記處書記之一，告訴我，好像洛甫不當總書記了。

聞天當不當總書記這件事，其實就發生在王明1937年回來召開12月會議之後。我看，聞天想辭掉總書記，和王明回國有關係。王明在12月會議上傳達了共產國際的指示，要中國黨一切通過統一戰線，書記處增加書記，以毛主席為領袖。他從共產國際帶回來的16人名單，排第一的是毛主席，他自己排第二，把聞天排在老後面，第七。對聞天，他有取而代之的意思。

毛主席原先對王明的印象是好的。在開四中全會、打AB團肅反、富田事件等問題上，王明支持了中央蘇區一方面軍。王明這次回來，一開始毛主席也很歡迎，稱讚王明他們回國是喜從天降，增強了力量。那時消息閉塞，張浩回來帶回一些，王明回來更是帶了不少外面的情況來，而且中央當時對共產國際還是很崇拜的。後來在新民主主義問題上王明提出不同意見，和毛主席發生爭執。雖然表面關係還維持着，兩人已經搞得不協調了。

毛主席和王明有矛盾，要解決。説是王明有共產國際支持，所以還要解決同共產國際的矛盾。聞天講，我乾脆不當總書記，掛個名不好做結論，共產國際那些人都是很厲害的【何方註：潘佐夫、梁思文所著《毛澤東真實的故事》一書中説：斯大林1938年曾計劃對共產國際官員進行政治審判，一度把周恩來、劉少奇、康生、陳雲、李立三、張聞天、王稼祥、任弼時、鄧發、吳玉章、楊尚昆、

董必武甚至已被國民黨槍決的瞿秋白都列入黑名單，他們是郭紹棠（又名郭肇唐）被迫攀咬出來的。當時郭是共產國際執委會人事部官員，1938年3月被捕，內務人民委員部調查員亞‧伊‧郎方對他動了刑。見該書第451頁】；博古講不出什麼，周恩來不講什麼；過去我可以做總結，毛主席還表揚我總結得好，把其他人的意見全都總結進去了，還說我是「開明天子」，現在不好辦。

毛主席和聞天都看出來，王明是想當領袖的。聞天就提出把總書記的位子讓給王明，因為王明在國際的地位比聞天高。聞天是不在乎什麼地位的。毛主席不同意，說領導變動要等「七大」，到那時再正式改組。【何方註：張聞天同王明一直不和。他在《反省筆記》裏說，在臨時中央時期，他反對王明對革命形勢估計過高，那時候還向國際遠東局寫了一封信，告王明的狀，後來在政治局會議上又為上海罷工問題同他頂了一陣。】到1938年7月六中全會，那時王稼祥正好也從莫斯科回來了，說季米特洛夫講，要選毛澤東當領袖，王明不行；中國黨還是毛主席，打游擊打天下還是他行；王明理論上行，但他四中全會後就去了蘇聯。王稼祥傳達共產國際要毛主席當領袖的意見後，聞天又說，他不當總書記，讓毛主席當。但毛主席還是說，不到時候。當時王明還在，康生還跟着他嘛！還沒有把王明搞掉嘛！毛主席說，現在就先這樣：過渡時期還是聞天負責，當不是總書記的總書記。毛主席就去同王明談，不要去爭當領導，說連他自己都不當總書記。

所以聞天同中央幾次講要辭掉總書記，但實際上還沒動。總書記不總書記的，聞天還在負責，只是增加了幾個書記。秘書處在楊家嶺，還是歸他管，放中央檔案的挑子也還在他那裏。毛主席還是在軍委。王明在統戰部，也在楊家嶺。後來我們也從藍家坪搬到楊家嶺去住了。

聞天後來同我講：會議轉到毛主席那裏去開了，他只負責召集會，總負責的實際上是毛主席了。

這些情況外面並不知道，好多人還是把聞天叫做總書記。

王明那時是婦委書記，在女（子）大（學）當校長，愛出風頭，到處演講。他總是搶鏡頭，當然，這同他個子小也有關係。聞天不願意照相，總是站在後面。王明也很會講話，有煽動性。三八節的會場掛王明的像。

有一次中央婦委委員開會，有我和蔡大姐、曹軼歐、孟慶樹、張秀靄【何方註：彭真夫人張潔清的姑媽】。我們開會討論慶祝三八節的事。會開到很晚。當時我們（劉、蔡、張）不贊成在三八節的活動中突出個人，還有婦女雜誌上發表蘇正（主編）寫的文章，吹捧個人。在婦女雜誌上寫吹捧個人的文章的還有葉群、孟慶樹。那天開完會已經是夜裏十二點多鐘。回去路過毛主席窯洞，看燈還亮着，我說進去找毛主席。我和蔡大姐向毛主席彙報開會的事情，他聽後沒有做聲。我對毛主席說：婦委應該再參加些別人，不要都是老婆；工作上扯到老婆有不同意見，不好講話，麻煩，多有不便。毛主席說，女的都是老婆嘛。毛主席雖然滿不在乎，但意見是聽進去了。他注意了這個問題，覺得王明出風頭，搞他自己的勢力。【何方註：1941年6月王明被免去中央婦委書記職，9月中央決定撤銷女子大學，與陝公、青年幹校合併為延安大學。】

毛主席厲害着呢！本來很想馬上開「七大」改變領導。但是他決定一步一步來。他知道那時開「七大」，不一定能拿得下王明。王明威信高啊！於是延安就搞整風，算總帳。講是講要搞和風細雨，懲前毖後，實事求是，把過去的歷史總結一下，但是搞着搞着就厲害起來了。

# 對俄國十月革命的回顧與思考

寫在「十月革命」九十周年之時

2007年是俄國十月革命90周年。我是在學習和講授《聯共黨史》中長大的，所以從小對十月革命就有深厚的感情。1938年以來，參加的紀念活動也有幾十次。但是實在沒有想到，列寧親自締造的布爾什維克黨和佔地球六分之一領土的蘇維埃大國，進行了七十多年社會主義建設、打敗了希特拉（編按：內地譯希特勒）、成為兩個超級大國之一，竟在十多年前，平平安安地自行解散，不復存在了。最使我感到驚奇的還有，統一的蘇聯紅軍也都和平地一下分成了十五個新獨立國家的國防軍。那一陣我正在莫斯科、塔什干等地訪問，由於思想上的老框框還很多，所以對蘇聯東歐的紅旗落地感到十分惋惜，認為是社會主義運動的嚴重挫折，對當地群眾表現出來的興高采烈感到不可理解，也同所接觸的人們辯論過。回到國內見到的，更是許多人的悵然和沮喪情緒。據說有些領導同志曾提出要寫一篇高舉社會主義紅旗繼續前進的社論，意思是領導世界革命的責任已歷史地落在了我們的肩上。多虧鄧小平發現後立即制止，並提出「冷靜觀察、沉着應付、韜光養晦……」的方針，才把局勢穩定下來。

此後我改行學習中共黨史，這就需要重溫一些理論書籍和查閱一些史料。正好這時俄羅斯當局陸續為大批檔案解密，我雖然只直接間接看到很少一點與我寫《黨史筆記》有關的材料，但卻發現自己過去受造神造假的影響極為深重，不但戴了有色眼鏡學理論因而沒學懂，還對許多重大歷史事件的造假也信以為真。按理說，中共黨史有四分之三以上是我親自經歷過的，有條件辨別真假和是非了吧。然而不然。這是由於：一則在嚴格保密的條件下，自己不可能了解事件真相和全貌；二則接受了照顧大局的革命功利主義學說；三則長期的紀律約束養成不論真假都要和主流輿論保持一致的習慣。只是「文化大革命」以來，特別是近十多年來改習黨史後，才

覺得頭腦逐漸清醒了些。現在就根據新的認識對十月革命談幾點個人的看法。

一，我們過去了解的十月革命是不夠真實的。上世紀八十年代，一次中央開會，有人提到現在有的文章要重新評價布哈林（編按：Nikolai Bukharin，1924–1929年蘇共中央政治局委員）。鄧穎超鄧大姐就說，怎麼能為布哈林翻案，他不是刺殺過列寧嗎？這就是上了電影的當。不久前崔永元寫了一篇短文，題目是〈中國還不具備為列寧、托洛茨基、斯大林「撥亂反正」的能力〉（口氣大了些，一個搞文藝的人哪能代表中國的學術理論水平），提到他做的《電影傳奇》節目，包括蘇聯過去的影片。但俄羅斯駐華大使館卻正式告知：「在電影《這裏的黎明靜悄悄》之前的，別做了。《列寧在十月》和《列寧在1918》，歷史的真實不是電影裏所講的那樣，不能再影響下一代！」崔永元就說，「過去的電影是載體。我們從電影出發，把新的舊的好好講講。」可他們並不覺得我們現在具備「撥亂反正」的能力，因此毫不客氣地問，「你現在能好好說說『托派』嗎」？這一問，有道理。因為我們至今還沒有給多年來挨整的托派正式平反呢。在十月革命及其後叱吒風雲的托洛茨基早已被歷史抹掉了，一個當時並不出名的斯大林卻成了僅次於列寧的主要角色。我們中國過去以《聯共黨史》為主要教材培養出來好幾代人，在事情已大白於天下時卻並沒有作應有的撥亂反正工作，致使許多人還保持着舊觀念，總在為蘇聯和斯大林模式辯護，牢牢抓住列寧、斯大林兩把刀子，給改革開放添亂，想使中國倒退到上世紀五十年代去。可見，辯證地批判《聯共黨史》、恢復十月革命的本來面目，不只是少數學者的學術問題，而是關係到中國民主化、現代化和成為文明國家的一個大問題。因此必須恢復十月革命的本來面目，不能再繼續重複蘇聯過去那種造神造假的做法了。

　　二，從二月革命到十月革命。俄國的二月革命，是人民自發起來推翻沙皇專制統治的民主革命，從資產階級到無產階級的各政黨都參加了。由於是自發的，所以勝利後有點群龍無首，並很快形成兩個並存的政權。一方面是以立憲民主黨為主組成的臨時政府，一方面是同屬於第二國際、被稱為「社會主義黨派」的布爾什維克（編按：Bolsheviks，俄語意為「多數派」）、孟什維克（編按：Mensheviks，俄語意為「少數派」）、社會革命黨參加的蘇維埃。前者本來就缺乏群眾基礎，加上七月事件中開槍鎮壓遊行示威群眾和組織前線（第一次世界大戰）進攻遭到潰敗，已經完全喪失軍心民心，處於風雨飄搖、不能自保的境地。蘇維埃則有雄厚的群眾基礎，可以比較容易地奪得政權。所以列寧在《四月提綱》中也提出採取和平手段，通過在蘇維埃中爭取多數來完成社會主義革命的口號。這就使二月革命後的七八個月裏，國內政治鬥爭的重點是在參加蘇維埃的三大政黨之間進行的，而且力量的消長變化也非常快。孟、社兩黨由於不同程度地支持和參加臨時政府（最後一任總理克倫斯基〔編按：Alexander Kerensky，1917年俄羅斯總理〕就是社會革命黨人）、主張繼續戰爭，因此在鬥爭中力量遭到迅速削弱。布爾什維克既有深得人心的政策口號（和平、麵包、土地），又有列寧的堅強領導和出色的組織工作，再加上靈活的策略手段（例如原先支持選舉成立立憲會議，後因得票不到四分之一，遂用武力加以取締），就使它取得十月革命的領導權，然後回過頭來鎮壓孟、社兩黨。列寧也從此和第二國際徹底決裂，另行建立了第三國際。蘇聯解體後，俄羅斯學界以至當局，對十月革命的看法已有很大變化，認為二月革命仍屬革命，而十月革命則是不流血（或者很少流血）的政變了。俄羅斯九年、十年制學校所用的新版教科書就改用「十月政變」的新提法了。

三，列寧改變了十月革命的性質。根據馬克思主義（例如恩格斯對德國社會民主黨的教導），在那些專制落後的國家，革命的首要任務是：爭取民主，實行憲政，為資本主義的發展開通道路。但是，列寧修改了馬克思主義，要在專制落後的俄國先拿下政權後，在無產階級專政的條件下建設社會主義和促進世界革命。馬克思原先設想的無產階級專政，也是多數人對少數人的專政，而且只適於較短時期。但列寧卻把它變成少數對多數的專政，還公開主張一黨專政以至領袖獨裁。他說，「有人指責我們是一黨專政……我們就說『是的，我們是一黨專政。』」還說，「個人獨裁成為革命階級專政的表現者、代表者、執行者。」到內戰結束後的1921年，列寧在《論糧食稅》中更直截了當地說：「孟什維克和社會革命黨人，不論公開的還是裝扮成非黨分子的，他們的安身之處應該是監獄。」他又在1922年提出，俄共「是國內唯一合法的政黨，不允許任何政治派別出版物毒害人的思想」。金雁教授在談到這些情況時還介紹了曾是支持十月革命重要力量的喀琅施塔得（編按：位於俄羅斯的科特林島）水兵的「叛亂」，其實是一件冤案。26,000名水兵中有十分之一是布爾什維克黨員，他們只是不贊成一黨專政，要求實現原先承諾的民主自由。但列寧的答覆卻是堅決鎮壓，說：「我要讓你們幾十年裏不敢再打反對派的念頭。」就這樣，列寧硬是把本應將二月民主革命進行到底、實現民主憲政的十月革命，變成了蘇聯式的社會主義革命（所以後來斯大林規定，十月革命不能簡單稱為「十月革命」，必須稱為「十月社會主義革命」），並靠一黨專政來維持。這就造成蘇聯的先天不足和後天失調，導致最後崩潰。

四，十月革命創造的社會主義模式不可能成功。十月革命是人類歷史上一次大實驗，不僅影響到俄國和以俄為師的國家，而且影響到了全世界，使社會主義運動成為二十世紀一個主要社會潮流，

對推進人類歷史的發展起了一定作用（包括成為資本主義自我改革調整的壓力和動力），留下了許多寶貴的經驗教訓。但是整個說來，這一偉大實驗基本上失敗了。搬用十月革命創造的蘇聯模式的國家，沒有一個是成功的。有人說這是武斷，可就是拿不出半點根據，舉不出一個具體國家來。失敗的原因，一是資本主義仍然代表着先進的生產力，轉向社會主義的條件遠未成熟；二是十月革命後實行對經濟、政治、思想的壟斷，是歷史的倒退、是對二月民主革命的反動。在經濟上，鄧小平說，「馬克思主義的基本原則就是要發展社會生產力」，但蘇聯模式的國家經濟發展卻都大大落後於西方資本主義。上世紀五十年代我在駐蘇使館當研究室主任，親身經歷到蘇聯物資的嚴重短缺和群眾生活特別是住和行的困難。1955年，歐亞各國經濟已全面恢復到戰前水平，但蘇聯東歐國家卻大大落後於西歐。當時的說法是，蘇聯受戰爭破壞嚴重和西歐有美國的援助。其實這並不能說明問題。日本和德國破壞得更嚴重些，但恢復和發展很快就超過蘇聯。戰後的歷史也表明，沒有一個國家（特別是中等以上的）是靠外援發展起來的。東西德在比賽中，東德落後的差距就越拉越大。一次宴會上，我曾當場看到時任東德總理的格羅提渥（編按：Otto Grotewohl，1949–1964年東德總理）同李富春談話，他要中國支援若干萬噸大豆搞人造黃油，說東德是社會主義大家庭的民主櫥窗，怎麼也要趕上西德。李說，中國目前經濟還很困難，人民生活艱苦，大豆也很緊張。格說，中國那麼多的人，為了共同事業，每人少吃一點就可解決我們的問題。最後的結果不得而知，不過按照我國的政策，是必然會給予一定支援的。奇怪的是，那時的兄弟國家在一起常常互相訴苦，但對群眾和對外宣傳卻總要大肆誇富，其水分之大簡直驚人。例如蘇聯1967年最後一次宣佈它的經濟總量已達美國的67%，可是後經世界銀行等四大權威機構調查統計，蘇聯解體前的經濟總量還不到美國的十分之一。

可見，過去中國從蘇聯學來的各種統計也不能再引用了。再以芬蘭為例。當年它是沙俄最落後的一個省份，十月革命後取得獨立，到1980年國內生產總值人均已達15,000美元左右。而比它條件好的蘇聯波羅的海三國人均產值還不到4,000美元。在第一次世界大戰前，俄國雖然落後，但由於資本主義的發展，經濟地位已名列世界第五，現在恐怕掉到第十幾位了，主要還是靠地大物博資源多。

政治上，十月革命造成的歷史倒退更明顯。米高揚在蘇共二十大的發言中曾提到，「二月革命的結果，俄國勞動人民獲得了民主自由，而這樣的民主自由甚至在當時被稱為最民主的美國也是不曾有過的。」但十月革命卻用一黨專政和個人獨裁取代了人民才得到的民主自由。所以普列漢諾夫（編按：Georgi Plekhanov，俄國馬克思主義之父）在1918年説，「布爾什維克不能給人民以民主和自由，他們在半年的時間裏查封的報紙雜誌，比沙皇當局在整個羅曼諾夫王朝時代（1613-1917年）查封的還要多。」列寧對這些也從不隱晦。他在1920年12月10日回答西班牙工人代表的話就是：「我們從來都不講自由，而只講無產階級專政！」正是在這種專政下，單是斯大林搞農業集體化期間就連鎮壓帶饑餓整死了近千萬人。至於平時對幹部、知識分子的迫害，赫魯曉夫在蘇共二十大已有揭露。斯大林死後不久，蘇聯當局開始為一些受迫害的人平反。有些從監獄和流放地回來的人住進了莫斯科的精神病院和各種療養院。我曾去看過其中的一個，有不少院士、教授等高級知識分子被整得東倒西歪，精神失常，給我留下的難忘印象只有兩個字：真慘。

其他方面的情況就不用多説了。

五，有沒有一個「十月革命的道路」。在上世紀六十和七十年代的反修大論戰中，我們一再強調「堅持十月革命的道路」，還把它説

成是全人類的也就是所有國家必然和必須要走的共同道路。這條道
路可以簡單歸納為：武裝奪取政權，實行長期的無產階級專政，建
設社會主義和推進世界革命。反對和批判的是赫魯曉夫「三和」（和
平過渡、和平共處、和平競賽）「兩全」（全民國家和全民黨）的修
正主義。現在看來，這個提法我個人以為可能是個偽命題。因為實
際上並不存在我們所解釋的那種普世的「十月革命的道路」。第一，
十月革命並不是我們以前了解的那樣，它並沒有經過什麼嚴重的流
血衝突。所謂「炮轟冬宮」、「攻打冬宮」等，那都是電影編的。上引
米高揚的講話就說，「事實上，十月革命幾乎是和平完成的」，是形
勢的變化「使得蘇維埃不必經過嚴重的流血而取得了政權」。第二，
二戰後產生大批社會主義國家是出於兩種情況。一是蘇聯在紅軍解
放的國家裏直接建立起了社會主義制度，多少帶有強加的成分。
如波羅的海三國（編按：愛沙尼亞共和國、拉脫維亞、立陶宛）和
波蘭，至今仍認為是被佔領，有的國家甚至提出索賠問題。二是在
戰後那場民族民主革命高潮中，一些國家共產黨處於領導地位，在
取得民族獨立和民主革命（這是正確的）勝利後立即和平過渡到了
社會主義。可以說，沒有一個國家是無產階級用暴力直接進行社會
主義革命而得到勝利的。第三，恩格斯在百年前已經看到無產階級
很難用暴動和巷戰奪取政權。今後的發達資本主義國家，在無產階
級已不復存在（起碼是很難界定）、中產階級佔絕大多數的條件下，
哪還會產生什麼無產階級的暴力革命？城鄉差別已基本消滅，更談
不到農村包圍城市。根據以上所說，當年赫魯曉夫提出的「三和」
「兩全」，反倒比我們當年堅持的暴力革命、無產階級專政和國際主
義更有道理一些。我們黨現在執行的方針政策何嘗不是更接近「三
和」「兩全」？而且我們現在堅持的專政，也不是以前解釋為實質上
的無產階級專政。至於一些至今仍大罵赫魯曉夫修正主義的人，無
非是表明他們留戀過去和阻礙歷史發展的願望罷了。

六，十月革命與中國。毛主席說，「十月革命一聲炮響給我們送來了馬克思列寧主義。」這倒是確實的。只是那一聲炮響並不是炮轟冬宮，送來的也是與馬克思主義並不相同的列寧主義和斯大林模式。除此以外，十月革命後的蘇聯，還直接指導成立了中國共產黨，也幫助改組了中國國民黨。這就使國共兩黨雖然政治上完全對立，但一些組織原則卻同出一轍，如堅持一個主義、一個黨、一個領袖等。中共不但以完全布爾什維克化為建黨目標，還受封建專制和遊民傳統的嚴重影響，使中國黨在自己殺自己人的「肅反」（如打「AB」團）等問題上還走在了蘇共的前頭。中共領導的反帝反封建的新民主主義革命是偉大的成功的，但我們取得勝利後，又「走俄國人的路」，要立即和平過渡到社會主義。並且照搬斯大林模式，進行三大改造，要實現全盤蘇化，對內搞以階級鬥爭為綱，搞無產階級專政，「一大二公」，對外實行閉關自守（叫做「另起爐灶」和「打掃乾淨房子再請客」）。這就使我們在很大程度上置身於世界和時代潮流之外，讓新產生的官僚階層關起門來瞎折騰。結果是中國白白斷送了三十年千載難逢的發展良機，到「文革」末期淪為一個專制落後的欠發達國家。經濟上，從1955年總量佔世界比重4.7%降到1980年的2.5%。後來粉碎「四人幫」，中共開了十一屆三中全會，才實行了完全正確的改革開放，才使我國扭轉了這一下降趨勢，使經濟蓬蓬勃勃地發展起來。這不是說十月革命對中國沒起過積極作用。中國革命的勝利和勝利後建立起比較齊全的工業體系，沒有蘇聯的幫助也是不可想像的。但總的看來，所起的消極作用還是主要的。連胡喬木都說，「發生『文化大革命』的悲劇，追根溯源還要追到斯大林。」胡喬木還公開批判列寧，「按《『左派』幼稚病》的說法，領袖專政是完全合理的。」他又說，「列寧建立了一個集中制的共產國際，這是一個非常嚴重的原則錯誤。」「這樣做的結果，就是俄國要變成全世界的統治者。」（以上均見《胡喬木談中共黨史》）連

胡喬木對列寧、斯大林和十月革命都能有這樣一些反思，實在是難能可貴。作為後來者的我們，又過了二十幾年，對十月革命進行辯證地重新認識，不但應該得到允許，而且還迫切需要。因為中國在經濟上擺脫蘇聯模式的約束，實行改革開放，已經取得了舉世矚目的成就，但在堅持無產階級專政和按照列寧學說建黨等一些問題上，我以為我們尚未完全擺脫布爾什維克化和斯大林那一套框架。我以為我們如果也能適應世界和時代潮流，像走經濟市場化道路那樣，穩妥地在我黨領導下實現政治民主化和政黨現代化，那我們中國就一定會得到更好更快的發展，中共與中國肯定可以對人類作出更大的貢獻。

認真吸取蘇聯走過道路的教訓，避免重蹈覆轍，這才是對十月革命最好的紀念。

寫於2007年9月，曾發表於同年第11期《炎黃春秋》

# 中蘇同盟的歷史啟示

馬國川

1953年7月10日，中美朝三方在「朝鮮停戰協議」上簽字，長達三年、死傷百萬的朝鮮戰爭自此結束。整整六十年過去了，但朝鮮戰爭的影響至今猶存。

戰爭期間，中國駐蘇聯大使館研究室主任何方撰寫了一篇報告《關於朝鮮停戰的和談問題》，受到周恩來的讚賞，日內瓦會議後想調他到國務院工作，但是駐蘇大使張聞天沒有同意。

朝鮮停戰的第二年，何方回國擔任外交部辦公廳副主任，仍然在已經成為外交部常務副部長的張聞天指導下從事國際問題和對外關係研究。1959年「廬山會議」後張聞天蒙冤，何方也被株連，直到二十年後才正式恢復工作，先後擔任中國社會科學院日本研究所所長、中國國際問題研究中心副總幹事，成為著名的國際問題研究專家。

離休以後，何方轉向黨史研究，所著《黨史筆記》贏得了學者的高度讚譽。近年來，他又開始回顧和研究建國前期的外交，朝鮮戰爭再次進入他的視野。這一次，他開始以更開闊的視野來認識這場影響深遠的戰爭。

已經91歲的何方精神矍鑠，思路清晰。在他看來，中國至今仍然背負着朝鮮戰爭的某些遺產。更重要的是，這場戰爭背後的中蘇同盟對中國的國家走向產生了巨大影響。

鳴謝：本文為馬國川先生2013年訪問何方的訪談文字，於同年4月在《財經》雜誌發表。本文經何方定稿，並獲馬國川先生授權轉載，茲專致謝意。馬國川為《財經》雜誌主筆、《財經評論刊》執行主編，並著有《看中國》、《重啟改革議程》、《我與八十年代》及《沒有皇帝的中國》等多部著作。

何方在上世紀八十年代就提出，世界早已進入和平與發展時代。他認為，在這個時代，還會有些邊界衝突及其他局部戰爭，但不會再發生世界大戰和大國之間的戰爭；在民族獨立運動高潮（1950前幾年）過後，世界更不會有所謂社會主義或新民主主義的革命形勢，全世界以及幾乎所有國家都着重於發展。這是世界基本潮流，違背這個潮流，一般不會得逞，終究而且最終還會以失敗告終。所以朝鮮戰爭的結局，無論從世界革命還是從朝鮮民族以至朝鮮民主主義人民共和國的得失看，都不能說是勝利，而是實實在在的失敗。這也是二戰後人類遭受的一次最大損失，只不過是體現在朝中美的身上。

## 「沒有中蘇同盟，就沒有朝鮮戰爭」

《財經》：今年（編按：2013年）是朝鮮停戰60周年，隨着各種檔案材料的揭秘，朝鮮戰爭的真相開始逐步呈現在世人面前。作為一個學者，在您看來朝鮮戰爭的起因是什麼？

何方：大一點說，是社會主義國家，也就是起決策作用的斯大林、毛澤東、金日成對時代性質的誤判（他們堅持「我們仍然處於戰爭與革命時代」），因而執行世界革命路線的結果；小一點說，是因為他們三人對國際形勢認識的錯誤，也有點上了美國人的當（因為杜魯門總統和艾奇遜國務卿在公開聲明中都把朝鮮、台灣排除在美國的東亞防衛圈之外），都把寶押在美國不會干涉上。例如，在中國解放戰爭結束後，毛澤東在1950年5月會見金日成時就鼓勵他說，「對於美國人，不要怕他們。美國人不會為（朝鮮）這樣一小塊地盤就發動第三次世界大戰。」

　　當然，朝鮮戰爭的直接起因，是因為金日成要當全體朝鮮人的領袖，所以他急於向南朝鮮發起軍事進攻。毛澤東講過，朝鮮戰爭中我們這邊是三駕馬車——蘇聯、中國和（北）朝鮮。在這三家中，主動想打的是金日成，批准他開戰的是斯大林，鼓勵金日成南下並於戰爭發動前即已集結本國軍隊準備參戰、後來又積極參戰的卻是起了關鍵作用的中國。

　　《財經》：朝鮮戰爭爆發時，蘇聯還沒有從二戰的巨大損失中緩過勁來，中華人民共和國剛建國一年，到處是內戰瘡痍，百廢待興。兩個國家似乎都沒有理由介入一場戰爭啊。

　　何方：確實，從1949年3月開始，金日成就向斯大林提出進攻南朝鮮的計劃，斯大林一直不同意。蘇聯在二戰中確實打得筋疲力盡，死傷人數佔到全國人口的四分之一，損失很大，人民生活很困難。在蘇聯，從上到下沒人願意再打仗。在中國駐符拉迪沃斯托克（編按：即海參崴）領事館工作的一位蘇聯女打字員一聽說朝鮮戰爭爆發了，竟當場暈了過去！老百姓害怕戰爭到了這種程度！所以，二戰後頭幾年，斯大林在國際上非常謹慎，特別不願和美國發生直接衝突。一直不同意金日成「解放」南朝鮮的請求，生怕把蘇聯捲了進去。但後來，斯大林的態度卻發生了變化。這是因為1950年1月發生了兩件事情：一是美國總統杜魯門和國務卿艾奇遜（Dean Acheson）先後宣佈，美國在遠東太平洋戰略防線不包括朝鮮和台灣。二是，中蘇決定簽訂新的友好同盟條約，中國變成蘇聯的可靠盟國了。斯大林雖然估計美國不會干涉，但是萬一干涉了呢？有中國在第一線抵擋，蘇聯仍然可以避免和美國直接對打。於是，斯大林改變態度，批准金日成打南朝鮮，但提出兩個條件：必須和中國同志商議並且取得中國同志的同意；不把蘇聯捲進去。一個有意思的歷史細節是：當斯大林答應金日成的要求時，毛澤東就在蘇

聯，談妥中蘇同盟條約後還沒回國。但斯大林和金日成的談判和同意金日成南下的事，卻對他保密，使他一直被蒙在鼓裏。

《財經》：這是為什麼呢？

何方：第一，斯大林對毛澤東並不完全信任，還有保留，擔心毛萬一不同意，堅持先解放台灣，事情就不好辦了。第二，怕一下先把蘇聯裏進去，對金日成那麼小小一點力量實在不大放心。雖然美國說不干涉，萬一它要干涉呢？

既然蘇朝是同謀，蘇聯就應該首先支援金日成南下，而不應先把中國拖下水。

在蘇聯與北朝鮮商定具體作戰計劃以後，金日成秘密到北京傳達斯大林指示：「現在形勢不同了，北朝鮮可以開始行動；但是這個問題必須同中國同志和毛澤東同志本人討論。」對此，毛澤東不完全相信，要求證實。於是和金日成的會談暫時中斷，請蘇聯駐華使館和國內聯繫以證實此事。當蘇聯使館告知，金日成所說確是斯大林的意思，即他已「同意朝鮮人關於實現統一的建議」，但是，「這個問題最終必須由中國和朝鮮同志解決，如果中國同志不同意，則應重新討論如何解決這個問題。」意思是，把最後決定權交給中國，由毛澤東來拍板。最終毛澤東同意了先放下解放台灣問題，同意北朝鮮發動戰爭和中國給予援助。

《財經》：至今流行一個說法，認為中國是「被迫地」參加了朝鮮戰爭，因為既然是斯大林決定了要打，中國人沒有辦法，只好同意。

何方：我的看法，不能這樣說。斯大林雖然同意打，但說要跟中國同志商量，如果中國同志不同意就要另行討論解決，這就把最

後的決定權交給了中國。因此，毛澤東完全可以提出不同意見，如中國面臨解放台灣的問題、中國剛建國經濟很困難，要估計到美國的干預，等等。這些理由條條站得住，可是毛澤東一條也沒提。事實上，金日成挑起戰爭一開始勢如破竹，美軍在仁川登陸後卻兵敗如山倒。在這種情況下，斯大林曾一度建議北朝鮮的黨政領導機關完全撤出本國，到中國的瀋陽成立流亡政府。但是毛澤東決定出兵抗美援朝，直接介入朝鮮戰爭。建立流亡政府的問題就不存在了。

《財經》：毛澤東為什麼決定放棄優先解決國內問題，轉而支持北朝鮮發動戰爭，以至決定直接參加朝鮮戰爭呢？作為一個軍事家，他不可能不意識到，這樣做有可能將中國拖入一場新的空前嚴重的戰爭啊。

何方：毛澤東有個人所共知的兩條，一是不怕打仗，甚至喜歡打仗；二是不大愛惜人的生命，經常說頂多死多少人就是了。1957年在莫斯科會議上說的人類死一半也沒什麼了不起，曾引起世界輿論的震驚。

再說，毛澤東是忠誠的列寧主義者，因此也是忠實的國際主義者。列寧規定的國際主義有兩條，一是一國無產階級的利益服從全世界無產階級的利益；二是取得勝利的民族要為推翻國際資本承擔最大的民族犧牲。毛澤東對外執行的正是世界革命的外交路線，他狠批張聞天的和平共處外交路線和王稼祥的「三和一少」(就是對「帝修反」要緩和一些、對民族解放運動的援助要少一些) 主張。

建國前，1949年7月劉少奇訪問蘇聯的時候，斯大林說，鑒於中國共產黨指揮的成功和革命的勝利，今後在世界革命上要搞一個分工，蘇聯管西方，也就是歐美；中國管殖民地和半殖民地，因為中國在這方面有經驗。這樣一來，就等於封毛澤東為第三世界革命

的領袖。毛澤東當然十分高興，並立即走馬上任。但當時中國實際上還只能先把亞洲管起來，除幫助朝鮮、越南外，還指揮和幫助印尼、緬甸和其他東南亞國家共產黨領導的武裝鬥爭。因此，朝鮮戰爭一打起來，毛澤東就立刻加以管理，並給予大力援助。

1950年2月14日，簽訂了《中蘇友好同盟互助條約》，這讓毛澤東信心大增。毛澤東把幫助金日成打朝鮮戰爭當作推進世界革命的一環，通過幫助朝鮮，「亞洲革命領袖」也能得到斯大林進一步的賞識確認和朝鮮的服膺。所以我對朝鮮戰爭的定義是：「世界革命下的朝鮮戰爭」。

很顯然，如果沒有中蘇同盟，就沒有朝鮮戰爭。朝鮮戰爭的爆發，又鞏固和強化了中蘇同盟關係。

## 為什麼要搞中蘇同盟？

《財經》：中蘇同盟是影響深遠的歷史事件，當初中國為什麼要和蘇聯結盟呢？

何方：這和意識形態有極大關係。社會主義國家都以馬克思主義為信仰和理論指導。從列寧、斯大林到毛澤東，都按照馬克思的階級鬥爭、暴力革命、無產階級專政、反對私有制和推進世界革命的學說治理國家、處理國際事務。他們認為，二戰以後的世界仍然是列寧所定義的「革命和戰爭時代」。已經取得國家政權的無產階級，要幫助還沒有取得政權的外國無產階級，把他們武裝起來，使他們有能力通過暴力革命奪取政權。也就是說，國家的外交和國家利益都服從世界革命的需要。成立同盟的目的就是為了推進世界革命、反對以美國為首的世界帝國主義。

1949年6月，毛澤東在《論人民民主專政》裏公開提出，中國要「一邊倒」，並指明是倒向社會主義。7月，劉少奇訪問蘇聯，提交給斯大林的報告說，毛澤東同志和中共中央認為，中國共產黨承認蘇聯共產黨是世界革命的總司令部，中國只是一個方面軍的司令部。局部要服從全局，所以中國黨要服從蘇聯黨；即使中共和蘇共的意見不同，中共也會放棄自己的意見，接受蘇共的指示。五個月後，中蘇就簽訂了《中蘇友好同盟互助條約》，正式結成同盟關係。

**《財經》**：對於所處時代的判斷關係重大，它直接影響着執政者的決策，進而影響國家的走向。那麼，在您看來二十世紀五十年代的時代主題是不是「革命與戰爭」呢？

**何方**：我認為不是。二十世紀前半期確實是戰爭與革命時代，不過這個革命並不是所謂的社會主義革命，而是民族民主革命。連俄國的所謂「十月革命」，實際上也只是布爾什維克的一次政變。對真正的群眾性的二月革命來說，它倒是一種反動，如變人民民主為專制獨裁，將軍事共產主義體制強加到人民頭上。即使後來的蘇聯模式社會主義，事實已經證明是違背歷史發展規律的，因而最後失敗是必然的。但是二戰以後不久，人類就進入了和平與發展時代。現在回頭看過去的六十多年歷史，就很清楚了。從二戰結束到1950年代初戰爭善後工作的完成，世界就進入了和平與發展時代，人類也從此過上了長期的和平生活。雖然以美國和蘇聯為首的兩大軍事集團一直進行擴軍備戰，使世界長期處於冷戰狀態，而且有局部戰爭和動亂，但終究沒有挑起世界大戰，而且國際形勢還越往後越趨向緩和，直到冷戰結束；在長期的和平國際環境下，世界經濟、政治、社會、文化取得了人類歷史上空前的大發展，使人類文明進入了一個全新階段。人類在二十世紀下半葉創造的生產力和積累的知

識財富，超過了以往一切時代成就的總和。政治文明、社會進步和文化方面的進步也是驚人的。因此，二十世紀五十年代世界進入和平與發展時代，已經是無可爭議的了。

《財經》：雖然在二戰之後，世界上沒有再次發生世界大戰，但卻出現了冷戰局面，而且持續了三十多年。

何方：冷戰之所以叫冷戰，就是雙方沒有真正打起來，否則就成了熱戰。當然，沒有美蘇兩國間的直接的熱戰，雙方的代理人戰爭還是發生過不少。美蘇執行的都是戰爭邊緣政策，竭力避免直接對打。而且每到戰爭邊緣，雙方總是可以取得妥協。這就是因為冷戰發生在和平與發展時代，只是這個時代大背景中一個時期國際力量對比相對均衡化所表現出的戰略格局。一旦均衡被打破，冷戰也就結束了，但代之而起的並不是戰爭，仍然是和平與發展這兩大時代特徵制約下的歷史進程。這就是小道理服從大道理。

中蘇同盟，尤其是中蘇同盟背景下發生的朝鮮戰爭，把冷戰推向高峰，使冷戰格局不可逆轉地固定下來。在此之前，冷戰的中心是歐洲，此後美國的戰略注意力被引向東方，中國長期站在冷戰的前沿。我們自己又提出諸如「美帝亡我之心不死」一類偽命題，錯誤地認定大戰迫在眉睫，因而長期把備戰放在第一位。這就使我們喪失了二戰後世界發展最快的大好機遇期；加之還在國內堅持「繼續革命」，人為地製造階級鬥爭，搞接連不斷的政治運動；對外大力推進和支援世界革命，結果弄得筋疲力盡，國民經濟長期下滑。用鄧小平的話說，就是我們犯的「左」的錯誤「持續了二十年（按，實為三十年）。這二十年中國處於停滯狀態，主要表現在生產不發展，人民生活沒有改善。」

**《財經》**：不過，也有許多人認為，中國採取「一邊倒」是不得已而為之，因為中國亟需得到外援來恢復經濟增長，只有這樣才能獲得蘇聯的支持。不「一邊倒」的話，就拿不到蘇聯的援助。

**何方**：這種説法似是而非。中國不是一定要倒向哪一邊，而是完全可以保持中立。拿中美關係來説，美國當時並不想幫助蔣介石重返大陸，它當時對中國只有一條：不希望中國成為蘇聯的附庸。美國本來準備一下子就給中國50億美元的貸款，這個數目相當於給印度的十五年貸款，條件就是中國在中美之間採取中立態度。1965年4月30日周恩來和迦納外長談話時還説起過這件事。他説，1949年美國大使司徒雷登離開中國前對羅隆基説，如果新中國對美國友好，美國將承認中國並且提供三五十億美元的貸款。

其實蘇聯不援助，還可以有西方的援助。而且即使西方提供了援助，蘇聯也不會因此就拒絕援助我們。問題正在於，「一邊倒」被西方了解為證明中國決定做蘇聯附庸，因此不僅不援助，還要封鎖。司徒雷登和羅隆基談話後不久，毛澤東就宣佈了他的「一邊倒」決策。因此，羅不僅沒敢轉達司徒雷登的話，反而叫他趕快走，説是沒有希望了。

## 中蘇同盟的得與失

**《財經》**：《中蘇友好同盟互助條約》的期限是30年，但是實際上到1960年中蘇公開論戰時，中蘇同盟已經破裂了。

**何方**：其實，雙方之間的矛盾更早就出現了，不過一直沒有公開化。1958年，毛澤東突然下令炮轟金門，蘇聯事先根本不知道，等弄清楚情況後，還是發表聲明，站在中國一邊，對美國以核武器相威脅。到了1959年，中印邊界發生爭端，蘇聯發表聲明，

公開了同中國的分歧，引起中國的強烈反擊，中蘇同盟關係開始宣告破裂。

這種同盟關係本來就不可能持久。因為中蘇都是大國，同盟要確立一個領袖，誰來做這個領袖？斯大林在世的時候，中國承認他的領袖地位。斯大林去世，赫魯曉夫與毛澤東就成為對手，從此摩擦不斷。1955年中國提出走一條比蘇聯更好的道路，實際上就是想走到蘇聯前面去，取代蘇聯在社會主義陣營和國際共運中的領導地位。所以中蘇同盟最終破裂是必然的。從此，「蘇修」成為中國最大的敵人，「美帝亡我之心不死」變成了「蘇修亡我之心不死」。撫今追昔，能不令人感慨萬千！

中蘇關係破裂後，中國採取了同時對抗「美帝」和「蘇修」的政策，這使得中國更加孤立。過了十來年的時間，才提出實質上是聯美反蘇的「一條線」戰略方針。

《財經》：中蘇同盟存在不到十年時間，但它對中國也有一定的好處。最明顯的是，蘇聯支持援建156個大型項目，奠定了中國的工業化基礎。

何方：這一點無可否認。作為一個原本就落後，又多年遭受戰爭蹂躪的國家，蘇聯的援助很重要。蘇聯的援助是大規模和全面的，第一個五年計劃幫助中國初步建立了工業化體系，使中國的工業在各個方面都打下了一點基礎。

不過，儘管中國靠蘇聯援助弄起來的工業體系同解放前相比是進了一步，但是用世界的發展水平來衡量，就顯得結構差，產品數量少而且品質低。二戰後，國際上還是由資本主義體系佔着統治地位，國際化和新興技術都迅猛發展。中國因為脫離了資本主義體系和整個國際大家庭，把寶貴的時機都耽誤掉了。五十年代初與中國

處於同一起點的日本，就借助這個難得的時機開始起飛，將中國遠遠甩在後面。

**《財經》**：一些人士認為，與這些經濟好處比起來，更重要的是，中蘇同盟加強了中國的大國地位，也保證了中國的主權獨立和領土完整。

**何方**：這些觀點值得推敲。二戰結束後，中國作為戰勝國，已經取得世界四大國（美、蘇、英、中）之一的地位。但是到了冷戰時代，中國卻失去了大國地位，也喪失了參與重要國際事務的機會，長期徘徊在國際社會邊緣，因此只能服從和履行別人制定和沿用下來的國際制度規則和慣例，對許多問題沒有發言的機會和權利，已再無大國地位可言。這是由於：一則中國的國體和政體已發生根本變化，從國民黨中國變成了共產黨中國；二則毛澤東執行「另起爐灶」和「打掃乾淨房子再請客」這個拒絕傳承和帶有閉門自守性質的政策，不願同西方大國和許多資本主義國家建立邦交。

至於主權獨立和領土完整也值得懷疑。在中蘇同盟時代，中國的主權是不完整的，蘇聯做過許多侵犯中國主權和領土完整的事情。中蘇的政治體制相同，黨在國家有至高無上的地位，決定了國家關係服從黨的關係，國家利益服從黨的利益。黨際關係中的組織原則直接影響到處理國家關係的準則。在社會主義陣營（後稱社會主義大家庭）中，蘇聯黨和其他黨既然是領導黨與被領導黨的關係（毛澤東稱之為父子關係），現代國際政治中國家關係理應體現的各國獨立自主、互不干涉內政、地位平等這些原則，就都不能不大打折扣了。

更大的問題是，中蘇同盟以後，中國全盤照搬蘇聯模式，特別是搬來了計劃經濟和高度集權的政治體制，這同中國長期的皇權專

制主義傳統結合在一起，消極作用非常明顯。連主管中國意識形態多年的胡喬木都說，「發生『文化大革命』的悲劇，追根溯源還要追到斯大林」。「文革」以後，中國在經濟上拋棄蘇聯模式，實行改革開放，因而獲得三十多年的高速發展，但是政治體制仍然沒有擺脫蘇聯模式裏高度集權和專制體制的那一套框架，成為今天中國改革面臨的一項艱巨任務。

## 「千萬不能自亂陣腳」

《財經》：改革開放後，中國逐步承認和平與發展是時代特徵。正是有了這樣的正確認識，中國才安心搞建設，因而在經濟上取得了巨大成就，至今已經成為世界第二大經濟體。但是，現在有些人對國際形勢的基本判斷有些動搖，甚至否認和平和發展是時代特徵。

何方：毫無疑問，我們所處的時代仍然是和平與發展的時代，尤其是1985年（世界上全球化的名詞正是產生於這一年）以來全球化的迅猛發展更加顯現和加固了這一時代特徵。

全球化只能在和平發展時代出現。這不言而喻。因為全球化必須伴有和平的國際環境，沒有世界和平，國家互相打仗，不要說全球化，就連國際化也很成問題。至於發展，更是全球化形成的根本要素。反過來說，全球化也更加推進了和平與發展。因為全球化使得世界經濟市場迅速形成，而市場化則是經濟發展的主要推動力量。國家之間越來越相互依賴，共同利益越來越多。上世紀八十年代參與市場化的人數只佔人類的6%，到九十年代，全人類都進入了市場。在這種情況下，人類的主要任務就只能是推進人類世界的全面發展，所以，和平與發展時代，將是一個長遠存在的趨勢。在

和平與發展的問題上，中國應該堅持對國際形勢的基本判斷，千萬不能自亂陣腳。

**《財經》：** 2008年以來，世界發生金融危機，中國經濟卻一枝獨秀，也可說是率先走出危機，因此「中國模式」備受追捧。一些人認為過去對美國、日本太軟弱了，應該強硬起來。

**何方：** 在當代國際事務中，大國關係起着決定作用，中國的發展也離不開西方大國的合作。美國並沒有衰落，美國在相當時期都將是多極中最強的一極。因此，中國要與美國搞好關係，不能對自己的地位和影響估計過高，醉心於本國GDP的增長速度和一些外國輿論對中國的讚揚。「中國模式」沒有什麼好誇耀的。中國目前並非盛世，恰巧相反，就像吳敬璉所說，今天中國的經濟社會矛盾正處於臨界點。人們必須保持警惕。

**《財經》：** 隨着國力的不斷增強，一些人認為中國應該強硬起來，甚至有人鼓吹「對日必有一戰」、「對美必有一戰」。近一個時期以來，討論戰爭和戰備成為熱門話題。個別人士甚至主張與個別國家事實上結盟，擴軍備戰，甚至捕捉戰機。

**何方：** 改革開放以來，類似言論不斷出現，例如，「蘇東波」（編按：1989–1992年的「東歐劇變」）、科索沃戰爭之後，都有人主張改變對國際形勢的根本判斷。目前出現一些類似言論，也有深刻的國內外背景，值得警惕。

觀察國際問題和處理對外關係必須堅持的根本原則，就是國家利益。鄧小平說：「考慮國與國之間的關係，主要應該從國家本身的戰略利益出發。着眼於自己的長遠利益，同時也尊重對方的利益，而不去計較歷史恩怨，不去計較社會制度與意識形態的差

別。」國家利益的概念涵意很廣，從最根本的主權獨立和領土完整到民族感情和國家尊嚴，表現在許多方面。但當前中國主要的戰略利益就是國家的現代化建設。

不計較社會制度和意識形態的差別，這是容易理解的。中國在這方面的教訓太多了。我們現在和個別國家的交往中，就仍然背負着沉重的意識形態包袱。不計較歷史恩怨也不是要在歷史問題上放棄原則，而是說歷史問題要服從現代化建設這一國家最高戰略利益。

以國家利益為最高原則，特別要防止用情緒代替政策。因為情緒是非理性的東西，容易被激發和鼓動起來而往往失之偏頗。群眾情緒如此，少數人或個人情緒就更不用說了。以國家利益為最高原則，自然也包含着對群眾的相應教育和引導，防止某些狹隘民族主義情緒滋長。

以經濟建設為國家利益的主要原則，並不是輕視或否認維護主權獨立和領土完整的重要。主權和領土是一切國家利益以及國家存在的前提，應該是不言而喻的。但在當前的時代背景和國際條件下，嚴重威脅獨立和大規模侵佔領土的危險並不存在，因此國家的主要任務是集中力量從事現代化建設。而且隨着時代的發展變化，也不能再把主權觀念絕對化，而應使主權政策服從國家最高利益。就是說，只要對國家總體戰略有利，部分主權也是可以讓渡的（其實這本身也是行使主權的表現）。這也是參與全球化特別是參加一些國際組織必須做到的。歐盟各國就讓出了作為主權一個重要象徵的貨幣發行權。隨着全球化和區域一體化的不斷加深和迅速發展，主權的部分讓渡還會越來越普遍。這也有個觀念更新問題。

# 恢復社會主義的名譽

馬國川

1991年12月26日，也就是在蘇聯總統戈爾巴喬夫宣佈辭職的第二天，蘇聯最高蘇維埃通過最後一項決議，宣佈蘇聯停止存在。自此，蘇聯正式解體，一個曾經傲視世界的超級大國徹底消亡。

和平靜的俄羅斯不同，在蘇聯解體二十周年之際，中國社會各界圍繞蘇聯解體發生了激烈爭論。其原因，就是因為中國的社會主義制度是從蘇聯學習來的。就像周有光老先生所說，今天的中國「略作修正，未脫窠臼」。

「蘇聯垮台不是因為外來敵對勢力的武裝侵略或和平演變而垮台的」，國務院國際問題研究中心原副總幹事何方先生坦率地說，「蘇聯共產黨和蘇聯政權是被人民拋棄的。」

89歲高齡的何方先生，上世紀五十年代曾經擔任中國駐蘇聯大使館研究室主任，在張聞天大使領導下在蘇聯工作了五年。八十年代後期到九十年代，他在國務院國際問題研究中心從事國際問題研究，蘇聯是關注的重點，又曾任中蘇和中俄友協副會長，先後多次訪問過蘇聯和後來的俄羅斯，對於蘇聯解體既有近距離觀察，也有深入的思考。

何方先生沒有孤立地看待蘇聯解體，而是將其放在國際社會主義運動的背景下來審視。在他看來，「民主社會主義國家探索的道路是基本正確的，共產黨領導下的斯大林模式則是錯誤的和失敗的。

鳴謝：本文為馬國川先生2011年訪問何方的訪談文字，同年12月26日刊於FT網站，本社獲馬國川先生授權轉載，茲專致謝意。馬國川為《財經》雜誌主筆、《財經評論刊》執行主編，並著有《看中國》、《重啟改革議程》、《我與八十年代》及《沒有皇帝的中國》等多部著作。

這就是二十世紀作為人類社會歷史重大特點的社會主義運動已經做出的結論。」

何方先生呼籲，按客觀標準為社會主義正名，「恢復有史以來人民心目中的社會主義名譽。」

## 共產黨專政和蘇維埃政權被人民拋棄

馬國川：二十世紀歷史波譎雲詭，其中蘇聯解體是一個震驚全世界的重大歷史事件。在蘇聯解體二十周年之際，各界人士都在熱議和反思：為什麼一個曾經與美國比肩的超級大國竟然一夕崩潰？您對這個問題有何思考？

何方：1990年4月我曾經率中蘇友好協會代表團訪問蘇聯，回來後就在政協小組上斷言「蘇聯氣數已盡」，受到一些同事的批評和質疑。1991年3月，我再次訪蘇，親眼看到蘇聯開始崩潰。當時社會秩序極度混亂，我們作為蘇聯科學院的客人有時竟然一天吃不到飯，只得晚飯時混到一個學校師生隊伍中排隊領取一大勺菜飯。

蘇聯為什麼會解體？俄羅斯共產黨主席久加諾夫 (Gennady Zyuganov) 歸納的最好，根本原因是由於蘇聯共產黨及其領袖對經濟、政治和意識形態實行三個絕對壟斷。結果是，經濟沒有搞上去，還和美國進行軍備競賽；政治上專制恐怖、完全脫離群眾，意識形態僵化，使社會處於窒息狀態。

馬國川：蘇聯共產黨一再聲稱代表人民利益，為什麼會蛻變成為一個壟斷權力的專制政黨呢？

何方：這和列寧的建黨學說有關。列寧的建黨學說比較顯著的特點是：一黨專政、不講民主、高度集權、絕對服從、鐵的紀律、

嚴格保密、依靠暴力、忽視人權等。這種政黨一時和在一定條件下確實有戰鬥力，所以能夠用「十月革命」(政變) 取得政權。後來斯大林和蘇共也正是依靠這些才建立起兩個超級大國之一的蘇聯，並保持了七十年的存在。

可是，在這樣的政黨領導下，不但離馬克思設想的「自由人聯合體」越來越遠，還導致經濟落後。據西方幾個權威機構聯合調查，蘇聯解體前的1989年，國民生產總值只有5,120億美元，不到美國的十分之一。俄羅斯官方也承認，蘇聯的糧食產量直到垮台時也沒有超過沙俄時的最高水平。另外，蘇聯的政治獨裁，專制程度和濫殺無辜卻大大超過沙俄，文化也長期凋敝，所以共產黨領導和蘇維埃政權終被人民拋棄。

**馬國川**：其實，蘇聯存在的七十多年也有很多成績，例如，實現了工業化，取得了衛國戰爭的勝利，打敗了希特拉等。因此，現在國內一些人士堅持認為，並非蘇共本身有問題，而是由於赫魯曉夫、戈爾巴喬夫背叛了蘇共，搞垮了蘇聯。

**何方**：一兩個人就能夠搞垮一個超級大國？這是典型的「英雄史觀」，並不符合歷史唯物主義。據我所見所聞，蘇聯人民就不這樣看。他們認為，沙俄經濟在一戰前，無論總體還是人均，還都處於歐洲前列，落後的是技術和制度。只是「十月革命」後，列寧、斯大林創建了蘇聯模式，違背人類歷史發展的兩大潮流——經濟市場化和政治民主化，才使蘇聯走向落後。例如立陶宛、愛沙尼亞、拉脫維亞三國，二戰前的經濟水平不低於瑞典、芬蘭等鄰國，地理條件還優越些，但加入蘇聯後很快就落後了。1980年當瑞典、芬蘭人均產值已達15,000美元左右時，它們只不過4,000美元左右，還是

蘇聯各共和國中最高的。至於自由、平等、民主等就更談不上了。這不值得深思嗎？

在蘇聯解體期間，我有一次去了列寧格勒，那裏正醞釀投票改名問題。我曾問到堅決主張改名的一位二戰中衛城英雄，為什麼要恢復舊名。他以沙皇時物質文化生活在歐洲的地位和後來的蘇聯相比，無限傷感地認為「十月革命」搞錯了，說二月革命後多麼自由呀，要是此後只着重於實行民主、發展經濟，俄國現在決不會處在全歐洲平均水平之下的落後地位。

## 「民主社會主義國家探索的道路是基本正確的」

**馬國川：**在您看來，蘇聯走的是一條歷史歧途，蘇聯共產黨的垮台和蘇聯的解體都是必然的。

**何方：**是的。我們還可以把蘇聯解體放在國際社會主義運動的背景下來考察。國際社會主義運動興起於十九世紀，在二十世紀共產黨執政的、號稱社會主義的國家並非只有蘇聯一家。但是這些國家都學習蘇聯模式，經濟上消滅私有制、實行單一的公有制、計劃經濟，國內商品短缺，對外閉關自守；政治上堅持一黨專政和黨管一切，實行高度集權的一元化領導體制的人治和個人崇拜，民主限於形式，實際上不講自由、平等、人權、公正；意識形態上實行一黨壟斷和嚴格管制，禁止思想信仰、新聞出版、集會結社等自由，黑箱作業，思想僵化，不容說理，禁止爭鳴。因此，這些國家普遍經濟不發達，社會不成熟，政權不穩定，時間一長，就難以為繼，非垮台不可。

馬國川：事實上，在蘇聯解體之前，東歐各國的共產黨已經紛紛下台。

何方：蘇聯和東歐各國的共產黨不是因為外來敵對勢力的武裝侵略或和平演變而垮台，而是在同資本主義和民主社會主義國家的和平競賽中自行崩潰的。

以往的宣傳把民主社會主義稱為「修正主義」，實際上，它同樣是一種社會主義實踐。1919年國際社會主義運動徹底分裂後，主要分成兩大流派，一是宣佈實行社會民主主義的第二國際和各國工黨、社會民主黨，一是宣佈實行共產主義的第三國際和各國共產黨。雙方都承認信仰馬克思主義，開頭時還都自封「正統」，但卻互不承認，勢不兩立。在二戰之前，社會民主黨已經在北歐瑞典、芬蘭等國執政。二戰後，工黨、社會黨長期在英國、法國、德國、荷蘭、奧地利等國家執政。這就使不但北歐，而且整個西歐也都成了民主社會主義。

馬國川：那麼，民主社會主義的主要內容是什麼？實踐的結果怎麼樣？

何方：1951年，「法蘭克福會議」通過的宣言提出，「民主社會主義的目標和任務」是「擴大民主，把權力交給人民」，「使自由人能以平等地位在社會中共同工作」。民主社會主義的原則是「自由、平等、博愛、民主」，經濟上實行混合所有制和有國家適當調節的市場經濟，建立體現平等原則和博愛精神的社會福利制度，允許意識形態多元化，上層領導和廣大群眾對馬克思主義或者原來就不信仰或者已經迅速淡化。

民主社會主義國家和共產黨執政的國家，是二十世紀兩種社會主義模式在進行競賽和比較。實踐檢驗的結果是，民主社會主義取

得程度不同的勝利和成功。以瑞典、芬蘭為例，這兩個國家在二十世紀初還是歐洲最落後的國家，而且氣候條件惡劣，但到1970年代，它們的富裕程度已名列歐洲前茅，真正做到了經濟繁榮、政治民主、自由充分、福利完備、社會穩定，消滅了等級制和特權，總理、部長在工作時間配用專車的不到五人，首相或總理的家庭也不配備服務人員。更沒有工資的「含金量」差別極大和什麼正部長級的副部長、以及醫療、住房、用車等分類的「正部級待遇」、「副部待遇」這些怪名堂。基本上消滅了三大差別，做到了普遍富裕。

無論按文明和現代化的哪條標準衡量，共產黨領導的國家都大大落後於民主社會主義國家。這決不能以起點低、底子薄為藉口，看一下南北朝鮮的差距就行了。所以兩相比較和衡量，民主社會主義國家探索的道路是基本正確的，共產黨領導下的斯大林模式則是錯誤的和失敗的。這就是二十世紀作為人類社會歷史重大特點的社會主義運動已經作出的結論。

## 「蘇聯東歐的變化是歷史發展的進步」

馬國川：對於蘇聯東歐的變化，至今在國內激烈爭論。一些人士認為，這是社會主義事業的挫折和歷史的倒退。

何方：坦率地說，我不同意這種觀點。蘇聯東歐原來的社會制度算不得是社會主義，後來的變化倒是歷史發展的進步，因為它結束了阻礙社會前進的經濟模式、專制體制和思想禁錮。而且事實上，這些國家的人民也是基本上認同這一看法的，否則他們也很容易再和平演變回去，只要選舉那些持過去共產黨觀點的人再執政就行了。這也不是空口宣傳哪個制度優越性大的問題，而是完全可以由實踐逐步證明的問題。這些國家變化的時間並不長，但絕大多數

已開始顯示出比變化前要優越，不但建立了較前民主一些的制度，經濟發展也快了許多，而且原有的社會保障制度大多得到保留，不少國家還有所充實和增加。俄國經濟從1999年開始起飛，年均增長6%，到2006年經濟總量增加了70%，但人均實際收入卻大大超過這個增量。最近，俄羅斯正式獲准成為世貿組織新成員，這將有助於俄羅斯進一步融入世界經濟一體化進程，為俄經濟健康穩定發展提供助力。

2010年1月，俄羅斯總統梅德韋傑夫（Dmitry Medvedev）在國務委員會會議上發表講話說，「我們的人民既然選擇了自己道路，就絕不會再回到原蘇聯時期的政治體制。我們將擁有一個現代的政治體制，這個政治體制要建立在可遇見的未來的基礎之上。」他還說，「不會回到原蘇聯時期，不完全是因為經濟關係，俄羅斯國內沒有一個人願意再回到原來的政治體制中去，我們正在沿著自己選擇的道路向前走。」

**馬國川**：現在蘇聯確實有些人懷念蘇聯，怎麼解釋這種現象呢？另外，在最近的國家杜馬（編按：俄羅斯聯邦會議的下議院，為常設立法機構）選舉中，俄羅斯共產黨被認為是最大贏家，得票率近20%，而四年前它的得票率僅在11%左右。

**何方**：許多人留戀過去也很自然，但多是老年人，全民大多數並不要求重新回到過去。許多人懷念蘇聯的大國地位，一些老年人則留戀蘇聯時期某些更為平均的社會福利政策。

至於俄共得票率上升，一是說明俄共路線和蘇共相比已有根本變化，更多地反映了選民要求；二是說明選民對統一俄羅斯黨的不滿在增加，因而改投俄共。

馬國川：俄羅斯的民主轉型並不順利。不久前俄羅斯就爆發了轉型以來的最大規模遊行示威，抗議選舉舞弊，抗議普京與梅德韋傑夫的政治「二人轉」。您怎麼評價這種現象？

何方：向民主制度過渡，沒有哪個國家會完全順利。俄羅斯現在還算不上民主國家，人民還沒有經過較徹底的啟蒙，還處在半不成熟狀態。普京和梅德韋傑夫的「二人轉」，就說明俄國政治和群眾覺悟還包含威權主義成分。反對杜馬選舉舞弊的遊行示威，既說明選舉有舞弊，不夠公平和透明；也說明俄國人民已有相當的民主權利。在共產黨當權的國家就沒有遊行示威的自由。

## 恢復社會主義的名譽

馬國川：從世界範圍看，社會主義五花八門。據統計，自稱社會主義的國家，曾多達七十餘個，遍佈亞非歐拉美。在您看來，如何區別社會主義？

何方：什麼是社會主義？這至今還是一筆糊塗賬。根據馬克思主義的原則精神和200年來對社會主義的研究與實踐，我個人的理解是，社會主義國家或社會，大體要具備以下幾個基本條件。

第一，發達的生產力和豐富的產品，這樣才有可能實現社會主義的一些基本要求和條件，如消滅三大差別，建立完善的福利制度等。

第二，混合所有制和多種分配方式並存。由於發展生產和市場經濟的需要，社會主義初期必須以生產資料私有為主，然後逐漸發展到馬克思說的社會佔有（亦即個人所有）和按勞分配為主。這和以國家或人民的名義佔有和分配社會資源不是一回事。

第三，自由、民主、平等、人權、憲政、法治。沒有民主就沒有社會主義。而自由則是民主的前提和基礎。不實行憲政法治，也會成為沒有正常社會秩序的無政府主義。而法治又必須排除等級制和特權，建立在平等公正的基礎上。所謂平等，是指政治法律上的平等、社會生活和人格上的平等、公民在謀求利益和自身發展上的機會均等，而不是物質享受和社會責任上的平均或等同。

第四，高尚的道德文化和健全的社會福利。社會主義社會必須具有高度的精神文明和完整的社會保障，有發達的科學文化，良好的社會制度和風俗習慣。社會講求公開性和光明正大，反對黑箱作業和陰謀詭計。根據平等原則和博愛精神，建立一套健全的社會福利體系，使人人享受到幸福，社會處於和諧、穩定。

**馬國川**：這四條標準中，第二、三條最容易引起爭議，因為一些人至今認為，社會主義就應該一大二公，自由、民主、憲政等也被斥為資產階級的專利。

**何方**：怎樣對待市場經濟和單一公有制（實為國有制），近百年的社會主義實踐有重要的教訓。事實證明，不實行市場經濟、堅持單一公有制的社會主義是遲早要垮台的。

民主和社會主義，在涵義上幾乎等同。沒有民主的社會主義，只能是君主專制主義或法西斯主義。不講自由，只講愚民政策和鎮壓，當然也不是社會主義。貧窮不是社會主義，貧富差距過大也不是社會主義。所以過去斯大林模式的國家實行的不是社會主義，這是蘇東巨變已經作了結論的。

**馬國川**：與您提出的四條標準不同，長期以來，國際共運中始終只認一個標準，就是只看它是不是由共產黨領導。

何方：確實如此。上世紀七十年代末，中國當時主管工業的副總理王震去英國進行調查訪問後，對陪同人員談到他的觀感時就說，「我看英國搞得不錯，物質極大豐富，三大差別基本消滅，社會公正、社會福利也受重視，如果加上共產黨執政，英國就是我們理想中的共產主義社會。」

只要是共產黨領導，不管實際上是殘暴統治、萬馬齊喑、餓殍遍野、居民外逃，也還是社會主義。否則社會主義因素再多，但不是共產黨領導，就只能是資本主義。這真是一種完全違背馬克思主義和蠻不講理的狹隘宗派主義！因此，必須改變這種只看標籤的辦法，而按客觀標準評定一個國家的性質，看它所含的社會主義因素有多少。社會主義因素多的國家，不管它是由什麼黨領導和人們怎麼稱呼，都應定為社會主義國家或走向社會主義的國家。離上述標準太遠的國家，即使一切完全由共產黨控制，也不是社會主義國家。只有按客觀標準為社會主義正名，才能恢復有史以來人民心目中的社會主義名譽。

附錄五

# 什麼是馬克思主義，
## 什麼是社會主義

# 2007 年一個專題研討會上的發言

我來講兩個問題。一個，什麼是馬克思主義？一個，什麼是社會主義？

雖然我對什麼是馬克思主義，至今仍然不十分清楚，但是經過幾十年的實踐和反思，也可以做出一下幾點判斷，向大家請教和參加討論。不過這裏着重談科學社會主義這一中心課題，而不多涉及哲學、經濟學、人類學等其他方面。

第一，馬克思主義掀起人類歷史上社會主義運動的高潮。人類有史以來，就追求建立一個理想的社會，其含義雖然各地區和各人群並不一致，但是許多因素還是大同小異的，如自由、平等、公正、正義、民主、均富等。這些自古以來就有的理想，先後形成各種學説和信仰，不管叫什麼名目，是大同世界還是烏托邦，但都具有空想社會主義性質。

隨着資本主義的誕生和發展，到十九世紀初，具有社會主義理念的不同派別就先後興起，在歐洲形成了日益廣泛的運動。不過開始階段，打着社會主義旗號的不但派別紛雜，而且思想混亂，什麼貨色都有，不光是都屬於空想社會主義，還多為一些不同的封建貴族、宗教派別和資產階級所利用。馬克思主義能夠在不算長的時間裏，戰勝社會主義運動中其他流派，處於優勢和領先地位，首先因為它是在當時歐洲幾門先進學説的基礎上，空前地集中、提高和發展了歷來社會主義運動的要求和理念（就是解放全人類，求得人的自由、平等、博愛、均富），建立起了一整套站在時代高峰的理論體系。也由於這一理論是一門科學，目的在於拯救無產階級和其他勞

苦大眾，因此自然會得到他們以及許多先進知識分子的歡迎擁護，成為這些人的信仰。

還有很重要的一點是，馬克思的學說特別強調理論和實際的聯繫。他和恩格斯直接參加和指導國際工人運動，並執行實踐是檢驗真理的標準的原則，不斷修正和發展自己的學說，使之越來越豐富，越來越接近真理。所以不論人們怎樣評論，馬克思主義在人類思想史上都佔有重要地位，誰也不能否認馬克思是一位偉大的思想家和一位偉大的人道主義者。這就是為什麼不但工農群眾，而且連西方學界也一直敬重馬克思，一再自覺自願地推舉他為「千年第一學人」的原因。

第二，馬克思主義不是「放諸四海皆準的真理」。馬克思主義是一門科學，正像其他科學一樣，是在探索真理，並沒有窮盡真理。所以不能說它是「科學的科學」、「是放諸四海而皆準的真理」。既是科學，就不但能被證實，也能被證偽。證實的當然應該堅持，證偽的就必須加以修正和揚棄。

馬克思主義誕生於資本主義發展初期，必然受到那個時代的限制，一些觀點以至基本原理的錯誤是自然的和不可避免的。馬克思本人就在對他的學說進行着不斷的修正，後來恩格斯獨自領導工人運動的十二年中更有重大的修正和發展。無怪乎一些人說他們的學說存在着不少自相矛盾的地方。有些人只記得《共產黨宣言》強調暴力革命和無產階級專政，強調兩個「徹底的決裂」。其實馬克思老早就認為在一些民主國家如英、美以及荷蘭，可以實行和平轉變，經過普選，工人階級就能取得政治統治。到了1874年，恩格斯更進一步認為，「暴力革命在許多年內是不可能的了」，「只剩下開展合法

運動的道路」。十年後，他更直截了當地說，「歷史表明我們曾經錯了」，1848年時提出的鬥爭方法，「今天在一切方面都陳舊了」。

面對資本主義的快速發展和自我調節，他還承認，「由自覺的少數人帶領不自覺的群眾實現革命的時代已經過去了」，工人階級和勞動人民可以通過普選和代議制等民主方式「和平長入」社會主義（原話是：「舊社會可能和平長入新社會」）。他也不再堅持砸碎中產階級的國家機器，而主張繼承其立憲和共和制度。恩格斯不只在理論上修正和發展了馬克思主義，而且還同他的朋友和學生如伯恩斯坦（Eduard Bernstein，德國社會民主主義理論家）、考茨基（Karl Kautsky，德國社會民主主義活動家）、倍倍爾（August Bebel，德國社會民主黨領袖）、威廉・李卜克內西（Wilhelm Liebknecht，德國社會民主黨創始人之一）、普列漢諾夫（Georgi Plekhanov，俄國社會民主主義運動的創始人之一）等，創建歐美國家的社會民主黨和第二國際，在實際鬥爭中運用馬克思主義，把社會主義運動引向高潮。

第三，列寧主義和馬克思主義不是一回事，馬克思主義是指馬克思的全部學說和理論體系。而列寧主義只是二十世紀馬克思主義一個「左」的流派，是俄國布爾什維克黨旨在奪取政權和實行專政的「理論和策略」。列寧主義對馬克思主義有些根本性的修正，歷史證明這些修正是錯誤的。中國一直奉為指導思想的理論基礎，説是馬克思列寧主義，實際上是列寧斯大林主義。中國革命遭受挫折和走了彎路，特別是共和國成立後頭二十八年社會主義建設的失敗，這是一個重要原因。馬克思主義本來就有空想的成分和「左」的傾向，而列寧主義走得更遠，使它和馬克思主義在一些根本問題上脫節。上面我們就列舉兩者之間一些主要的區別，只是點到為止，不做旁徵博引和詳細説明。

馬克思主義最基本的信條是人的解放，恩格斯用《共產黨宣言》歸結為「每個人的自由發展是一切人的自由發展的條件」。列寧主義最基本的信條是斯大林強調的「無產階級專政的理論和策略」。列寧本人1920年12月10日回答西班牙代表團的提問時也說，「我們從來都不講自由，而只講無產階級專政。」

關於社會主義代替資本主義，馬克思認為，必須以社會化大生產的高度發展和物質極大豐富為前提，因此只能發生在社會主義胚胎已經成熟的發達國家；列寧認為可以在小農經濟佔主導地位、經濟較為落後的東方國家俄羅斯首先實現。

對社會主義革命和建設能不能單獨在某個國家進行和取得勝利，馬克思主義認為，無產階級解放只能是國際事業，一國單幹必然成為笑柄；列寧主義則認為，可以先在一國取得勝利，然後向世界輸出革命。

關於無產階級專政，馬克思主義當初所提也是指佔人口絕大多數的工人階級對少數資產階級的專政，而且只適用於國家消亡前的過渡時期。列寧公開主張的卻是少數人(指俄國的產業工人)對多數人的專政，進而成為一黨專政和領袖獨裁，並且「只要其他社會成分還沒有服從於共產主義要求的條件，這一專政就將延續下去」。

列寧主義同馬克思主義的差別當然不止這些。對許多差別，過去說成是列寧的發展，現在看來並不妥當。但這只是問題的一個方面。另一方面，列寧熟讀了馬克思、恩格斯那時已經公佈的著作，對馬克思主義的一些基本原則如階級鬥爭和無產階級專政、國際主義和世界革命、消滅私有財產和實行計劃經濟等，都是繼承和堅守的。因此只能說列寧主義是馬克思主義的一個流派，而不能說它與馬克思主義無關。而且列寧在世時只有布爾什維克主義的稱謂，後

來的列寧主義是斯大林的定義和系統化，還同馬克思主義連成一個單詞——馬克思列寧主義，又不斷把自己的思想追加進去，使它實際上成了列寧斯大林主義。現在有些人為了替列寧開脫，把壞事完全推到斯大林頭上。這不但不公正，也不合乎實際。

第二個問題，關於什麼是社會主義。

什麼是社會主義，鄧小平曾說，過去我們並不清楚。因為以往對社會主義的經典理解，就是公有制、計劃經濟、按勞分配。現在要實行改革開放，這些當然都不適用了。不久後，鄧小平又說，什麼是社會主義，我們現在才搞清楚，「社會主義的本質，是解放生產力，發展生產力，消滅剝削，消滅兩極分化，最終達到共同富裕。」其實，這個說法並不解決問題，也不符合實際。因為解放和發展生產力，近百年的歷史證明，資本主義比共產黨領導下的社會主義要做的好得多。談到消滅剝削，本來就沒有真正得到實現，後來在改變公有制、大量吸收外資和實行混合所有制時已基本放棄了。至於「消滅兩極分化，最終達到共同富裕」，則和實際情況完全相反。社會主義中國兩極分化的速度之快和程度之高，都大大超過西方國家。

在世界上，社會主義也是五花八門。據有人引證前瑞典首相帕爾梅（Olof Palme）的話說，自稱社會主義的國家，曾多達七十餘個，遍佈亞非歐拉美。如果按社會主義流派和它們的制度與政策區分，我看大體上可以分為三大類：共產黨領導的國家、民主社會主義國家和選擇走社會主義道路的民族獨立國家。這三類中以第三類最龐雜，社會主義和資本主義（有些還是前資本主義社會因素佔優勢）很難分，也容易變。不少國家是某個政黨和領導人上台後宣佈實行社會主義，下台後是否還在實行又不清楚了。

在對別國社會主義的承認上，恐怕最狹隘的還是共產黨。它們主要不以社會經濟狀況和政治體制為標準，而只按意識形態的幾項教條特別是領導人的主觀意志來劃分。例如，瑞典等北歐國家社會主義因素再多，也被劃入資本主義世界。朝鮮窮得再叮噹響，統治再嚴酷，總是社會主義兄弟國家。由於共產黨實行個人崇拜的人治，所以一國的社會性質還往往由領導來定。例如斯大林一發脾氣，南斯拉夫就變成了資本主義。赫魯曉夫發點「善心」，它又變回了社會主義。匈牙利事件後，它被開除了，但過了幾年就又變回來了。中國執行「一邊倒」的內外政策，所以也緊跟蘇聯先後變了三四回。

這樣看來，什麼是社會主義至今還是一筆糊塗賬。但是經過二百年的理論探索，近百年的社會實踐，人們對社會主義總可以做出一點初步分析，得出一些初步結論了吧。根據近年來學界的討論和個人的體會，我主張，社會主義起碼應當具備以下幾個條件：

（一）走向成熟的市場經濟。這樣才能求得生產力的高度發展、實現公共產品的極大充實和人民生活的共同富裕。

（二）實行多種所有制的平等共存，以經濟手段調節公民的收入和分配，逐漸做到勞動者的集體所有制佔優勢。

（三）高度的民主和法治化，政體上採用代議制和建立嚴格監督機制。

（四）自由、平等、博愛的原則神聖不可侵犯。為此要做到：保障文明社會給予公民的一切自由，包括中國憲法上所沒有載明的新聞、遷徙、罷工自由，以至免除恐懼的自由；徹底廢除封建等級制度和特權，實現公民在謀求利

　　益和自身發展上的機會均等；建立充分體現博愛（人道
　　主義與道德）精神和平等原則的社會福利制度。

　　以上四條也許有重複和遺漏，但無論如何都是一些重要標誌，
缺少一條也不能算是社會主義。

# 和陳啟懋的通信

## （一）憶何方：為紀念何方同志而作——
### 陳啟懋（上海國際問題研究所原所長）2018年2月17日

　　　　　　　　　　……

　　2012年我把一篇論文稿《關於社會主義的思考——什麼是社會
主義和怎樣建設社會主義》請他把批評意見批註在原稿上退回以便
修改。何方認真審讀了此文，並提出了很多重要意見。他回我的信
中説，看到來信和文章「真有如見故人之感，心裏實在太高興了」。
並説他按照我的要求，在原稿上批註了些隨時想到的意見供參考。
這裏把他的批註中的重要的觀點概述如下：

1.　1985年在人類歷史上出現了全球化這個名詞。特別是從
　　1985年起，世界上興起經濟市場化和政治民主化兩大潮
　　流，此後不到十年，世界參與市場化的人口從不到五分之
　　一（只6億）很快發展到近百分之百（近50億）。中印兩個
　　人口大國就是在1992年前後從計劃經濟一下子變成了市場
　　經濟的。民主潮流也來勢很猛，歐、非在三五年內就化掉
　　了，後卡在了敍利亞。

2. 私有制和市場化是改革開放以來中國三十多年來飛速發展的主要動力。這也合乎人類社會發展的普遍規律。所謂改革，就是變公有制為私有制（如從人民公社到歸戶經營）；所謂開放，就是參與全球市場化。

3. 社會主義是人類長期以來對公平、正義的追求的憧憬。空想的社會主義、烏托邦和大同世界之類可追溯到奴隸社會。馬克思在《哥達綱領批判》中關於共產主義高級階段的描述也是屬於高級烏托邦。這已是多數學者的定論。

4. 《共產黨宣言》中提出的「消滅私有制」、實行兩個「最徹底的決裂」（對「傳統的所有制關係」和「傳統的觀念」）是馬恩（編按：馬克思、恩格斯）在當時提出的實現社會主義的手段，更多地還是要追求的目標。無論是目的還是手段，都是脫離現實的。

5. 鄧小平南巡講話中把社會主義的本質概括為「解放生產力，發展生產力，消滅剝削，消除兩極分化，最終達到共同富裕」。鄧小平的這段話去掉了有史以來人們對社會主義的憧憬：正義（或公正）和公平。他說的這些，北歐國家已基本做到。北歐國家實行高額累進稅，富人們也只好承擔，所以社會穩定，沒有鬧過大的社會風潮。連英國，王震都說，「如果再加上共產黨的領導，就是我們理想中的共產主義。」但北歐國家並不認為自己已實行社會主義。前瑞典首相帕爾梅講，（幾十年前）世界上當時自稱是社會主義的國家已有七十多個，但他卻把社會主義因素最多的瑞典排除在外。瑞典長期執政的社會民主黨一直認為瑞典仍屬資本主義。

6. 按馬克思學説搞社會主義的（如蘇聯、東歐和毛時代的中國）都統統失敗了。蘇聯沒有經過社會主義革命，（十月革命已被稱為「政變」），也沒有建成社會主義，試驗了若干年，以人民受大罪和徹底失敗告終。實踐證明此路不通。

7. 馬克思學説的基本點：階級鬥爭、暴力革命和無產階級專政、消滅私有制、國際主義，都大有問題，已基本上被各國黨揚棄了。中國黨從十三大起，已不再提國際主義，也不再以階級鬥爭為綱了。中國加上中國特色。朝鮮改稱主體思想，都已不是原來了解的或正統的馬克思主義和社會主義。而列寧主義和馬克思主義更是不同的兩回事。馬列主義書籍在朝鮮早已絕跡，且屬禁書。

8. 中國頭三十年（毛澤東管了二十七年），中國的政治、經濟、文化是絕對倒退。除兩彈一星之類個別技術，整個水平降低到連解放前都不如，單餓死人就是4,200萬，堪稱中國歷史上最黑暗的時期。與新民主主義的解釋絕對相反。現在理論界許多人認為毛澤東建立的是皇權專制主義，毛本人是中國歷史上最大的暴君（方毅首先提出）。其時中國的經濟、政治、文化實無民主、自由可言。

9. 由於毛澤東錯誤路線的耽擱，中國喪失了三十年的最好機遇，補償起來得以百年計。要正視歷史，吸取教訓，無須掩蓋錯誤，為尊者諱。

10. 傳統資本主義與現代資本主義的根本區別在於國家對經濟的調節管理。所以前者又稱自由資本主義，後者則為有國家調節的資本主義。

11. 反壟斷法是自由資本主義時期制定的，為了保護自由競爭，非列寧説的帝國主義時代，但克服不了壟斷。

12. 跨國公司則是另一回事，它是經濟國際化（以國家行為為主體）轉化為全球化的主角。作為經濟實體，約50個左右的跨國公司，其實力已超過百餘國家的實力。

13. 二月革命尚未建立起資本主義統治秩序前，就發動少數以政變形式奪取了政權並以暴力推動當時主觀上認為是社會主義的措施，跳過了民主革命和它應完成的任務，社會似乎前進更快了。但不管過多長時間還得回過頭來補課，完成民主革命階段沒有完成的任務。蘇聯已經被迫退了回來，原參加蘇聯的國家現在都在分頭補課了，償還列斯（編按：列寧、斯大林）為他們製造的災難和落後。斯大林已被拋棄，列寧正在被拋棄。只是俄慢，其他國家（包括東歐）快而已。中國也將只得走回頭路，實行憲政民主，中國黨是逃不掉的。

14. 向社會主義過渡從共和國成立起就算。這是毛的原話，也是黨史國史至今的正式提法。中國歷史上從來沒有一個所謂新民主主義階段或時期。我一直認為新民主主義是偽命題，只能騙人而不能實現。因為它的靈魂是共產黨的領導，而一旦有了共產黨的領導就不可能有民主（不論新舊），自然就向社會主義和共產主義過渡了。這不但是理論上的分析且為實際一再證明。

15. 第二次世界大戰結束和新一輪民族獨立運動高潮過去後，和平與發展時代已取代戰爭與革命時代，傳統資本主義也已轉變為現代資本主義，在這種情況下仍然把武裝奪取政權說成是普遍規律是錯誤的。暴力革命和無產階級專政已被多數黨放棄，被他們從黨綱黨章中刪掉了。第二國際（現在還可算存在）反對列寧的主要點就是無產階級專

政。他們當時就認為無產階級專政只能是黨的專政，最後
必然變成個人獨裁。二戰後的國際共運大多不再談無產階
級專政了。現在大談無產階級專政可能使人感到奇怪了。

16. 中國歷史上並無無產階級專政，只有個人獨裁。中國蘇區
或解放區只有遊民階層，基本上沒有無產階級。那裏發生
的亂殺，就是遊民頭子（痞子）製造遊民階層互相殘殺和
殺老實農民。

17. 二十年來中國經濟的持續高速發展是多種所有制和市場化
的功勞，而不是三個代表、科學發展觀這些理論的功勞。

這是我與何方最後一次深入的交流。他的觀點我基本上都同
意，除個別例外。如我認為對新民主主義不能全盤否定。建國初期
（1953年前）和建國前的解放區實行的就是新民主主義，還是比較成
功的。但後來毛自己把它拋棄了。現在不得不回過頭來補這個課。

……

## (二) 何方2002年12月致陳啟懋信

1. 關於兩種制度的趨同：在全球化和區域化迅速發展的時
代背景下，各國、各種不同制度都有趨同傾向。例如幾
十年來兩種不同制度趨同的結果（當然還有其他因素，特
別是本身固有的發展趨勢），就使西歐國家英、德、荷、
比等國社會制度的社會主義因素增加到比社會主義中國
多得多的程度，所以王震才說英國加上共產黨的領導就
是共產主義。對西歐的社會主義影響，不但來自蘇聯，
更多來自北歐。長此下去，可以肯定，西歐各國不經過

社會主義革命就已是現成的社會主義制度的國家了。這也屬於社會轉型。

2. 關於中國迅速發展的動力：不宜全歸於（中國）調整之功。私有制和市場化是中國三十多年來飛速發展的主要動力。這也合乎人類社會發展的普遍規律。所謂改革，就是變公有制為私有制（如從人民公社到歸戶經營）；所謂開放，就是參與全球市場化。鄧在認識到這點後，提出的對策就是改革開放。

特別是1985年（這年在人類歷史上出現了「全球化」這個名詞）起，世界上興起經濟市場化和政治民主化兩大潮流。此後不到十年，使世界參與市場化的人口從不到五分之一（6億）很快達到近百分之百（超過60億。中印兩個人口大國就是在1992年前後從計劃經濟一下子變成了市場經濟的）。民主潮流也來勢很猛，歐、非在三五年內就化掉了。後卡在敘利亞。

3. 關於科學發展觀：科學發展觀是因襲每一代領導人都要留下「創造」之例。從毛思想、鄧理論、三個代表到科學發展觀。這就是現在大學政治課的「鄧三科」。屬於「雁過留聲，人過留名」之古訓。我看沒意思，連斯大林都沒搞這一套。這是中國人的特色。

4. 關於如何認識和建設社會主義：不只是正本清源，還在研究、實踐的過程中不斷發現、發明、創新、前進。社會主義是人類長期以來對公平正義追求的憧憬。空想的社會主義、烏托邦和大同世界之類可追溯到奴隸社會。

5. 關於共產主義：(對來信所引馬克思説，到了共產主義階段，「迫使人們奴隸般地服從分工的現象已經消失，腦力勞動和體力勞動的對立也隨着個人的全面發展而增長，一切社會財富的資源都會充分地湧現出來……只有在那個時候，才能徹底打破資產階級法權的狹隘觀點，社會才能把『各盡所能，各取所需』寫在自己的旗幟上。」一段的旁注)(編按：引用自〈對德國工人黨綱領的幾點意見〉，又名：〈哥達綱領批判〉)馬克思這段描述也是屬於高級烏托邦。這已是多數學者的定論。

6. 關於《共產黨宣言》中提出的「消滅私有制」和「兩個決裂」：更多地還是要追求的目標。《宣言》的原話是「在廢除資產階級建立在經濟對立上面和剝削上面的生產和產品的佔有」，從這個意義上說，共產黨人可以用一句話把自己的理論概括起來：消滅私有制。

7. 關於馬克思的歷史唯物論和剩餘價值論兩大科學發現：現在對馬克思的兩大發現持否定態度的，在國際學術界(主要指國際共運中)已佔多數。

8. 關於馬克思的社會主義：按馬克思學説搞社會主義的(如蘇聯東歐和毛時代的中國)統統失敗了。實踐證明此路不通，馬恩社會主義學説的基本點：階級鬥爭、暴力革命、無產階級專政、消滅私有制、國際主義，都大有問題，已基本上被各國黨揚棄了。中國黨從十三大起不再提國際主義，之前就已不再以階級鬥爭為綱了。

9. 關於上世紀的強大社會主義潮流：應該説多已失敗。中國加上中國特色，朝鮮改稱主體思想(馬列書籍在朝鮮早已

絕跡，且屬非法），都已不再是原先了解的或正統的馬克思主義。而列寧主義和馬克思主義更是根本不同的兩回事，連我也公開著文論述過。

## (三) 何方2013年4月15日致陳啟懋信

1. 把馬克思主義定為國家和社會的指導思想原本就不妥當。因為馬克思主義是一種學說，本身並非放諸四海而皆準的理論，原來就有也應該允許甚至提倡研究討論，使其始終處於揚棄和發展過程。而一旦定為國教，實際上就是使其教條化、神秘化，也等於宣佈其死亡。何況百餘年的歷史發展和實踐已經和正在證明，馬克思學說的一些主要論斷並不妥當和行不大通，如階級鬥爭（作為社會發展的動力和馬克思學說的基礎）、暴力革命、無產階級專政（現在全世界大約只有中國一個黨仍堅持此說。連北朝鮮也早已放棄馬克思主義而代之以金日成父子創立的所謂「主體思想」。所傳普列漢諾夫「遺囑」中也說，如果馬克思還活着，也會揚棄無產階級專政）、消滅私有制、搞革命輸出、要各國都進行世界革命、堅持國際主義（這也是全世界的共產黨都早已放棄了的口號，中國最後放棄於十二大），等等。因此早已沒有一個馬克思主義「普遍真理」之說。堅持此論，只能誤國誤民。如堅持國際主義，就必然要輸出革命、干涉別國內政；取消市場商品，只能天下大亂，等等。因此，對馬克思主義應當從新研究，把它當作國際工人運動中的一種學說，不應列入黨章、憲法，成為強迫人們接受和遵守的宗教。鄧小平提出的「四項基本原則」，就是同他的說法與做法自相矛盾的，只是為了控

制輿論和限制言論自由而在製造根據。例如他説，什麼是社會主義，什麼是馬克思主義，並不十分清楚。既然不清楚，怎麼能強迫人民堅持呢？所以馬克思、恩格斯都一再強調他們的學説不是教條，如果當作教條，連他們自己也根本不是馬克思主義者了。

2. 至於列寧主義，只不過是一戰前後從第二國際分裂出來的一個「左」的流派。一戰使國際共運發生大分裂，伯恩斯坦為右；考茨基為中派，也稱正統派；列寧為極左。列寧也只是長於謀略、善於權變，並沒有什麼了不起的一套理論。他的代表作也許就是《帝國主義論》。我在上世紀八十年代的一次學術討論會上發言説，中國的吃虧和落後就是上了此書的當，以為我們處在戰爭與革命時代，帝國主義很快要垮台，「我們在座各位很快就會看到世界蘇維埃共和國的實現」（列寧在共產國際第一和第二次代表大會上的講話），結果跟着犯了幾十年的「左」傾錯誤，直到現在還得主要防「左」。所以《帝國主義論》不只是個過時不過時的問題，而且許多提法當時就不確切。列寧主要是對資本主義還有強盛的生命力估計不足，以為它已日薄西山，到了「無產階級革命的前夜」。我這一狂言亂語，在中央黨校一時傳聞很多。不知怎麼搞的，竟然傳到了陳雲的耳朵，他大加批判，説「現在到了大呼特呼的時候了」。（見《陳雲文集》第三卷，最後一條）。

3. 毛澤東確乎和列寧（也包括斯大林）一樣，不大講什麼原則，一切為了奪取和保持政權，實行專制獨裁，以我為中心，對群眾只講專制（鎮壓），毫無民主自由可言。列寧對西班牙工人代表團説過，我們不談什麼自由，只講無產階

級專政。毛澤東更是公然反對自由主義，和全人類普世價值相對立，致使中國人民奮鬥近兩個世紀，還看不到自由民主憲政法制的一線曙光。過去的多少志士仁人，為此死不瞑目。當代無數精英仍在為此奔走呼號，奮鬥犧牲，但卻依然是黑雲壓城。

4. 「社會主義初級階段」，是鮑彤起草「十三大」報告時的發明，這是他在最近一次聚會上說的。趙紫陽講的「社會主義初級階段」，他自己後來也說，其實就是資本主義，因為直接提資本主義，中國人很難接受。趙在囚禁時期看了很多書，研究思考了很多問題，思想有了很大昇華。我以為，在中國領導人中，趙的思想站在了最前面，超過耀邦，鄧小平等更不在話下。可惜他慘死在獨裁的鐵腕下，不但不能施展抱負，留下來的思想也只有那本《改革歷程》。這不僅是他本人的悲劇，也是中國人的巨大損失。

# 關於兩場革命 ——
## 同台灣學者錢永祥談話的提綱

談所謂兩場革命，一是俄國1917年革命，指二月革命和所謂「十月革命」，和1949年中國革命。

## 關於俄國革命

二月革命屬於民主革命性質。一，具有自發的群眾性；二，推翻了沙皇專制政權。就後一點而論，類似中國的辛亥革命。但在群眾

性和自由民主性方面超過辛亥革命。在推翻帝制走向共和上，兩者是一致的。

「十月革命」已被俄國官方和輿論否定，改稱「政變」，在歷史上的定位是反動的，對二月革命開了倒車，取締了自由，壓制了民主，建立了一黨專政，實行了個人獨裁。

原來對「十月革命」稱道的有兩點：一是實現了工業化。實則付出了巨大代價，給人民造成嚴重災難，死傷無數，特別是農業集體化；也破壞了農業，長期得不到恢復；生態和資源的損失。二是打垮了希特拉，只有俄國可承擔此任。有人說，沒有「十月革命」也許不會有希特拉的侵略。還有人說，納粹的侵略挽救了蘇聯和斯大林。對二戰，蘇稱衛國戰爭，反法西斯帶有民主民族革命的性質。二戰和一戰的原則區別。一戰及其結局阻礙歷史前進。二戰開闢了人類史上和平與發展新時代。經濟與科技迅猛發展。大戰可能避免。資本主義發生質變。社會主義試驗完全失敗。全球化和世界大同。民主社會主義和現代資本主義的融合和趨同。

## 關於中國革命

對中國革命的定性，仍在研究和考慮。初步想法，既不是民主革命，更談不上社會主義革命。革命消滅了自由，扼殺了民主，其直接結果完全照搬十月革命。經濟上實行計劃經濟和國家壟斷。政治上實行一黨專政和個人獨裁。意識形態上實行嚴格管理和輿論一律。使中國人民處於罐頭內。從歷史發展看，中國革命沒有推動社會進步，而是促使其倒退。頭三十年，經濟上人民生活絕對下降，政治上對生產的貢獻是負增長。只是在犧牲農民和浪費資源、破壞

生態環境的條件下實現了為工業化打基礎，主要還是得益於蘇聯的
援助。後三十年，實行經濟上的改革開放，經濟在付出過高代價的
條件下才有快速發展。這主要是低人權和市場化。

2010年10月27日寫於萬科自家

附錄六

# 胡耀邦在對外關係上的
# 撥亂反正

宋以敏

我們這裏所說的對外關係，是指對世界形勢的認識與判斷和外交政策的制定與執行。改革開放三十年來，中國經濟得到快速發展，國際地位有了顯著提高，人們都歸之於十一屆三中全會對國內工作方針作了根本性的撥亂反正，也就是改「以階級鬥爭為綱」為「以經濟建設為中心」。這當然是對的。但在對外關係上的撥亂反正，長期以來，人們卻提得不多，可能重視不夠。其實，無論是在理論上還是實際上，這兩個撥亂反正不但密不可分，而且後者更為重要。因為對世界形勢的根本判斷，是我們制定對外和對內政策的基礎和前提。試想，如果我們一直認定，大戰不可避免而且迫在眉睫，那還能放心大膽地埋頭於經濟建設嗎？正是在這個世界形勢判斷和對外政策的撥亂反正上，胡耀邦在當時中央領導人中是認識比較清醒、也提出得最早的一位，對我們黨和國家做出了巨大的不可磨滅的貢獻。但是由於眾所周知的原因，他在這方面極為豐富的思想和實踐，或被抹殺，或被歪曲，人們很難看到歷史真相。所以，進一步挖掘、研究和發揚這方面的寶貴遺產，不僅為了還歷史以本來面目，有重要的理論價值，而且聯繫這些年的情況來看，更有迫切的現實意義。有鑑於此，在紀念他逝世二十周年（編按：胡耀邦1989年去世）的時候，我也就不揣淺陋，在這個問題上做些初步的梳理和探討，不知能否起到點拋磚引玉的作用。

為什麼要把胡耀邦上世紀八十年代前半期在對外關係上的認識和工作，叫做撥亂反正呢？這是因為，至今的主流輿論，直到黨中央，從來都只承認我們國家，特別是毛主席，在國內工作中犯過

註：本文由宋以敏撰寫，經何方詳細修改定稿，原載《胡耀邦與中國政治改革》，香港晨鐘書局，2009年4月出版，第110-141頁。文內引用胡耀邦的話均出自盛平主編：《胡耀邦思想年譜（1975-1989）》上下卷。

「左」的錯誤。雖然極不徹底（國內問題上，胡耀邦的看法也和黨的主要領導人鄧小平、陳雲、李先念等有很大不同），但終究承認有錯誤，因此自然要進行撥亂反正。但是對世界形勢判斷和外交問題，黨中央，也就是它的主要領導人，在改革開放初期一個不短的時間裏並不承認犯過錯誤，因此也就不存在什麼撥亂反正問題。後來雖然不得不改變一些看法、對外交政策作相應的調整，但還是肯定過去，不提撥亂反正，或者加以淡化和回避。這表現在研究起草《關於建國以來黨的若干歷史問題的決議》期間，鄧小平就斷然否定了胡耀邦着重於總結經驗、汲取教訓的提綱和意見，而堅持重點為維護毛主席歷史地位和毛澤東思想旗幟，以及更多地肯定過去，特別是對國際和外交問題的完全肯定。例如在〈「文化大革命」的十年〉一節裏，談到毛澤東對「文革」的全局性的、長時期的『左傾』嚴重錯誤」時，卻又説，「他晚年仍然警覺地注意維護我國的安全，頂住了社會帝國主義的壓力，執行正確的對外政策，堅決支援各國人民的正義鬥爭，並且提出了劃分三個世界的正確戰略和我國永遠不稱霸的重要思想。」對照中國後來對國際事務的實際認識特別是在對外關係上的實踐，《決議》的這些論點還能站得住嗎？正是這種外交上一貫正確的論斷，使中國外交部在對外表態中才習慣於使用「我們歷來主張」、「我們的立場是一貫的」這類提法。這就很難講得通我們在各個時期都有的政策調整，特別是「文革」期間提出的「一條線」戰略和改革開放後在世界形勢判斷和對外政策上的根本性變化。而這種一貫正確說法和前後不同做法的兩相背離，只能以對研究討論設禁區來掩蓋。但這樣做，對自己來説，就無法認真汲取經驗教訓，使中國六十年來極為豐富的外交實踐難以得到科學總結，上升為系統理論，有些情況甚至連做到自圓其說都不易；對外來說，會減弱我國一直在做的、使別國對中國增信釋疑的工作效果，損害國家的形象，給人留下中國對外不透明和不講真話的印象。

　　但是也不能一概而論。改革開放初期的領導人中，胡耀邦就反對掩蓋錯誤，主張總結經驗，還歷史本來面目，從中汲取教訓，真正做到實事求是。只是由於他雖然處於總書記的崗位，卻受毛澤東思想和當時「老人政治」領導格局的制約，對重大問題的發言權有限，更不用說決策權了。在強調與中央保持一致的原則下，他的一些獨到見解和銳敏看法，就不能坦率提出和公開表白，只能講得很婉轉，甚至很隱晦。即使在內部或其他場合提出某些和鄧小平、陳雲等不同的意見，媒體也很少報導，更不會得到宣傳，所以也鮮為人知。例如對共和國成立後頭三十年的錯誤，鄧、陳和中央的正式提法，都沒有提到路線高度，時間也控制在二十年，更多地還是限於「文化大革命」。可胡耀邦卻多次提到過去犯了「極左路線」的錯誤，而且不限於「文革」，在黨的「十二大」報告中就說要「對『文化大革命』和它以前的左傾錯誤進行全面清理」。但是，為了同中央保持一致，他的許多獨到見解，不但不得不講得極為含蓄，甚至往往還要附和兩句他並不同意的相反提法。例如他多次講過戰爭打不起來，但後來在「十二大」報告中還是不得不加一句鄧小平一再講的「世界大戰的危險由於超級大國之間的爭奪，而越來越嚴重」。雖然有這麼多的曲折和對不同意見的附和，不過只要我們進行較為深入系統的探索，特別是從同一時期和主要領導人對同一問題講話的對比中，就不難發現胡耀邦的敏銳思想和獨特見解。這方面最容易被埋沒的，也許就有他對國際形勢判斷和外交政策上的高瞻遠矚。這也是本文特別標明他在對外關係中進行撥亂反正的原因。

　　胡耀邦從國家和人民的利益出發，勇於正視中國對外關係過去和現在所存在的種種問題，並及時進行調整和改變；在撥亂反正中，提出了一整套外交政策的新依據、新原則、新方針，以及外事工作所應採取的新做法和應具備的新風貌。這是對中國外交的突出

貢獻，值得我們，特別是從事國際問題研究和進行外交工作的人員認真研究和學習。這裏就先對以下三個問題作點初步討論。

# 對世界形勢和時代問題的新判斷

在改革開放以後的中共中央領導人中，胡耀邦最早看出和平與發展是兩大時代特徵，認為世界大戰可以避免，主要潮流是發展而不是革命。

## 對時代特徵的判斷是國家對內和對外戰略決策的根本依據

關於時代問題，中國學術界在上個世紀八十年代曾進行過長時間的熱烈討論，到九十年代上半期才漸趨一致，這就是都認為和平與發展是我們所處時代的基本特徵。雖然至今還有人不同意和平與發展時代的提法，但是也不能和不敢否認這兩大時代特徵。既然如此，就很難說有個不由基本特徵決定的別的什麼時代了，再爭論也只能是摳名詞了。說「不敢」，是因為黨中央在1987年「十三大」報告中已正式宣佈「和平與發展是當代世界的主題」，也即時代特徵的提法。可此後又為什麼還有人不同意把時代特徵和時代結合在一起呢？這就很難說了。也許是由於固守列寧和各國共產黨長期堅持的「帝國主義和無產階級革命時代」的提法，或者是受「『左』比右好」的傳統影響的緣故。

中國共產黨從成立之日起就接受「左」派人士至今還堅持的這一提法，並且一直持續下來。由於這個時代的基本特徵是戰爭與革命（列寧說，帝國主義就是戰爭，只要帝國主義還存在，戰爭就不可

避免），所以人們也簡稱為戰爭與革命時代。毛澤東在《新民主主義論》中也是這樣說的。直到共和國成立後頭三十年，我們還更強調這一提法，當然也就按這一判斷制定自己的戰略方針了。這就是：對外，打倒帝、修、反，支援世界革命；對內，以階級鬥爭為綱，從不斷革命發展到「全民皆兵、準備打仗」，而且是準備「早打、大打、打核戰爭」。歷史已經一再證明，人們也越來越看得清楚，這一判斷和決策，不但使中國喪失了一個經濟、政治、科技、文化發展的黃金機遇，而且把國家推到幾近崩潰的邊緣。經過荒誕的文化大革命，全國從上到下才逐漸覺悟到，不能再這樣胡折騰下去了。

出路何在？除了在「文革」中的「四人幫」追隨者和少數不願放棄既得權益和思想極保守的「左」派以外，全國上下在必須集中力量搞經濟建設這一點上很快就達成共識。這就又碰到了對世界形勢和國際環境的估計，也就是對時代特徵的判斷了。

集中搞經濟，人們的思想轉變比較容易，但改變對時代的判斷可就比較難一些了，因而需要經過一個時間不能太短的過程。特別是當年參與決策並長期積極執行的領導人，要他們改變過去堅持的觀點和否定自己的長期作為，那就更加困難一點。所以按鄧小平創立的「核心論」，以他為核心的第二代領導集體，除胡耀邦（也許還有別人）外，主要領導成員在決定以經濟為重點之後，對時代問題的看法，是「戰爭與革命」還是「和平與發展」，就一時變不過來。陳雲恐怕對傳統論斷堅持了一輩子。因為直到1989年，他還針對和平與發展時代問題的討論，發表了《帝國主義本性沒有改變》的談話，說「那種認為列寧的帝國主義論已經過時的觀點，是完全錯誤的，非常有害的。這個問題，到了大呼特呼的時候了。」為此，鄧力群還專門組織北京思想界和學術界部分人士對和平與發展時代做了四次批判和討論的座談會（見何方：《論和平與發展時代》，世

界知識出版社，2000年5月版）。就是鄧小平本人，作為以前的反「修」先鋒和這時的領導核心，大約「文革」後還經過了將近十年才逐漸改變了對時代特徵的觀點和判斷，而且還說得比較含糊。由於他是核心，所以只有他的變化才意味着黨中央的變化。黨的方針政策，特別是對外關係，也只能以這一判斷為根據，進行調整或改變。可見，鄧小平在時代判斷上的轉變對我們國家是多麼重要。這就值得多說幾句了。

對時代的判斷首先是對戰爭（鄧小平說，「我們講的戰爭不是小打小鬧，是世界戰爭。」《鄧小平文選》第3卷，第104頁）的看法，鄧小平是經過了一個極其緩慢的變化過程的。「文革」結束後頭三年，仍然堅持戰爭不可避免，還一再強調戰爭因素在增長。例如1979年7月18日，他在我國第五次駐外使節會議上明顯針對胡耀邦頭一天的講話，講了一篇強調戰爭危險，強調「一條線」戰略思想的話。他說，「國際形勢比前一段更加動盪，戰爭因素更加增長，而且隨着形勢的發展，以後還要更加動盪，戰爭的因素還會不斷增長。現在公開議論戰爭的人多起來了，這不是無風起浪，戰爭的危險確確實實在增長。」「戰爭要來只能來自蘇聯，要立足於它早來，立足於大打；要採取『一條線』的思想，聯合兩霸中間的一霸，美國起碼是間接同盟軍；要肯定蘇聯叫社會帝國主義。」（轉引自《胡耀邦思想年譜（1975–1989）》）這當然影響內外決策。所以那幾年，對內並未放鬆備戰，如大小三線的建設；對外，還提高了「反修」的宣傳教育，直到組織人員編寫《社會帝國主義論》；更加強調蘇修是戰爭的主要根源和世界人民最兇惡的敵人，因而要進一步加強聯美反蘇的「一條線」戰略，以至導致以武力「教訓」越南。

那幾年，對國際形勢與對外關係，特別是戰爭與和平的看法，完全繼承文化大革命時的估計和做法，有些地方還提得更高

了點。這集中地表現在胡喬木受命起草的〈毛主席關於三個世界劃分的理論是對馬克思列寧主義的重大貢獻〉，以《人民日報》編輯部名義發表的1977年11月1日佔了整六版的特長文章中（在為胡耀邦起草「十二大」報告時，胡喬木又對李慎之等人說，那篇文章是胡說八道）。[1]

之後的三四年，鄧小平的看法逐漸轉變為戰爭有可能推遲，至於推遲的年數，從起初的三五年到不久後的十年，再到爭取二十年或更長時間。這在他帶頭決定國內工作以經濟建設為中心的時候，就顯露出對國際形勢估計和國內建設發生了無法解決的矛盾。從他的許多談話中都可看出他內心由此引起的焦慮。例如他一再講要爭取十年、二十年或更長時間的和平，使我國經濟有個大發展（直到1984年2月還對外賓說，「中國需要二十年的和平，以便聚精會神地搞建設。」）另一方面又老講戰爭不可避免。那就正如他事後所說，整天誠惶誠恐的，怎麼能安心搞建設？我們建設得好好的，等戰爭一打，一切不又完了。顯然，這種看法必須改變。從他自己修改審定過的《文選》看，他的變化開始於1984年10月10日同德國總理的談話。他說，「1974年你（編按：指科爾，Helmut Kohl，1974年時以德國基督教民主聯盟主席身份訪問中國）來訪問，我們曾經談到戰爭危險，現在我們對這個問題的看法有一點變化。」

完全改變，可能是1984年11月1日在中央軍委座談會上講話。他說：

> 講戰爭危險，從毛主席那個時候講起，講了好多年了。粉碎「四人幫」後我們又講了好久。現在我們應該真

---

1　胡喬木對李慎之等說的這句話，李事後立即轉告給宦鄉、譚文瑞（前《人民日報》總編輯）、李滙川和我。

正冷靜地做出新的判斷。這個判斷，對我們是非常重要
的。首先就是我們能夠安安心心地搞建設，把我們的重點
轉到建設上來。沒有這個判斷，一天誠惶誠恐的，怎麼還
能夠安心地搞建設？更不可能搞全面改革，也不能確定我
們建軍的正確原則和方向。我們既然看準了這一點，就
犯不着花更多的錢用於國防開支。要騰出更多的錢來搞建
設，可以下這個決心。

對這一判斷的正式宣示，則是1985年6月4日他在軍委擴大會議上的
講話，主要談的就是對國際形勢判斷和對外政策有兩個重要轉變。
第一個是對戰爭與和平問題的認識，「我們改變了原來認為戰爭的
危險很迫近的看法」。第二個是改變了聯美反蘇的「一條線」戰略。
此後，經過黨的十三大，和平與發展作為世界主題或時代特徵就完
全定下來了，至今三十多年再無變動，大約今後相當長時期都不會
再變了。

鄧小平和以他為核心的黨中央，對時代判斷和對外戰略的改
變，當然是經濟建設特別是改革開放這一客觀需要的推動和實踐檢
驗的結果，也是對國內外輿論和我們自己有關機構所提交科研成果
的審視與採納（例如，1980年李一氓就提出和平可以維護，三個世
界的理論站不住，應當承認蘇聯東歐各國為社會主義並和外國兄弟
黨恢復關係；宦鄉也早就提出應和美國拉開距離、對蘇調整關係的
研究報告），更不排除對領導成員中不同看法的考慮。這裏要特別一
談的首先就是胡耀邦的思路和提法。

## 在中央領導人中最早提出戰爭與和平的新見解和新判斷

如同我們前面説過的，胡耀邦由於他的身份和處境，改革開放
初期在國際形勢和對外關係上即使有新見解，如果同中央主要領導

人鄧小平、陳雲等多少有所不同，也不會直截了當地提出，更不能大張旗鼓地宣講。但是從現在可以看到的材料，特別是盛平所編《胡耀邦思想年譜》中，就能發現，涉及和平與發展這兩大特徵，他有一系列早於其他領導人的談話和提法，而且是有系統的，並不是偶爾說過那麼一兩句。

胡耀邦早就不同意當時流行的所謂「兩霸相爭必有一戰，戰爭危險主要來自蘇聯」的說法。他也明確反對把蘇聯進攻中國看成發生戰爭的主要危險。1979年7月17日，他在我國第五次駐外使節會議（也就是上引鄧小平講話的那次會）上說：「過去我們說蘇聯變成了資本主義，社會制度變了，現在回過頭來看，可能我們那個時候研究得不成熟，提出的理由不充分。這個說法必須重新考慮。我們必須把蘇聯統治集團奉行的政策同它的社會制度區別開來。不然我們在外交政策方面和理論方面就站不住腳。」「蘇聯統治集團反華，20年來亡我之心不死，但不等於他要搞亡我之戰。他要搞對華戰爭，進行亡華之戰，我覺得不容易。他的決心不容易下。同時，蘇聯人民以及相當多一部分幹部，對我友好之心未滅，希望同我們友好。單看領導集團亡我之心不死是不全面的。」他的這些完全正確的意見在當時的中央領導中並未得到回應。前引鄧小平在第二天會上的講話，更是對他的直接批駁。不管怎麼說，他們對戰爭的評估存在分歧，在當時已經完全顯現出來了。

胡耀邦也很早就注意不要在宣傳上老講「戰爭不可避免」、「打起來也不怕」、「全民皆兵，準備打仗」之類的話。認為這些話不但不符合實際，在世界輿論中顯得孤立，而且嚴重影響我們的國家形象。1981年3月9日在中央書記處專談外事工作的會議上，他就說：「維護世界和平這面旗幟，我們必須高高舉起。」由於胡耀邦對戰爭與和平問題早有明確認識，所以在鄧、陳等主要領導人和主流輿論

還在不斷談論戰爭不可避免的情況下，他在「十二大」報告中已斷然指出：「世界和平是有可能維護的」。當然，由於中央領導對戰爭與和平問題還存在分歧，他對和平的觀點雖然成竹在胸，報告中也還須提得面面俱到一些。不過在國際問題研究界卻把「十二大」看成了分界線：在這之前的中央提法是戰爭不可避免（只能爭取推遲），之後已變為和平可能維護了。宣傳上，也從此顯著降低了戰爭威脅的基調，而主要是講和平了。

胡耀邦對戰爭與和平問題的提法，是自覺地出自對時代特徵的理解，就是說，這是他對時代認識的新觀點。因為，胡耀邦非常了解正確認識時代所涉及問題的重要性。例如1985年7月15日，他在中央黨校學員畢業典禮上作報告時就明確提到，「如何觀察形勢，這是馬克思主義的一門大學問，是馬克思主義理論和策略上的一個大問題。只有正確地觀察形勢，才能夠正確地決定奮鬥方向和方針政策。」

胡耀邦由於對戰爭與和平一直有這樣清醒的認識，所以在鄧小平提出世界存在兩大問題並正式宣告改變對戰爭的判斷和放棄「一條線」戰略之後，他就更加強了對和平與發展的強調和宣傳。例如1986年6月訪問英國期間，他在回答《大公報》記者的提問時就有針對性地說，「十幾年以前我們所提的『戰爭不可避免』，現在看來講得太絕對了一點。應該糾正這一觀點。」

## 在無產階級國際主義和支援世界革命問題上的撥亂反正

毛澤東是列寧主義者，歷來主張中國革命是世界革命的一部分；中國革命勝利後，支援世界革命是我們的首要任務。到了晚年，他更進一步認為世界革命中心已移到中國，他也已成為世界革

命領袖，支援世界革命也就更公開更積極了。鄧小平在文革前以及此後相當時期，都是毛澤東對外路線的堅定支持者和積極執行者，特別是在反對「蘇修」的鬥爭中還受到毛的高度讚揚。毛後來對他的不滿主要是在國內問題上，文革後期重新啟用他時，講的理由之一就是他反修堅決、立了功。

事實上，中國對堅持無產階級國際主義、支援世界革命的立場也一直都是公開的，多次表示我們為援助外國革命「不惜做出最大的民族犧牲」。毛澤東1975年7月就曾對泰國總理克立（Kukrit Promoj）說：「（馬來西亞總理）拉薩（Abdul Razak）要求我，不要跟他們國家的共產黨往來。我說，不行呢，因為我也是共產黨。哪裏有共產黨不支持共產黨革命的？」鄧小平在文革後的1978年3月31日，會見泰國總理江薩（Kriangsak Chamanan）時也說，「不支持（革命）是不可能的。這個問題極大。如果我們改變了這個原則，就等於在蘇聯社會帝國主義面前放下了武器，連在意識形態上反對蘇聯社會帝國主義的資格都沒有了，會受到全世界人民的譴責。」（朱良：〈十一屆三中全會後對外政策的調整〉，《炎黃春秋》，2008年第11期，日期見《鄧小平年譜》。）

胡耀邦「文革」後的認識就截然不同。1977年5月他在一次針對一份中央文件中稱「四人幫」是「正在走的走資本主義道路的當權派」的談話中，就曾對反對「蘇修」、支持世界革命的《九評》持否定態度，說，「現在看來，《九評》的基本方向是錯的，這個恐怕就是『文化大革命』的國際根源。」他還問道：「在思想政治或者其他領域，到底應該反對資本主義、反對修正主義，還是反對封建專制主義、反對流氓無產階級？」他在「十二大」報告中也特別強調：「革命決不能輸出。」

根據列寧解釋的無產階級國際主義，一是要一國無產階級利益服從全世界無產階級利益，二是取得勝利的民族要為推翻國際資本

承擔最大的民族犧牲。這本身就是輸出革命，所以蘇共「二十大」後已不再多提。但中國黨的反「修」，卻首先從反對赫魯曉夫的「三和」(和平共處、和平競賽、和平過渡) 開始，因此特別強調堅持和履行國際主義，把支援世界革命的旗幟舉得更高，實際行動也更加有力。其實，在共產國際還存在的時候，蘇聯出於外交利益考慮已不再公開宣傳輸出革命，許多援助行動也轉入秘密。蘇共「二十大」，特別是蘇東劇變後，各國共產黨，除個別小國小黨和「左」派組織外，都先後放棄了國際主義旗幟，甚至進行公開批判。中國黨也從「十三大」起正式放棄了這個口號，從此不再提起。但是真正的轉折還是在「十二大」。

為了不割斷歷史，保持一定的連續性，「十二大」報告中提了一句「把愛國主義和國際主義結合起來，從來是我們處理對外關係的根本出發點」。但報告把國際主義解釋為「深深懂得中國民族利益的充分實現不能離開全人類的總體利益」，也提到國家間的相互援助，特別強調「革命決不能輸出」。這與列寧的解釋有天壤之別，也不同於馬克思所提「工人無祖國」。胡耀邦還把各國間的友好相處也納入愛國主義和國際主義的含義中，使兩者的結合不再同世界革命相聯繫，還與狹隘民族主義劃清了界限。他1986年11月8日出席中日青年交流中心奠基典禮發表講話時就說過這樣一段話：「我主張世界上一切國家的青年都要熱愛自己的祖國。每個青年都應該把自己的一切和祖國的命運聯結起來。青年要為祖國的繁榮富強貢獻一切。當生育撫養自己的祖國遭受侵犯時，就應該奮不顧身地捍衛她。但是，這是否就是愛國主義最完整的標準呢？這還不夠。還要同別國人民和睦相處、友好合作這樣一種富有遠見的國際主義精神結合起來。」「如果中國青年只想到自己的國家好起來，而對我們現行的開放政策不積極，對同日本、同世界一切國家的青年講團結、講友好、講互助互利不熱心，那就夠不上是很清醒的愛國青年」，「歷史

上有不少的人，因為只有狹隘的愛國主義，結果變成了誤國主義。我希望中日兩國青年從歷史經驗教訓中汲取智慧，把自己鍛煉成為充滿愛國主義激情同時又富有國際主義精神的高尚的現代人。」

在世界革命問題上撥亂反正不只是說說而已。這個時期中國在實際行動上也停止了對世界革命的援助。例如，鄧小平採納了李光耀的意見，中斷了同東南亞各國黨的關係，停止了對它們的各種援助，包括關閉馬、泰共在中國的廣播電台、撤出為緬共創建的解放區中的中方人員等。再就是不但全面徹底終止了對越南的援助，也單方面廢除了一切援阿（爾巴尼亞）的協定，立即和全部撤出中國專家。整個對外經援數量也從1970年代最高時佔中國財政支出7%左右，一下降到不足1%。

為了適應對外關係這一個重大戰略變化，即告別無產階級國際主義和停止支援世界革命，胡耀邦早在1979年3月21日中宣部召開的有關對外宣傳會議的講話中，就提出要改變對於對外宣傳的看法。他說，「宣傳國內的東西，目的究竟是什麼？過去講是為了『促進世界革命』，我看這是大話，現在不宜這麼提。」「我們要實實在在地規定我們對外宣傳報導的任務，不要硬去加上什麼『提高左派思想』呀、『爭取中間群眾』呀、『分化上層人士』呀⋯⋯我們搞對外宣傳，主要的還是為了增進各國人民對我國的了解和友誼，為了創造有利於我國實現四個現代化的國際條件，也包括盡可能有利於促進國際反霸鬥爭。」

以上這些都說明，胡耀邦對於作為時代特徵的戰爭、和平與革命的問題，早就有了清醒的和十分肯定的認識。這還可以從他以下的回顧中看出來。1986年7月20日在河北省委召開的承德學習會上，他就國際問題發表了長篇講話。他說，「和平與發展，獨立自

主的和平外交政策，中國的這兩條政策和中國的論斷有沒有根據呢？對不對呢？我們要爭取長時期的和平環境，這有沒有根據？是否正確呢？我到日本去一看（按為1983年），得到了這個印象。這次又到西歐去一看，更加深了我的印象。」這個印象就是：「戰爭打不起來，世界大戰打不起來，這也是一個事實。簡單地說，就是想打的人不敢打，怕打的人更加怕打。少數人想打，想以武力來解決問題，但他們不敢打。從日本到西歐，對戰爭的恐懼，那是勝過我們中國人幾百倍的。個別人即使想打也是不敢打的，打一場世界大戰哪有那麼簡單呀。」由此可見，當人們還在談爭取戰爭推遲若干年的時候，胡耀邦早已對持久和平的國際環境和獨立自主的外交政策有了成熟的看法和更加肯定的信心。

## 對另一時代特徵的發展問題早有深刻而全面的認識

除了和平代替了戰爭，新時代的另一重要特徵就是發展代替了革命。胡耀邦對這一特徵的認識，從上述反對輸出革命和支持世界革命的政策思想中已看得很清楚。而且他認識的「發展」，還不止人們說的主要指第三世界的發展，而是指全世界的發展，也就是西方發達國家為主導的全球化。事實也正是如此。以建國後頭三十年來說，論對人類社會發展的貢獻，不管論質論量橫比豎比，都是西方出現了空前發展，南方即第三世界，除少數中小國家和地區外，大都沒有什麼發展。對此，胡耀邦有很好的說明。1986年7月20日在承德學習會上，他說，「亞非拉一百多個國家，從二次世界大戰以後，三四十年以來，它們為爭取自己的獨立，鬥爭了幾十年的時間，但一般說來情況都不妙。民族獨立取得了很大勝利，但經濟發展都不好，絕大多數國家情況不妙。」因此，不是抱怨西方的發展，而是如何從全球化的觀點出發，促進南方發展得更快一些。

　　胡耀邦在涉及發展問題時，總是立足於全球化，提倡全世界加強交流與合作；對第三世界，他提出自力更生和爭取外援，特別是大膽吸收西方的先進文化（物質的與精神的）和經濟援助。對中國，他強調對外開放。

　　胡耀邦對作為時代特徵的發展的認識和據此提出的決策意見，不僅同毛澤東要搞世界革命和實行閉關鎖國政策完全相反，而且同華國鋒時期局限於為把經濟趕快搞上去而提出並開始執行的對外開放也有質的不同。他認為，在這方面同樣必須對過去的認識和實踐進行撥亂反正。1982年1月14日，他主持中央書記處會議，把對外經濟關係提到「現代化建設的一個重要戰略問題」的高度，說：「馬克思、恩格斯早在一百多年前就指出，隨着資本主義世界市場的形成，各民族之間經濟上的互相往來和互相依賴，逐步取代了原來的閉關自守和自給自足狀態。近幾十年來，特別是第二次世界大戰以後，這種情況又有了空前巨大的發展。這是一個基本的歷史事實，也是社會發展的必然趨勢。我們今天對待中國的對外經濟關係，也決不應當忽略這一點。」「我們的社會主義現代化建設，要利用兩種資源——國內資源和國外資源，要打開兩個市場——國內市場和國際市場，要學會兩套本領——組織國內建設的本領和發展對外經濟關係的本領。」他要求大家「大大地開闊眼界，提高水平」，說，「我們絕對不能困囿於過去的狹小圈子裏，把自力更生曲解為閉關自守，孤軍奮鬥。我們一定要在自力更生的基礎上，把視野從國內範圍擴展到國際範圍，不但要放手地調動國內一切可以調動的積極因素，而且要放手地利用國外一切可以為我所用的因素，以天下之長，補一國之短。」他提出，「為了有效地吸引直接投資，需要一套開明的方針。第一是大中小項目一齊上，當前以中小為主，這樣見效快。第二是歡迎外國資本家、華僑資本家和港澳、台灣資本家一起來。

第三是適當放寬政策，讓他有利可圖。」他對「一切從事對外活動包括對外經濟活動的同志」提出希望：「一定要從戰略上深刻地認識對外關係，特別是對外經濟關係的意義，敢於和善於跳到更廣闊的天地裏去，打開新的局面。」他還希望在最近幾年內就能打開局面。但是事情的發展並不如他想的那麼順利。所以他在1986年7月承德學習會上說，「我覺得我們在利用外資方面膽子小了。另外，搞合資經營或獨資經營，我看這些方面的膽子都不大。」

鄧小平被稱為改革開放的「總設計師」，其實他自己就說是「摸着石頭過河」的，談不上有事先的全面考慮。但是他確實是我國推行對外開放的統帥。而且他承認在世界經濟和科學技術上西方國家特別是美國的主導地位，因此對外開放也主要是對西方特別是對美國的開放。但他卻把對外開放只限於經濟技術範圍，還反對精神文明方面的所謂「西化」和「污染」，這就變成了半開放半封閉。他在談發展問題時，也往往把發展只歸結為南北關係問題，而且總是強調南方對北方國家的重要性。1985年3月4日他會見日本客人時的一段講話被視為是對和平與發展兩大問題的經典表述，當時強調的就是北方離不開南這一面。他說：

> 從經濟角度來說，現在世界上真正大的問題，帶全球性的戰略問題，一個是和平問題，一個是經濟問題或者發展問題。和平問題是東西問題，發展問題是南北問題。南北問題是核心問題。南方得不到適當的發展，北方的資本和商品出路就有限得很。如果南方繼續窮下去，北方就可能沒有出路。

現在人們可以看出，他的這種傾向並不完全合乎客觀世界發展的歷史事實。

胡耀邦是從全球化的角度看發展的。因此他理解的發展是全世界的發展。相比之下，南方過去反倒沒什麼發展，今後要發展首先得借助於對北方的開放。而且他說的開放，內涵也更全面，主張引進人類一切先進的東西，不要怕什麼腐蝕滲透。例如在前面所引他在1982年1月14日的講話中就曾提到，要有向世界學習的精神，「關於引進先進科學技術知識和經營管理方法，應當承認，我們腳踏實地地向世界學習不夠，下苦功夫不夠。」在那次承德學習會上談到出訪西歐四國的情況時也說，那裏的大資本家爭相和我們做買賣，要「和我們建立感情，以後好做買賣，推銷他們的商品他們的產品。我們的同志不要僅從腐蝕這一個角度考慮問題，那就太簡單了。」

胡耀邦把對時代特徵的判斷運用到國內經濟建設的決策上。他提出了經濟快速發展戰略和政治體制改革、科學文化教育等方面的一系列撥亂反正的政策和措施。這些國內問題，過去已經談得很多很全面，我們這裏只舉出一個經濟翻番的例子，已足以證實他的遠見卓識。

胡耀邦提出經濟快速發展的戰略方針，是經過對時代特徵和當時國內外情況認真研究和深思熟慮的結果。有兩個例子可資證明。一是他首先提出二十年經濟翻兩番。1980年初，他就發展戰略目標問題向鄧小平提出：能不能設想從1981年到本世紀末的二十年，把我國工農業總產值翻兩番，人均達到800美元的小康水平；他說，國際形勢有可能保持一個相對穩定的局面，只要我們的對外政策對頭，有可能贏得一個和平建設的和平環境。1980年8月26日他和趙紫陽、姚依林、房維中一起向鄧小平彙報第六個五年計劃（1981-1985）方案時曾對此有所討論。趙主張年增長4.5%。鄧問，按這個速度，二十年能不能翻兩番？別人都回答不上來。只有胡耀邦說，

二十年翻兩番每年平均遞增應當是7.2%，不能低於6%，而達到7%並不是不能實現的。鄧小平又問，如果五十年翻兩番呢？胡耀邦說，那是每年2.5%。在陳雲「退夠」（當時是得到鄧小平支持的）思想指導下，六五計劃定下了年增長3.7%的指標。而事實卻是，1982年增長率高達8.7%，六五計劃提前兩年達到指標。二是關於建立特區。他1980年1月去深圳和珠海進行實地考察時首先提出這個問題。他說，要在深圳搞個對外開放的窗口，窗口發展得好，就搞。中央1980年5月批准了在深圳等地建立特區。


# 第一次正式提出中國要奉行
# 完全獨立自主的外交政策

關於共和國成立後中國的外交政策，許多人在事後都概括為：「我國一貫奉行獨立自主的和平外交政策。」其實，這是極不確切的。這裏先不說能否稱得上和平政策就值得考慮。因為世界革命（反對和平過渡、主張暴力革命）同和平是不相容的，而且事實也是共和國成立伊始就參加了朝鮮戰爭。後來更發展到反對提和平共處、和平競賽以及國際形勢緩和，號召和支持全世界的「農村包圍城市」的武裝鬥爭，還要「準備早打、大打、打核戰爭」。這哪裏談得上和平的外交政策？不過這個問題不在本文的討論範圍。這裏要談的主要是胡耀邦在獨立自主外交政策上的撥亂反正。

提撥亂反正，就表明在這以前，也就是共和國成立後頭三十年，中國執行的不是獨立自主的外交政策，或者說外交上犯過原則性的，用過去的說法，就叫做路線錯誤。事實正是如此。頭三十

年還要稍多一點的時間，我們犯了長時期和全局性的，完全稱得上路線的錯誤。

曾當過蘇聯外交部副部長的遠東和中國問題專家賈丕才，在他的一本談中國外交的反華著作中，把共和國頭三十年外交分作三個階段，各為十年。第一個十年，也就是上世紀五十年代，中國執行的是向蘇聯「一邊倒」的外交。六十年代是全面出擊（打倒帝、修、反）和兩個拳頭打人（主要反「兩霸」）的自我孤立（自外於國際大家庭）政策。七十年代又變為聯美反蘇的「一條線」戰略。看來，賈丕才說的從表面上看也基本屬實。頭三十年我們確實總是在兩個超級大國之間兜圈子，當然談不上獨立自主。「一邊倒」算不得獨立自主，這是很明顯的。「一條線」也不算獨立自主，這是鄧小平作了肯定的。他1985年8月4日對緬甸總理吳奈溫說，「我們的對外政策有了一個調整。我們過去曾說建立『一條線』的反霸統一戰線。現在不搞那些，執行獨立自主的外交政策。」（見《鄧小平思想年譜》）。恐怕誰也不會特別挑出中間那段「夾攻中的奮鬥」為獨立外交。因為那段時期實際上是從靠蘇到靠美的過渡，甚至是「在夾縫中求生存」，哪能談得上獨立自主？

而且說我們過去一貫奉行獨立自主的外交政策，也查無實據，無正式文獻可證，多是事後諸葛亮的說法。查正式文獻的情況則是，在國家的根本大法中，1982年以前並未出現過這種表述。起到臨時憲法作用的1949年9月《共同綱領》，1954年的第一個憲法，1975年修正的憲法都沒有提。直到胡耀邦就對外關係進行撥亂反正以後的1982年，「獨立自主的外交政策」這個提法才鄭重地出現在黨的「十二大」報告和同年修改的憲法上。這一明確表述，標誌着中國外交政策進入了一個和過去截然不同的新階段。

## 為什麼說共和國成立後頭三十年中國沒有奉行獨立自主的外交政策

獨立自主外交要求，在事關國家根本戰略利益的問題上，對外事務只能由自己決定一切，不看外國的眼色行事，也不在外部的壓力下屈服和喪失原則。在社會主義陣營各國確認戰爭與革命為時代特徵時，它們有共同目標和共同道路，存在着一致對外的準則，還公認以蘇聯為首，相互間並不平等。因此，社會主義各國都不能各自單幹，對外尤其強調一致行動。在這種情況下，中國不能奉行獨立自主外交政策是很自然的。就是以後，也沒能時時處處堅持一貫宣佈的原則。例如我們一直堅持，外國要和中國建交，就必須先同台灣斷交，這是鐵定的一條，決不能讓步。但是1964年和法國建交時，就沒有堅持這一條。只是由於蔣介石沒聽美國勸告，堅決反對「兩個中國」，在我國外交人員抵達巴黎後爭先主動宣佈同法國斷交，這才避免了一時出現「兩個中國」的局面。

如果有人把中國先是「一邊倒」後來又是「一條線」，說成由於這兩個決策都是由我們自己獨立自主地做出的選擇，因此仍然是執行了獨立自主的外交政策，那世界上就沒有一個不執行獨立自主政策的國家和政府了。為此，對這兩個問題還有必要作進一步的說明。

### 「一邊倒」就是自己不要獨立自主

在過去的國際共運中，各國共產黨接受蘇共領導，幾乎成了鐵的紀律。誰不聽列寧、斯大林和蘇共中央的話，就會被立即革出教門。南斯拉夫和匈牙利納吉政權就是鐵證。不但毛澤東怕當東方的「鐵托」，「文化大革命」後期批鄧小平時有人也稱他為「鄧納吉」（意為搞復辟，倒不是指反蘇）。所以接受蘇共領導，對中共來說倒確

實是一貫的。在延安時期，不但斯大林要毛澤東去重慶和蔣介石談判，毛雖然極不願意還是不得不去；連共產國際解散後做了蘇共中央對外聯絡部部長的季米特洛夫（Georgi Dimitrov），以私人身份寫信給毛，干預中共事務，毛也只能表示完全接受季的指示，實在辦不到的還要再三解釋。這說明取得政權後的中共執行「一邊倒」政策是必然的，並不是有些人說的那樣，是由於美國僵硬的反共政策使司徒雷登失之交臂，或者因為劉少奇訪蘇時得到斯大林提供大量援助的許諾，才導致毛發表「一邊倒」的文章。這些說法也可能是由於對「一邊倒」內涵的了解不同。

現在人們把「一邊倒」僅僅理解為外交政策，這就不對了。「一邊倒」的根本含義是接受蘇共領導和照搬蘇聯模式。這是所有正式文獻和全部歷史事實都證明了的。這裏只舉幾個例子簡單提一下。劉少奇1949年6月下旬至8月初率領中共中央代表團訪蘇，和蘇方商談建國後的大政方針。他在7月4日給聯共（布）中央和斯大林的報告中說，「關於聯共（布）與中共的兩黨關係問題。毛澤東同志與中共中央是這樣認為的：聯共（布）是世界共產主義運動的統帥部，而中共則只是一個方面軍的司令部。局部利益應當服從世界利益，因此，我們中共服從聯共（布）的決定，儘管共產國際已不存在，中共也沒有參加歐洲共產黨情報局。在某些問題上，如果中共與聯共（布）出現分歧，中共在說明自己的意見後，準備服從並堅決執行聯共（布）的決定。」報告要求斯大林和聯共（布）中央對中國黨今後大政方針的全盤考慮「給予指示」，其中當然包括對外關係。報告說，「聯共（布）給予我們的指示和幫助，是十分重要的，我們迫切地需要這種指示和說明」。對於這種自願接受外國領導的政策，當然談不上獨立自主。而中國又是一黨專政，所以自認作為下級黨的服從，自然也是國家的服從。

　　至於全部照搬蘇聯，這不但是毛澤東自己對「一邊倒」所作的
解釋——「走俄國人的路，這就是結論」，而且共和國成立後的全面
學習蘇聯，幾乎是從經濟基礎到上層建築對蘇聯模式的「克隆」（編
按：意謂複製）。有的換了名詞，如蘇維埃叫人民代表會，最高蘇維
埃叫人大常委，部長會議叫國務院等等。全國政協算是中國的特
色，但那是歷史的產物，是黨的統戰工作，在政權系統上並沒有什
麼地位，因而可有可無。有的連名稱也照搬，如經濟建設中的五
年計劃，屬於上層建築中教育的大專院系調整和學科分類。意識
形態方面就更不用說了，連生物學上誰不同意米丘林（編按：Ivan
Vladimirovich Michurin，俄羅斯植物育種學家）學說也會被打成反蘇
甚至右派。什麼叫「一邊倒」？這才是「一邊倒」的要害。

　　既然接受領導，又受結盟關係的約束，外交上的亦步亦趨就是
很自然的了。這就是赫魯曉夫後來提出在對外關係上要經常「對表」
的原因。所以不能說，在朝鮮問題上，先同意金日成南進，後來搞
抗美援朝，直到停戰和談，都是被迫的，是由於受到斯大林和蘇聯
的壓力。既然自願服從，又有盟約義務，怎能談得上壓力和被迫？

　　不但在重大外交問題上如此，就是民間的國際活動也必須和
蘇聯保持一致，包括世界和大以及工青婦組織等。可以舉一個例
子。時任中國總工會主席的劉寧一，1956年參加了世界工聯的
一次會議，回國後給外交部幹部做報告。由於他講話向來幽默風
趣，使聽報告者至今印象深刻，還能記得他講過的一些話。他
說，蘇聯代表在會議上提出了一條中國並不贊成的建議，他就
問：是不是莫斯科的指示？回答：不是。又問：是不是（蘇聯駐當
地）使館的意見？回答：也不是。劉寧一這就表示自己的態度了。
他在報告中引用京劇《打漁殺家》上的台詞說：既無聖上旨意，又
無六部公文，憑著何來？就這樣把蘇方的建議給頂回去了。惹得

大家哄堂大笑。這種遇事先問莫斯科的態度如何，直到中蘇關係惡化後，情況才有所改變。

胡耀邦對「一邊倒」時期中國的處境也有以下的說法。1983年8月15日他對日本《每日新聞》社社長説：「從五十年代到六十年代初，我們同蘇聯的關係是非常好的，比正常化還正常化，超正常化，是結盟的關係嘛！當時我們是無可奈何，我們是『一邊倒』。」

### 「一條線」戰略也不是獨立自主

關於這個問題，前面引證鄧小平的話已作了明確答覆。這裏只對「一條線」的提法稍作説明。

同蘇聯的關係破裂後不久，中美關係開始走向正常化。1973年毛澤東提出所謂「一條線」的戰略構想，意思是要使中、美、日、歐以及巴基斯坦、伊朗、土耳其等國聯合成一條線，建立反對蘇聯的國際統一戰線。（只能推美國為首，不能想像當時的中國會奢望去領導美歐。）第二年，毛澤東提出了三個世界劃分的理論，就是為「一條線」戰略製造理論根據。鄧小平1974年在聯合國特別大會上的發言和上面提到的胡喬木主持起草的那篇文章，都是對這一理論的闡述和發揮。其公開説法就是：美蘇爭奪世界霸權必然導致世界大戰，爭奪態勢則是蘇攻美守，因此蘇聯是比美國更危險的戰爭策源地和全世界人民最兇惡的敵人，第三世界也要和第二世界聯合起來，反對第一世界，但不能同等相待，主要還是反對蘇聯社會帝國主義。這個戰略和理論的實質，就是進一步開展向美國靠攏、大力推行「聯美反蘇」的外交。

鄧小平、陳雲等主要領導人在「文革」後有好多年還繼承着毛澤東對美蘇爭奪的看法，看不到也不承認美蘇都怕打仗和它們為此謀求緩和與妥協（批了多年的美蘇「假緩和」、「假裁軍」和把西方國家中的索南費爾特主義，即承認東歐與蘇聯關係現狀、主張對蘇緩和稱為綏靖政策，就是由此而來）。鄧小平認為美中既然都把蘇聯視為自己的主要敵人，美國當然就是我們反蘇的間接同盟軍。由於中美力量懸殊，在中美間一時建立起的反蘇戰略聯盟中，我們不能不為了反蘇而遷就美國，實質上就使我們在美蘇爭奪中幫了美國的忙。鄧小平提出並堅持的中蘇關係正常化三大障礙問題就可說明問題。頭一個障礙，在中蘇邊境地區和蒙古陳兵百萬，確有其事，只是我們把邊境地區擴大到了烏拉爾以東和中亞。至於第二和第三個障礙（即蘇聯支持越南入侵柬埔寨和出兵阿富汗），就很難完全成立了。第二個障礙，實際上還是把幫助紅色高棉放在了第一位的。我們設的這些障礙，都是在幫助美國牽制蘇聯。1979年我們要出兵「教訓」越南，事先去給卡特政府打招呼，就是用實際行動向美國交了我們聯美反蘇外交的底。那時我們對美國有求於我的一面估計過高，對美國存有幻想，甚至以為它在台灣問題上也會讓步。這是胡耀邦1981年3月9日明確指出的問題。事實上，美國是利用中國同它聯合心切，在台灣問題上反而更加放肆起來。美國國會1980年通過了《與台灣關係法》，接着又提高了向台灣出售武器的性能和數量，使中美關係一度出現危機。為解決這一危機，雖有中美1982年簽訂的八一七公報，但售台武器問題反而越鬧越大。這些都說明了在「一條線」戰略下，中國無法推行獨立自主政策，所以鄧小平才有上引的明確解釋。

# 新時期獨立自主外交政策的提出者和規劃人

## 首次使獨立自主外交政策得到正式定位

1982年的「十二大」政治報告，在歷史上第一次提出了「獨立自主的對外政策」，說明獨立自主外交就是：「中國決不依附於任何大國或者國家集團，決不屈服於任何大國的壓力」，中國對外政策「有長遠的、全局的戰略依據，決不遷就一時的事變，不受任何人的唆使和挑動」。1982年修正的中國憲法，也是第一次在國家的根本大法中莊嚴宣告：「中國堅持獨立自主的對外政策」。

胡耀邦並不回避過去外交沒有獨立自主這一事實。「十二大」以後，他多次談到與大國結盟的危害，還從正反兩面加以論證。1984年5月18日，他在會見南共聯盟代表團時說，「對我們來說，同大國結盟有兩個不好：第一，中國主張在和平共處五項原則的基礎上同世界各國交往，而同大國結盟可能妨礙，或者至少影響我們廣交朋友；第二，它會妨礙我們抵制對方可能有的越軌行動，甚至還有可能給對方利用去反對另一些友好國家。這是我們總結過去幾十年經驗得出的結論，是受到全國人民支持的長期決策。」「我們特別注意要像珍視自己的獨立自主一樣，充分尊重別國的獨立自主權利。因此，我們決不干預別的國家根據自己的情況選擇自己的對外方針。」1985年4月15日訪問澳洲時，他也說，「結盟會妨礙交朋友，可能還會被結盟者所左右。」1986年6月11日，他在英國皇家國際事務研究所演講中又說，「如果中國依附於某個大國，或同它結盟，不但使中國自己受制於人，掌握不了自己的命運，也有害於自身的發展，不利於世界和平與安定」。這是「經驗告訴我們」的，「因此，決定在對外交往中堅持獨立自主。」

## 拋棄革命外交，奉行正常外交

胡耀邦1981年3月9日在中央書記處第九十次會議上發表的長篇講話，不啻是對幾十年外交經驗教訓的一個總結。這篇講話不再按社會制度和意識形態，把世界各國劃分為敵、我、友三類，依此確認它們屬於聯合、中立還是反對的對象；而是要求根據和平共處五項原則、同所有國家都發展友好合作關係。在這次講話中，他還系統地提出奉行完全獨立自主外交政策的指導原則和具體方針，專門提到「過去『左』的幼稚，在這方面有表現。因此，奉行完全獨立自主的外交政策是不容易的。需要有堅定的馬克思主義的原則立場，無產階級政黨的冷靜的政治頭腦，需要在不斷的實踐中堅定我們的立場，豐富我們的經驗。」他為「奉行獨立自主的外交政策」定出「必須做到的三條」，這就是

> 一，任何時候不依附任何外國的外交政策，也就是說，我們不跟任何一個國家的外交指揮棒轉。二，不受任何一種國際上的臨時事件所支配。國際上往往出現一些臨時事件，好像很嚴重。我們要冷靜考慮、冷靜分析臨時事件對我國的根本利益有什麼關係，但不受臨時事件所支配、所左右。三，不為國內外某種一時的情緒所蒙蔽，所激怒。不要為領導個人情緒所左右。遷就眼前事變就是機會主義。不要一將軍就跳，不要被來勢洶洶的環境和情緒所蒙蔽，所支配。要考慮國內外廣大人民的呼聲，但不受其蒙蔽和支配。

看來他的這次講話起到了振聾發聵的作用，以致時任國務院總理的趙紫陽都對他說，「你太大膽了，敢（把這次講話）印出來。」

胡耀邦的講話極有針對性。過去我們的對外關係受到毛澤東情緒的影響，可謂處處可見。不談他和赫魯曉夫的爭吵（在很大成分

上是爭當世界革命領袖），導致中蘇關係從友變敵、蘇聯一下由社會主義變成復辟了的資本主義，甚至變成了法西斯，連蘇聯人民都不能「寄予希望了」。就以對我國長期保持友好並在許多國際問題上（如朝鮮戰爭、參加聯合國等）支持我們的印度為例，也看得很明顯。想當年，我們同印度是多麼友好，兩國常喊的口號是「印地秦尼巴依巴依（即印中人民是兄弟）！」尼赫魯訪華時，20萬人上街夾道歡迎，臨走時毛主席還吟屈原詩「悲莫悲兮生別離，樂莫樂兮新相知」，親自相送。可是沒過幾年，1959年4月20日我們在西藏採取平定叛亂的行動後，在我國駐孟買領事館門前發生了印度示威群眾破壞毛主席像片的事件。這引起毛澤東極大震怒。他不滿意外交部按外交文書格式起草的嚴重抗議照會。外交部稿開頭寫「致意」，末尾寫「致最崇高敬意！」毛批「太軟」，親自修改了最後一段，4月27日發出，叫對方迅速處理。印方說，這不是照會，是備忘錄。毛澤東不但第一次給印度戴上了「擴張主義」的帽子，還加了一段外交文書上少見的情緒化的話：

> 這件莫大侮辱中華人民共和國元首的事件是我國六億五千萬人民群眾極端地不能容忍的，必須得到一個合理的解決，否則不可能甘休。如果印度當局的答覆不能令人滿意，我們奉命申明，我國中央人民政府將向印度方面再次提出這個問題，不圓滿解決這個問題，中國奉命永遠不能停止，就是說一百年也不能停止。（見《建國以來毛澤東文稿》）

1959年11月17日，又因人群大批到大使館門前示威，還燒了毛澤東的稻草人模擬像。我們又抗議。1959年一共發來三次抗議照會。中印關係從此惡化。不久之後，印度就成了「帝、修、反」中「反動派」的代表國家，尼赫魯被說成是「半人半鬼」式的人物，

胡喬木1959年5月6日也寫了一篇署名《人民日報》編輯部的文章：
〈西藏的革命和尼赫魯的哲學〉（1959年5月6日）。這就使中印關係
從友好變成敵對，至今也無法恢復到此前的水平。

## 對蘇聯、美國、日本和第三世界看法和政策上的撥亂反正

一談對蘇聯。

胡耀邦到中央工作後就一直為扭轉對蘇的敵視態度和兩國關係
正常化而努力。他很早就明確提出不要把蘇聯視為敵國。1981年3
月9日在中央書記處會議上說，對蘇聯「要去掉一點『左』的幼稚。」
「不要使人們誤解我們同蘇聯整個國家相對立。不要赤白對立。」他
提出同蘇聯廣大人民、同社會知名人士，儘量保持友好關係。要尊
重他們的民族感情，尊重蘇聯人民的光榮革命歷史和文化遺產。他
說，「不要把對立國家的人民當作敵人。過去『左』的幼稚，在這方
面有表現。」他對外也不隱諱觀點。1983年2月20日對日本記者說，
「有人說中蘇兩國關係積怨很深，一下子難以消除，我不贊成這一
看法。」

他還明確否定聯合被毛澤東歸為第二或第三世界的東歐各國反
對蘇聯的方針。（毛澤東三個世界的劃分不能成為理論也表現在對
東歐各國的不同分類上。他把羅馬尼亞、阿爾巴尼亞，有時還有南
斯拉夫，因為它是不結盟國家組織的發起國，劃歸第三世界，其餘
都和英法西歐國家一樣，算成第二世界。）在1986年7月20日的承德
學習會上說，1984年他曾擬出提綱托東德黨的政治局候補委員謝萊
斯給昂納克（編按：Erich Honecker，1976–1989年東德共產黨領導
人）帶話，談中國黨對民主德國和東歐所有社會主義國家有三個充
分尊重，其中提到：「充分尊重你們同蘇聯幾十年建立起來的特殊

關係」。(他對與會同志說,「要完全把東歐國家同蘇聯扯開,我們不要這樣想,也不要安這個心。」)「充分尊重你們的內外政策,你們搞什麼內外政策,我們不會有意見,你們是根據你們的經驗、你們的國情確定的。」至於對蘇聯,他捎話給昂納克說,「如果蘇聯的領導人認為可以,也請你如實地向他們反映。」這可是我國主動的一次重要對蘇表態,和鄧小平堅持的去掉正常化三大障礙明顯不同。

胡耀邦也重視邊界地區的民間友好往來。如1984年8月,他到黑龍江考察時,去過黑河中蘇邊境地區,對那裏的領導幹部提出,「要和蘇聯人民講友好,兩國人民的友誼是永存的」。他要大家對蘇聯的中下級軍官和人民群眾主動地放手地做友好工作,還要大力開展邊境貿易。「南深北黑,比翼齊飛」的口號就是那次提出的。這個口號除表達了他的全方位對外開放思想外,也表達了要同蘇聯友好相處、加強往來的期望。

二談對美國。

他反對同美國建立以「聯美反蘇」為基礎的戰略關係,主張對美國也要奉行完全獨立自主的外交政策,建立相互平等的正常關係。1981年10月趙紫陽出席坎昆會議,是中國開始調整「聯美反蘇」方針的標誌。這是在胡耀邦同年3月9日中央書記處會議上講話的半年左右之後。這篇講話針對性很強地全面談到中美關係問題,表示不能把反蘇霸放到反美霸之上,更不可對美國抱有幻想。他說,「這幾十年來,美國實力有變化,有升降,但它的霸權主義本性沒有變化。」「美國對蘇聯的攻防關係有變化,但蘇美根本矛盾沒有變化,蘇美的根本矛盾是不可調和的,爭奪是不可避免的。蘇美關係愈加激化,美國就可能愈加有求於我們。如果矛盾不特別激化,日子更好過,美國對我們就會是不即不離,不會特別好。一旦蘇美矛盾激

化，美國對我們最好的情況也不會超過第二次世界大戰時羅斯福那種情況。過於着急，希望過了，將來要失望。」「不要過分地寄希望於個別人物……美國政策上的變化是根據歷史的發展變化，並不是根據某個人的意志來的……美國對華政策有重大變化，但對華立場沒有本質變化。不要這麼看，說他在台灣要退出。」

他主張中國應當爭取同美國和平友好相處，是國家正常關係而不是結盟關係。1986年7月20日在承德學習會上就說過，中美「是一種朋友關係，他們也說是朋友，不是盟友。」「要儘量爭取更多的朋友，對那些奉行錯誤外交政策的國家，要講究鬥爭策略和鬥爭藝術。」「為了爭取更多的朋友幫助我們，就要很好地研究對外經濟友好合作的問題。」

三談對日本。

胡耀邦在對外關係中從認識到實踐，言行最多的是關於對日本的應有看法和積極推進中日友好合作。聯繫到十多二十年來中日關係的起伏動盪，對他在這方面作出的貢獻就不能不多說幾句。

首先是他高度評價日本的發展，提倡向日本學習。1981年3月9日在中央書記處的講話中，他說：「日本特別值得重視，它發憤圖強，不斷進取。」1983年12月9日在中共中央辦公廳組織的報告會上又說，「日本教育普及，技術先進，生產發達，經營管理水平高，應認真學習日本那些有益於我國現代化建設事業的先進科學技術和管理經驗。」他提向日本學習和一些人熱衷於向新加坡學習，不同的原因，可能在於日本是所謂西方民主國家，又侵略過我們；新加坡則屬於權威主義，又是華人主導。

胡耀邦高度評價中日關係的重要性，在1983年11月訪問日本期間曾多次表示，「中日睦鄰友好關係長期穩定發展，必將更大地造福於兩國人民和子孫後代，並為亞太地區、全世界的和平，為二十一世紀的世界文明和人類進步，做出更加光輝奪目的貢獻」；「只要中日兩國能夠友好下去，戰爭 (當指世界戰爭) 就打不起來，亞洲和平就有了保證，世界和平就增加了很重要的力量。」1985年10月18日他在會見中日友好二十一世紀委員會第二次會議雙方委員時又說，「我們兩國都把中日友好奉為本國的一項基本國策，是完全正確的。任何低估中日長期友好事業的想法和做法都是缺乏遠見的，也是錯誤的。」

他還一再強調要平等對待日本。在訪日期間，胡耀邦經常把中國和日本並稱為兩個偉大民族。即使對敏感的日本防務問題，他也表現出一種平等相待的態度，說：「日本決定自己的防衛方針，我們沒有什麼意見。希望不要使自衛問題引起鄰國的不安，並嚴格把自己約束在自衛的場合。」他也不像有的領導人那樣過分強調中日歷史問題，引起兩國人民情緒的對立，而是很少談歷史，着重談友好，即使談到歷史，也講得比較全面。他在前引1985年10月18日的講話中說：「為了發展中日友好，我們兩國政府和人民都要正確對待兩國嚴重對抗的歷史。兩國長達半個世紀的對立，是由日本極少數軍國主義頭子造成的，不應由日本人民和現在的廣大朝野人士負責……當我們努力發展中日友好關係時，一方面不要使歷史上發生的對抗影響今天的合作，另方面也不應對製造中日對抗的罪魁禍首寄以同情，更不應縱容極少數人進行妄圖復活軍國主義的活動。」「兩國的歷史、現狀、利益和觀點都有所不同，當交往中遇到困難的時候，雙方都應顧全大局，謹慎從事，認真體察對方的友好建議和合理要求，力求避免做任何傷害對方人民感情的事。」「只要我們

雙方都站得高，看得遠，想得深，中日長期友好的前景就是光明的。」他更不像一些人那樣狹隘，自己不談也不讓宣傳日本對中國建設提供的援助，而是公開表示感謝。例如1984年3月18日，他會見伊東正義率領的日中友好聯盟訪華團時就說，「投以木桃報以瓊瑤。這些年來日本對中國的現代化建設給予不少支持，我們是不會忘記的。」

為了兩國世代友好的目標，胡耀邦特別注意通過加強兩國青年間的交流，為下一代培植友誼和信任感。經中央的同意和批准，胡耀邦1983年訪問日本時宣佈1984年邀請3,000日本青年來訪，同我國青年進行友好聯歡。這是一次取得重大成功的活動，現在又開始仿效。但後來在趕他下台時，一些人竟然忘記自己曾表示過同意而以此批評他，這就實在太不應該了。

四談對第三世界。

胡耀邦除繼續表示我們堅決和第三世界站在一起外，還提出一些對第三世界的新看法。他不是把第三世界看成沒有多少差別的「一大片」，而是如實地看到第三世界各國間的巨大差異，特別重要的是，認為它們的首要任務不再是反帝求解放，更不是聯合起來和我們一起反「蘇修」，而是集中力量儘快把本國經濟搞上去。提出第三世界今後重在共同謀求經濟發展。他在1986年7月的承德學習會上說，「今後對第三世界要多提供政治上和思想上的幫助，主要是和它們共同總結經濟何以搞不上去的經驗。」在這年6月，他對訪華的佛得角共和國 (Republic of Cape Verde) 總統說，「要奉行適合自己國情的對外政策，搞和平外交政策，不搞軍備競賽，不要把自己國家、民族的命運綁在大國的車上，以減少國防費用。這有利於發展經濟，會受到人民的擁護。」還說，「國家獨立後要使廣大人

民有就業機會、謀生手段，使人民生活一年比一年有所提高。要實行對外開放政策。國內各階層、各黨派、各種政治力量要和睦團結，政治上要實行民主。」對第三世界國家談這些問題，表明他衷心希望它們和中國一樣，努力跟上和平與發展的時代潮流。

# 在外交思想、外交業務和外交風格上的撥亂反正

## 談「外交工作授權有限」

過去由於個人崇拜和高度集中，使外交工作事無巨細都得聽從或等候「最高指示」，極大地限制了外事部門和外事幹部的主動性和創造性，使之不能根據外交政策和應有的職權隨機應變、靈活處理，往往錯過時機、耽誤工作，還造成內部矛盾。連身為總理和分工主管外事的周恩來，對諸如國宴邀請名單和菜譜這樣的事都要寫上「請主席批示」上呈毛，其他較大的對外工作就更不用說了。1956年周恩來訪問印度，礙於尼赫魯和聯合國秘書長哈馬舍爾德 (Dag Hammarskjold) 的一再講情，他傾向於釋放一名在押美軍間諜，遂以駐印度使館名義發電請示國內，抬頭只寫黨中央，未寫主席。不料毛看罷大怒，親擬覆電說，我們抓到的美國人不是太多而是太少了，越是尼赫魯、哈馬舍爾德說情我們越是不放。周恩來只好對尼赫魯表示拒絕和向毛作檢討。又如1973年基辛格 (Henry Alfred Kissinger，1973–1977年美國國務卿) 第六次訪華，在告別宴會上提出再和周總理談一次。對所談問題周沒表態，只說要報告中央，遂立即打電話向毛請示，被告以「主席正在睡覺」。而基辛格又要馬上登機回國，周不得已只好做了個對基辛格所提問題今後可繼

續交談的表態。人們知道，後來這件事就被用來當了導火線，給病重中的周總理招來最後一場多次會議的大批判，連喬冠華也敢於給他戴上右傾投降主義的帽子。

下面再舉個研究工作中寫內部報告，對國際形勢分析也不准提不同意見的一個著名例子。這就是毛澤東對外交部1973年上送《新情況》（第153號）的嚴厲批評。這年的7月4日，他對張春橋、王洪文等説，「近來外交部有若干問題不大令人滿意，我説大動盪、大分化、大改組，而外交部忽然來一個什麼大欺騙、大主宰。在思想方法上是看表面，不看實質。結論是四句話，大事不討論，小事天天送。此調不改正，勢必出修正。將來搞修正主義，莫説我事先沒講。」「都説此文不錯。我一看呢，也許我是錯的，你們貴部（指外交部）是正確的吧！不過與中央歷來的，至少幾年來的意見不相聯繫。你們年紀還不大，最好學點外文，免得上那些老爺們當，受他們的騙，以至上了他們的賊船……凡是這類屁文件，我就照例不看。總理講話也在內，因為不勝其看。」這段話引起一系列的批判和檢查是不用多説的了。在這種體制和氣氛下，誰還敢提不同意見？（〈建國以來毛澤東文稿〉，周家鼎：《在周恩來身邊的日子》）

周恩來根據他經過延安整風總結出的經驗（包括多請示、少做主，多檢討、少解釋，多聽話順着來、少提不同意見等），外交部一成立就給立下一條「外交工作授權有限」的原則，對上面這樣做，對下面也這樣要求。所以有關國際問題的研究，甚至連反映外國情況，都要強調「講立場」、「對口徑」，就是看是否合乎上面的看法和需要。這種國際形勢和對外關係的研究，也就越來越變成察言觀色、揣摩意圖，甚至可有可無，進而成為多餘的了。果不其然，「文革」一起，所有這類研究機構最先解散，研究人員也都參加或接受批鬥，接着下放到幹校了。

　　針對這種情況，胡耀邦在外交上的撥亂反正，就首先從為周總理辦冤但也指出他的不足，實際上是對「授權有限」之説開始有所質疑。1981年3月9日，聯繫毛澤東在外交工作上對周恩來的一再無端指責談到外事工作必須改革時，他説，

> 外交工作的特點是外交活動，要提倡闖和鑽的精神。外交部培養了一批好翻譯和守紀律的工作人員。但沒有培養出多少合格的外交家。當年周總理受到批評有四句話，對總理是不公正的。但是總理有時是過細了，外交人員要抓大事。外交部人才不足，知識不夠。外交人員不熟悉國內的政治歷史文化，不能很好地進行對外談話。要消滅外文文盲。對外宣傳工作很差，趕不上越南、台灣、南北朝鮮。出國的人太多，出國的人中應增加專家、學者。外交部給中央的東西太少。

1982年9月15日他在出席外交部召開的使館政治思想工作會議時又提到七十年代的四句詩，説「這是不公平的。應該改為：大事不敢講，小事必須送。如果不照辦，勢必打修正……『文化大革命』時，周總理大事敢講嗎？周總理不可能出修正，是要把他打成修正。外事工作應該有創造性。六十年代規定的細則，現在看來有的沒必要。有的繁文縟節的東西，不能再用。總理對工作要求嚴，對自己要求也很嚴，但不必搞那麼些繁文縟節。既有創造性又有生動活潑，不把自己束縛得死死的。」

　　他大聲呼籲必須改革外事部門卡得太死、嚴重影響工作的局面。1978年12月31日，他在中央宣傳系統所屬單位領導幹部會議上説，「在這方面（對外宣傳工作）也存在許多『禁區』、框框、主觀主義、形式主義，不看對象、對牛彈琴，效果甚差，笑話不少。我看這種狀況也要儘快改變。」1980年初，他有一個批示：「對外宣傳幹

部水平提不高，外事工作的水平也很難提高，這是一個大問題，必須徹底解決。」1980年4月17日，他對有關部門說：「外事工作、經濟工作、宣傳工作都面臨一個改革問題，不改革，不適合需要。」

## 強調國際問題和對外關係調查研究工作的重要

張聞天通過研究和實踐，早在共和國成立初期就對外交業務提出了全面的看法和建議。他的有關報告曾得到毛澤東、周恩來和黨中央的同意和批准，並轉有關部門和駐外使館參照執行。報告中首先指出，外交工作的主要任務是調查研究。胡耀邦無論是否知道或記得這件事，反正他對外交調研工作的重視是同張聞天一樣的。例如1982年1月14日他在中央書記處會議上說的，「我們一切外事部門，一切從事外事工作的同志，都要努力了解世界各國，特別是你所到的那個國家的經濟和政治的全盤情況。不僅要了解上層人物的動向，還要了解背景；不僅要研究這個國家的政治和文化，還要研究它的經濟和歷史。」這番話就和張聞天當年說的一模一樣。

他特別注意發現有價值的新見解並用於決策參考。在中央領導層中，那麼注意閱讀和審批研究機構的成果，胡耀邦是罕見的一位。這方面的事例很多，只順便舉幾個例子。1979年8月29日給中央黨校《理論動態》組的一個批示，是在他讀了《中國社會科學院簡報》所載〈西德經濟專家古托夫斯基教授對中國經濟的看法和建議〉之後寫的。1979年9月25日，他讀了馬洪整理的關於蘇聯經濟改革材料後，寫的批語是：「轉一份給《理論動態》。對人家的東西一定要注意研究，並要拿出成果來。」又如1982年，宦鄉主持研究並署名、由戴倫彰起草的一篇題為《關於我國對外經濟關係發展總戰略的若干問題》的報告。胡耀邦看後寫了一大段批語，大意說，這是

具有真知灼見的好意見，旗幟鮮明、不講情面地提出看法，值得認真研究，還稱其為理論聯繫實際調研的典範。（趙紫陽的批語是，作為中央文件轉發到省軍級，並要外貿部和國務院其他有關部門研究討論）。

另外，胡耀邦還經常根據決策需要提出應該研究的國際形勢和對外關係課題。例如1982年1月14日他在書記處會議上就提出，「對於第三世界國家的國內社會經濟政治狀況，我們至今很少研究，不甚了了，甚至可以說還處在一團混沌的狀態」；「對於支援第三世界國家的方針，包括經濟援助和經濟交往的方針，究竟應當如何具體執行，如何分別對待，需要過細地加以研究。」

### 強調向外國學習

胡耀邦大力批判過去的閉關鎖國政策，積極推進對外開放，因此特別強調向外國學習。他主張我們應該有海納百川的胸懷，珍視世界上一切文明成果，對於源頭在西方的先進文明，不僅不隔絕更不排斥，而且要主動學習，否則我們的思想就會僵化。1978年12月31日他在中宣部系統幹部會議上的講話中說，「馬克思主義本身就是吸收前人文化的精華，研究了當前實際，從這兩個方面來的」；1983年3月13日在紀念馬克思逝世100周年大會上也說，「一定要反對把馬克思主義同人類文化成果割裂開來、對立起來的錯誤傾向，確立尊重文化知識的正確觀點。」

學習外國要有虛心的態度，不可妄自尊大，輕視別人的經驗。他在1981年黨成立六十周年的紀念大會上說，「無論是人家成功的經驗還是失敗的經驗，我們都要通過自己的分析，吸取其中有益的可供借鑒的東西。因此我們要在努力研究和總結自己經驗的同時，努力研究和分析別國、別地、別人的東西。」同年10月9日在紀念辛

亥革命70周年大會上講話，也說，「要儘量吸收外國一切對我們有用的科學技術和管理方法。」1983年8月15日他在接見日本《每日新聞》社社長時說，「不管對日本、英國、法國、德國、蘇聯、美國，我們都是念一本經：發展人民友誼，學習先進經驗。」他1984年2月10日與外交部一位領導幹部談話時說，「我們與世界差距太大了。」

胡耀邦主張走出國門，向外國學習。在1981年3月9日中央書記處談外事工作時，他專門提到外事工作「需要改進，向外國學習」的五個方面。其中第三條是：

> 出國訪問，要適當減少官方代表團，適當增加專家、學者、黨外人士、少數民族、勞模出國訪問。

上引他1979年8月29日給《理論動態》組的批示說：

> 《理論動態》你們對這些問題議論嗎？政經教研室的同志能看到這類東西嗎？我們過去各教研室很少接觸外界。我看，也是處在桃花源中，甚至是在桃花源中的深部山區。現在要同外界往來，至少要在源邊搞點交易活動，否則，思想不是僵化，而是僵死！

## 重視外交風格和禮貌

胡耀邦對關係到國家形象的具體對外活動也非常重視，要求有一個新的風貌，並且以身作則，表現出不亢不卑、尊重對方和友好大方的大國氣派。這方面他說的和做的內容都很豐富，無法細談，這裏只簡單提一下。

他在對外交往中，一再提倡講友好、講文明、講信義、講人情味，出發點都是同各國政府和人民改善關係、交朋友。1984年6月27日，他會見參加第二次中日民間人士會議的日本外賓時說：「要實

現中日長期友好，必須遵循正確的方針，採取正確的態度。所謂五講，就是一講友誼，不要把我們自己的意識形態、社會制度、內外政策強加給對方；二講兩利，如果只講單方面的利益，那麼友誼是不會長久的；三講信義，辦不到的不說，說了的就要辦，言必信，行必果；四講禮貌。五講紀律。四美就是行為美、品德美、語言美、風度美。」

對於一切不利於友好交往的行為，如不講文明禮貌、不講人情味等陋習，他可說是深惡痛絕，認為這是關乎國家形象和喪失還是贏得人心的大問題。他每談國際問題和外事工作，總會有這方面的話題。1981年3月9日在談外事工作的書記處會議上，他就要求外交部工作要有政治眼光、外交藝術，出國訪問要尋求和平、尋求友誼、尋求知識，反對遊山玩水，要嚴格處分喪失國格的人。在1986年7月20日承德學習會上，他從黎筍去世、長征上台我們發去唁電並派人去大使館弔唁這件事談起，說這是個禮貌問題，儘管「我們同越南的問題能不能解開，能不能言歸於好，現在還看不出來。」他還舉了甘迺迪被暗殺後報紙上登出漫畫標以《甘迺迪啃泥地》，赫魯曉夫去世後報紙上報導的題目是《赫魯曉夫死了》這兩個例子，說「這些都叫做沒有國際禮貌，這樣做是不好的。」「在國際關係上，我們是要講禮貌的⋯⋯凡是屬於國際禮節禮貌的，隨便丟棄，一定會喪失人心的。」1983年12月9日在中共中央辦公廳講話又說，「我們共產黨人不要給人『只講政治』『只談原則』的印象」，要「多交朋友，有點人情味，從極右派到左派，凡是主張同中國友好的，統統講交情、講友好，都可以交朋友。現在，在外交場合不交朋友，沒有點人情味不行。」

他反對在對外交往中經常擺出不可一世的架勢。1984年1月24日，他在會見法國記者時說，「以我的觀察和親自參加國際交往的

經驗來看，在國際交往中把自己看得絕頂聰明、無所不能，這種態度是非常不成功的。」

胡耀邦要求的這些，都有利於我國國際形象的改善，都會給我國外事活動增添光彩，就不用多說了。

最後，讓我們用胡耀邦的兩段有關的話作為本文的結束。

一段是他1982年1月14日在主持中央書記處會議時講的：

> 一切站在歷史潮流前面的人們，要打開局面，就要有點眼力、魄力和毅力，並且要有一整套正確的戰略和戰術。否則就不可能打開局面，即使一時打開，也不能持久，不能取得徹底的勝利，甚至功敗垂成。

二是他1989年4月5日在家裏同李銳長談中關於外事問題的一段話：

> 外事問題。1982年前，講聯美反蘇，徐（帥）不贊成。我做過兩次系統發言，外交講了十條，五項原則，獨立自主等。紫陽找我談，說太大膽了，敢印出來。東德昂納克來時，請他傳口信到蘇聯。我們兩人各講各的，但精神是一致的。蘇聯出兵阿富汗，是侵略別的民族，五年中陷入泥潭，罪名洗脫不掉。贊成意大利（共產黨）的提法，戰爭不是不可避免的。我是老鼠上秤鉤，自己秤自己。當年於是傳來上面一句很厲害的話：「你要樹立自己的形象。」

用這兩段話正可說明，胡耀邦所以能為對外關係撥亂反正做出巨大貢獻，是因為他站到了歷史潮流的前面，具備非凡的眼力、魄力和毅力，並且有一套正確的政策思想和具體做法。他的貢獻，有

些是我們今天外交成就的重要源泉之一，只是沒有得到應有的承認；有些沒得到很好的理解和接受，因此沒能收到應有的成效。這是他本人的遺憾，也是我們國家和人民的損失。

後　記

何方對中國外交問題的思考，現已全部形成文字。只差最後成稿的第五篇，他還沒來得及在文字上修改定稿就離開了這個世界。香港城市大學出版社決定出版這本書，是對何方在天之靈的莫大安慰！

書的寫作過程很長。這也有一定好處。何方對問題的認識和思考一直在發展中。目前的書稿，除了新近完成的，對早已成稿的也有些修訂，把他的最後認識加了進去。只有他最早寫成的第一篇一字未動。在交付出版之前，又加上了何方的寫作提綱手迹，作為相片集一部分。裏面含有他對問題的一些原始想法。有些題目最後並未寫進書稿。鄧小平外交和毛澤東外交的比較，最後只簡單掛上了幾筆，留下了遺憾。

下面引用何方談他國際問題研究成果和影響所寫的幾段文字。[1]

> 我的研究工作，從人生歷程講，可以分為三大段。第一段是新中國成立後調到外交部的十年，即從1950年到1959年。第二段是1979年8月轉到中國社會科學院，直到離休。第三段是1999年離休後到現在。我一生的學術活動只限於國際問題和中共黨史這兩方面。
>
> 我雖然做了大半輩子研究工作，但很難説成是學術研究。不過裏面也確有學術研究的成分，只是不大容易分出來論述。所以這裏就籠統地談一下我的研究工作。

---

1  此文摘自周溯源、趙劍英主編《中國社會科學院學部委員自傳——國際研究學部卷》一書，第187–206頁（出版時原稿有刪節）。該書由中國社會科學院出版社2017年5月出版。

## （一）有點影響的內部調研報告

在外交部十年的研究，寫的調研報告不少，但照例是不留底稿不署名，也已記不清題目和內容，只知道都是為當時的外交鬥爭服務的。現在只舉幾個還多少記得點內容、並對外交工作起到過一定作用的調研報告為例。

### 1. 關於朝鮮停戰和談問題

1951年5月正當朝鮮戰爭打得難解難分，處於相持階段之際，我在張聞天大使指導下寫出一份關於《朝鮮停戰和談問題的內部研究報告》。這是我從事國際問題研究後，向外交部和黨中央寫的第一篇調研報告。由於中國的參戰和蘇聯的援助，美國軍隊已不可能推進到鴨綠江邊，而中蘇朝「三駕馬車」（毛澤東語）也無力把美國趕出朝鮮半島，美朝雙方和世界輿論又都希望不要再打下去了。正是在這種歷史背景下，張聞天讓我以駐蘇使館研究室名義寫了這篇調研報告。報告送到外交部和中央後，引起極大重視。周恩來總理兼外長曾親自致電使館，說今後這類報告應以電報發回；交定期的信使帶，會貽誤時機。

報告雖然沒正面提，但實際上是從否定朝鮮戰爭出發的。因為朝鮮戰爭是執行推進世界革命路線導致的結果，原因就在於對時代判斷的失誤。當時的決策者——斯大林、毛澤東、金日成都認為，二戰後世界仍然處於戰爭與革命時代，打南朝鮮、發動朝鮮戰爭，就是推進世界革命的一個步驟。但事實證明，對時代的這種判斷已過時，據此做出的決策不可能成功。在戰爭僵持於三八線，很難把美國趕出朝鮮，毛澤東也想通過妥協走出戰爭的情況下，

我們上送了這份報告，因此得到周恩來總理的表揚。一個駐外使館研究室的調研報告能受到如此重視，不但由於時任大使的張聞天為政治局委員，更重要的還是駐蘇使館的報告，正好適應當時中央的決策需要。朝鮮問題的最後解決，實際上也是這個報告設想方案的實現。

## 2. 關於印度支那的劃界分治

1954年日內瓦會議，先討論朝鮮問題，後談印度支那問題。前段沒有取得什麼結果，後段反而實現了停戰和劃界分治。我參加朝鮮問題會議後，張聞天就讓我回使館去，不再參加印支問題的會議。

在1954年日內瓦會議上，美國還不佔主導地位，起決定作用的主要是英法。當時的印支戰爭，法國已實在打得精疲力竭、難以為繼，英國也不願意法國長期陷入印支泥潭，所以時任英國外相的艾登(Anthony Eden)就提出了東方洛迦諾的建議。其實，我方(蘇聯、中國、越南)想讓法國徹底退出印支也是不現實的。何況美國很快插了進來，最後完全取法國而代之。我方當時也想談出一條停火線，但仍想通過奠邊府戰役取得更多一點勝利果實，談出較好的結果，要求過高了些。

在這種情況下，我寫了一篇《評英國的所謂亞洲洛迦諾計劃》的調研報告，分析英法在印度支那問題上的底線，無非是停止戰爭、劃界而治、然後維持現狀。標明洛迦諾，只是援引1923年歐洲主要國家在意大利洛迦諾簽訂的維持當時歐洲現狀的協議。協定的主要作用在於求得和蘇聯和平共處，使歐洲脫離戰火威脅，贏得一個和平穩定局面。我的報告起到了兩個作用，即摸清西方的底牌和説

明我方取得勝利的限度，而這兩條正是中央亟需了解的。
所以當張聞天將我的報告在日內瓦會議期間送交周恩來
時，當即得到他的高度讚賞，認為可以對那場外交鬥爭起
到一定的參考作用。事實上，後來會議大體上也就是按此
預測進行的，用的時間較快，取得的結果也是在整個印度
支那停戰，越南分界而治，柬埔寨和老撾實行中立。實際
上是法國勢力退出印度支那，美國勢力進來，中國的援越
抗法變成了更長期的援越抗美。

這裏還可講點有關個人工作的一個插曲，説明為什麼
我沒能參加日內瓦會議的全過程。張聞天擔心周恩來有可
能在日內瓦會議開完後把我夾在代表團內一起調回國內，
所以他在朝鮮問題會議的最後階段就讓我回使館，還對我
説，看來總理對你很感興趣。他怕總理提出讓我去總理辦
公室工作，到那時他不得不放。造成我已回使館的既成事
實，總理就不好調了，他也就可以繼續把我當作他的助手
使用下去了。

### 3. 個人迷信問題

在駐蘇使館期間，我有一兩年投身於追蹤和調查研究
蘇聯的反對個人迷信問題。這個問題已超出了為外交鬥爭
服務的範圍。

我組織使館研究室同志和自己就蘇聯反對個人迷信所
寫的調研報告，曾在國內引起一陣轟動。那時正是中國執
行「一邊倒」政策的時代，蘇聯的動向對中國至關重要。
1953年斯大林死後，新的蘇共中央領導掀起一陣強勁的
反對個人迷信宣傳，先只説不應在電影和文學著作中對庫
圖佐夫等沙俄時期名人名將搞個人迷信，對斯大林有所影

射，後來才直指斯大林。使館當然要將這一重要情況及時了解清楚並報告國內。因此研究室就在張聞天大使的指導下，集中力量調查研究了蘇聯反對個人迷信問題，寫的有關報告約十來篇，在國內引起了極大反響。毛澤東、劉少奇就分別向全國批發了好幾篇，中宣部的《宣教動態》摘要轉載了十數篇。這就使反對個人迷信問題在中國的宣傳教育中普及開來，使正在上升的對毛澤東的個人迷信高潮被抑制了幾年。這引起了毛澤東的不滿，成為1959年批判張聞天(也包括對我這種小幹部的批判處理)的一條「罪行」，說在中國反對個人迷信就是反對毛澤東。

這個剛開始出現的詞是譯成「個人迷信」還是「個人崇拜」？「個人迷信」的譯法符合俄文原意。當時我和延安俄文學校同學、使館同事李則望等商量來又商量去，最後，為了照顧斯大林，卻決定譯成「個人崇拜」。從事後效果看，這一譯法起了很不好的作用。後來劉少奇曾提出應譯為「個人迷信」，毛澤東則堅持「個人崇拜」的譯法。毛澤東和一些領導人及學者如胡喬木等，正是利用了這一譯法來為個人獨裁進行辯護的。

## (二) 在重大國際問題上的主要觀點

這裏只簡單談一下個人研究工作中涉及路線和理論問題的思想認識。

### 1. 捲入共和國成立後兩條外交路線的鬥爭

中華人民共和國成立後的外交路線，從一開始就有兩條。一條是毛澤東的，認為世界仍處在帝國主義和無產階級革命時代(即戰爭與革命時代)，世界大戰不可避免，

而戰爭又必然引起革命。所以我們要加強備戰，立足於早打、大打、打核戰爭。對內要「以階級鬥爭為綱」，「繼續革命」；對外以推進世界革命為目標，着力輸出革命，口號就是「打倒帝修反」(指帝國主義、修正主義、各民族主義國家的當權派)。建國後頭三十年貫徹執行的也就是這條路線。這特別明顯地表現在「文化大革命」期間。世界革命路線由於違背世界潮流，不符合時代特徵，所以處處碰壁，最後以徹底失敗告終，並對新誕生的共和國帶來巨大損失，造成對外閉關自守和長期孤立。在二戰後世界經濟科技的高速發展時期，我們卻置身於世界潮流之外，關起門來瞎折騰，接連搞各種運動，特別是反右派和「大躍進」。我們不但喪失了一個發展的黃金時期，而且社會全面倒退，民眾生活水平大幅度下降，單是因人禍餓死的就達三四千萬人。歷史證明，這是中國人民遭受巨大痛苦和損失的三十年。陳毅是執行毛澤東路線的。

另一條路線的代表人物主要為張聞天，主張中國外交的總方針應是和平共處。周恩來思想上認同這一路線，但和張聞天一樣，執行的是毛澤東的路線。張聞天認為，當時不存在世界革命形勢，世界大戰也有可能避免，世界將面臨一個較長時期的和平環境，資本主義還有強大的生命力，因此中國只能也應該集中力量把自己的事情辦好，加強國內經濟建設和提高人民生活水平；對外就是爭取和不同社會制度的國家長期和平共處，堅持革命不能輸出的馬克思主義原則，不去搞什麼世界革命。認為輸出革命不會有什麼好結果，反而會給革命力量帶來損失。

傾向和平共處路線的，王稼祥是突出的一位。他1962年3月給周恩來、鄧小平和陳毅寫了一封信(中聯部

副部長劉寧一和伍修權聯署），提出對外要和緩一些，援助要量力而行等後來被歸納為「三和一少」的主張。對這封信的態度，也證明在外交上存在着兩條路線。當事人王力在回憶錄裏談到的有關情況是，王稼祥先找劉少奇深談，後寫的信。劉少奇、周恩來和鄧小平都沒有對這封信提出過不同意見。王稼祥的這些主張還反映到他同年3月到6月主持起草的中聯部文件和派團參加7月莫斯科裁軍會議的方針中；裁軍會議後，「有的同志」向毛澤東告了王稼祥，毛在游泳池見了這位同志。「這位同志」顯然是陳毅。陳毅同年9月14日在八屆十中全會華東組發言時説，現在有「三面和一面少」的説法，這股歪風主要是三年暫時困難把一些馬列主義立場不堅定的人嚇昏了。陳毅説，同蘇、美、印度的鬥爭不可避免，應該更多支援民族解放戰爭。毛澤東在刊載陳毅發言的會議簡報上批：「可看，很好。」後來，毛澤東把這種主張歸納為「對帝修反要和一些，對世界革命的支持要少一些」。「文革」時，康生更把「罪名」提升為「三降一滅」。

作為張聞天的主要助手和文稿起草者，我當然和他的思想完全一致，也就是不同意毛澤東的觀點。1956年6月我替張聞天寫了一篇〈論和平共處〉（收入《張聞天文集》四），他一字未改就交付打印。原來他想以此作為在黨的「八大」會議上的發言。但由於毛澤東對他實行打壓政策，根本就不讓他發言。所以當他領我一起向周恩來送去發言稿〈論和平共處〉，以便聽取意見後由我作進一步修改時，周恩來大概早已領會毛澤東的意思，所以連看也沒看就説，關於外交問題，已有陳老總（陳毅，這時為副總理，尚未被任命兼外交部長）一個發言，你就不用再講了。張聞天自然無話可説。我當時就感到，這是毛澤東對

他有計劃地打壓。一次黨代表大會,有那麼多人發言,張聞天身為政治局委員和外交部常務副部長,竟不能也就外交問題做一個發言。這說明黨內毫無民主。

兩條路線的另一重大分歧是對二戰後興起的民族民主運動高潮的態度。毛澤東認為,這是世界社會主義革命的組成部分,因此所有的亞非拉國家都應進行中國式的新民主主義革命,走「十月革命的道路」,推翻資產階級統治,建立共產黨領導下的人民民主專政。中國對它們應加以引導,施加影響。張聞天1956年和我談過,二戰後亞非拉民族民主運動是資產階級領導的,獨立後建立的也是資產階級統治,走的自然是資本主義道路,並不是世界無產階級革命的一部分。他明確指出,毛澤東的《新民主主義論》對國際形勢和世界發展前景的估計,已被二戰後的事實證明是不準確的。毛澤東本人後來也做了修正,只是沒抓住要害,僅僅修正了涉及一部分民族主義國家的對外政策問題,而沒有改變他關於一切殖民地半殖民地國家都要通過新民主主義革命、走非資本主義道路的基本觀點。他1958年9月2日對巴西記者說,他在《新民主主義論》中講二戰後殖民地半殖民地資產階級要就跟帝國主義要就跟社會主義走,沒有第三種情況,這種觀點事實上只適合於一部分國家,印度等許多國家就不站在帝國主義或社會主義一邊,而站在中立的立場上。1957年,我隨張聞天視察我國駐印度、印尼等南亞和東南亞國家大使館,歷時半年多,也對這些戰後獨立的民族主義國家進行了實地考察,由我執筆先後向中央寫了好幾份調查研究報告。

我個人經過幾年的研究,寫了一篇有關二戰後民族獨立運動和民族主義國家成長的公開論文,題目是《有關當

前民族獨立運動的幾個問題》，發表在1959年第3期《國際問題研究》上。這篇文章雖未經張聞天看過，卻是立足於他與毛澤東對世界民族獨立運動的不同看法，想用事實反駁《新民主主義論》中的這一基本觀點。

## 2. 提出了「和平與發展時代」這一重大理論問題

1985年鄧小平提出世界存在兩大問題，就是和平與發展。1986年我把這兩大問題定性為兩大時代特徵，並同列寧的戰爭與革命並列起來，說成是「和平與發展時代」。我認為，列寧的《帝國主義論》不只是個過時不過時的問題，而是許多論斷當時就不準確。歷史已經證明，他對資本主義的估計是不正確的。說「帝國主義是無產階級革命的前夜」是想當然，實際上資本主義還有強大的生命力，正在蓬勃發展，還會繼續發展下去。我的意見，當時曾引起理論界的軒然大波，受到一時的圍攻，連陳雲也參加了批評（見《陳雲文選》第三卷，第370頁）。但是人們終究還是講道理的，所以經過近十年的爭辯，最後全國理論界絕大多數已認同和平與發展時代。上世紀九十年代中期以後，由我首先提出的「和平與發展時代論」已完全站住，幾乎沒有人再提列寧的「帝國主義與無產階級革命時代」，即「戰爭與革命」時代了。我也相信，以後再不會有理論界和領導層對「和平與發展時代」做集中的批判了。

關於時代的看法，我是根據列寧主義的理論來套的。和平就是不發生世界大戰，發展就是沒有暴力革命的經濟、政治、社會、文化的發展和進步。展望未來，根據國際形勢和世界發展趨勢判斷，「和平與發展時代」還將持續下去。而且隨着全球化的迅速發展，人類之間也只能是和

平的競賽與鬥爭，並加強互助合作，共同促進科學技術的日新月異。新的世界大戰是不會再有的了。

我認為，從1985年出現「全球化」這個名詞起，世界上就急速展現了兩大潮流：一是經濟市場化，一是政治民主化。這兩大時代潮流不可阻擋，還會一直延續下去。我已經發表過文章，提出戰後民主化已經歷了第一波、第二波和第三波，現在到了第四波。民主潮流還沒有過去。經濟要發展，必須市場化，政治要穩定、要進步，必須民主化。這是一個常識性的問題，是世界潮流，改變不了，只能前進。但是過程會很慢。

第四波碰到中國會怎麼樣？中國最後也是擋不住的。就像經濟市場化一樣，誰也擋不住。經濟市場化的進程也曾看起來非常慢，一戰、二戰後，市場化都很慢。世界上實行市場經濟的國家，人口只有世界人口的十分之一，參與市場化的國家只有歐美少數國家。出現「全球化」名詞的1985年是世界經濟市場化的一個關鍵年。在這之後，市場化發展就加快了，從1985年開始到1995年，基本囊括了全世界所有國家。全球化的基礎就是全球經濟市場化的形成。中國、蘇聯、印度先後宣佈放棄計劃經濟改行市場經濟，90%的國家和人口就是在這一波中被「化」了的。

民主化也是。在蘇聯東歐劇變時，來勢也很兇猛。到第三波，連一些有專制暴力傳統或半專制暴力傳統的阿拉伯國家都擋不住了，誰還能擋得住？只是它們在宗教和民族問題上卡了殼。專制獨裁道高一尺、魔高一丈。在那裏，發展會很曲折。一個是加速民主化，一個是誰搞民主化就殺誰的頭、遊誰的街。這兩種相反的趨勢，我們

必須都注意到。民主化進程看起來很慢，但還要看到這當中的深度變化。「青山遮不住，畢竟東流去」，這個時代潮流是阻擋不住的，遲早會把包括中國在內的全世界都捲了進去。不管古老文明有多麼悠久，中國是躲不開這兩大世界潮流的。這就是「全球化」，不主動「化」，也會被動地「化」。

學界有人認為，時代問題可能是我在五十年國際問題研究中所作的最突出貢獻。我不敢說真有什麼貢獻。只是俄羅斯遠東研究所1994年授予我名譽博士學位，主要的根據就是我有關時代問題的研究和論著。

### 3. 在日本和蘇聯等問題上提出個人的不同看法

(1) 由於擔任了八年的日本所所長，在研究國際問題時，如何認識日本和處理好中日關係，一直是我在國際關係中的研究重點之一。我有兩個基本觀點一直未變：第一，走軍國主義道路在日本已成歷史。這既由時代特點決定，也是因為日本執政當局先被迫後自覺地走上了和平與發展道路。第二，中日兩國應該也可能像德法這兩個世仇已經做到了的那樣，世世代代友好下去。兩國關係的順逆，同兩國相互認知和政策選擇的變化相連。因為我較早就開始不斷寫出文章宣講我的這些觀點，一些學者也稱我是「對日新思維」的開創者。

我1997年寫的〈對中日關係的一些看法和意見〉一文，針對當時佔主流地位的看法提出了一些不同的意見，曾發生過較大影響，並引起不小爭議。也受到當時日本輿論的重視。我提出的一個重要觀點就是，戰敗後的日本，無論是國內因素，還是國際形勢，都不容許它重走老路，「復活軍國主義」在今後的日本已不再可能了。

　　在增進相互間的認知方面，我認為，日本有個右傾化和缺乏民族犯罪感的問題，我們則有個把歷史宿怨放到兩國關係合適地位上的問題。

　　我們，包括我自己在內，過去一直沒有把日本的對外侵略看成和說成是日本的民族犯罪，而總是用階級分析的方法和階級鬥爭的觀點把日本的軍國主義分子（還強調他們只是「一小撮」）和支持並追隨他們的廣大群眾嚴格區分開來。這就不如歐美人看德國。歐美人認為德國法西斯的胡作非為，既是希特拉（編按：內地譯希特勒）等法西斯頭子的罪行，也是整個德國民族的犯罪。由於德國人自己也認識到希特拉發動的對外侵略戰爭屬於民族犯罪，特別是反法西斯勢力戰後取代了納粹的統治，所以才有近乎全民的普遍反思；才有禁止軍國主義和法西斯活動的法制；才有戰敗後東部領土被割去一大片也一直沒有再提領土問題；才有布蘭特（編按：內地譯勃蘭特）總理訪問波蘭時在華沙對猶太人死難者的下跪，等等。這都和日本形成鮮明對照。

　　2014年5月19日，日本駐華大使木壽昌人在他的官邸向我頒發日本「外務大臣獎」，表彰我「為促進日中友好親善關係做出顯著成績」。

　　（2）我對蘇聯問題的研究，是同時代及世界格局變化的研究相結合的。1979年鄧小平指示研究蘇聯問題，成立了一個由十多二十人組成的研究寫作小組，準備寫出一部《蘇聯是怎樣變修的》或叫《社會帝國主義論》之類的書。小組由胡喬木掛名當組長，管事的是副組長宦鄉。我參加了這個小組。我們初步研究的結論是，這本書沒法子寫。一是寫此書勢必要揭發斯大林，而在評價斯大林問題上，我們

和赫魯曉夫等長期進行激烈的論戰，反對他們全盤否定斯大林。二是我們革命勝利後幾乎全盤照搬蘇聯模式，批判蘇聯就等於揭發自己，容易搞亂輿論。大家主張停止這一工程，並報中央同意，小組也就自行解散了。這等於說，以前我們對蘇聯的觀察並不對頭，必須來一個重新認識。

在蘇聯解體前，我在中央黨校和政協小組會議上提出「蘇共氣數已盡」的看法。與會的同志和當年聽我說時代已變時一樣，大為吃驚。2007年我寫〈對俄國十月革命的回顧與思考〉一文，代表了我對十月革命的性質、蘇聯模式以至馬克思列寧主義的新思考。

中蘇之間的國家關係和黨的關係不可分。研究雙方在分裂上的責任問題，不能只把責任推到蘇聯頭上。1998年4月，我參加了根據江澤民的要求召開的「如何認識六十年代中蘇大論戰」專題討論會，在會上我談到中蘇分裂和毛澤東對時代判斷錯誤的關係，提出，在黨的關係破裂上，主要責任在我們黨，亦即在毛澤東。

(3) 其他問題

社科院為學部委員和名譽學部委員出文集，我的那本書所以定名為《爭議下的國際問題觀察》，就是因為我發表的文章往往同當時的主流看法不大一樣。除了前述日本和蘇聯問題外，其他的例如：針對多年的「南北差距不斷擴大」論，提出南北差距已經縮小而且還在進一步縮小；對於全球化，多數看法先是不願承認這一發展，後又想把對全球化的認識和接受局限於經濟領域。我寫了多篇文章，論證全球化和時代的關係，以及全球化的覆蓋面是各領域和全方位，對人類進步具有重大意義。

　　本書的寫作和出版，一直得到諸多友人的鼓勵和幫助。就像何方寫《黨史筆記——從遵義會議到延安整風》時一樣，本書各篇在成稿後都一一先送請蕭揚提出意見，有的篇章每改一遍就送一次。〈毛澤東的世界革命思想與中蘇關係〉一文最後成稿後，又於去年6月和今年2月先後送請徐葵和李靜杰提意見。這三位先生都詳細批閱並提出了具體意見。本書收入了由馬國川整理成文的兩篇訪談錄。馬國川在本書開始寫作後不久，就開始熱心聯繫出版事宜。香港城市大學教授魏時煜向大學出版社推薦出版此書。在此，向這幾位還有其他所有關心此書出版的友人表示衷心的感謝！

宋以敏

2018年3月12日